Sonhos que curam

Outras obras publicadas pela NOVA ERA:

Alquimia do sonho
Ted Andrews

Desvendando os mistérios dos sonhos
Robert Bosnak

Dicionário de sonhos
Zolar

Interpretação dos sonhos
Thania Nicolópulos

Sonhando com o número certo
Zolar

Sonhos, a primeira mediunidade
Márcio de Carvalho

A vida nos sonhos
David Fontana

MARC IAN BARASCH

Sonhos que curam

Depoimentos sobre a conexão mente-corpo

Tradução de
RUY JUNGMANN

NOVA ERA
Rio de Janeiro
2003

CIP-Brasil. Catalogação-na-fonte
Sindicato Nacional dos Editores de Livros, RJ.

Barasch, Marc, 1949-
B178s Sonhos que curam: depoimentos sobre a conexão mente-corpo / Marc Ian Barasch; tradução de Ruy Jungmann. – Rio de Janeiro: Record: Nova Era, 2003.

Tradução de: Healing dreams
ISBN 85-01-06103-4

1. Sonhos. 2. Cura pela fé. 3. Corpo e mente. I. Título.

03-0036 CDD – 154.632
CDU – 159.963.32

Título original norte-americano
HEALING DREAMS

Impresso no Brasil

ISBN 85-01-06103-4

PEDIDOS PELO REEMBOLSO POSTAL
Caixa Postal 23.052
Rio de Janeiro, RJ – 20922-970

EDITORA AFILIADA

Agradecimentos

Obrigado a Ned Leavitt, que manteve a calma e não perdeu a cabeça; a Amy Hertz, que manteve a bola rolando; e a Chris Knutsen, que a recebeu e correu com ela.

Obrigado aos seguintes pilares de força: Norman e Gloria Barasch, Mimi e Peter Buckley, Maryse Elias, Alan Menken, Neva Newman, John e Margo Steiner. E aos anjos de compaixão a seguir: Mary Benjamin, Bruce Fetzer, Tom Gherardi, Bob Kaplan, Ginny Jordan, Brugh Joy, Cynthia Lazaroff e Karl Kugel, Richard Peddie, Anna Sandor, John Solomon, Robin Temple, David e Laura Lea Tressemer, Merle Worth. E pela ajuda oportuna ao autor: o Authors League Fund.

Aos curadores compassivos: Dwight McKee, Julie Nowick, Rhonda Akin e Aiko Kyle, Mark Renneker, Zoe Zimmerman. E aos intrépidos ajudantes: Chris Cutbirth-Davidson, Kellee Elkins, Jane Kagon e Ellery Smith.

Aos realmente amigos: Marilyn Auer, Christine Brotherson, Michael Chender, ao clã Barasch (Leah, Latha, Doug, Lynne, Katie, Nicholas), Kelly Bulkeley, Jeff Cohn, Raven Dana, Roz Dauber, Jayne Gackenbach, Mark Gerzon, Peter Goldfarb, Dan e Tara Goleman, Annie Gottleib, Bill Gray, Jeannie Halbert, Sarah Harman, Derek Hart, Norman Heumann, Andrew Heyward, Caryle Hirshberg, Peter Ingersoll, Catharine Ingram, Helen Jensen, Dave Kawecki, Karen Koffler, ao reverendo Karp Kopp, Karen Littman, Gaetano e Ayelit Maida, Diane Markow,

Ron Masa, Caroline Myss, Susan Noel, John e Emma Purdie, Tom Rautenberg, Franc e Carina Roddam, Steve Roth, Dora Ruffner, Tami Simon, Tasha Sparks, Laura Uhls, Eve Wallace, Stanley Weiser.

E aos sonhadores, em toda parte.

Nota do autor: Com o objetivo de proteger-lhes a privacidade, foram mudados os nomes de pessoas e características que as identificariam. Por motivos de coerência, parafraseamos ou condensamos as narrativas de alguns sonhos.

Para Neva,
que manteve a fé

Sumário

Noite Passada

Noite passada, quando dormia,
sonhei — maravilhoso engano! —
que uma fonte estava irrompendo
em meu coração.
E eu disse: ao longo de que aqueduto secreto,
Oh! água, estás vindo a mim,
água de uma nova vida,
que nunca bebi?

Noite passada, quando dormia,
sonhei — maravilhoso engano! —
que eu tinha um ninho de abelhas
dentro do coração.
E que as abelhas douradas
faziam alvéolos brancos
e doce mel
de meus velhos fracassos.

Noite passada, quando dormia,
sonhei — maravilhoso engano! —
que de um sol em fogo
jorrava luz de dentro de meu coração.
Ele estava em fogo porque eu me sentia
quente, como se dentro de um forno,
e sol, porque ele oferecia luz
e me enchia os olhos de lágrimas.

Noite passada, quando dormia,
sonhei — maravilhoso engano! —
que era Deus o que eu tinha
aqui, dentro de meu coração.

— Antonio Machado

Introdução

Tive sonhos que permaneceram comigo desde então e que mudaram minhas idéias. Eles me saturaram e saturam, como o vinho satura a água, e alteraram a cor de minha mente.

Emily Brontë

HÁ QUINZE ANOS FUI ABDUZIDO — NÃO HÁ OUTRA PALAVRA PARA DEScrever a experiência — e levado para o reino do Sonho. Isso ocorreu sem prefácio ou apresentação. Em um dia, eu levava a vidinha de sempre, com a mistura habitual de metas nobres e preocupações sórdidas. No outro, fui lançado em uma terra distante, da qual jamais voltei inteiramente.

Antes de saber que há sonhos e *sonhos*, eu os tratava como a maioria das pessoas: como novos embaralhamentos do baralho mental, como fantasias e racionalização de desejos, como sobras de atividade psíquica, aquela borra emocional de café, e impulsos reprimidos de sexo e violência, que a mente despeja à noite em alguma lixeira interior.

Mas de repente os sonhos, geralmente vagos e fáceis de ignorar, adquiriram vida. Realismo tecnicolor. Brilhavam com mistérios opacos e insistentes, seu significado torturantemente além de meu alcance. "Sonho *esquisito*!", observou minha namorada certa manhã, enquanto eu lavava o rosto, náufrago nas praias da vigília, com outra história de viagem nos lábios. "Não", murmurei, lutando para descrevê-la. "Uma *visão*." Eu acordava atordoado, de visitas a lugares de uma clareza quase alucinatória, onde o céu era safira translúcida, a grama esmeralda úmida de orvalho e vozes desencarnadas cortavam o ar como se fossem estrondos de trovão. Os personagens que conheci nos sonhos eram tão vívidos e vivos, as paisagens tão cinematográficas, que, em comparação, meu mundo de vigília parecia esquálido e limitado.

Os sonhos eram, na maior parte, agourentos. Em um deles, um maníaco, anunciado como o "Maior assassino em massa da história da humanidade", havia "escapado da cela" e me caçava com um machado, disposto a me decapitar. Em outro, a morte espiava pelas janelas do porão da casa, a face lúgubre brilhando como fósforo sob o capuz, friamente examinando o local. Pescoços eram um tema recorrente, enigmático: seis longas agulhas enfiadas em meu "pescoço-cérebro"* por um grupo de selvagens primitivos; uma "bala da Segunda Guerra Mundial" alojada em meu pescoço era retirada por um bondoso cirurgião chinês; ou eu rastejava através de um túnel cheio de ossos quebradiços de uma "necrópole" maia (*neck-cropolis*?** eu me perguntava, conhecendo bem os trocadilhos incorrigíveis dos sonhos, mas não consegui encontrar sentido na coisa).

Ia para meu trabalho de editor de revista ainda envolvido pela atmosfera dos sonhos, cumprindo meu dever durante o dia, como se os espetáculos de horror que duravam toda a noite no *drive-in* interno fossem a norma no meu caso. Após um sonho apavorante, porém — torturadores haviam pendurado uma panela de ferro cheia de brasas vermelhas sob meu queixo, e acordei gritando, com o cheiro de carne queimada nas narinas —, não pude mais ignorá-los. Tinha certeza de que alguma coisa dentro de mim estava terrivelmente errada. Todos os sonhos sucessivos haviam dito isso de forma mais explícita até que, embora nenhuma palavra fosse pronunciada, a verdade me olhou do alto de uma marquise de néon: câncer.

Marquei consulta com um médico e contei, sem parar, atabalhoadamente, os meus medos, embora embaraçado, porque os únicos sintomas que podia

---

*Em inglês, *neck-brain*. (*N. do T.*)

**Em inglês, trocadilhos feitos com a palavra *neck*. (*N. do T.*)

descrever eram um punhado de pesadelos. Ceticamente, ele apalpou e cutucou-me o pescoço e disse-me que não notava nada de incomum. E sugeriu, não sem simpatia, que eu sofria de estresse relacionado com trabalho. E isso era pura verdade: após um ano frenético, reformando uma revista caseira tipo Nova Era e transformando-a em um periódico mensal elegante de circulação nacional, minha vida de trabalho era uma canseira só, o *dial* enguiçado permanentemente na marca de volume máximo. Antes de me despedir do médico, perguntei desajeitado se havia algum órgão no corpo que pudesse ajustar-se à imagem peculiar de "pescoço-cérebro". "Talvez a glândula tireóide", disse ele, em dúvida. Os exames de sangue que pediu, porém, mostraram que meus níveis de hormônio estavam perfeitamente normais.

Os pesadelos continuaram, saturando tudo, como se um conciliábulo infernal tivesse estourado. Continuei a importunar o médico, exigindo um exame mais completo. Desta vez, apalpando-me o pescoço, ele detectou um caroço duro — um nódulo na tireóide. Pediu exames. Obedientemente, engoli alguns comprimidos contendo pequenas quantidades de iodo radioativo. A tireóide suga iodo como se fosse uma esponja, o que, disseram-me, "iluminaria" as células normais em contraste com as anormais. A configuração da absorção na chapa radiográfica revelou uma massa suspeita, que o médico garantiu-me que, quase com certeza, era benigna. Algumas semanas depois, porém, senti um sombrio prazer de confirmação quando uma agulha de biópsia confirmou o que os sonhos haviam insinuado — era um tumor canceroso.

Tirei uma licença do emprego. Meus dias se encheram com uma procissão de amigos, parentes, colegas e médicos especialistas, todos trazendo conselhos conflitantes, todos insistindo comigo para que ignorasse os sonhos. Embora dificilmente pudesse censurá-los, eu me sentia duplamente pária, auto-exilado de meu mundo interior por minha própria incompreensão e censurado loquazmente pelas pessoas em volta por dar tanta importância aos sonhos. Levei essas pessoas ao desespero tentando explicar que esses sonhos eram diferentes — mais profundos, mais amplos, mais nobres, mais *reais* —, mas, aparentemente, elas não faziam idéia do que eu falava. Os médicos passaram a me olhar com um ar de condescendência e maldisfarçada irritação. Os amigos acharam que eu estava ficando meio doido. O mundo metafísico esboroava-se sobre o mundo real como se fosse um imenso vagalhão produzido por um maremoto, inundando-o com um significado com o qual eu não podia atinar.

Certa noite, antes de adormecer, escrevi apressado e com um pouco de desespero um pedido formal no caderno onde anotava os sonhos: *Qual a direção de uma cura?* Naquela noite, tive uma visão surpreendente: *Embaixo do solo, um verme branco, parecido com uma serpente, girava sobre si mesmo, formando uma espiral perfeita. Quando chegou ao centro, a cabeça emitiu raios cegantes de luz e uma voz solene disse: "Você tem vivido sob a concha externa de seu ser... O Caminho para a Saída é o Caminho para a Entrada!"*

A imagem era tão repulsiva quanto uma sepultura cheia de mofo ("Os vermes rastejam para dentro, os vermes rastejam para fora", como diz a cantiga infantil). Só muito mais tarde vim a compreender que essa era uma imagem da jornada interior, em forma de espiral, da descida arquetípica que leva à plenitude. Na ocasião, porém, se eu procurava algumas coisas nos sonhos, eram as específicas: queria um relatório oncológico da situação, com símbolos tão claros quanto símbolos meteorológicos em um boletim na televisão sobre a previsão do tempo. Ao invés, o que havia ali eram hieróglifos misteriosos, o que equivalia acrescentar mordida ao coice. A busca na área médica — obter o diagnóstico mais preciso, o melhor médico, a cura final — já era mais do que difícil. Nesse exato momento em que eu precisava permanecer focalizado no mundo externo, os sonhos transformavam-se em uma força centrípeta, puxando-me mais para o fundo. Nas semanas e meses que se seguiram, o conflito tornou-se cada vez mais enlouquecedor. No fim, optei por cirurgia e, estou convencido, fiz isso tanto para salvar a minha vida quanto para parar os sonhos.

As provações da operação na tireóide (uma incisão que os sonhos haviam prefigurado como decapitação por guilhotina, um sacrifício ritual) foram mais traumáticas do que eu esperara. A cura deixou-me ferido no corpo e na alma. Não consegui e, finalmente, não quis voltar ao carrossel da ambição. A busca do anel de latão me levara à proverbial beira do abismo. Impulsionado por uma curiosidade de jornalista e necessidade de me sentir menos sozinho, passei uma década entrevistando centenas de pacientes e médicos, mergulhando na literatura da medicina e da mitologia, procurando na bússola novas direções para o processo curativo e para minha própria alma.

No fim, publiquei dois livros sobre a conexão mente-corpo e quando dei por mim seguia uma carreira de especialista quase médico. Mas, mesmo depois de anos de pesquisa consciencios a, eu continuava obcecado por um mistério. Qual a fonte da torrente de imagens que quase me afogaram na mesma ocasião em que eu lutava pela vida?

Eu sempre fui, de forma pouco crítica, um freudiano quando o assunto era análise de sonhos. Os sonhos eram refinados disfarces do id faminto de sexo e poder: arranque-se a máscara e ali, invariavelmente, seriam encontrados os aspectos, queimando em fogo baixo, de nosso ser instintivo. O sonho, fosse horripilante, extático ou apenas simplesmente confuso, possuía um mecanismo previsível, um simbolismo capaz de ser deslindado por análise de categorias. Meus sonhos, porém, me faziam sentir inteiramente incapaz de interpretá-los. Haviam, quase que misticamente, prognosticado fatos concretos. (Teria sido mera coincidência que sonhei que um cirurgião chinês tirou uma "bala" de meu pescoço e, meses depois, um cirurgião chinês autêntico — o dr. Wang, o maior especialista em tireóide do país e a imagem cuspida e escarrada do médico do sonho — havia me operado para erradicar um tumor?) Os sonhos haviam me galvanizado para agir, quase contra a vontade. Como podiam eles, pequenas nuvens evanescentes de vapor, obter a força de um tornado do Kansas, destruindo tudo a caminho de Oz? Que tipos de sonhos *eram* esses?

A História Sem Fim

Relendo há alguns dias velhos diários, tive a surpresa de descobrir, como se tropeçasse em uma mensagem dentro de uma garrafa, um sonho que anotei meses antes de saber que estava doente: *Estou voando montado no lombo de um dinossauro que, do alto, destrói uma cidade. A cara dele parece a de um* cocker spaniel, *mas com uma tromba no lugar do nariz. Em seguida, minha filha de nove anos (que, de alguma maneira, também é minha irmã) e eu estamos velejando em um barco desgovernado em uma forte ventania. Logo em seguida, sinto-me doente e tento pegar um avião.*

Embora essas imagens tivessem sido inusitadamente vívidas — eu sentia vertigens enquanto me agarrava ao lombo da criatura e o vento me açoitava o rosto —, o que elas significavam me escapava. Minha irmã morreu de leucemia dez anos antes, aos 22 anos: talvez sua presença no sonho refletisse a minha dor permanente ou indicasse alguma ansiedade irracional de que minha filha, Leah, pudesse sofrer o mesmo destino. Afastei as cenas do sono da mente logo que acordei.

Na noite seguinte, Leah e eu saímos para tomar sorvete, e em seguida resolvemos passar por um cinema local. Notei na entrada um cartaz anunciando um novo filme para crianças, intitulado *A história sem fim*. O cartaz mostrava um dragão voador branco como a neve, cujas feições apatetadas e caninas eram as do *spaniel* coberto de neve do sonho. Leah quis porque quis ver o filme. Curioso nesse momento, comprei duas entradas.

O filme começa com um menino chamado Sebastian acordando sobressaltado de um pesadelo. Menino imaginativo que estava tendo problemas na escola, foi repreendido pelo pai na mesa do café, que lhe disse que deixasse de "sonhar acordado" e "tirasse a cabeça das nuvens". Ao invés, Sebastian escapole para fazer uma traquinada. Entra em uma livraria, onde o proprietário lhe põe nas mãos um livro antigo, decorado com símbolos místicos, intitulado *A história sem fim*.

Escondendo-se em um depósito abandonado da escola, o menino fica logo fascinado por essa história de uma terra de fadas, ameaçada pela força maligna do Nada, que se manifesta em um vento fortíssimo. A história tem as características da busca tradicional: um menino herói e um dragão amigo partem para salvar a princesa, cujo reino está sendo destruído, enquanto ela é consumida por uma doença misteriosa. Enquanto continua a ler, porém, Sebastian nota que a cortina entre o mundo de fantasia do livro e sua vida real está se tornando assustadoramente transparente. Quando uma violenta tempestade surge no livro, chuva de verdade e o clarão de raios batem na janela do local onde ele se encontra. E quando o menino herói da história olha no espelho mágico para "ver o seu verdadeiro ser" ele vê, em vez disso, o rosto de... *Sebastian!*

"Isso está indo longe demais", berra ele em pânico, jogando o livro encantado para o outro lado da sala. Ficção e vida real, porém, continuam a fundir-se inexplicavelmente. Voltando à leitura, ouve às escondidas personagens que explicam entre si que é ele próprio quem tem de salvar a princesa (uma bela moça loura que, notei surpreso, tinha uma semelhança sobrenatural com minha falecida irmã). A princesa explica que seu reino, chamado Fantasia, está morrendo porque as pessoas não respeitam mais seus próprios sonhos. Sebastian pode curá-la e derrotar o Nada se apenas der vida à sua imaginação. O clímax do filme é a aceitação pelo menino do mundo imaginário como realidade. Após a vitória, volta triunfante a seu próprio mundo, montado no dragão, fazendo vôos rasantes pelas ruas da cidade para apavorar alguns valentões da escola, ao mesmo tempo que aumenta o volume da música "Sonhe um sonho e o que você vir será".

Embora, na ocasião, eu tivesse ficado surpreso ao reconhecer que elementos do filme haviam sido prenunciados na noite anterior, apaguei-o da memória, considerando-o uma dessas coincidências inexplicáveis. Alugando recentemente o vídeo para refrescar a memória, notei espantado como o filme preenchia os claros de meu sonho, como se armasse um quebra-cabeça. Parecia que o filme continha uma mensagem clara: meus sonhos eram reais e eu — exatamente como a pequena princesa e minha irmã — tinha meu próprio letal e cruelmente devorador Nada para enfrentar.

Essa interação entre o mundo dos sonhos e o mundo real chocava-se com meu entendimento sobre a maneira como os sonhos funcionavam. Lembrei-me de meus livros de psicologia na faculdade e de que havia várias escolas de interpretação de sonhos, embora raramente elas se comunicassem. Havia aqueles que se poderia chamar de simbolistas, que consideravam os elementos do sonho como representações de significados ocultos, que poderiam ser decodificados por um analista hábil. No outro lado, havia os fenomenologistas, que diziam que nada havia escondido atrás da cortina — os sonhos eram ensaios de gala de novas maneiras de ser e fazer, experiências que por si mesmas poderiam resultar em crescimento pessoal. E não faltavam os reducionistas fisiológicos, que consideravam os sonhos como meras descargas neurais, "sinais de estática enviados pelo tronco cerebral",[1] que criavam imagens aleatórias. O dr. David Foulkes, um dos mais destacados defensores dessa opinião ressurgente, escreveu: "A razão por que sonhadores não conseguem compreender seus sonhos é que eles nada significam." O sonho, sugeriu ele, não *contém* mensagem. Além do mais, "se persistirmos procurando-a, entraremos no negócio de contagem de anjos".[2]

Eu, porém, fui obrigado, por omissão, a entrar no negócio de contagem de anjos. Comecei a me perguntar que outros tesouros estariam escondidos em meus cadernos de sonhos. Folheá-los foi como descobrir o diário de batalha de um soldado de infantaria, rabiscado rápida e furiosamente em combate, com pouca esperança de que jamais fosse lido. Nos anos que se seguiram, fui cada vez mais atraído para o estudo, palavra por palavra, imagem por imagem, dessas escrituras apócrifas pessoais — realmente, um livro de segredos. À medida que significados novos e complexos se revelavam, dei-me conta do quanto deixei de ver e como foram poucos os instrumentos analíticos à minha disposição. Era como se eu estivesse tentando desmontar um relógio de classe com um martelo, fotografar o Grand Canyon através de uma câmera de foco estreito ou lapidar um diamante bruto com um canivete.

A Estrela-do-mar

Entre os sonhos extravagantes que acompanharam minha doença, um sobressai por suas extraordinárias peculiaridades, a menor das quais foi um significado final que se revelaria, de forma espetacular, só anos depois. O sonho ocorreu uma semana após eu receber o diagnóstico. Relembrando, fico surpreso ao descobrir como foram tíbias minhas tentativas de lhe solucionar o enigma. Mas talvez isso seja compreensível. O médico pronunciou a palavra temida, "câncer", com tanta sonoridade quanto um juiz sentenciando um réu. Eu estava apavorado e desorientado, correndo de curadores naturalistas para endocrinologistas, com medo de parar e a morte me pegar pelos tornozelos. Anos depois, porém, através de novos olhos, compreendi que um sonho que considerei como um monte de lixo psicológico era um rico sítio arqueológico, à espera apenas de ser escavado:

> *Estou em pé em uma rua residencial, olhando um avião particular, um Cessna, explodir em pleno ar. A nacele do piloto cai do céu no quintal da casa de um rapaz louro do Oeste e ricocheteia para o gramado da frente da casa de um "funileiro" ambulante. Espantado, noto que uma "estrela-do-mar" sagrada sobrevive ao desastre. Está quase morta, mas o funileiro já começou a trabalhar nela, colocando-a suavemente em um banho de água salgada, para ajudá-la a curar-se por si mesma. De repente o rapaz em cujo quintal ela caiu inicialmente vem reclamá-la. Relutantes, entregamos-lhe a estrela-do-mar, embora eu perceba que ele não tem a mínima idéia de como tratá-la. Horrorizado, vejo o rapaz tirá-la da água. A estrela-do-mar começa imediatamente a morrer, "secando" e, em seguida, em suas mãos desajeitadas, desfaz-se irremediavelmente em pedaços. Fico inconsolável com a perda, chocado ao ver uma criatura magnífica ser negligentemente destruída.*

Quando acordei, considerei as imagens como significativas em termos médicos. O "avião particular", pensei, era uma metáfora para o corpo, o veículo pessoal da alma. Talvez a nacele do piloto, onde ficam os controles, representasse a área da cabeça e do pescoço, e a estrela-do-mar, minha glândula tireóide, uma fonte auto-regulável, "inteligente", da energia sagrada da vida.

Mas, se essas primeiras imagens foram um tipo de esquema anatômico, havia também imagens de tratamento. O menino ocidental aparentemente representava meus médicos ocidentais. Eu *havia*, inicialmente, caído no quintal deles — fora procurá-los para obter o diagnóstico — e estava resolvendo, com uma ambivalência nada pequena, entregar meu corpo a seus cuidados, embora ainda tivesse uma esperança remota em um remédio mais natural.

Essa interpretação teria parecido suficientemente simples e direta. No dia seguinte, porém, minha filha convenceu-me a levá-la ao Boston Science Museum, pelo qual passávamos quando voltávamos da escola em que ela estudava. Tão logo entramos no local onde estava montada uma exposição de vida marinha, um jovem e entusiasta funcionário, encarregado das demonstrações naquele dia, pôs em minha mão uma estrela-do-mar, viva, proclamando em voz alta a característica incomum da criatura: "Ela pode regenerar-se!" Mais tarde nesse mesmo dia um amigo que produz documentários para a televisão passou lá por casa e disse que acabava de chegar de Nevada, onde havia sido contratado para "filmar a explosão de um avião" — um teste da Federal Aviation Administration para verificar o papel da "mistura de combustível" em desastres aéreos. (Em um motor, o combustível é misturado com o ar no carburador — um dispositivo que meus médicos haviam freqüentemente comparado à tireóide, que regula a "mistura" pelo corpo da energia metabólica.)

Reler a descrição do sonho no meu caderno era como se uma foto clara estivesse finalmente emergindo de uma emulsão fotográfica de revelação lenta. Eu ainda me lembrava do desprezo que senti pelo "funileiro" (*tinkerer*), a impaciência com sua lentidão e gestos simples diante de uma grave emergência. Meu dicionário de bolso define *funileiro ambulante* (*tinker*) como "trabalhador atabalhoado, que faz tentativas desajeitadas e fracassadas para remendar ou reparar alguma coisa". Nesse momento, porém, consultando o *Webster's* grande, descobri surpreso que essa conotação de amador e de tentativas inúteis não constitui o significado original da palavra. Voltando a uma época muito antiga, o *funileiro ambulante* é definido como "consertador de chaleiras, panelas de metal e coisas desse tipo, que vai geralmente de casa em casa oferecendo seus serviços, um homem de sete instrumentos, mas que não domina a fundo nenhum deles". Um remendão, portanto, um tipo de curador — vai de casa em casa, como o médico dos velhos tempos, e com toda a paciência conserta utensílios usados para preparar alimento, o combustível do corpo.

Esses remendões, porém, são em geral desprezados em nossa sociedade, onde jogamos tudo fora. Eles não seriam bem recebidos em um anfiteatro cirúrgico especializado em incisões radicais. Eu, também, em minha própria psique, desdenhava-os. As atitudes de dois personagens do sonho, o remendão paciente e o rapaz impulsivo, agressivo, refletiam dois lados de minha personalidade, freqüentemente em guerra. A estrela-do-mar, também, era uma criatura de contradições, um híbrido, uma criatura dos céus e do mar, mas que, ainda assim, sugeria um equilíbrio que eu tentava, na maior parte sem sucesso, estabelecer em minha vida: ser um astro no firmamento da mídia, mas permanecer também em minhas próprias profundidades aquosas, particulares. A imagem sugeria também uma perigosa arrogância psicológica — a estrela-do-mar estava "voando alto demais", era um "peixe fora d'água", existindo em seu próprio e distante "avião particular".

A especificidade da palavra *Cessna* continuava a me irritar. O nome não parecia um trocadilho. Como era a marca de avião preferida de contrabandistas de medicamentos, pensei que poderia expressar a ansiedade que eu sentia com a possibilidade de me "viciar" em um hormônio sintético, em seguida à cirurgia. Só cinco anos depois é que o último enigma do sonho encaixou-se inesperadamente no quebra-cabeça. Voltei a morar em Boulder, Colorado, onde arrendei com alguns amigos uma casa suburbana espaçosa. Certo dia, era minha vez de andar os dez quarteirões até a casa da proprietária para pagar o aluguel. No momento em que ia saindo, com o envelope na mão, minha companheira de quarto me deteve: "Você não pode ir lá", disse ela. "A rua está fechada com um cordão de isolamento. Um avião acaba de cair em um quintal, a duas casas de onde ela mora." Era o dia 1º de abril. Olhei-a, dizendo-lhe com os olhos que não havia caído nessa. "Não", insistiu ela, "não estou brincando. Foi um pequeno Cessna."

O piloto e o passageiro, explicou, haviam morrido. O único ferido era um senhor idoso que passava os domingos mexendo em carros antigos. Um pedaço do avião caiu na garagem dele. Se eu tivesse ido lá algumas horas antes, como havia planejado, teria sido testemunha do espetáculo do sonho, de um Cessna caindo em vertical do céu, bem diante de meus olhos.

Fiz um pouco de pesquisa sobre o caso — que, disseram as autoridades de Boulder, era o "mais esquisito" que jamais tinham visto —, descobrindo estranhas ressonâncias com a situação em que estive cinco anos antes. Descobriu-se que o passageiro era um homem que estava convencido de sofrer de um câncer cerebral fatal (uma variedade comum do qual é o "astrocitoma", que recebeu esse nome devido à sua forma de estrela). Os investigadores descreveram-no como um "viciado em médico", um indivíduo que ia de um médico a outro à procura de diagnósticos diferentes, o que teria sido uma boa descrição de mim mesmo na época em que tive aquele sonho. Depois de escrever cartas de despedida a amigos e parentes, o homem alugou o avião com a intenção de cometer suicídio. No ar, atacou o piloto, provocando a queda do aparelho. Ironicamente, a autópsia revelou que não havia nenhuma evidência de câncer: a certeza do passageiro, de que tinha o pior prognóstico médico, carecia de fundamento.[3] Lembrei-me das cartas mórbidas que escrevi a amigos, convencido de que enfrentava morte iminente, descobrindo apenas mais tarde que meu câncer era do tipo de crescimento lento e menos virulento.

Quais as probabilidades de que, cinco anos depois do sonho, eu estivesse a alguns quarteirões de um Cessna que caiu no quintal de um funileiro? Ali havia uma clara indicação de que o reino imaginário podia intrometer-se na vida "real". Comecei a me perguntar se todas as teorias sobre sonho que eu conhecia não estavam, se não erradas, pelo menos lamentavelmente incompletas. Talvez o sonho tivesse de ser analisado não como uma série de metáforas, mas como uma coletânea de histórias, irradiando-se em numerosas direções, como os braços de uma estrela-do-mar — histórias que podiam, às vezes, explodir as fronteiras do tempo e do espaço.

Meu sonho com a estrela-do-mar tornou-se um modelo de como pensar em uma forma multidimensional de interpretar um sonho "marcante" — porquanto suas histórias aplicam-se simultaneamente a numerosos problemas. Uma das histórias dizia respeito a *questões pessoais*: segundo ela, eu era um peixe fora d'água, tentando ser uma estrela e a caminho de me esborrachar no chão. Os personagens representavam aspectos diferentes de mim mesmo: a estrela-do-mar, espécime raro e vulnerável (seus muitos braços sugerem o potencial e o perigo de fazer coisas demais ao mesmo tempo); o funileiro, a corporificação do carinho e da paciência; o rapaz durão, uma *figura-sombra* representando traços indesejáveis — arrogância, desdém e impulsividade — que eu precisava reconhecer e enfrentar.

Outra "história", porém, constituía um *aviso*, neste caso uma história cautelar: cuidado com os tratamentos preconizados pela impetuosa "jovem ciência" da medicina ocidental. O destino da estrela-do-mar, em certo sentido, mais tarde se emparelharia com o meu. A operação, meses depois, pareceu-me cruel, mesmo bárbara. Eu, também, cairia em pedaços depois de perder algo que parecia precioso e insubstituível. O sonho sugeria também, como acontece geralmente com sonhos desse tipo, um enfoque alternativo do problema — neste caso, ajudar o órgão afetado em seu próprio ambiente (o que fisiologistas antigos descreviam como "adubar a terra"). A mim foi mostrada uma criatura que era o próprio espírito do órgão afetado, com a informação de sua capacidade de autocura (a tireóide é um dos poucos órgãos que, como o fígado, consegue regenerar seus tecidos). O sonho justapôs a atitude médica predominante de corpo-como-máquina à idéia antiga de que seus órgãos eram criaturas sagradas, vivas. (Na medicina taoísta, por exemplo, diz-se que os pulmões são a moradia de um tigre branco; o coração, de uma ave vermelha; e o baço, de uma fênix.)

O sonho teve também claras implicações *sexuais,* que Freud teria julgado muito conhecidas: em um trocadilho grosseiro, a estrela-do-mar era a nacele ("*cock*pit" [*cock* = pênis, termo chulo]). Mais tarde, transformou-se em "*cod*" (que, segundo o dicionário, era uma forma arcaica de escroto), que "secou", em contraste com o Eros úmido da estrela-do-mar. (Na verdade minha vida amorosa, absorvida pelo trabalho, estava se extinguindo.) O tema gêmeo freudiano de agressão estava implícito também na palavra *cockpit* — lugar onde as rinhas de galo (*cockfigths*) eram realizadas —, sugerindo, quando pensei no caso, o relacionamento competitivo que eu tinha com meu pai.

Outra dessas tramas das histórias que se irradiavam era um comentário *social.* Sugeria que havíamos esquecido o valor de pessoas como o velho funileiro, que carinhosamente conserta coisas quebradas. E continha uma crítica à sociedade em geral, e especificamente à instituição da medicina, que, com uma freqüência grande demais, esquece o método do "funileiro", preferindo as "intervenções heróicas", rápidas, agressivas. Outra parte da mensagem social tinha a ver com meu próprio ambiente profissional: trabalhando em uma profissão de ritmo febril, eu tendia a dar valor a colegas rápidos, secos, extrovertidos, ignorando os mais lentos, menos assertivos, mais introvertidos. O sonho aplicava um corretivo, sugerindo que eu poderia precisar inverter esses valores. Na verdade foram meus amigos na pista de alta velocidade que desapareceram mais rápido quando tive minha crise e foram os "lentos" que carinhosamente me deram apoio.

Outra das múltiplas histórias do sonho era *arquetípica*. Se estivesse sendo contada como um mito, ela seria mais ou menos assim: estrela-do-mar, possuidora do poder sagrado de curar ferimentos, cai do céu à terra. Descobriu um mortal como aliado, que realiza com ela uma espécie de batismo — em meu sonho, a estrela-do-mar foi posta dentro do que parecia uma combinação de pequeno chafariz onde as aves se banham e uma pia batismal —, mas é traída e finalmente sacrificada. Há nessa interpretação vestígios da história de Ícaro, que voou alto demais e caiu, ou de mitologias *pop* como *E.T.* e *O homem que caiu do céu,* nos quais um alienígena frágil, dotado de poderes estranhos, cai em nosso mundo, encontra um protetor simpático, mas no fim é vítima de autoridades míopes. (Ambos os filmes exploram um tema de tratamento médico desajeitado e destrutivo.) Atribuir dimensões míticas a um sonho pode parecer exagero. Nos mitos, porém, podemos discernir nossa própria história em letras garrafais; descobrir padrões e sistemas de crença que, uma vez compreendidos, podem ser mudados; identificar perspectivas sobre nossas preocupações individuais como reflexos de temas humanos eternos.

Em seguida, a história ultrapassou por completo as dimensões da página. O sonho reforçou seu impacto através de *sincronicidade,* penetrando em minha vida. Contra todas as probabilidades, no dia seguinte, uma estrela-do-mar, de verdade, úmida e mexendo-se suavemente, foi colocada na palma de minha mão. Através de um encontro direto com a criatura do sonho, fui iniciado em um relacionamento com um tipo de totem — um animal capaz de autocura e, assim, um arauto palpável de meus recursos interiores.

Finalmente, cinco anos depois, uma *precognição* — através do desastre do Cessna — foi revelada, obrigando-me a pensar seriamente na crença mítica de que o tempo linear é uma ilusão, que não somos apenas as criaturas puramente acorrentadas à terra que pensamos, mas somos também uma espécie de estrela-do-mar, nadando em um mar de passado, presente e futuro.

Até hoje o sonho continua a ser para mim uma história do tipo *Rashomon*, no qual numerosas versões podem ser contadas do mesmo fato, cada uma delas contendo uma nova verdade. E é esse enfoque que marcará este livro — sugerir não apenas um método de interpretação, mas uma maneira de ver.

O Chamado do Sonho

Podemos realmente acreditar em sonhos? Pode acontecer que, como no estribilho do tema de *A história sem fim*, "o que você sonha, será"? Tendemos a ridicularizar a origem dos sonhos como sendo "pura imaginação", como um país das maravilhas, sem nenhum valor prático.

Embora nosso léxico nacional transborde de expressões como "Acredite em seus sonhos" (significando, em geral, as ambições do ego, que os sonhos adoram esvaziar), poucos entre nós seguem suas fantasias noturnas. Nossos sonhos são deixados, como Rapunzel, a tecer suas histórias em uma torre, seus longos cabelos jamais tocando realmente o chão. Nós aparentemente sofremos, disse-me certa vez o psiquiatra radical R. D. Laing, de um tipo de "psicofobia coletiva, o medo do conteúdo mais profundo de nossa mente". Nossos filmes de horror abundam em histórias sobre o que acontece com os que se metem a explorar os aspectos fantasmagóricos da psique. Levar sonhos a sério *pode* ser um negócio perigoso — o assassino Filho de Sam não era também um visionário?[4] Não temos certeza de que até que ponto é seguro olhar fundo demais, quanto mais agir de acordo com o que ali vemos.

Se pensamos em seguir as diretrizes dos sonhos, podemos facilmente acabar no dilema metafísico de Hamlet, que o romancista John Gardner descreveu certa vez como cumprir "uma lei mais alta em um universo incerto... atendendo ao que diz um fantasma". A opção de Hamlet termina em assassinato e mutilação. Ainda assim, o preço por ignorar o mundo interior seria também alto: "A tragédia de Hamlet", escreveu o notável escritor Laurens van der Post, "foi exatamente o fato de ele sempre encontrar uma razão para não obedecer às instâncias de seu espírito."

Fiquei confuso com meus sonhos, acalentei-os e deles fugi, e quando podia deslindá-los, recuperava-os como recuperamos um parafuso perdido no fundo de um baú de quinquilharias, perguntando se ele não poderia, algum dia, ser valioso. Mas levar os sonhos a sério — o suficiente para agir de acordo com eles, viver com o que nos dizem — é potencialmente subversivo. Sonhos derrubam barricadas: aceitam tudo, nada proíbem, observam a vida através de um diferente diafragma moral. Nem sempre nos lisonjeiam. São um espelho da imperfeição humana, posto diante da face de nossas ambições mais ardentes. Podem assustar-nos: o pesadelo é uma coalescência de nossos terrores mais privados. Mas até mesmo um sonho puramente euforizante, um vôo ao céu montado em um cavalo alado, provoca um tipo diferente de agitação — que podemos abrigar uma grandeza irrealizada, que temos um potencial que, se ousássemos explorá-lo até o fim, traria fim à vida comum.

Nestes dias, esforço-me para ouvir o que me dizem os sonhos, até mesmo antes de tomar decisões de natureza crítica, embora essa confiança provisória em fantasmas possa me marcar como um tolo. Não posso evitar de ver a vida binocularmente, através de meus olhos noturnos e diurnos, e isso muda tudo — meu relacionamento com os outros, comigo mesmo, com a realidade em geral. Alguns sonhos, penso eu, *são* uma forma de realidade. Eles não parecem "oníricos" no sentido habitual da palavra, denotando coisas indistintas, vagas e evanescentes. Ao contrário, fazem com que o dia-a-dia pareça mais evanescente. Sugerem que é o barco da vida de vigília que balança e joga, faltando-lhe o leme do infinito. Quanto mais atento os examino, meus sonhos parecem insistir no mesmo dever espiritual: *Você tem de viver com autenticidade. Agora. E sempre.*

Em uma era em que tudo está sendo mapeado — cada acidente geográfico, dos mais altos céus ao fundo do mar, todos os objetos físicos, da supernova distante ao pontinho luminoso do genoma humano —, os sonhos continuam a ser, por sua própria natureza, *terra incognita.* Empurram-nos para além de nossas limitações, insistindo conosco para passar às terras virgens, limítrofes, do possível.

Capítulo 1

O que é um sonho curativo?

Definindo o Indefinível

Tive a visão mais maravilhosa. Tive um sonho... Todas as faculdades do homem não bastariam para dizer o que era esse sonho. Quem procurar explicá-lo não passa de um... Os olhos do homem não ouviram, nem os ouvidos do homem viram, nem a mão do homem poderia provar, nem sua língua conceber, nem seu coração expressar o que era meu sonho.

Novelo, *Sonho de uma noite de verão,* Shakespeare
(Em "William Shakespeare, Obra Completa")

A MAIORIA DE NÓS TEVE (OU TERÁ INEVITAVELMENTE) PELO MENOS UM sonho que nos deixou sem fala. Esses sonhos nos dizem que não somos quem pensamos. Revelam dimensões de experiência que transcendem o dia-a-dia. Podem chocar-nos, consolar-nos, excitar-nos ou provocar nossa repulsa. Mas tomam seu lugar ao lado dos acontecimentos mais memoráveis de nossa vida, tão vívidos e representativos são. Alguns parecem parábolas, desencadeando fortes explosões de *insight*; outros lembram histórias absorventes de mistério; e ainda outros são como dramas míticos, histórias de horror ou mesmo piadas engraçadíssimas. Na viagem da infância à velhice, podemos contá-los na palma da mão. Ainda assim, logo que impressionam a alma como um relâmpago, eles como que nela formam uma constelação, emitindo uma radiação regular, como um pulsar.

Fiquei atônito ao descobrir o número de pessoas que lutavam com essas experiências interiores. Numa época em que a psique individual é colonizada cada vez mais pela cultura de massa, quando imagens da mídia parecem cada vez mais resolvidas a substituir por atacado os sonhos, encontramos aqui uma existência paralela, muda, que sonhadores, às vezes, escondem até de suas pessoas mais amadas.

Às vezes, esses notáveis sonhos são descritos em um léxico criado pela própria pessoa: sonhos "profundos", sonhos "vibracionais", sonhos "fortes", sonhos "relâmpagos", sonhos "TV" (por uma freira sul-africana), "sonhos de ser uma pessoa de sorte" (um criador de cães de Quebec), sonhos "reais" (um curandeiro índio, da tribo salish, do Oregon). Um artista popular chamado Sultan Rogers, famoso por seus imaginosos entalhes eróticos em madeira, dá a seus sonhos mais fortes o nome de "futuros", tão repletos estão da urgência de manifestar-se no mundo. (Ele insiste em entalhá-los imediatamente ao acordar, enquanto ainda estão frescas as imagens sensuais.) Não obstante, muitas outras pessoas com quem conversei revelam autêntica hesitação em conversar sobre seus sonhos, como se expô-los à luz do dia pudesse prejudicar alguma germinação ainda a caminho. A famosa analista junguiana Marion Woodman recusou-se a contar um sonho que acreditava tê-la curado de uma doença física grave, porque, disse-me: "Não posso deixar que outras pessoas penetrem no meu relicário mais sagrado." Outros disseram que temiam conseqüências na vida profissional, se fossem considerados como pessoas obcecadas por sonhos. "Estou a meio caminho de organizar um negócio de muitos milhões de dólares, com base em um sonho que tive há dez anos", confidenciou-me um deles. A visão transformou-se no ideal de sua vida. "Mas não iria pegar bem", disse, "se meus sócios pensassem que dependo de consultores invisíveis."

Nos 15 anos transcorridos desde que iniciei este estudo, surgiu um campo nascente de pesquisa, juntamente com uma série de termos — *impactante, transformador, titânico, transcendente* — para diferenciar os sonhos marcantes dos sonhos comuns. Cunhei a expressão *Sonhos Curativos* porque eles parecem encerrar um propósito de singular intensidade: levar-nos a aceitar as contradições entre corpo e espírito, o eu e o outro, sombra e luz, em nome da totalidade. A própria palavra "sonho"* em hebraico — *chalom* — deriva do verbo que significa "ser tornado sadio ou forte".[1] Com notável coerência, esses sonhos

*Em inglês, *dream*. (*N. do T.*)

nos dizem que vivemos na mera concha externa de nosso potencial e que, na escuridão de uma parte ainda desconhecida de nosso ser, podemos encontrar a luz que procuramos.

Jung chamou-os de numinosos (do latim *numen*, que significa "comando divino"), mas, muitas vezes, usava apenas uma palavra taquigráfica sucinta, *big* (*grandes*). Conquanto a maioria dos sonhos fosse, escreveu, "fragmentos noturnos de fantasia", comentários mal velados "dos assuntos do dia-a-dia", esses sonhos marcantes estavam associados a grandes mudanças na vida, a questões que afetam relacionamentos profundos e a momentos decisivos na vida espiritual.[2]

Culturas numerosas possuem uma terminologia para esses sonhos de inigualável poder. O Novo Testamento grego contém aparentemente mais palavras relativas à experiência interior do que os esquimós possuem para neve: *onar* (visão no sonho, em contraste com o estado de vigília); *enypnion* (visão no sonho que ocorre de repente); *horama* (que pode referir-se a visões da noite, no sono, ou desperto); *horasis* (visão sobrenatural); *optasia* (visão sobrenatural em que a Divindade se revela); e assim por diante. De modo geral, a língua inglesa é pobre em vocabulário funcional. Pouco temos à nossa disposição, além de *dream* e *nightmare* (*sonho* e *pesadelo*). Dada nossa pobreza cultural, pode ser muito difícil descrever essas ocorrências marcantes.

"Como é que você sabe que teve um sonho especial?", perguntei certa vez a um conhecido, um índio choctaw chamado Preston. Um tipo cômico com feições extremamente móveis — seu papel na tribo, contou-me ele, era o de um "apalermado", mágico ou comediante —, ele ficou estranhamente sério ao ouvir a pergunta.

"Esses sonhos com visão são coisa que a gente segue", respondeu. "Coisas que a gente faz. Eles mostram uma situação que precisa ser tratada e uma maneira de virá-la pelo avesso."

"Mas *como* é que você sabe?", insisti.

"É a maneira como a pessoa se sente. Esse tipo de sonho acorda a gente de súbito. Talvez você acorde feliz, realmente feliz." Ele me fitou, entortando uma sobrancelha. "Ou talvez acorde com a cama tão molhada de suor que até pensa que fez xixi!"

O comentário brincalhão põe em destaque uma característica universalmente atribuída aos Sonhos Curativos — o que poderíamos chamar de seu peso ontológico, a importância e o imediatismo da experiência vivida. Observações de vários sonhadores voltam com freqüência ao tema comum de "mais real do que o real". Eles, muitas vezes, comentam a acuidade que os sentidos adquirem — gustativo, tátil, visual, olfativo e auditivo. Eu mesmo me lembro de ter acordado de um sonho com os ouvidos vibrando com um som de tiro ou momentaneamente cego com uma explosão de luz.

Freqüentemente, há neles uma profundeza de emoção que supera de longe a que experimentamos na vida normal de vigília. Solomon Almoli, rabino e médico do século XVI, escreveu, a propósito: "Se o indivíduo sonha com impressionantes imagens de fantasia que o tornam excitado, amedrontado ou raivoso durante o sonho em si, esse é um sonho autêntico. Se, contudo, as imagens são insípidas ou não despertam sentimentos fortes, o sonho não é autêntico."[3] Nesses sonhos encontramos não simples ansiedade, mas terror, não meras coisas agradáveis, mas uma alegria que o coração mal pode conter. Dizem algumas pessoas que acordaram com o travesseiro ensopado de lágrimas ou rindo de puro deleite. (O povo bantu da África possui um termo específico para esse estado — *bilita mpatshi*, ou sonho de bem-aventurança.[4])

Os Sonhos Curativos lembram o teatro grego antigo, onde atores, usando vestimentas coloridas, longas, apresentavam histórias concebidas para pôr a platéia dentro do espremedor emocional: levá-la a sentir, nas entranhas, as agônias e êxtases dos heróis e heroínas. Na verdade alguns desses sonhos contêm cenários e personagens próprios das lendas — residências palacianas, paisagens sem fim, seres de bondade sobrenatural ou malignidade horripilante. Aparentemente, eles produzem uma catarse, levando sua "platéia" a uma metanóia, uma transformação do coração.

Tal como um drama, esses sonhos possuem muitas vezes uma estrutura narrativa inusitadamente coerente. Textos islâmicos sobre sonhos chamam os de natureza comum de *azgha* — literalmente, "um punhado de mato e ervas secas", implicando falta de organização — em contraste com as mensagens mais coerentes dos *ahkam* ("inspiração autêntica vinda da Divindade, o alerta de um poder protetor ou a revelação de eventos futuros").[5] As histórias encontradas nos Sonhos Curativos tendem a ser mais refinadas, contendo muitas vezes uma vasta coletânea de recursos literários ou cinematográficos — subenredos, personagens coadjuvantes, inversões súbitas da linha narrativa, desenlaces surpreendentes, relâmpagos de retroação ao passado, projeções no futuro, premonições e mesmo narração de acompanhamento e música de fundo.

E não raro despertam no indivíduo o senso do sobrenatural ou do paranormal. No sonho, podemos descobrir que temos poderes especiais para mover objetos (telecinese), receber informações como se por via telepática, levitar, transformarmo-nos em outras criaturas, visitar os céus ou os infernos. Sonhadores falam em experiências fora do corpo, previsão de fatos concretos, conversa com desencarnados, sonhos quase idênticos aos de um amigo ou bem-amado e outros casos estranhos de sincronicidade. Os Sonhos Curativos vibram com tanta energia que, tal como a fagulha de um gerador Van de Graaf, parecem saltar a distância entre os mundos visível e invisível.

Nesses sonhos, os símbolos tendem a ser extraordinariamente em vários níveis — casos exagerados que Freud denominou de "superdeterminação", em que o inconsciente "escolhe" uma imagem pela sua multiplicidade de associações. A própria linguagem revela uma rica densidade. Uma palavra de importância decisiva no sonho pode produzir uma dezena de definições, cada uma delas com uma nuance diferente ou mesmo oposta. Encontramos neles, com freqüência, um componente altamente estético — podem, por exemplo, exibir danças e rituais, música e canções, fotos, quadros e outras formas de arte. Encerram muitas vezes uma dimensão coletiva — o sonho parece transcender as preocupações pessoais do sonhador, entrando em assuntos de família, clã, comunidade ou mundo em geral.

Esses sonhos persistem de uma forma estranha. A pessoa acorda com a imagem ainda diante dos olhos. O sonho permanece na memória muito depois de desaparecerem os sonhos comuns. Novos significados surgem com o tempo. É como se vivêssemos dentro do sonho. "A *descoberta*", disse a um pesquisador o sábio Lame Deer, índio americano, "tem me ocupado durante toda a vida."

Mais importante que tudo, os Sonhos Curativos, se levados em conta, podem transformar o indivíduo, gerando novas atitudes para com ele mesmo e os demais, ampliando-lhe a compreensão espiritual, aprofundando o lado sensível da vida, ocasionando mudanças em carreiras e relacionamentos, até mesmo afetando a própria sociedade. Após um Sonho Curativo, a pessoa talvez nunca mais seja a mesma.

Entrando no Reino

Esquadrinhar esses sonhos, mergulhar em suas profundezas, implica reconhecer que estamos sob uma pressão de muitas atmosferas. Se subirmos rápido demais para a superfície explicativa, teremos convulsões. Mas também, se passarmos um tempo longo demais sob o oceano do inconsciente, corremos o risco do equivalente psicológico para a confusão embriagante que mergulhadores denominam de "êxtase da profundidade". Se os aceitamos ingenuamente — supondo, "para começar, fui eu que o construí, de modo que posso facilmente explicá-lo" ou, inversamente, acreditar que estamos recebendo ditados infalíveis de poderes superiores —, aquilo que poderia curar-nos poderá prejudicar-nos.

Jung alertou que um relacionamento com o inconsciente pode florescer "apenas quando a mente consciente cumpre sua missão até o próprio limite".[6] Ele mesmo descreveu ocasiões em que se lançou com irrefletida pressa no reino dos grandes sonhos. E manifestou-se de forma notavelmente fria sobre as dificuldades da experiência: "Impopular, ambígua e perigosa", escreveu, "esta é uma viagem de descoberta ao outro pólo do mundo." Durante o que descreveu como sua "confrontação com o inconsciente" — período iniciado em 1913, após o rompimento traumático com Freud — foi inundado por sonhos e visões cujas origens não conseguiu encontrar em sua própria história pessoal. Atormentado por uma "massa de dúvidas", deixou o mundo e retirou-se para sua casa às margens do lago Zurique, resolvido a explorar as profundezas de sua psique. Nesse período, sentiu que se tornava "uma página em branco, rodopiando aos ventos do espírito", temendo muitas vezes "perder o juízo".[7]

Em certa ocasião, teve a visão horrenda de uma monstruosa maré de sangue cobrindo a Europa, levando de cambulhada um número incontável de cadáveres. Temendo que a inundação macabra simbolizasse uma psicose que se aproximava vertiginosamente, resolveu que tudo que lhe restava a fazer era manter um registro exato da experiência — de tal forma que, pelo menos, sua morte pudesse dar uma contribuição à ciência. Pouco meses após a visão, a maré sanguinária da Primeira Guerra Mundial engolfou o continente. "Chocado e horrorizado como estava com a notícia", escreveu sua biógrafa, Barbara Hannah, "ele se sentiu completa e definitivamente aliviado dos receios pela própria sanidade mental, porquanto reconheceu nesse momento a visão pelo que isso era: uma premonição inusitadamente clara."[8] Com o passar do tempo, a viagem interior, simultaneamente perigosa e reveladora, levou-o a um *insight* que desvendou novas vistas e que denominou de "objetividade da psique". As imagens do inconsciente não eram simplesmente fragmentos de memória ou símbolos de pulsões interiores reprimidas, concluiu, mas tinham uma misteriosa vida própria ("tal como animais numa floresta")[9] e falariam, se aprendêssemos a escutar.

Há vários anos, quando viajava pelo sul da Alemanha, tomei impulsivamente um trem que se dirigia para Zurique. Queria visitar a velha casa de Jung à beira do lago, não tanto como turista, mas sobretudo como peregrino. Sabendo que o filho idoso de Jung, Franz, ainda residia no local, liguei de um telefone público e tive a surpresa de receber um convite para visitá-lo. Aproximando-me da majestosa casa, senti um pequeno arrepio ao ver, entalhado sobre a porta, o famoso lema de Jung, uma frase latina que significa: "Invocado ou não, o deus entrará." Era um ponto de vista simultaneamente otimista e, ao mesmo tempo, um pouco assustador.

Franz Jung, com seus olhos empapuçados e um meio sorriso enigmático, era aos 86 anos de idade um reprodução quase perfeita da foto de capa da autobiografia espiritual do pai, *Memories, Dreams, Reflections*. Levou-me para o primeiro andar e, com um gesto, indicou-me uma poltrona estofada na biblioteca de "C.G.". Sentados ali, cercados pelos exemplares do *De Divinatione*, de Cícero, e edições puídas encadernadas em couro, de Goethe, que haviam pertencido ao mestre, ele me perguntou logo por que eu viera até ali. Quando respondi que eu mesmo andava lutando para compreender meus próprios sonhos extraordinários, ele respondeu, todo satisfeito: "Vou dar um jeito para que você não perca a visita!"

Levantou-se bruscamente e disse que tinha algo que pensava que me interessaria — "desde que você queira farejar por aqui" — e, após alguns minutos mexendo em coisas, voltou com um livro encadernado em couro vermelho. Meu coração deu um salto: o *Livro vermelho*! Aquele livro lendário de folhas soltas, profusamente ilustrado pelo autor sobre o período de inspiração e quase loucura, de publicação há muito tempo proibida por seus herdeiros, ia ser posto em minhas mãos. Não, explicou Franz, aquela obra permanecia "fechada no cofre da família". Este era o único exemplar remanescente do *Seven Sermons to the Dead*, de propriedade do próprio Franz, uma edição limitada belamente trabalhada que o pai mandara imprimir para distribuir entre os amigos.

O tipo de letras, denso, gótico, quase heráldico, parecia bem apropriado à sua origem como epifania. O livro foi escrito em um período em que Jung sentiu, de repente, uma "atmosfera peculiar", como se a casa estivesse "transbordando de espíritos". Certa noite, Franz, na ocasião com nove anos de idade, teve um sonho perturbador sobre um anjo e um demônio lutando no ar sobre a figura de um pescador. Desenhou a cena com um *crayon* e correu para o gabinete do pai, querendo lhe mostrar o trabalho. No dia seguinte, um domingo, Jung começou a escrever o *VII Sermones ad Mortuos.* O trabalho, estranho, encantatório, jorrou-lhe da pena em questão de dias, e nele tentava conciliar "pares de opostos" — bem e mal, beleza e feiúra, o uno e os muitos — em uma única "plenitude do Ser divino". Astutamente, Jung creditou o livro a um herege do século I, Basilides de Alexandria, escondendo durante anos sua autoria. Por um lado, isso era um gesto de autodefesa — ninguém esperava que doutores da ciência ainda implume da mente fossem visionários obcecados. Por outro, era sua maneira de prestar tributo a um texto não inteiramente seu, mas que fora resgatado do outro mundo.[10]

Passei as páginas, na esperança de que meu enferrujado alemão de escola secundária me ajudasse a decifrar as frases portentosas. Ali estava uma visão do todo despida de piedade, na qual os mortos voltavam de mãos vazias de Jerusalém e se postavam diante das muralhas clamando: "Queremos conhecer Deus!" Grande parte do livro é uma invocação a uma divindade esquecida chamada Abraxas — "um deus difícil de conhecer... o improvável provável Deus poderoso no reino da irrealidade" — que, pela descrição, poderia ser corretamente chamado de o deus dos Sonhos Curativos. "Seu poder é o maior de todos", comenta vigorosamente o texto, "porque o homem não o percebe, absolutamente."[11] Franz e eu ficamos juntos em silêncio, enquanto o sol da tarde dourava a sala e transformava pontinhos de poeira em luz, sentindo as paredes respirar nesse lugar onde, certa vez, ao que parecia, algum antigo véu se abrira.

Sonhos e Divindade

Embora as experiências de Jung fossem altamente dramáticas — seus críticos diriam "uma dramatização de si mesmo" —, os Sonhos Curativos revestem-se, às vezes, de uma atmosfera sobrenatural. Tendem a sondar temas espirituais e não temas meramente psicológicos, tratar não só de nossa situação pessoal, mas também da condição humana. É surpreendente encontrar uma força que, a despeito de nossos melhores esforços para nos limitarmos, não aceita nossa pequenez. O Sonho Curativo pode ter muitas das qualidades que, tradicionalmente, associamos à divindade: onisciência, onipresença, verdade e compaixão (com maior freqüência, da variedade amor exigente!). Seguidos devidamente, eles fazem "o trabalho de Deus", tornando-nos mais céticos de nossas vaidades, mais sintonizados com o transcendente, menos temerosos do desconhecido.

Alguns diriam que os Sonhos Curativos estão simplesmente nos mostrando mais uma vez, de forma exótica, nossa própria inteligência. Estamos conversando conosco mesmos. De onde *mais* poderiam eles vir? Estou convencido, porém, que, nesses sonhos, as impressões digitais de algo além do egocêntrico "eu" são inconfundíveis. Benedict Pererius, clérigo do século XVI, em seu livro *De Magia* pontificou que, conquanto a maioria dos sonhos seja "infundada, vazia de toda base racional" (ele os compara às visões de bêbados e loucos),[12] alguns constituem mensagens divinas. Esses sonhos divinos, escreveu, "são concedidos clara e explicitamente". Pererius, no entanto, foi forçado a reconhecer que mesmos estes podem ser "obscuros e enigmáticos", e explicou que essa é a maneira de Deus de impelir o sonhador a consultar "ninguém mais senão os homens santos", para obter compreensão.[13]

Um dos maiores serviços prestados por Sigmund Freud, sem dúvida alguma um sábio do século XX, foi a resoluta insistência em que *todos* os sonhos — mesmo os do tipo descrito por Pererius como "desordenados, confusos e bizarros" — eram significativos. Separando a interpretação dos sonhos do dogma religioso, ele atacou a opinião predominante de que sonhos com imagens grotescas ou "pecaminosas" eram puro absurdo ou coisa pior. Ao contrário, disse, os sonhos que julgamos mais repulsivos são a própria gazua para a auto-revelação e até mesmo os comuns, se examinados com seriedade, constituem uma "estrada real" para o inconsciente.

Os Sonhos Curativos não têm de tratar exclusivamente de algum plano mais alto de existência. Os mais vitais, os que nos tornam espiritualmente mais maduros, podem ser, com freqüência, mais mortificantes do que enobrecedores e se desenrolam no nível de sangue e esterco, carência e deformidade. Confrontam-nos com uma visão de totalidade indivisível, além de corações e flores. A espiritualidade, afinal de contas, não é um Prozac existencial. A psique pode ser diabólica, brincalhona, imperiosa, terna, fiel, pestilenta — o que quer que nos prenda a atenção na tarefa interior que temos de enfrentar.

Poucas forças na vida apresentam, com igual senso de inevitabilidade, os fatos crus de quem somos e as exigências daquilo que podemos vir a ser. Sonhos Curativos são o que os hindus chamam de *satyagraha* — força da alma, o remédio da verdade. Impõem-nos realidades obscurecidas por nossa propensão para aliviar as coisas, de ficarmos aquém do que podemos ser, de dividir a diferença entre o que sabemos, bem no fundo, com o que preferimos pensar. Esses sonhos perturbam-nos devido à sua recusa total em satisfazer as idéias mais acalentadas que temos sobre nós mesmos. É de espantar que sejam freqüentemente rotulados de fantasias sem propósito?

Os Sonhos nos Usam

Muitas pessoas se perguntam por que deveriam de qualquer modo preocupar-se com sonhos. Uma resposta corriqueira é que eles nos ajudarão na vida, e isso é certamente verdade. Até mesmo o sonho mais extraordinário, se devidamente examinado, terá muito a dizer sobre questões do dia-a-dia como trabalho, amor e saúde. O Sonho Curativo, porém, é menos um defensor de nossos objetivos em estado de vigília — realização material, romance perfeito, um lugar modesto na história — do que um procurador-geral da alma, cujos objetivos podem ser contrários aos do ego. Freqüentemente, pouco se interessa pelos estratagemas de auto-engrandecimento que confundimos com progresso. "É degradante dizer que podemos usar sonhos como ferramentas — como pás! — para progredir na vida ou, para ser mais assertivo, como uma criança que reza para que a irmãzinha caia morta, de modo a poder ficar com seus bombons", disse-me com alguma emoção um sonhador. "É mais provável" — e nessa altura ele pareceu iluminar-se de certeza — "que os sonhos *nos* usem."

Esses sonhos nos "usam" apenas se estamos dispostos a conviver por algum tempo com suas ambigüidades, sem resolvê-las. Robert Johnson, psicólogo junguiano, conta uma ocasião em que teve uma visão semi-onírica de um "homem-espírito", com um fogo abrasador alaranjado correndo por suas veias. O homem mergulhou até o fundo de um lago azul e o fogo, por alguma razão milagrosa, não apagou. Em seguida o homem-espírito tomou-o pela mão e levou-o em vôo para uma grande nebulosa que coruscava como um diamante no centro do universo. No próprio limiar da majestade divina, diante de vastos e cegantes redemoinhos de luz eterna, Johnson puxou-lhe a manga e perguntou, impaciente: "Isso é bonito, mas *serve para quê*?"

"O homem-espírito fitou-me", escreveu Johnson, "enojado. 'Não serve para *nada*.'" Ainda assim, por muito tempo depois, Johnson se perguntou como essa experiência poderia tangivelmente mudar-lhe a vida. Certo dia, teve um *insight* decisivo: *Ele nunca saberia*. "Esse poder magnífico", escreveu, "é transmutado em pequenas coisas, em comportamento do dia-a-dia, em atitudes, nas opções que fazemos, na mesmice da vida humana diária."[14]

A experiência de Johnson enfatiza que, ao contrário de uma enxurrada de obras populares (começando com manuais de interpretação de sonhos dos antigos egípcios), talvez não haja um método direto, infalível, de utilizar o poder dos sonhos. Podemos ficar atônitos com o fulgor de um raio, mas isso não significa que podemos aprisioná-lo e usá-lo sobre a grelha para assar nosso bife. Sonhos Curativos raramente oferecem receitas claras. Eles com freqüência nos exigem viver nossas perguntas, em vez de fornecer respostas instantâneas.

De que maneira, então, devemos considerar um Sonho Curativo? Poderíamos pensar nele como uma janela que nos amplia a perspectiva, libertando-nos de uma certa visão de túnel. Ele emoldura nossas preocupações diárias em um contexto além dos confins de nosso quarto. A visão que temos dessa janela abre-se para o que considerávamos como província exclusiva dos místicos e dos filósofos — enigmas tais como o significado do sagrado, o problema do mal, a natureza do tempo, a busca de uma autêntica vocação, os mistérios da morte e do amor —, tornando essas questões intimamente nossas.

Ou podemos considerá-lo como um adversário digno de nós. Diz-se com freqüência que o trabalho espiritual é uma *opus contra naturam*, isto é, o contrário do que parece natural, normal, ou mesmo bom. O inconsciente não é simplesmente o repositório da beleza e da luz, ou o propiciador de orientação firme e benigna, mas também o lar do trapaceiro. A figura do sonho que ostenta os poderes negados ao eu parece freqüentemente sinistra e antitética. Mas pode ser também nossa aliada secreta: na vida espiritual, o meramente agradável pode tornar-se a maneira isenta de atrito do ego para esquivar-se de aprender muito de alguma coisa. Irritando-nos, o Sonho Curativo acende um fogo interior, obrigando-nos a incluir obstáculos e adversários no processo de crescimento.

Poderíamos considerar o Sonho Curativo como uma obra de arte, algo que evoca uma sensação de plenitude de sentido que não pode ser posta em palavras. Tal como o fascinante quadro de Vermeer, de uma mulher simples com um jarro na mão, o extraordinário é que joga luz sobre o ordinário. Tal como a arte, o sonho cria uma mudança de perspectiva no próprio ato de observá-lo. Ver coisas de uma maneira que não vimos antes — assumir a postura do apreciador, e não a do analista — muda-nos, como sugere a observação seguinte do fenomenologista Merleau-Ponty: "Em vez de ver o quadro, vejo de acordo com ele ou com ele."[15]

Os Sonhos Curativos podem ser concebidos como visitas a um outro mundo, com geografia e habitantes próprios. Dessa perspectiva, somos exploradores visitando terras estrangeiras cujos habitantes têm costumes, crenças e linguagem que não nos são inteiramente familiares. As imagens do sonho, portanto, são experimentadas por si próprias, e não apenas como símbolos fabricados pelo eu. Através desse tipo de encontro vivo, elas se tornam a viagem proverbial que alarga a mente.

Ou poderíamos considerar o Sonho Curativo como um mestre sábio que nos ensina da maneira mais pessoal possível — e de modo muito embaraçoso, uma vez que nos conhece os desejos proibidos e os medos mais profundos, as esperanças inconfessadas e os talentos jamais usados. Esse mestre conta-nos histórias sobre nós, sobre nossos relacionamentos, sobre nosso lugar no esquema mais amplo. Esse enfoque talvez exija uma humildade que o ego ache desagradável. Jung, a propósito, disse a um sonhador: "Escute aqui, a melhor maneira de lidar com um sonho é pensar em si mesmo como uma criança ignorante, um jovem ignorante, e procurar o ancião de dois milhões de anos de idade ou a velha mãe e perguntar: 'Bem, o que é que você pensa de mim?'"

O que é que o sonho *pensa*? Ou será o Sonho Curativo em si mais do que uma pergunta que *nos* é feita? Se assim, a resposta aparentemente mais razoável é, muitas vezes, a errada. Esses sonhos funcionam de acordo com regras que confundem a mente desperta. No âmago dos Sonhos Curativos, porém, encontramos certas atitudes coerentes, ainda que desafiadoras. Mas, antes de tentar compreendê-los, seria útil levar em conta alguns dos princípios e perspectivas que reaparecerão ao longo da jornada:

- *Não-eu*: Sonhos mostram que não somos aquilo que pensamos. "Andamos através de nós mesmos", escreveu James Joyce, "encontrando assaltantes, fantasmas, gigantes, anciãos, jovens, esposas, viúvas, irmãos no amor."[16] Os sonhos nos descentram de nossa identidade no dia-a-dia, empurrando-nos para uma multiplicidade mais rica do ser. Por isso mesmo, neles podemos descobrir, surpresos, como disse um pesquisador do assunto, que somos "mulher e não homem, cão e não gente, criança e não adulto... e (mesmo) simultaneamente duas pessoas".[17] Ou, como diz Alice no País das Maravilhas: "Eu sei quem *era* esta manhã, mas, desde então, mudei várias vezes." O que o Sonho Curativo tenta curar é nada menos do que o ponto de vista do ego — aquele "eu" habitual que se apega a rígidas certezas de que "eu quero", "eu temo", "eu odeio", "eu amo". O que às vezes se denomina de ego-*self* ou a figura do "Eu-si mesmo" em nossos sonhos talvez seja apenas um personagem secundário, reagindo aos fatos ou observando-os, mas não os controlando. Podemos vivenciar a diminuição do que, no estado de vigília, é o que mais gostamos em nós e a elevação do que julgamos depreciador. Um sinal da personalidade sadia é a capacidade de reconhecer outros eus e viver sob outras peles.
- *Absurdo*: Do ponto de vista do ego, a lógica do sonho é um oximoro. Podemos apostar, sem medo de perder, que o que quer que consideremos mais ridículo no estado de vigília é o ponto focal daquilo que o sonho nos quer dizer. Na verdade, quando nos descobrimos desdenhando uma imagem como sem sentido, isso é sinal de que devemos tirá-la do monte de lixo e colocá-la em cima da mesa. Tal como um mágico, o sonho pode nos confundir dando pistas falsas, mas isso apenas acontece porque estamos dando atenção demais à direita e não o suficiente à esquerda. Tal como um bobo na corte de um rei, os sonhos usam o absurdo para dizer a verdade numa ocasião em que ninguém ousaria fazer isso. Mas o rei, para compreendê-la, precisa saber que a piada é feita à sua custa.

- *Equilíbrio*: O Sonho Curativo ocorre às vezes para restabelecer o equilíbrio — alguma coisa na personalidade está torta, empenada, não está certa (ou, talvez, esteja certa *demais*). Se ficamos inchados de orgulho, o sonho nos traz de volta à nossa escala humana; se vagueamos por um vale escuro, perdidos, ele ilumina inesperadamente o cume da montanha. A psique, sugere Jung, é um "sistema auto-regulável que mantém seu equilíbrio exatamente como faz o corpo. Todo processo que vai longe demais pede imediata e inevitavelmente compensações".[18] O caminho mais rápido para o núcleo do sonho consiste em perguntar que atitude consciente unilateral ele está tentando contrabalançar.
- *Inversão de valores*: Nos sonhos, nossos pontos de referência fixos — nossas opiniões, valores e juízos — podem ser revelados como sendo meros truques de perspectiva. O que a mente consciente acredita ser uma gema preciosa talvez seja, para o espírito, um seixo de praia, enquanto que o que jogamos fora pode ser a pérola de grande valor. Alice, em sua jornada pelo País das Maravilhas, bebe inicialmente uma poção que a torna muito grande e que a leva a chorar sentidamente. Em seguida, quando outro elixir a encolhe, ela praticamente se afoga nas próprias lágrimas. Algumas poucas e pequeninas lágrimas, em geral questão de pouca importância, tornam-se de repente um assunto de vida ou morte — como, na verdade, talvez seja para a alma que sonha.
- *Totalidade*: Os Sonhos Curadores chamam a atenção para a ligação entre todas as coisas, deleitando-se com a união dos opostos. Mostra-nos uma visão do divino que abrange crescimento e decadência, horror e deleite. Podemos ansiar por um mundo de ou isto/ou aquilo, ao passo que o sonho diz: *Ambos/e*. Construímos um muro entre nossa persona social e nossos eus interiores. O sonho nos ordena: *Derrube-o*. Desejamos acreditar que somos separados dos outros, ao passo que o sonho insiste: *Estamos juntos nisso*. Acreditamos ser um rio de mão única, fluindo do passado para o presente e o futuro, e o sonho revela: *Todos os três tempos são um só*. Desejamos ser virtuosos e isentos de defeitos, e o sonho insiste: *Luz e trevas entrelaçam-se e se unem.*

Sopa de Pedra

Se tivesse que sumariar esses princípios, eu poderia simplesmente dizer que as primeiras impressões enganam. O que o sonho diz e o que quer dizer são, muitas vezes, coisas diferentes. A essa luz, o trabalho consciencioso no sonho constitui sua própria recompensa. Enquanto pensava em como dar exemplos dessas idéias, recebi, por coincidência, um telefonema de Christine, uma amiga de quem não tinha notícias havia meses. Ela estava nervosa. Durante semanas, contou-me, vinha sendo atormentada por uma série de pesadelos implacáveis, todos eles variações do mesmo tema: ela havia perdido tudo. Às vezes, via-se em meio a escombros, as roupas em frangalhos, a terra nivelada por alguma calamidade. Ou se descobria inteiramente sozinha em uma casa vazia. Acordava tremendo, inteiramente tomada por, como disse, uma sensação de "nada total, nada, nada".

Na noite anterior ao telefonema, o sonho atingira uma terrível culminação: *Sonhei que, finalmente, tudo me havia sido tomado. Eu nada possuo... nenhuma roupa, nem comida, nenhum amor. Estou nua, mas, estranhamente, não me sinto desamparada. Estou realmente faminta, e tudo que tenho é uma tigela cheia de pedras e água. E eu digo, em profunda e final resignação: Bem, acho que vou ter de fazer uma sopa de pedra!* Christine não fazia idéia do que poderia ter compreendido com essa imagem e acordou "sentindo a mais completa desolação".

Não pude evitar cair na gargalhada.

"O que é que há de tão engraçado nisso?", perguntou ela.

"Não me diga", respondi, "que você não conhece a história da sopa de pedra?"

Aparentemente, ela nunca ouvira essa famosa história popular.

"*Que* história?", retrucou, um pouco indignada.

Prometi contar, logo que ela me atualizasse sobre sua vida.

Eu sabia que Christine, uma curadora de arte de Los Angeles transformada em assistente social, tinha voltado alguns anos antes para a pequena cidade da Pensilvânia, onde havia crescido. Nesse momento, na casa dos 40 anos de idade, vinha trabalhando com adolescentes problemáticas, tendo fundado recentemente uma comunidade terapêutica para moças que estavam sob a guarda do Estado, muitas das quais com distúrbios mentais e histórias de abusos repetidos. Eram as "garotas jogadas fora" dos noticiários de televisão. Uma menina havia passado por 27 possíveis lares de adoção, antes de chegar à adolescência.

Christine, porém, adorava o trabalho. Bondosa, competente, idealista, budista por convicção, atirou-se de corpo e alma no negócio de recuperar vidas. Ultimamente, no entanto, segundo me disse, a pressão da administração do espaço de trabalho, as necessidades emocionais das garotas, os ciclos intermináveis de dificuldades financeiras e um levantamento urgente de recursos haviam-na deixado seca. Achava que não conseguiria dar mais um passo no que parecia, cada vez mais, uma estrada para lugar algum.

Se isso tudo não fosse ainda o bastante, Christine — suave, inteligente e sofisticada — encontrou finalmente, em meio à reserva local limitada de solteirões elegíveis, um namorado maravilhoso. Mas no dia em que o apresentou à sua melhor amiga, teve certeza de que tudo havia acabado.

"Vi em um lampejo que *eles* haviam sido feitos um para o outro", suspirou Christine, uma mulher de formidável talento intuitivo: "Nada havia a fazer senão desistir dele."

Havia recebido pouco tempo antes um convite da amiga para o casamento. Ela se sentia desolada, fria, sozinha. Renunciara a tanta coisa na vida que nada sobrara para ela.

Pedi-lhe que me contasse mais alguma coisa sobre o sonho. A imagem de uma tigela de pedras, disse, desanimava-a mais do que tudo. O que poderia ser mais duro, mais sem vida, mais implacável? Nossa linguagem coloquial dizia tudo: coração de pedra, rosto de pedra, frio como pedra, afunda como pedra, como se a pedra fosse o próprio material da derrota e da gravidade inexorável. Sementes jogadas sobre pedra, diz a Bíblia, jamais podem medrar.

Quando lhe pedi que descrevesse as pedras no sonho, contudo, ela me disse que lhe lembravam o tipo redondo, macio, usados em iquebana, a arte tradicional japonesa de arranjo floral.

"E a tigela?"

"Rasa, um prato de lados lisos. Ora, na verdade, uma tigela de iquebana."

O tom de voz dela era de surpresa, como se estivesse notando, pela primeira vez, esses detalhes. O que, perguntei, a iquebana significava para ela?

"É o arranjo artístico de elementos naturais em seu ambiente", respondeu ela prontamente. "É uma coisa viva e intencional, o oposto de aleatório e inconsciente."

"E o que me diz da água?", insisti. "Como era ela, de onde vinha?"

Seguiu-se uma pausa, enquanto ela reentrava mentalmente no espaço do sonho.

"Fresca, cristalina, borbulhante, simplesmente derramando-se sobre as pedras, vinda de algum lugar externo."

Ela riu nesse momento, um pouco espantada. O pesadelo triste estava sendo desvendado, em uma inversão surpreendente, como uma fonte de beleza e possibilidades. Ela estava tendo aquele "ah-ah" tão conhecido dos que sonham, quando alguma coisa "clica" e eles ouvem uma explosão súbita de *insight*.

"Muito bem", disse ela, brincalhona. "O que é que está acontecendo aqui? O que *é* uma sopa de pedra?"

Comecei a contar a lenda, lembrando-me, com alguma dificuldade, de meus tempos de criança: era uma vez uma velhinha tão pobre que nada tinha de seu, senão as roupas do corpo e uma panela amassada. Certa tarde, os pés lhe doendo horrivelmente e com o estômago contraído em um nó, ela parou à beira de uma estrada, e sem saber o que fazer, encheu a panela com a água de um regato próximo e acendeu um fogo. Quando a panela começou a ferver, riu para si mesma e, delirante de fome, jogou na água uma pedra que encontrou aos seus pés. "Agora, pelo menos, tenho alguma coisa para cozinhar."

Um homem passou por ali e perguntou:

"O que é que está fazendo?"

"Sopa de pedra", murmurou ela e, sentindo uma súbita inspiração, acrescentou: "Uma velha receita de família. A mais gostosa que alguém já provou."

"O que é que há nela?", perguntou o homem.

"Não posso dizer. Mas tudo começa com um ingrediente secreto. Uma certa pedra mágica."

O homem ficou intrigado.

"Se eu esperar aqui, posso provar um pouco?"

"Bem", respondeu a velhinha, fazendo uma cena refinada para provar a sopa, "não está no ponto ainda. Precisa de um pouco de sal para melhorar o tempero." Aconteceu que o homem tinha um pouco de sal dentro de um guardanapo de pano, no bolso do casaco, que entregou com prazer. Nesse momento, a mulher de um fazendeiro passou, carregando um grande saco de batatas.

"O que é que você está cozinhando?", perguntou em voz alta.

"Sopa de pedra", respondeu a velhinha. "Uma receita que recebi de minha avó, que a recebeu da bisavó dela." A velhinha enfiou uma colher na sopa e provou-a, estalando a língua. "Ótima, mas precisa engrossar."

A mulher do fazendeiro disse que ajudaria com prazer, aproveitando para contar também algumas fofocas picantes de família, enquanto a velhinha mexia a sopa.

E assim continuou. Um açougueiro passou, o avental sujo de sangue, com umas canelas de cordeiro, que não conseguira vender no mercado, penduradas em uma vara passada pelos ombros. Ele também perguntou sobre a sopa e foi informado de que ela já estava quase pronta. Mas talvez...? Minutos depois, a sopa tinha um pouco de carne ainda nos ossos.

Nesse momento, subiu no ar um cheiro maravilhoso, atraindo mais caminhantes.

"O quê? A senhora não está usando aipo?", perguntou um deles. "Ei, eu tenho um pouco aqui, fresquinho, de minha horta..."

Finalmente, a sopa foi servida. Um banquete inacreditável foi servido a cada um dos membros do grupo e todos afirmaram que era a melhor sopa que jamais haviam provado. Mas, embora implorassem pela receita, a velhinha apenas sorriu e respondeu:

"A gente tem de começar com um ingrediente secreto, uma certa pedra mágica."

Não precisei explicar mais. A sopa de pedra, compreendeu Christine, fora a própria receita que usara para criar o centro para garotas problemáticas, começando do nada mas agindo para todo mundo como se estivesse cozinhando alguma coisa, descobrindo que os recursos apareciam quase que por passe de mágica, vindos do nada. Estranhamente, disse ela, a última semana foi exatamente assim. Descreveu a comunidade que fundou a um membro da diretoria de uma empresa nacional de saúde e ele se sentiu inspirado a perguntar como poderia ajudar a obra. Uma mulher apareceu, respondendo a um anúncio no jornal local, uma administradora de empresa e colega de fé budista, cujas qualificações complementavam exatamente as suas. A sopa de pedra já estava ficando mais suculenta com novos ingredientes. Seu arranjo de iquebana, montado com elementos encontrados em seu próprio quintal, estava começando a parecer mais artístico. Só do ponto de observação míope de seu ego é que tudo parecia estar dando errado.

A metáfora do sonho, quanto mais pensávamos nela, parecia cercá-la por todos os lados. As meninas de quem cuidava não seriam suas duras pedras? Diz a alquimia que o *lapis philosophorum* ("a pedra dos sábios") é "a pedra que os construtores rejeitam", que é jogada fora pelos pedreiros porque não se encaixa. Que melhor símbolo poderia haver para suas "crianças jogadas fora"? Ainda assim, em cada uma delas, vislumbrou a magia da alma humana — a pedra filosofal, incompreendida e desprezada, que constitui a base de toda transformação. As meninas *eram* sua iquebana, o milagre implausível de flores nascendo na rocha dura.

As semanas de Christine, de pesadelos incessantes, pareciam aquela fase que alquimistas chamam de *nigredo,* "o escurecimento", quando o material a ser transformado torna-se sujo e escuro. Mas é a escuridão que nos prepara para o nascer do sol e o vazio nos abre para receber o elixir da graça.

Na verdade os sonhos de Christine abundavam em pistas do novo mundo que era concebido nas trevas, saturado pelo aroma da sopa de pedra que estava sendo cozida bem embaixo de seu nariz. O estado de espírito do sonho era uma dica para seu significado. O fato de Christine sentir-se desolada, "mas não desamparada", constituía uma indicação de que nem tudo era o que parecia. E embora seu próprio ego achasse vergonhosa sua nudez, só quando estamos nus é que a vida nos procura com inesperada abundância, porque, finalmente, estamos sem couraça, com os braços escancarados em súplica. Enquanto conversávamos, cada palavra *pedra* revelava-se não como material ordinário, mas nobre: coisas que queremos transmitir à posteridade são talhadas em pedra, decisões firmes são vazadas em pedra. O pedreiro constrói lenta e metodicamente, de modo muito parecido como Christine estava procedendo, construindo seu espaço a partir do chão.

Pedi-lhe que me ligasse dentro de algumas semanas, certo de que sua sopa de pedra continuaria a engrossar. Quando tive notícias dela, ouvi uma voz vibrante de entusiasmo, em notável contraste com o tom apático e desolado de antes. Foi a uma livraria, contou, procurando um exemplar do *Stone Soup*. Não conseguindo encontrá-lo na seção de livros infantis, seus olhos caíram sobre um livro na parte reservada a não-ficção em geral, intitulado *Stone Soup for the World*, com o subtítulo *Um manual para humanitaristas* e a chamada na capa: "O que uma Única Pessoa Pode Fazer".

"Virei a cabeça com tanta rapidez que ouvi o pescoço estalar!" Ela abriu o livro na Introdução e ali, como se escrito pessoalmente para ela, encontrou um ensaio sobre crianças em risco. Em casa, folheando o livro, descobriu um tesouro de inspiração e ajuda prática — conexões internacionais através de *sites* na web e *e-mail*, *links*, orientação, direções. "Estou começando a pensar que o sonho me *enviou* esse livro", disse.

O Sonho Curativo parece exigir o direito de estar no mundo. Quer ser visto e ouvido. Culturas tribais dizem que algo se perde se não levamos os sonhos a sério o suficiente para dar-lhes corpo — que os ignoramos com risco para nossa alma, se não para nossa vida. Ou, como observou um índio huichol mexicano: "Se não acredita nos seus sonhos, a pessoa pode dizer: 'É apenas um sonho, não é real...' Aos poucos, se ela não faz o que o sonho manda, não poderá mais sonhar. É por isso que tanta gente não sabe como sonhar. Mas se a pessoa acredita no sonho e segue suas orientações, logo que o xamã as explica, os deuses enviarão mais sonhos desse tipo, porque a pessoa provou que acredita."[19]

Nessas sociedades, o sonho marcante é freqüentemente seguido de ação (antropólogos chamam a isso de aspecto "executável" do sonho). O sonho pode conceder um dom de poder a ser compartilhado com a comunidade, ou um novo rito revelado por um espírito do sonho pode ser incorporado à vida cerimonial. O mundo como sonhado e o mundo como vivido participam de uma polinização cruzada.[20] Uma moradora de favela sul-africana disse-me certa vez: "Quando estamos em crise, nossos ancestrais nos chamam em um sonho. Não podemos ignorar o chamado, porque ele simplesmente continuará a se repetir. Funciona dentro de nós. Obriga-nos a fazer alguma coisa. Não é um sonho comum, mas um sonho que diz: *Isto é verdade*. E simplesmente diz: *Faça isso!*"

Christine interpretou o sonho como um apelo à ação. Pensou antes em comprar um lote de 30 hectares de terra devoluta para construir um centro destinado a crianças em risco. Ao visitar o local pela segunda vez, recuperou a inspiração ao notar o regato que corria pela propriedade. "Mesmo com essa seca toda, água fresca, límpida, corre por cima das pedras." Fez uma pausa, dando-se conta de que o sonho se tornava mais uma vez visível. Não tinha idéia de como ia arranjar dinheiro para comprar o terreno, mas começou a fazer planos para "uma instalação amiga da terra, harmoniosa com ela". Entrou em contato com um primo, um arquiteto paisagista, recém-chegado de Hong Kong, que se prontificou a ajudá-la. Graças ao seu manual *Stone Soup*, entrou em contato com um especialista sueco em limpeza de toxinas ambientais. A vida, de repente, pareceu-lhe não uma casa abandonada, mas uma despensa bem sortida de mantimentos. O próprio mundo pareceu-lhe ser um gigantesco caldeirão no qual sopa de pedra pode ser preparada por (e para) todos.

"Eu me sinto como se o sonho estivesse comigo", diz Christine, "reverberando, dando-me um senso mais aguçado das coisas."

Começou a conversar com pessoas sobre seus planos e descobriu que despertava um acorde em seus ouvintes. O sonho transformou-se em um princípio organizador invisível, exercendo um efeito palpável sobre aqueles que dele tomavam conhecimento. O projeto está adquirindo magnetismo, a força de um encantamento, a atração de um sonho que se torna real.

O Sonho Curativo Fala por Si Mesmo

O Sonho Curativo jamais poderá ser plenamente "interpretado" ou inteiramente compreendido. Sua sopeira é também um poço sem fundo. O trabalho, porém — o que os alquimistas chamam de operações (*operatio*) —, tem de ser realizado sobre o material básico (*prima materia*) para que ocorra a transformação. A alimentação do mundo dos sonhos é uma troca: damos e recebemos. Não é a experiência bruta que torna a vida digna de ser vivida (ou um sonho acontecer), mas a profundeza e as nuanças que lhe damos. Temos de oferecer nossos ingredientes: como em tudo mais, é dando que se recebe.

Sopa de pedra, na verdade, é uma metáfora maravilhosa para o Sonho Curativo e a maneira de com ele trabalhar. O sonho é a pedra (a própria *lapis philosophorum*), lançada na água da psique. Torna-se uma refeição nutriente com o que conscientemente lhe damos, pelo que acrescentamos à panela. A sopa do sonho funde em um todo elementos díspares. Precisa cozinhar em fogo brando antes de ser consumida. Reúne pessoas, preferindo a atmosfera da hora das refeições, de conversa descansada, e não a cheia de circunlóquios durante o dia de trabalho, ou a comunicação direta ao assunto. Torna-se ainda mais nutritiva quando convidamos outras pessoas para contribuir com seus ingredientes. Numerosos grupos interessados no assunto praticam um ritual: um deles conta um sonho. Em seguida, os outros contribuem com seus *insights*, sempre iniciando suas observações com: "Se este sonho fosse meu...", de modo a não intrometer-se no processo interior do sonhador. O grupo é aconselhado a não tentar "chegar a algum lugar" com o sonho. Quanto mais tentamos usá-lo para conseguir alguma coisa, mais ralo e mais sem gosto ele parecerá, e menos se reunirão em torno da mesa. A sopa de pedra diz: Este é o *nosso* sonho. Alimente-o e ele nos alimentará para sempre.

O Sonho Curativo não funciona apenas em benefício do sonhador. A sopa de pedra de Christine proporcionou-me também dádivas de compreensão em um momento em que eu mais necessitava delas. Isso porque iniciamos uma busca para explorar algumas questões fundamentais: de que maneira os sonhos "funcionam", o que fazemos com eles, o que querem eles de nós? Muitas vezes me acovardei diante da profundeza do tópico. Graças ao oportuno telefonema de Christine, foi como se o Sonho Curativo se dignasse a me contar alguns de seus segredos.

Resolvendo que queria aprofundar ainda mais a associação de iquebana de Christine, fiz uma rápida excursão a um *site* da Internet. Descobri que essa arte surgiu há seiscentos anos, como uma oferenda budista de flores aos mortos. Essa intenção me pareceu apropriada, pois os Sonhos Curativos freqüentemente nos ocorrem quando uma atitude desgastada pelo uso está morrendo, prenunciando o florescimento de uma nova. Descobri que os arranjos de iquebana contêm sempre três talos, representando o céu, a terra e o homem. Esse fato também se encaixa perfeitamente, porque o Sonho Curativo lança uma ponte entre o que está acima e abaixo de nosso limiar de consciência, ligando esse fato à luta terrena humana pela transformação. (No mundo dos sonhos, temos de estar sempre alertas para esses três talos — a dimensão do que é transcendente, a sombra no mundo subterrâneo e o reino da vida diária.)

No fim, a iquebana tornou-se uma arte popular, alcançando o auge durante o período Edo na forma denominada *nageire*, que significa "estilo de fios torcidos". Achei que esse conceito assemelhava-se à raiz grega da palavra *símbolo* — *symballein*, que significa "reunir em um todo". Nesse caso, o sonho está nos dizendo para considerar seu arranjo dos elementos como iquebana, onde tudo foi colocado com arte, embora de modo a parecer enganosamente confuso, como a natureza nos parece. (Em termos da sopa de pedra, embora os sonhos sejam, de maneiras cruciais, crus e precisem que os cozinhemos, eles já estão, de alguma maneira misteriosa, *cozidos*. Eles são, por assim dizer, o cozido apresentado em um simulacro perfeito do cru.)

O sonho de Christine — o Sonho Curativo encarnado — disse-me tudo que eu precisava saber sobre ele mesmo, em um arranjo simples e elegante de imagens que apenas parecia acidental. Ele armou sua própria iquebana e confesso-me atônito com sua arte.

O Estilo do Sonho Curativo

Vivemos em uma era prática que enfatiza o uso produtivo de coisas. O Sonho Curativo, porém, não pode ser facilmente reduzido ao utilitário. Embora possa oferecer revelação prática, tem mais em comum com o reino da arte, da poesia e da música, onde o que fazemos com o que vivenciamos não é a questão fundamental. Esses sonhos abrem uma brecha no ordinário, permitindo que alguma coisa nova e, não raro, indefinível entre em nossa vida. Podemos trabalhar com eles, "desembrulhá-los", analisá-los, aprender com eles. Mas é o seu resíduo de mistério que lhes dá poder duradouro, transformando-os em pedras de toque, às quais voltaremos um sem-número de vezes.

Quando os levamos a sério, suas imagens e sentimentos começam a mudar sutilmente nossa vida desperta. Significando infiltrar-se através de uma espécie de osmose. Começamos a entrever o princípio que liga todos nós a todos os demais. Qualquer atenção sincera (e compromisso) com nossos sonhos torna-nos espiritualmente combustíveis. O que era antes inerte, nesse momento solta fagulhas.

Aparentemente, os Sonhos Curativos *querem* alguma coisa de nós e, muitas vezes, não nos largam até que a recebem. Mas poucos de nós os consideram seriamente. Suas imagens dissipam-se no ar, dissolvem-se como flocos de neve na água. Voltamos a mergulhar na corrente do cotidiano com alguma coisa parecida com alívio. Sentimos que, se nos aproximarmos demais, o campo gravitacional que os cerca pode perturbar para sempre a órbita fixa de nossa vida.

Por essa razão, resolvi concentrar-me, tanto quanto possível, nos sonhos que não admitem ser jogados para um lado, os que arrancam os lençóis da cama, apavoram-nos, espantam-nos, puxam-nos para baixo, erguem-nos para o alto, condenam-nos, salvam-nos — em termos tão fortes, em uma presença tão palpável, que simplesmente não podemos ignorá-los. *Esses* sonhos recusam-se a ir embora facilmente, pois sua intenção é mudar-nos por completo. Se lhes sondamos as profundezas, podemos lobrigar um destino excepcional, lutando desde o estado de crisálida e observar, atônitos e não pouco atemorizados, enquanto nosso ser insuspeitado abre uma nova e umidamente brilhante asa.

Capítulo 2

O que é que o sonho quer?

Interpretar, Apreciar e Pôr em Ação

Em sou a luz do sol, cortando as trevas.
Quem foi que fez esta noite?

Rumi

É DIFÍCIL SABER COMO ABORDAR O QUE O ESCRITOR JORGE LUIS BORGES chamou de "a matéria incoerente e vertiginosa de que são feitos os sonhos".[1] Queremos clareza, ao passo que os sonhos aparentemente preferem obscuridade. Eles brincam de cabra-cega com o que significam. Por que eles não se revelam e simplesmente nos dizem o que querem? Por que não falam em prosa comum, em vez de usar poesia alusiva?

Freqüentemente, falamos de um sonho em termos de mistério, de algo a ser solucionado, esmiuçando pistas e reunindo provas. Sonhos *são* caixas de quebra-cabeça, cheias até as bordas de símbolos, trocadilhos, depoimentos enigmáticos e efeitos de narrativa. Precisamos fazer um pouco de trabalho de detetive, se queremos extrair sentido dessas invenções maravilhosas. Mas temos também de lembrar que "extrair sentido" nem sempre é o mais importante. Os Sonhos Curativos querem que *paremos* de extrair sentido, que não solucionemos o caso, mas *entremos* no mistério.

A palavra *mistério* vem do grego *myein*, "fechar os olhos". Fechar os olhos implica retirar-se do mundo exterior e abrir os sentidos interiores, oferecer ao mundo oculto uma tela na qual ele possa projetar-se. É a instrução básica que interessa ao trabalho com sonhos. Temos, antes de tudo, de encontrá-los em seus próprios termos. Temos outra raiz de mistério na palavra *mystes*, que significa iniciação em ritos sagrados. Exatamente como os buscadores gregos de Elêusis eram obrigados a beber simbolicamente do rio Lete (palavra que significa "perdão" e "sono"), antes de serem admitidos, somos solicitados a deixar, no limiar do trabalho sobre sonho, a lógica do mundo diário.

Às vezes, não nos cabe solucionar o mistério, pelo menos não imediatamente. Mais precisamente, o *sonho* quer solucionar *nossos* problemas. Solucionar deriva do latim *solvere*, "afrouxar, soltar ou libertar". É a mesma raiz da palavra *solução* — a dissolução de ingredientes individuais em um total maior. Nos sonhos, nosso limitado nós-mesmos é afrouxado, o ego experimenta a si mesmo como parte de alguma coisa mais ampla. No trabalho do sonho também temos, antes de mais nada, de deixarmo-nos dissolver no sonho, permitindo que as imagens nos lavem. Estamos diante de uma velha e urgente pergunta: não é só o que o sonho significa, mas o que é que ele *quer*?

Numerosos sonhadores que entrevistei perguntavam a si mesmos se o sentido em si não estava obscurecendo o que era importante. "Meus sonhos extraordinários", disse-me um deles, "parecem-se mais com receber a comunhão na igreja. Eu não os interpreto. Considero-os como bênçãos concedidas por uma inteligência mais alta. E continuam em meu sistema nervoso trinta anos depois." Um pastor concordou com essa avaliação, dizendo: "Meus sonhos fornecem informações que não podem ser transcritas. É uma espécie de sabedoria concedida em uma única peça, como um corpo de conhecimentos." Outro comparou-os, em termos mais terrenos, ao "meu primeiro orgasmo, uma sensação tão profunda que andei todo ruborizado durante meses".

Alguns "grandes sonhadores" discordam mesmo do dogma central psicanalítico, de que os sonhos constituem um código a decifrar; que têm tanto um sentido superficial visível (o conteúdo "manifesto") quanto um sentido "latente", oculto, que só pode ser revelado através de análise rigorosa. Coube a Freud promulgar essa dicotomia, enumerando um conjunto de mecanismos — "condensação", "deslocamento", "inversão", "arcaização", "distorção", "superdeterminação" e "realização de um desejo" — por meio dos quais os sonhos disfarçam seu sentido. Freud insistia em que os símbolos surgem de conteúdos mentais reprimidos que, conscientemente, não podemos admitir. As imagens de sonhos seriam, por assim dizer, os engradados nos quais verdades proibidas são contrabandeadas através da alfândega, que ele denominava de superego e, a análise, uma maneira de abri-los para inspeção. Os sonhos mais espirituais, segundo essa opinião, são apenas os produtos finais de ânsias sexuais e agressivas sublimadas. Freud teria objetado à idéia de que os bens que estão sendo contrabandeados são, às vezes, o contrabando luminoso e, em outras ocasiões, o contrabando escuro da alma.

A defesa sincera que Freud fez da "teoria sexual", em contraste com todos os demais esquemas alternativos, lança uma sombra longa sobre a própria arte da interpretação dos sonhos. A sua alegação de que o sonho é meramente um disfarce, a ser arrancado como se por um perito em criminalística, criou o que um pesquisador chama de "um clima de suspeita" sobre as próprias imagens dos sonhos. O dogmatismo de Freud ressalta à vista de todos no trecho seguinte de *A interpretação dos sonhos*:

> Todos os objetos alongados, como varas, troncos de árvore e guarda-chuvas (com a abertura deste último comparável a uma ereção), podem representar o órgão masculino... Caixas, pastas, cofres, armários e fornos representam o útero... Quartos, em sonhos, são geralmente mulheres... Muitas paisagens nos sonhos, especialmente as que contêm pontes ou morros arborizados, podem ser claramente reconhecidas como descrições dos órgãos genitais.[2]

Ainda assim, o valor dos estudos de Freud, que marcaram época, continua a ser incalculável. Foi extraordinário o fato de ele se dispor a analisar rigorosamente os sonhos. A ciência ocidental sofria havia muito tempo de uma espécie de amnésia no que interessava ao sonho. Os médicos vitorianos ignoravam-nos, considerando-os "frivolidades", tendo um teórico do século XIX sugerido que os sonhos eram apenas "aparas caídas da oficina da mente".[3] Freud foi um novo Prometeu, lançando luz sobre uma sombria paisagem.

Freud convocou Carl Jung, um jovem e brilhante analista suíço, para ajudá-lo a dissipar o que considerava séculos de superstições incrustadas. Em carta ao escolhido herdeiro, manifestou seu deleite porque estavam partindo juntos para "derrotar a mitologia", sem saber que o oposto logo depois aconteceria. Jung já havia começado a tratar o sonho menos como um rébus libidinoso e mais como um labirinto que levava ao "inconsciente coletivo" da humanidade. Se Freud via na serpente um símbolo fálico, a Jung interessava mais sua herança mítica como uma criatura associada à sabedoria e à cura. Criticou Freud por tratar os símbolos como "nada mais do que sinais e abreviações", sugerindo que eles se pareciam mais com criaturas vivas, que podiam ser criativamente abordadas e estudadas. Enquanto Freud acreditava que os símbolos eram a maneira de o sonho esconder a verdade, Jung achava que eram principalmente uma tentativa de *revelá-la*. "O sonho é uma ocorrência natural", escreveu. "Não há razão terrena para supor que é um meio astucioso para nos confundir."

A história julga o trabalho básico dos dois como uma mistura de *insight* brilhante e concepção errônea, de estudo objetivo e leviandade, um legado que seus sucessores ainda lutam para decifrar. Um terapeuta disse-me certa vez que era uma vergonha que só houvesse duas luzes para iluminar a vasta região de experiência ocupada pelos sonhos. Mas isso pouco tem de verdade. Os povos indígenas deste mundo possuem um tesouro de conhecimentos sobre o assunto, embora persista entre muitos psiquiatras ocidentais a opinião de que os povos tribais não compreendem como interpretar seus próprios sonhos — e que, na verdade, acreditam ingenuamente que eles são ocorrências reais. As culturas não-ocidentais, porém, conhecem há muito tempo as sutilezas da vida onírica. No século XI, o eremita-santo tibetano Milarepa, por exemplo, descreveu em termos notavelmente semelhantes aos freudianos os "resíduos do dia": "A atividade mental durante o dia cria uma forma latente de pensamento habitual, que mais uma vez se transforma à noite em numerosas visões ilusórias, percebidas pela semiconsciência. Esse é chamado de enganador e prestidigitador Bardo do Sonho."[4]

Certa vez, em uma viagem pelo estado de Washington, ligada à promoção de um livro meu, tive uma longa conversa sobre sonho com uma curandeira da tribo salish local. "A maior parte dos sonhos serve para esvaziar a mente de certas coisas", disse ela. "Quando eu era criança, perguntei aos anciãos: 'Por que, quando a gente joga Monopólio antes de ir dormir, a gente sonha que o está jogando de trás para a frente?' Eles responderam: 'Essa é a maneira de a mente jogar fora o lixo, começando com o que está no alto da pilha.' O que leva as pessoas a enlouquecer, disseram ainda eles, é tentar agarrar-se ao lixo, às coisas inúteis." (Essa descrição combina estranhamente com as opiniões de neurocientistas, que afirmam que o sonho é "uma forma de 'faxina mental', que limpa os depósitos de memória semântica de todos os excessos de informações do dia precedente".)[5]

Minha amiga índia, no entanto, fazia uma distinção entre seus "sonhos lixo" e os sonhos "verdadeiros", que ela disse que a influenciavam profundamente. Estes dizem respeito a fatos ocorridos no universo espiritual, a relacionamentos com pessoas amadas ou aos interesses coletivos de seu povo. A idéia dos psicanalistas, de que os sonhos tratam apenas das complicações da personalidade do indivíduo, é um ponto de vista que os povos indígenas julgam quase ridículo.

Jung deu-se ao trabalho de procurar anciãos índios da tribo hopi e xamãs africanos para conhecer-lhes as opiniões sobre o assunto. Essas conversas contribuíram para sua conclusão de que a mente contém não apenas o inconsciente pessoal do indivíduo, mas uma camada mais profunda de temas universais. Disse ele, um tanto insinceramente, que sua teoria era "na realidade muito simples. A mente tem sua história, exatamente como o corpo tem a sua. Não precisamos pensar que há alguma coisa mística a esse respeito".

A mente, porém, torna inevitavelmente místicas as coisas quando confrontada com esses alegados fenômenos. De que maneira, por exemplo, o conteúdo do que Jung chamou de "repositório de relíquias e memórias do passado" é transmitido de uma geração à outra? Aparentemente, ele sugere que essas imagens coletivas se situam em uma esfera não-material de percepção. Nos últimos cinqüenta anos pesquisadores têm usado numerosos rótulos para descrever essa esfera, na esperança de explicar funções cognitivas que não deviam logicamente existir: "realidade clarividente" (Lawrence LeShan); não-localidade (David Bohm); Mente Una (Erwin Schrödinger); Totalidade (Carl Jung); mente geral (Aldous Huxley); "campos morfogenéticos" (Rupert Sheldrake).

Sheldrake usa a analogia de um aparelho de televisão: da mesma maneira que a origem das cenas mostradas na tevê não pode ser encontrada nas válvulas e na fiação da caixa, as imagens oníricas tampouco estão literalmente dentro dos neurônios. Ao invés, o equipamento (o cérebro) atua como dispositivo captador de imagens, de um campo invisível de informação que continua a existir mesmo que o "aparelho" seja jogado no lixo.

Qualquer que seja o nome ou conceito que se aplique, há autêntico mistério na maneira como os Sonhos Curativos aparentemente recorrem a mitos e a ícones pouco divulgados, conhecem os significados arcaicos de palavras, até mesmo mostram imagens do futuro e pensamentos de mentes distantes. Conquanto esses elementos quase esotéricos não devam superar a necessidade de trabalho psicológico cuidadoso, básico, de nada adianta enfiar a cabeça na areia, fingindo que tais fenômenos não existem. Nos casos de tais sonhos, é inadequada a estratégia interpretativa isolada. Esperar que a teoria convencional seja inteiramente suficiente seria o mesmo que jogar de acordo com as regras aplicáveis ao jogo de dama, enquanto o Sonho Curativo joga xadrez quadridimensional.

Maneiras de Interpretação

À luz de tudo isso, poderíamos falar não tanto em um método interpretativo fixo, mas em um caminho, uma arte — até mesmo uma etiqueta, pois estamos sendo apresentados a uma pessoa desconhecida. Embora fosse tentador acrescentar "e essa pessoa é você", isso seria superficial demais. Mesmo que *seja* melhor analisar, inicialmente, o sonho como um comentário a nossas preocupações pessoais no dia-a-dia, os que abordarem honestamente um Sonho Curativo não poderão deixar de notar suas insistentes insinuações sobre um não-você, além-de você, você-mais.

Poderíamos imaginar uma dança entre a percepção desperta e a realidade do sonho, na qual aprendemos passos novos com um par desconhecido. A dança é um *pas-de-deux* que alterna conduzir e seguir. Estamos empenhados não apenas na interpretação do sonho, mas numa interpenetração, em um diálogo entre o consciente e o inconsciente. Ainda assim, inevitavelmente voltamos ao trabalho de querer extrair sentido. Conquanto seja verdade que a interpretação pode, se não tivermos cuidado, isolar-nos da experiência direta — na verdade desviar-nos daquilo que nossa vida interior exige de nós —, sem ela estamos perdidos.

Esse trabalho requer autêntica paciência. Os sonhos não se entregam imediatamente a um pedido, nem dançam segundo nossa música. Movem-se em seu próprio ritmo, amadurecem no seu próprio tempo, podem dignar-se a revelar um tanto, mas não mais. Jung alertava contra a análise tipo ataque frontal, preferindo um meio mais indireto. Como técnica principal nesse particular, usava o que denominava de amplificação — o processo de pegar uma imagem e revirá-la na mão, como fazemos com uma gema lapidada, observando-lhe a maneira de captar a luz. Comparava-a ao método do filólogo que tenta compreender um idioma estrangeiro: "No caso de uma palavra muito rara que nunca vimos, tentamos encontrar passagens em textos paralelos, aplicações paralelas... o contexto, o tecido, em que a palavra ou imagem estão inseridos."

É preciso tomar cuidado para voltar sempre à imagem (e não seguir uma corrente linear de associações que poderia nos levar para mais longe ainda da mesma). Se, por exemplo, sonhamos com um bando de aves voando em círculos no céu, uma associação com o filme clássico *Os pássaros* seria apropriada — mas não para, em seguida, prosseguir, via diretor Alfred Hitchcock, para o calvo e corpulento tio Phil. Ao invés, poderíamos pensar em aspectos dos pássaros em geral (migrações, por exemplo, ou construção de ninho) ou em coisas específicas (eram alegres azulões ou corvos soturnos?), ou simplesmente sentir o que a imagem evoca em nós e verificar aonde esses sentimentos nos levam.

Diz a tradição da interpretação judaica dos sonhos, baseada no Talmude, que um sonho tem pelo menos 24 possíveis significados. No caso do Sonho Curativo, o uso de métodos múltiplos para compreendê-lo é quase obrigatório. Vou sugerir aqui, em grandes pinceladas, algumas dessas estratégias, dando a cada uma delas um título um tanto arbitrário. Na verdade podemos considerá-las como modos diferentes de recontar o mesmo sonho, como parte da receita para fazer sopa de pedra.

O Método Estrutural

Podemos considerar em vários níveis a idéia de estrutura. A própria alma tem aparentemente uma espécie de arquitetura, cuja planta baixa pode variar de uma pessoa a outra e de cultura a cultura, mas cujo plano básico, por assim dizer, permanece notavelmente semelhante. Por isso mesmo certas figuras reaparecem nos sonhos em disfarces variados — os denominados arquétipos, como "a eterna criança", ou ainda em posturas psicológicas básicas, como "a vítima" ou "o salvador". Embora novos personagens e situações estejam sempre aparecendo, eles, não raro, se encaixam em um padrão de conflitos e afinidades que permanecem relativamente constantes em nossa vida e na vida humana em geral.

Os arquétipos, como flocos de neve, podem ser considerados como ocorrências naturais, formados de acordo com princípios básicos — nesse caso, nossas emoções (amor, ódio), relacionamentos primários (mãe, amigo), nosso corpo e respectivos órgãos, operações lingüísticas inatas (sujeito, objeto) e nossa tendência para processar eventos dando-lhes estrutura narrativa. O coração e a mente do homem, embora inteiramente únicos a cada um, reagem às condições do mundo em formas notavelmente coerentes.

Há ainda um método estrutural na análise de uma imagem de sonho, quando focalizamos tanto a forma quanto a função. Sonhadores sugerem muitas vezes que adotemos a postura de um habitante de outro planeta, fazendo perguntas sobre cada elemento do sonho como se fosse algo inteiramente desconhecido para ele. O que é isso? O que é que isso faz? Para que serve? De acordo com esse sistema de indagação, se sonhamos, digamos, com uma carroça, devemos nos preocupar menos com a pequena carroça vermelha que aparece em um trauma da infância na casa da vovó do que com o que uma carroça *faz* — isto é, carrega pesadas cargas, por exemplo, ou transporta gente para desbravar novas fronteiras. Poderemos, em seguida, perguntar que carga ela está levando ou que trabalho de pioneiro estamos tentando realizar na vida.

Um método análogo pode ser encontrado em um manual grego de sonhos, muito antigo, o *Oneirocritica*, de Artemidoro, que explica que sonhar estar bebendo vinagre pressagia uma amarga briga em família ("por causa da contração da boca"), ou que sonhar com "legumes que desprendem cheiro depois de comidos, como, por exemplo...alho-poró cortado", pode significar que "segredos serão revelados e indica ódio contra um de nossos companheiros".[6] (Legumes que desprendem cheiro são desagradáveis para as outras pessoas.) Nesse exemplo, em vez de passar, por exemplo, de *leek* (alho-poró) para "*leak*" (vazar), procuramos continuar com a imagem concreta e tentar saber o que ela nos pode dizer diretamente.

Eu poderia ilustrar essa técnica interpretativa contando um sonho banal que tive recentemente e que contém algumas imagens simples: *Leah (minha filha) pôs um anúncio no jornal, querendo vender um violão acústico de madeira, de cor escura. Não, digo a ela, esse é o melhor. Venda, em vez disso, este violão mais barato, de cor clara.* Usando o enfoque estrutural, eu consideraria em primeiro lugar o violão como um instrumento que tocamos (talvez sugerindo necessidade de mais divertimento em minha vida), como uma coisa que produz música (um prazer profundo da alma que costumo negligenciar) ou um instrumento feito de material orgânico, cujos sons são produzidos por ressonância e não por eletricidade — um convite a uma vida mais natural, íntima, "desplugada". Eu poderia considerar o anúncio como uma maneira de me livrar de alguma coisa que não quero mais (neste caso, o "lado escuro" de mim mesmo, que o sonho sugere que, na realidade, é mais valioso e deve ser conservado), e minha filha, carne de minha carne, como uma parte infantil de mim mesmo que preciso compreender melhor.

Um Enfoque Literário

Um exemplo muito simplista do método de associação que chamarei de literário pode ser encontrado em um manual de sonhos da XII dinastia egípcia, do ano 2000 a.C.: ver "um grande gato" em sonho significa que "o sonhador vai ter uma boa colheita", que a imagem de "desnudar o traseiro" significa (em uma referência que pesquisadores atribuem a um antigo trocadilho egípcio) que o sonhador vai tornar-se órfão![7] Esse tipo de sentido padronizado, dependendo de interpretação puramente simbólica, pode ser encontrado em dicionários de sonhos ainda hoje publicados.

O sonho, porém, pode ser um produto literário de surpreendente sutileza, criando *suspense*, embaralhando os personagens em subenredos, todos criados, como se por um escritor hábil, para disparar uma armadilha de revelação finamente armada. A plasticidade da linguagem — reviravoltas semânticas, neologismos e outros tipos de prestidigitação verbal — pode ser nada menos que assombrosa. Sonhos não usam eufemismos nem desperdiçam palavras. Como em toda boa literatura, tudo que neles existe tem uma razão de ser. A idéia de que a linguagem está plantada em nossas próprias percepções aparece com todos os seus detalhes no sonho, quando descobrimos, ao despertar, que os objetos que consideramos como reais são símbolos e metáforas. (Se, no sonho, chocamo-nos com um muro de tijolo, a cabeça dói. Só quando acordamos é que entendemos o trocadilho literário.)

Essas camadas de sentido talvez não surjam até colocarmos o sonho no papel. Para acompanhar a dimensão literária do sonho, numerosas pessoas descobrem que manter um diário torna-se um ato básico de exatidão. Nos sonhos como na literatura, o *slogan* "Não a verdade, mas seus aspectos específicos" aplica-se por inteiro. O vocabulário tem importância. A *ortografia* tem importância. Conversando, durante minha pesquisa, com quase cem sonhadores, fiquei espantado ao descobrir quantos, por iniciativa própria, consignaram em diários um número imenso de sonhos e, em seguida, lutaram, não raro sozinhos, para lhes descobrir as verdades ocultas.

Na cultura lakota, sonhos importantes são compartilhados com outras pessoas, usando-se uma linguagem especial codificada, denominada *hanbloglaka*, ou "relatando visões". De maneira muito parecida, diários revelam o código próprio do sonho — o sonho faz um "ditado" de si mesmo em um fraseado especial que descreve as camadas sempre mutáveis de sentido. Quando os escrevemos, descobrimos que a própria linguagem comporta-se de maneiras quase mágicas. O escritor Peter Lamborn Wilson, influenciado pelos sufis, observou que o ato de pôr sonhos no papel demonstra sempre sinais de estar o indivíduo "infectado com o inconsciente".

Um dos sintomas nesse particular é a preferência dos sonhos por "palavras transbordantes" — expressão cunhada por Chuang Tzu para descrever "a forma mais alta possível de linguagem", palavras que "revelam um excedente de sentido", que "contêm mais do que contêm". (Freud chamou isso de superdeterminação.) Uma dimensão do jogo criativo emerge do texto do sonho, que se torna mais do que uma crônica, como poesia viva e sempre mutável. Descobri que usar um dicionário de explicação de sonhos — eu prefiro o maciço e sempre revelador *Oxford English Dictionary*, com sua documentação meticulosa de antecedentes e sentidos obscuros — revela a extensão quase chocante em que o sonho "escolhe" uma paleta lingüística erudita em casos em que palavras mais simples poderiam ter servido. Na noite anterior ao dia em que comecei a escrever esta seção, por exemplo, tive um sonho tão fragmentário que era apenas uma palavra. Não obstante, como se eu fosse míope demais para entendê-la, essa única palavra parecia oscilar entre três sentidos, com os quais acordei na ponta da língua: *Orison. Origen. Horizon.*

Ao acordar, senti uma ânsia, pouco comum em mim, de ir até a escrivaninha e providenciar o pagamento de uma alta pilha de contas — sempre um trabalho odioso —, depois do que me senti aliviado para começar a trabalhar nesse sonho infinitesimal, que suspeitei que se oferecia como um exemplo. Incialmente, procurei no dicionário a palavra *orison* (oração), confirmando aquilo de que me lembrava vagamente, que era uma prece ou súplica. Eu *ha-*

via estado suplicando aos deuses do sonho para, por assim dizer, abençoar meu trabalho e me guiar a mão neste capítulo crucial. (Achei divertido, também, em vista da manhã preenchendo cheques, notar que o exemplo dado pelo dicionário do uso da palavra era um verso de Milton: "Their orisons, each morning *duly paid*". [Suas orações, todas as manhãs *devidamente pagas*].)

O sentido de *horizon* (horizonte) é mais do que comum. Mas descobri que quando o sonho destaca uma dada palavra, ele quer que lhe prestemos atenção redobrada. Definições precisas e raízes originais revelam muitas vezes nuanças insuspeitadas de sentido. Eu sempre considerei horizonte como símbolo de potencial ilimitado — como em "um novo horizonte". Mas fiquei surpreso ao descobrir que a tradução literal da palavra grega *horizon* significa "círculo envolvente; prender, limitar". O mundo onírico me lembrava, no exato momento em que escrevia uma seção — na verdade, um livro —, que eu desejava poder dizer tudo e que isso fosse tudo, que o círculo de conhecimento é finito. Ainda assim, a redondeza do círculo significa também totalidade e completeza. Separa o que está dentro do que está fora e sua circunferência serve de berço à vida interior. A palavra contém também o sentido de horizontal — plano, nivelado —, lembrando-me de não permitir que a dimensão transcendente do Sonho Curativo me cegue para o plano da vida comum.

Origen foi o maior desafio das três variantes da palavra, embora complementasse e ampliasse o sentido das outras. Lembrando-me vagamente de uma figura com esse nome na Igreja antiga, descobri um verbete numa enciclopédia que me deu uma grande riqueza de material biográfico. Orígenes, nascido no século II d.C., foi um escritor prolífico, autor de cerca de oitocentas obras, mas famoso por recusar pagamento por suas lições. (Fui lembrado desse aspecto menos voluntário em minha carreira, durante as "orações" dirigidas a meus credores.) A especialidade de Orígenes era o próprio tema desta seção: ele criou um sistema multinível de análise escritural no qual defendia a interpretação da Bíblia em três diferentes níveis — o literal, o ético e o alegórico. Em sua época, foi considerado heterodoxo até quase a heresia, uma vez que tentou fundir filosofia pagã com teologia cristã — de forma muito parecida, pensei, com o meu método para explicar os Sonhos Curativos, que tenta combinar religião, psicologia e xamanismo. Descobri também que Orígenes foi um homem que levou o ascetismo tão longe que se castrou em nome da pureza. Pensando nisso, fiquei chocado ao reconhecer que eu, também, vinha levando uma vida excessivamente ascética, desligando o telefone, saltando refeições, fechando-me sozinho durante dias com meus livros e originais, andando de um lado para o outro em minha cela, despenteado como um anacoreta. (Memorando enviado a mim no sonho: *Não* leve a vida de um Orígenes!) Aqui, em três pequenos e hábeis rabiscos, dignos de um mestre calígrafo, o sonho havia bosquejado um rigoroso comentário de minha vida.

Os sonhos contêm muitas vezes uma linha narrativa própria — até mesmo invertida —, lembrando-nos de questões emocionais negligenciadas. Meu sonho mencionado acima com os "dois violões", por exemplo, estava saturado de história pessoal: dei à minha filha, Leah, em diferentes datas de aniversário, dois violões, um escuro e outro claro, em nenhum dos quais ela jamais aprendeu a tocar. Decorou-lhes lindamente as caixas, porém, provando o que eu não queria reconhecer — que os talentos artísticos dela se inclinavam para as artes visuais, como a mãe, e que ela jamais compartilharia de minha paixão pela música. Os violões continuavam ainda em minha garagem. Muitas vezes, pensei em vender o escuro (preto retinto, braço branco, um Elvis especial), mas me sentia sentimental demais, não querendo ainda, em algum nível de causa perdida, reconhecer a derrota.

Ou tomando outro curso literário sobre o mesmo sonho: o violão parece-se notoriamente com um corpo de mulher. Estou por acaso tentando chegar a um acordo com os aspectos sombrios e claros do feminino — algo com que eu, como tantos homens, lutei muitas vezes? Estou forçando um pouco as coisas, talvez, mas essa possibilidade é explicada pelo nome de minha filha: os junguianos consideram muitas vezes a bíblica Leah (morena) e Rachel (loura) como dois aspectos da mesma psique feminina.

O nome Leah lembra-me também que o tema da história bíblica é o de um pai que tenta "vender" a(s) filha(as) em casamento, em uma espécie de negócio dois-por-um (a "loura" Rachel, a clara e a preferida, indo a outra de quebra). Na ocasião, "minha" Leah havia justamente começado seu primeiro relacionamento sério a longo prazo, evocando em mim grande número de emoções. Poderia minha filha casar-se realmente algum dia? Eu teria que "dá-la em casamento"? Em muitas culturas, a noiva é, para o pai, uma transação financeira complicada, envolvendo analogias com publicidade, compra e venda. Poderia a imagem de vender o violão ser o convite do sonho para eu enfrentar minha ansiedade de ter, de uma vez por todas, de renunciar à minha imagem de Leah como minha filhinha? Embora ela deseje vender o violão, desfazer-se de vestígios visíveis demais da infância, tento impedi-la de fazer isso... não estou pronto ainda. Se quisesse levar o assunto adiante, eu descobriria na certa mais "negócios emocionais" de família ainda não resolvidos.

Apreciar o Sonho

A análise gramatical minuciosa do sonho pode ser reveladora. Simultaneamente, se não formos cuidadosos, ela poderá tornar-se outra maneira de matar a imagem, tal como um naturalista pregando uma borboleta em quadro de espécimes, em vez de maravilhar-se com sua presença viva. Embora haja em psicologia a convenção de falar nos "mecanismos do sonho", a psique não é um motor a vapor nem um computador. Estamos investigando um ecossistema e não as vísceras de um dispositivo. O que estou chamando de modo apreciativo de trabalho com o sonho implica um encontro vivificador com o reino do imaginário. Nesse caso, as imagens não só representam alguma coisa, mas existem por direito próprio. Em vez de rotulá-las e classificá-las, delas extraindo sentido e jogando-as fora, entramos de mãos abertas em seu mundo.

Jung utilizava uma técnica, que chamava de imaginação ativa, para participar da presença viva do sonho. Em sua autobiografia descreve como descobriu o método. Sentado à escrivaninha certo dia, tentando enfrentar seus medos incontroláveis, teve bruscamente a sensação de deixar-se "cair" dentro de si mesmo, "como se o solo literalmente se abrisse sob meus pés", aterrando finalmente em uma caverna escura, onde encontrou várias criaturas mitológicas, personagens e símbolos — anões, cristais vermelhos brilhantes, enormes escaravelhos pretos. Repetindo o exercício durante semanas, descobriu que podia induzir um estado entre estar desperto e sonhando, no qual podia conversar com as figuras do sonho e vividamente vivenciar um mundo imaginário. Em uma passagem típica, escreveu ele: "Vislumbrei duas figuras, um ancião de barba branca e uma jovem belíssima. Reuni coragem e me aproximei deles, como se fossem criaturas reais, e escutei com toda atenção o que me disseram."[8] Quem quer que pratique esse tipo de exercício descobrirá que esses "seres" podem oferecer opiniões radicalmente diferentes das aceitas pelo ser consciente, juntamente com uma sabedoria que não sabíamos que possuíamos. (Mas há perigos, também. Sabe-se de casos de pessoas que se perderam nesses mundos fantásticos, descobrindo que eles lhes tomam cada vez mais tempo da consciência — uma razão pela qual esses exercícios só devem ser feito com ajuda de um guia competente.)

Os Sonhos Curativos transmitem uma sensação de tal autoridade — sua apresentação é tão deliberada, rigorosa e final como o ato de um diretor que corta um filme — que o primeiro desafio do sonhador consiste em aceitá-los como são. A psicóloga Mary Watkins é contra impor uma estrutura consciente opressiva a uma criação espontânea: "Tente aceitar a imagem como final e completa", escreve ela, "em vez de como se fosse uma peça que você, como ego, tem de reescrever e terminar."[9] Esse procedimento, continua, combate "as tentativas do ego de engolir a imagem como uma ave engoliria uma aranha".

Esse ato de apreciar é praticado no espírito do que o poeta Keats descreveu certa vez como "estar mergulhado em incertezas, Mistérios, dúvidas, sem qualquer irritante procura de fato e razão". Tomamos a posição de abrirmo-nos para o sonho sem desembainhar a espada da interpretação. Freqüentemente, descubro que estou voltando a certas imagens que permiti que continuassem a viver, satisfeito porque elas conservam ainda o poder de me comover e não foram "analisadas até a morte".

Na verdade um sinal desse modo de encontro vivo é uma sensação de emoções como que subindo de um poço, porque nesse caso estamos procurando o centro emocional, não o intelectual, do sonho, aquele lugar onde energias transformadoras se reúnem e acordam. Às vezes, uma imagem produz um estado de ânimo completo — um nó na garganta, uma sensação no estômago, uma aceleração súbita do coração, produzida por medo "irracional" ou "louca" paixão. Nesse momento, sabemos que as criaturas do imaginário, estreitamente ligadas ao corpo, estão ansiosas para fazer parte de nossa vida.

Outro aspecto da apreciação do sonho implica compartilhá-lo com outras pessoas. Quando trabalhamos sozinhos no sonho, tendemos a reprimir os aspectos que não queremos ver. Abordar um sonho em companhia de outras pessoas ajuda-nos a ver o que, de outra maneira, encobriríamos. A analista junguiana Marie-Louise von Franz escreve: "Sonhos geralmente apontam para nosso ponto cego. Eles nunca nos dizem o que já sabemos... O problema de interpretar nossos próprios sonhos é que nunca conseguimos ver nossas costas."[10] Precisamos da companhia de outros que tenham se tornado sensíveis à dimensão do imaginário, porque podemos ver mais através de seus olhos do que dos nossos.

Se abrimos o coração e a mente ao sonho, então todo esse mundo — e, por analogia, nosso mundo "real", também — é revelado em sua plenitude viva. A simplicidade de um olhar sem reservas é em si transformadora. A vida generosamente nos leva além de nossos pontos de vista habituais, mostrando-nos onde a fé dorme em um grão de mostarda e um cosmo realmente brilha em um grão de areia.

Transformando Sonhos em Ação

Outro modo de trabalhar o sonho diz respeito ao que poderíamos chamar de seu componente objetivo. Numerosas culturas tradicionais insistem em que o sonho requer um lugar na realidade do estado de vigília. Bob Randal, um aborígine australiano de 63 anos de idade, do árido território setentrional do país, disse-me certo dia: "Quando vocês dizem 'sonho', isso talvez não signifique a mesma coisa para *nós.*" O que é que você *quer* dizer com isso?, perguntei. Ele passou os dedos cor de mogno pela barba branca. "Veja bem, companheiro", disse alegremente, "nós simplesmente não vemos o sonho como uma coisa que só acontece à noite. O sonho acontece *o tempo todo.*" Nossa idéia ocidental de sonho como estranho à vigília é vista por eles como uma dicotomia evidentemente falsa.

Um sonho autêntico não pode, dizem esses povos, ser engarrafado, sem se expressar. Preston Scott, um índio choctaw, disse-me, a propósito: "A visão lhe diz, como um indivíduo, para fazer coisas de uma certa maneira. Você pode ir correndo contá-lo a uma pessoa ou outra, mas o sonho ainda quer dizer a mesma coisa. Você tem de submetê-lo a *teste.*"

Há muitas maneiras de fazer isso. A mais simples é contá-lo à pessoa com quem sonhou. Quando tive aquele sonho sobre minha filha e os "dois violões", resolvi ligar para ela em Nova York. No início, hesitei em fazer isso, mas fiquei surpreso quando ela me informou que seu novo namorado havia, naquela mesma semana, publicado um anúncio no jornal querendo vender dois violões acústicos — um escuro e outro claro. Ela nunca me disse que ele tocava. Disse-me também que ia ao casamento — o segundo — do pai do namorado, onde toda a família, incluindo cinco irmãos, submetê-la-iam inevitavelmente a uma avaliação. Ela me perguntou o que eu pensava que devia usar — ela estava pensando que devia "impressionar" o clã. Sete meses depois, tive uma confirmação ainda mais extraordinária. Visitando-me no Natal, Leah anunciou inesperadamente que ela e o namorado estavam noivos. Era uma ocasião feliz, e me senti afortunado porque o sonho, ao alertar-me para uma possibilidade em que eu não havia pensado, ajudou-me a amortecer o choque (o que, como pai da noiva, incluía custear uma cerimônia dispendiosa!).

Quando um índio das planícies tinha um sonho marcante, ele o trazia para o mundo. Poderia ensinar aos outros suas canções de cura, pintar um escudo ou executar uma dança ritual. Muitas pessoas com quem conversei inventaram maneiras próprias, não muito diferentes, para trazer o sonho ao mundo. Uma atmosfera estranha envolve todo ato de pôr o sonho em ação. Quem tenta isso, mesmo fazendo um desenho grosseiro com um *crayon*, sentirá a energia de dois mundos tocando-se.

Gosto imensamente de tocar violão, mas, às vezes, por exemplo, sinto uma sensação desagradável quando ele me acena silenciosamente do suporte. Sinto-me como se um idoso estivesse se entregando a prazeres de adolescente: eu devia estar trabalhando, os vizinhos vão reclamar. Na manhã do sonho dos "dois violões", porém, passei pelo ombro a alça antes mesmo de me vestir, coloquei na vitrola um CD de Otis Spann e dedilhei *blues* de Chicago durante uma hora de êxtase. Senti-me revigorado e livre. Mais uma vez, fiquei impressionado com a força com que uma imagem de sonho pode nos falar. Alguma coisa está nos visitando, com toda a ambivalência e mistério que a palavra evoca — uma visita. O visitante propõe novos arranjos e, às vezes, desvios radicais. As coisas talvez não se desenrolem de acordo com o plano, do ponto de vista do ego, mas o sonho, que responde perante uma autoridade mais alta, tem outros mandatos a cumprir.

Encontros Com Animais Notáveis

Sonhos e animais são duas chaves
com as quais descobrimos os segredos de nossa própria natureza.

Ralph Waldo Emerson

Não há categoria que exemplifique com tanta clareza a presença viva, extraordinária, às vezes irresistível, que o sonho pode adquirir do que o encontro com o animal. Esses sonhos começam já na infância e persistem esporadicamente durante toda a nossa vida.

Quando os conhecemos no sonho, estamos encontrando nossa própria alma (*anima*).[11] A *anima*, como sugere a palavra, está intimamente ligada à nossa existência corpórea, com seus instintos e processos primevos. Para os povos indígenas, porém, o animal é também repositório de qualidades mais nobres, de tipos específicos de inteligência, de atributos de caráter e personalidade, de sentimentos sutis, de conhecimento secreto do mundo e mesmo de pura divindade. Em minhas próprias experiências e com as de outras pessoas, fiquei impressionado ao descobrir como são inefavelmente reais esses encontros com animais do sonho — e como nos afetam de forma tão profunda. Eles são iniciações na verdadeira morada de nosso mundo.

No livro *Writers Dreaming*, Alan Gurganus lembra-se de uma dessas experiências que teve quando criança, a visão de um mundo vivo pulsando de magia:

> Aos oito anos de idade, mais ou menos, tive um sonho, daqueles que são tão reais que temos certeza de que estão acontecendo. Não podemos acreditar inteiramente que o imaginamos, porque todos os detalhes estão presentes. Eu me encontrava em meu quarto de paredes de pinho, em minha cama de madeira de bordo, com os cobertores puxados até o pescoço — e a história da locomotiva desenhada sobre a colcha —, quando ouvi um som no pé de nogueira escura, bem do outro lado da janela. Era um tipo de som roçante, pulsante, metálico. Inclinei-me para fora da cama e vi a cauda de uma bela e enorme ave, provavelmente de uns 12 metros da cabeça aos pés. Tinha uma espécie de cauda de pavão e penas tão grossas quanto ramos de palmeira. Era a coisa mais deslumbrante que eu jamais tinha visto. E tinha todas as cores, todos aqueles profundos azuis, verdes, púrpuras e vermelhos que vemos em um pavão, mas era uma ave imensa, aparentemente mitológica que, por alguma razão, pousou em nossa árvore, do outro lado da janela.

O jovem Alan viu-se diante de um dilema. No sonho, queria chamar a família para que ela pudesse testemunhar aquela visão e confirmar-lhe a realidade. Mas teve medo de que, se deixasse a cama e fosse chamá-la, o ruído pudesse assustar e afugentar a ave. Tomou a decisão de simplesmente ficar ali e admirá-la. "E assim tive mais 15 minutos com essa criatura extraordinária que ali se apresentava." Esses minutos, a decisão de passar algum tempo com o transcendente, mudaram-lhe a vida. A lição, diz ele, foi que, em vez de procurar confirmação externa de uma experiência, "minha responsabilidade como artista, sonhador e guardião da árvore era observar com tanto cuidado quanto possível, absorver tudo aquilo, porque eu sabia que nunca mais veria essa criatura mágica e que o próprio ato de tentar provar sua existência implicaria sua perda. Poupá-la significava estar sozinho com ela naquele momento e absorvê-la para sempre".[12]

Eu tive também minha cota de encontros com animais de sonho. Eles moveram-se de um lado para o outro no limiar de meus sonhos, às vezes sorrateiros, em outras ocasiões com um ruído que fazia meu coração parar. Exatamente quando pensava que podia interpretá-los como bem-elaboradas alegorias ou símbolos, eles desapareciam, camuflando-se na vegetação baixa ou saltando em minha direção em uma mancha indistinta de movimento. Eles raramente permaneciam imóveis no centro dos fios cruzados de minha mira analítica. Muitas vezes, fiquei em dúvida se eles representavam *alguma coisa*, mas nunca tive dúvida de que estavam real e misteriosamente vivos.

Na última década conheci um espantoso jardim zoológico: lobos brancos e caranguejos pretos, ursos polares e lagartas cabeludas, um pequeno elefante preto e um tiranossauro rex miniatura, moréias, lustrosas formigas carpinteiras pretas, abelhas e javalis. Sonhei com animais de bosque e floresta, água e ar, animais que todos conhecemos e animais míticos, extintos e em risco de extinção. Encontrei-os em seu próprio hábitat ou, o que me deixou desconcertado, invadindo o meu — em minha rua, minha casa, sob minha cama. Eles talvez sejam metáforas, mas estão em plena posse de si mesmos. Pouco têm em comum com os animais de Disney, com bichinhos de estimação ou com animais de zoológico entediados até as lágrimas. Constituem um bestiário de criaturas reais que parecem dividir comigo minha pele. Sinto que estou tratando com seres naturais, dotados de desejos próprios. Não sei ainda o que querem, e muito menos o que podem "significar". Sua presença rosnante, farejante, curiosa, deixa-me profundamente inquieto, mas não posso me livrar da sensação que tenho de aprender alguma coisa com eles, mesmo que sua voracidade crua me deixe nas pontas dos pés. Em um nível, talvez, eles representaram meu câncer, que foi em si uma criatura feroz, selvagem, esfomeada, com uma agenda própria, indiferente aos planos mais bem-elaborados do meu ego — mas isto é também uma boa descrição de minha alma.

O animal é aquela parte de nosso ser que permanece envolvida pela ordem natural, por mais alto que o espírito se eleve. Chamam-nos de volta à terra, ao nosso chão, ao lar em nosso corpo. Esses animais anseiam por intimidade, convivência dinâmica, oferecem-nos comunhão com poderes nobres e comuns, deixam claro em visões à noite que nos consideram hoje e para sempre como seus.

Meu amigo Demetrios é um homem que resolveu deixar-se guiar por suas próprias diretrizes interiores. Contrário, por questões de consciência, à guerra do Vietnã, cumpriu uma pena alternativa de cinco anos com famílias de indivíduos recolhidos a penitenciárias de segurança máxima: Soledad, Folsom, San Quentin. Fundou uma empresa para montar eventos ambientais participativos, incluindo limpeza costeira anual, ainda hoje feita em todo o país. Tornou-se escultor e viajou pelo mundo, colaborando com artistas de outros países nas obras monumentais que imaginava.

Em seguida, mudou-se para as matas no alto de Santa Cruz. Pouco depois de instalar-se, recebeu uma visita inesquecível. Sonhou que estava em uma remota campina na montanha, sob um céu estrelado, sentado em um sofá ali colocado como posto de observação de "lobos-espírito". Movimentos apareceram na borda da campina e formas indistintas se materializaram em uma alcatéia. Subitamente, sentiu um lobo às suas costas. Ouviu-lhe a respiração profunda, pesada e permaneceu imóvel, à espera do que ele faria. O lobo empurrou-o com o nariz, colocou-se à sua frente, um magnífico lobo de uns cem quilos de peso, com esquisitas marcas pretas e prateadas na pelagem. Demetrios escreveu uma comovente narrativa desse encontro no imaginário:

> *Há uma inteligência profundamente focalizada e inquiridora nos olhos do lobo. Ele começa a me cutucar com o nariz, querendo que eu o toque. Vagarosamente, levanto a mão e começo a coçar-lhe a cabeça, controlando-me com todo cuidado para que ele não se assuste e vá embora. O ato de coçar transforma-se em carícia e começo a sentir nas mãos belos contornos do focinho. Ele é muito sensível a meu toque e demonstra aceitar e gostar de minhas carícias. Abracei-o e puxei-o para bem perto. Durante um momento, senti medo, lembrando-me de que o lobo é um predador, que poderia me machucar muito, se ficasse agressivo. Mas deixei esse pensamento morrer e confiei na honestidade que sentia no animal que, nesse momento, tinha nos braços.*

Esse estranho namoro no sonho com o volumoso animal continuou por mais algum tempo. O lobo olhou-o nos olhos e, em seguida, urinou em cima dele, como se o marcando com seu cheiro. Controlando o nojo, Demetrios deixou que a iniciação continuasse, tornando-se finalmente uno com o lobo. Diz ele que ainda sente ocasionalmente a poderosa "presença" dele — em certa ocasião, pareceu-lhe que ele surgia e se sentava a seu lado durante uma penosa negociação que requeria força e astúcia lupinas.

(Fiquei fascinado, não muito tempo depois de Demetrios ter me enviado seu sonho, ao encontrar por acaso a descrição seguinte, feita por um índio americano: "Quando o guerreiro Caça Até a Morte, da tribo absarokee, foi ferido em batalha por uma flecha no quadril, teve uma visão de um búfalo entoando cânticos sagrados e aspergindo-o com água. Como resultado dessa visão, foi curado e despertou no momento em que estava sendo preparado pelos parentes para o enterro."[13] Nesse caso, como no sonho de Demetrios, o animal ministrou uma bênção vívida, uma renovação de força vital, um ato de comunhão e afirmação de parentesco.)

Uma amiga, Ginny, disse-me em confidência certo dia que tem sonhos repetidos com um lince. "No início, eu não sabia que animal era aquele", diz ela, parecendo ainda um pouco espantada, "mas consegui encontrá-lo em um livro sobre a natureza, porque ele possuía aqueles tufos característicos de pêlos nas orelhas." Mas não tinha idéia do que aquilo significava. Desde então, já teve uns sessenta sonhos com o animal. Embora estivesse curiosa sobre o que eu poderia pensar, ela me disse: "Ele é tão real para mim quanto você. Em um sonho, pareceu que ele quebrava e passava pela porta de vidro de meu quarto — acordei e *vi-o,* olhei-o nos olhos, estendi o braço e fiquei chocada ao sentir pêlos na mão."

Mais tarde, evoluindo o "relacionamento", disse ela, o lince "andava pelo meu sonho, como se esse fosse apenas um palco — como se *ele* fosse de uma ordem de realidade diferente da um mero sonho. Agora, parece que ele me acompanha na vida. Vejo-o como bem próximo de minha personalidade. Ele é pequeno, refinado, adora ficar sozinho, os tufos de pêlos nas orelhas parecem antenas sensíveis, captando sutilezas". Fitei-a com novos olhos: com seu corpo flexível, compacto, olhar vivo e nariz bem-delineado, ela, *de fato*, parece-se com seu animal totem.

O psicólogo James Hillman sugere que animais de sonho abençoam nossa personalidade mais profunda, fornecem-nos uma maneira de nos conhecermos sem aplicar os juízos de valor que, com uma freqüência grande demais, considera nossos traços quase instintivos como patológicos. E faz uma linda sugestão sobre como incorporar nossos animais de sonho, mesmo aqueles — como freqüentemente acontece — pelos quais sentimos repulsa.

> Vamos dizer que você, em sua personalidade, tem um lado rápido e astuto. Você às vezes mente, tende a furtar pequenas coisas em lojas... tem um nariz tão estreito que pessoas relutam em fazer negócio com você, por medo de serem passadas para trás. Acontece então que você sonha com uma raposa! Ora, essa imagem não é apenas uma imagem de seu problema banal, sua propensão para roubar. A raposa dá também um apoio arquetípico aos seus traços de comportamento, colocando-os mais profundamente na natureza das coisas. A raposa aparece em seu sonho como uma espécie de mestra, uma médica que sabe muito mais do que você sobre esses traços, e isso é uma bênção. Em vez de um sintoma ou um distúrbio de caráter, você agora tem uma raposa com quem vive e cada uma precisa vigiar a outra.[14]

Posso garantir a sensação de verdade transmitida por essa opinião — no sonho os animais parecem tão reais em aparência e comportamento que não podemos deixar de nos relacionar com eles, como seres da mesma natureza que a nossa. E logo que entram em nossa vida, eles se tornam cada vez mais íntimos. Os linces de Ginny aparecem quase diariamente à sua porta. Uma década após seu primeiro sonho, a Division of Wildlife, do Colorado, anunciou um programa para reintroduzir na natureza uma população viável de linces, isso pela primeira vez em quase meio século. Os jornais locais se encheram de histórias populares sobre linces: amigos de linces usando camisetas e enfrentando os incorporadores de projetos imobiliários em seus hábitats; grosseiros políticos locais *versus* biólogos usando óculos ("enfeitiçados por linces", disse uma manchete). Ginny tornou-se uma espécie de ativista na causa de preservação, tentando ajudar uma criatura, que no início vivia apenas em seus sonhos, a recuperar seu lugar em um mundo que quase permitiu sua extinção.

Isso porque animais de sonho não só conferem poder, mas transmitem uma dolorosa sensação de fragilidade. Um sonhador israelente contou-me o seguinte: "Tive um sonho vívido, com três bebês elefantes, que vem me perseguindo há trinta anos. A pele deles é cheia de manchas, como se estivessem doentes. Tudo de que me lembro é como meu coração se abriu para eles. Cinco anos de tratamento freudiano e, em seguida, análise junguiana quatro vezes por semana, e ainda não compreendo o sonho. Mas acho que, no fim, vou compreender."

Serão essas visitas súplicas de nossos moribundos companheiros de evolução para que os notemos, que lhe queiramos bem, que os amemos ou mesmo que os temamos, enquanto eles ainda existem e podem ser salvos de extinção — antes que nos obcequem os sonhos como fantasmas?

Nós sempre aprendemos com os animais, dizem as tribos indígenas. Em algumas tradições, foram eles que criaram o mundo. Foram nossos primeiros mestres sobre a maneira como o mundo funciona e como nele podemos sobreviver. São olhados como totens, parentes, portadores de nossa "alma da selva". Em muitas culturas, são considerados como "pessoas" quadrúpedes, com "idéias" próprias. Talvez este seja a razão por que eles aparecem tanto em nossos sonhos, dotados de inteligência clara, ainda que não-humana. Ao contrário de seu triste destino no mundo de vigília — domesticados, comidos, caçados até a extinção ou, pior ainda, morrendo em massa, como se fossem uma nota de rodapé ao progresso —, esses animais de sonho são simultaneamente ancestrais e contemporâneos. Eles nos acompanham como mentores e irmãos, tentando dizer-nos, em nossos sonhos, que nosso destino está ligado ao deles.

Naturam expellas furca tamen usque recurret, diz um provérbio latino. "Com um forcado, podemos jogar fora a Natureza, mas ela sempre volta." Poluímos o meio ambiente e descobrimos que estamos no centro de uma epidemia de câncer, que se pode atribuir em grande parte a essa poluição, e nosso corpo se torna o novo hábitat de predadores desalojados de seus ambientes naturais. "Você acredita", pergunta uma publicação recente dos Amigos da Terra, "que não precisamos mais da Natureza?"

E nós poderíamos também perguntar: acreditamos que não precisamos mais de nossos sonhos? Da mesma maneira que animais somem como fumaça, quando não mais os honramos, o mesmo pode acontecer com esses seres interiores que conduzem nosso potencial de crescimento e profundeza, de ligação com a terra e a transcendência, de mágoa autêntica e alegria verdadeira. De modo geral, não acreditamos nos sonhos como os antigos acreditavam, e menos dispostos ainda estamos para agir de acordo com eles. A omissão em respeitar as mensagens que nos vêm de dentro leva a depredações ainda maiores — contra nós mesmos, contra nossos semelhantes, contra o próprio planeta vivo. Nossos sonhos tornam vivas partes de nós mesmos — e do mundo. Esquecê-los, ignorá-los ou interpretá-los de maneiras que os anulem implica limitar nossa condição de ser vivo, congestiona-nos a alma, aperta-nos o coração. Se queremos ter, compreender e finalmente incorporar nossos sonhos, temos, em primeiro lugar, de lhes dar sinceras boas-vindas.

Capítulo 3

O sonho do corpo

Jornadas Interiores de Saúde e Doença

Em uma jornada, doente,
através de campos calcinados,
os sonhos continuam.

Bashō

CERTA VEZ FUI APRESENTADO EM UM PROGRAMA DE TELEVISÃO CUJO produtor resolveu dramatizar os sonhos que haviam levado a meu diagnóstico de câncer. Localizou meu médico, que lhe disse de seu ceticismo quando, dez anos antes, eu apareci em seu consultório, apavorado com pesadelos. "Ele não parecia doente", disse para a câmera o dr. Jekowski. "Não apresentava sintomas físicos. Não vi proveito algum em procurar agulha em palheiro, por causa de uns poucos pesadelos." O médico confessou também sua frustração: "De que modo alguém poderia saber da existência de um tumor pequeno, localizado, que não segregava quaisquer substâncias que o fariam sentir-se diferente?" O que *me* fez sentir diferente e me trouxe repetidas vezes ao consultório, até o tumor ser finalmente diagnosticado, foi a clareza sem precedentes e o tom emocional dos sonhos. Eles haviam aumentado a sensação de pavor e desespero de forma tão irreversível que me vi forçado a fazer alguma coisa, pois jamais sentira nada parecido, de igual intensidade, em estado de vigília.

O programa de televisão incluía também um segmento no qual um médico especialista em sono era entrevistado sobre sua técnica para "curar" pesadelos. "Em primeiro lugar, nós mudamos o sonho original", explicou ele, "e, em seguida, ensaiamos um novo sonho." Uma de suas pacientes lembrou um sonho repetitivo que a atormentou durante longo tempo: "Estou em uma cabana de troncos, deitada sobre uma enxerga, sob um cobertor, e alguma coisa se introduz sob a coberta. Está vindo para me matar. Começo a gritar, a berrar, a dar pontapés, a bater, e em seguida acordo." O médico aconselhou a paciente a "reescrever" o fim do sonho, criando uma "versão mais positiva e confortável". Obedientemente, ela imaginou a "coisa sob o cobertor" como "apenas minha cachorrinha Missy, vindo para se encostar em mim". A paciente disse que a imagem fazia-a sentir-se "aquecida, de modo que, quando fico amedrontada em um sonho, está tudo bem, porque vi que era apenas minha cachorrinha e eu a adoro". Ao que o médico acrescentou, com uma nota de satisfação na voz: "Ela repete isso sempre que tem um sonho desagradável." E, em voz sonora, o narrador do programa concluiu: "Se tivermos a coragem necessária para enfrentar pesadelos, podemos controlá-los e eliminá-los."

Quem poderia negar a essa atormentada mulher uma tranqüila noite de sono? Mas senti vontade de gritar para a tela: o que, realmente, *estava* sob as cobertas? Poderia ter sido uma ansiedade há muito abafada, um aviso urgente, um amante ou um demônio pessoal. Nós nunca saberemos... agora é uma cachorrinha.

Se tivesse seguido essa estratégia de "controle e eliminação" higienizada para enfrentar minhas imagens perturbadoras, eu talvez não estivesse vivo hoje. Resolvi agir de acordo com o que teóricos do assunto denominam de sonho premonitório — isto é, que prevê um problema médico ainda não detectado clinicamente. Freud, entre outros, notou o "poder diagnosticador" do sonho, observando que pouco mistério havia no fato de uma pessoa, com uma doença nos pulmões, sonhar com sufocação, ou outra, com problema de digestão, sonhar com alimento. Acreditava ele que essas imagens tinham origem em pistas fisiológicas subliminares reveladas no sono, citando o filósofo J. Volkelt, que sugeriu que "em sonhos devidos a dores de cabeça, o topo da cabeça é representado pelo teto de um cômodo, coberto com aranhas repulsivas, parecidas com sapos... O pulmão será representado simbolicamente por uma fornalha ardente, as chamas rugindo com um som semelhante à passagem do ar" e assim por diante.[1]

Muitas vezes, porém, a situação é mais complicada. Mesmo em um sonho nítido do tipo descrito por Volkelt, algum trabalho pode ser necessário para descobrir o estado real da situação. Uma mulher que chamarei de Ellen teve um diagnóstico de fibromas benignos. E sonhou: *Estou em um avião antigo, à espera na pista. Uma mulher do lado de fora da janela tenta me avisar de alguma coisa. O avião começa a taxiar e a mulher a correr ao lado. Uma maçaneta do avião pega a alça do macacão da mulher, obrigando-a a correr cada vez mais rápido para acompanhar o aparelho, ao mesmo tempo que, em desespero, ela tenta prender minha atenção. Ela tem certeza de que vai perder os pés nesse esforço para me avisar — imagina a parte inferior das pernas com os ossos expostos —, mas isso não é nada em comparação com o perigo, se o avião decolar.*

O sonho acordou-a com um choque, embora a terrível urgência parecesse desproporcional a seus atuais problemas de saúde. Haviam-lhe dito que os fibromas não apresentavam gravidade. É bem verdade que ela estava preocupada com uma leve sensação de dormência nos dedões dos pés, diagnosticada como "neuropatia periférica". Um terapeuta poderia ter optado por concentrar-se em aliviar-lhe a ansiedade ou investigar se ela estava "perdendo pé" na vida ou era "incapaz de dar conta do emprego".

O sonho, porém, tinha sido tão horripilante, as imagens tão claras, que Ellen convenceu-se de que era alguma coisa mais urgente. Chegando à conclusão de que o avião era a imagem principal, fez um exercício de imaginação ativa, no qual "tornou-se" o aeroplano. Disse resultou uma espécie de Aviãozinho Capaz de Manter um Monólogo: "Eu estou simplesmente tentando fazer meu trabalho, mas essa mulher, correndo em desespero ao meu lado, quer que eu pare. Ela tem de saber alguma coisa que eu não sei. Tenho de fazer uma investigação. Oh, estou realmente desequilibrado. Alguém me carregou de forma errada, não estou levando apenas bagagem — sinto-me como se houvesse alguma coisa enorme dentro de minha barriga, como um tanque de guerra do exército —, alguma coisa grande demais para eu carregar. Não posso decolar com isso aí dentro. Tem de ser tirado!"

O trabalho no sonho convenceu-a a procurar uma segunda opinião médica sobre os fibromas. Descobriu-se que o diagnóstico inicial estava errado — ela tinha câncer. Ellen me escreveu: "Quando fui aconselhada a submeter-me a uma operação para remover tudo aquilo, tive certeza (*teve certeza!*) de que isso era a coisa certa a fazer e marquei-a imediatamente." A operação foi um sucesso, felizmente. O câncer não havia se espalhado e estava ainda confinado à "barriga do avião". E Ellen comenta: "Tremo toda só em pensar no que teria acontecido se eu tivesse hesitado, tentado alguma forma mais leve de tratamento, ou simplesmente ignorado os sintomas."

Essas ocorrências ainda são, na maior parte, ignoradas, nem anotadas nem investigadas pelos médicos. Há anos, em uma conferência, fui abordado por um psicólogo, que me disse que eu era o único caso confirmado que encontrou "na literatura especializada" de um sonho confirmado por diagnóstico médico. Desde então, porém, tomei conhecimento desses casos em número suficiente para me sentir convencido de que se trata de uma ocorrência comum. Freqüentemente, penso no prejuízo que a medicina sofre porque esses sonhos premonitórios são considerados como meras esquisitices. Não só os médicos raramente interrogam os pacientes sobre seus sonhos, nem eles mesmos dão atenção aos seus, embora esse cuidado lhes seja aconselhado desde os albores da profissão.

Hipócrates, o pai da medicina ocidental, falava freqüentemente no valor médico dos sonhos e há pequenas histórias do mesmo tipo que retroagem a Galeno, o mestre cirurgião da Roma antiga. (Galeno relata a história de um homem que sonhou que uma segunda tíbia, de rocha sólida, havia sido feita para ele, e cuja perna tempos depois ficou paralisada.[2]) Nos tempos modernos, houve várias tentativas de sistematizar o uso de sonhos em diagnósticos. Em um grosso volume publicado em 1967, o psiquiatra russo Vasily Kasatkin catalogou mais de dez mil sonhos, de 1.200 pacientes, que sofriam de grande variedade de doenças, variando de infecções dentárias a tumores cerebrais. Notou ele que mudanças no conteúdo do sonho precediam com freqüência os diagnósticos clínicos, e que a doença aparentemente facilitava a recordação do sonho. As imagens tinham quase sempre forma de pesadelo, com cenas de guerra, incêndios, batalhas, carne crua sangrenta, cadáveres, sepulturas, sujeira, lixo, água turva e comida estragada, geralmente acompanhadas de sensações de pavor e alarme. Os sonhos tendiam a mudar, tornando-se mais ou menos desagradáveis, dependendo do agravamento ou da regressão da doença. Kasatkin manifestou mesmo a esperança de criar "um sistema de alerta precoce" baseado em imagens específicas — sonhos repetidos com um baú (*chest* = peito), por exemplo, simbolizando um ataque cardíaco iminente, ou, com ferimentos no estômago, indicando doenças hepáticas ou renais.[3]

Nenhum trabalho interpretativo é mais arriscado, mais cheio de perigos e promessas do que depender de sonhos em uma crise de saúde. Nesses casos, quando a vida pode estar em jogo, os sonhos insistem em seu modo de expressão gnômico, simbólico. Às vezes, porém, os sonhos "enchem" dessas voltas e torneios de metáfora e optam por um soco, sem luvas, bem no olho. No exemplo seguinte, retirado dos diários de um paciente chamado Mark Pelgrin, até parece que o sonho estava defendendo sua própria veracidade: *Sonhei que tinha câncer, que acordava e que o sonho era confirmado por minha ida ao médico para me garantir que aquilo não era um sonho. Isso aconteceu duas vezes.*

Esse sonho foi seguido por outro: *Estou no consultório de um médico e ele está fazendo vários exames em meu ouvido. Finalmente, ele me dá o diagnóstico e eu informo minha família (minha esposa). Ela não fica preocupada demais porque o médico me disse que eu ia chegar aos 50 anos. Com isso, eu teria mais seis ou oito anos de vida... Acordei em seguida e procurei um médico para confirmar se isso era ou não um sonho.*

Pelgrin teve diagnóstico de câncer no pâncreas, do qual faleceu não exatamente oito anos depois. (Seriam os "exames no ouvido" destinados a fazer com que ele "aceitasse o diagnóstico" e vivesse tão plenamente como pudesse durante o tempo que lhe restava?)

Conversei com duas mulheres que tiveram também sonhos sem rodeios, embora com resultados mais felizes. A primeira, uma enfermeira-chefe em um hospital canadense, ouviu uma voz autoritária no sonho dizendo-lhe que tinha câncer no seio e no útero. Contou ao seu médico o sonho e foi instruída a fazer um exame da pélvis e uma mamografia, em vez de "ser mandada a um psiquiatra". Confirmado o diagnóstico do sonho, ela fez uma operação bem-sucedida. Os sonhos cessaram. A segunda mulher contou o sonho seguinte: *Uma amiga que havia morrido de câncer e eu estávamos preparando uma sopa. Na panela, ela despejou caranguejos, que não eram os ingredientes que havíamos escolhido. Caranguejos são símbolos de câncer, pensei.* "Fiquei preocupada o suficiente para contar o sonho a meu analista", disse-me ela, "mas ele me disse que eu não era 'o tipo que tem câncer'. Ainda assim, nos seis meses seguintes, escrevi repetidamente em meu diário: 'Você *tem* de cuidar de si mesma. Há tempos difíceis à frente.' E não deu outra, descobri um caroço no seio — câncer — e precisei fazer uma mastectomia. Mas não foi um grande choque. Meu inconsciente havia me preparado para isso." Sonhos como esses talvez tenham pouco poder para evitar o inevitável, mas estar preparado para o ataque da doença pode em si levar a uma intervenção mais oportuna ou a um resultado mais feliz.

Uns poucos médicos inovadores tentam ressuscitar essa negligenciada linha de indagação. Robin Royston, M.D., psiquiatra residente do Ticehurst House Hospital, em East Sussex, Inglaterra, começou a reunir, profundamente interessado, sonhos premonitórios após um caso muito estranho em sua própria clínica. Um paciente procurou-o com um sonho apavorante, no qual uma pantera negra atacava-o e fincava os dentes em suas costas, "entre as omoplatas e um pouco à esquerda da espinha". Royston ficou meio perdido quando o homem apareceu depois com um melanoma (*melanos* significa "preto") exatamente nesse local.

Após ter descrito esse caso em matéria publicada no *Times,* de Londres, o dr. Royston recebeu um dilúvio de cartas de dezenas de pacientes, ansiosos para contar casos semelhantes. Após acumular cerca de 250 exemplos, concluiu que esses sonhos são mais comuns do que geralmente se pensa. Muitos casos poderiam ser explicados, conjecturou, por um sinal enviado ao cérebro pelo sistema imunológico sobre uma alteração percebida subliminarmente no estado do corpo. Outros, porém, pareciam estranhamente proféticos, até mesmo premonitórios, fornecendo às vezes informação mais precisa do que os testes médicos mais sofisticados. "Estes sonhos não são comuns", observou ele, "mas sonhos extraordinários, sonhos arquetípicos, tão carregados emocionalmente que o sonhador é obrigado a levá-los a sério."

O dr. Royston contou um caso fascinante extraído de seus arquivos e que exibe toda a arte e recursos dos Sonhos Curativos. Uma mulher de 57 anos, Nancy, teve um sonho excepcionalmente vívido e perturbador em duas noites consecutivas em março de 1985. No sonho, ela passeava por um *campus* cheio de estudantes (não uma situação incomum, uma vez que, na ocasião, ela fazia pós-graduação). De repente, foi empurrada por trás, recebendo um golpe atordoante, que "sentiu por todo o peito", e que a derrubou de cara em cima de uma cerca. Levantou-se e foi atacada novamente. Antecipando o terceiro golpe, virou-se para enfrentar o atacante. Desconcertada, viu à sua frente uma estranha figura encapuzada: *Derrubei-o no chão, sentei-me em cima dele, socando-o no rosto. Nesse momento, o capuz caiu e eu vi que era eu mesma! Continuei a bater no rosto da figura e no peito, gritando: "Nancy, má! Nancy, má!"* Durante dias, Nancy sentiu-se deprimida. Ao contar o sonho a uma amiga, prorrompeu em lágrimas.

Cinco meses após esse violento evento interior, Nancy descobriu um caroço no seio esquerdo. Foi marcada uma biópsia. Em casa, limpando um armário para distrair-se antes do procedimento médico, encontrou um cartum que havia recortado, de uma mulher com uma pá em meio a um monte de neve, e a legenda: "Sou invencível!" No cartum, Nancy anotou uma lista de coisas que tinha de fazer naquele semestre. "De repente ocorreu-me o pensamento que poderia haver mais uma coisa que eu teria de vencer. Eu ia escrever 'câncer', mas descobri que começava a escrever 'maligno'." Um sobressalto de reconhecimento percorreu-a da cabeça aos pés. *Mali* significa "má/mau", pensou. No sonho, estivera gritando com a figura: "Nancy, má! Nancy, mali. Maligno." Pouco depois, o tumor foi diagnosticado como maligno e ela se submeteu a uma lumpectomia.

O sonho teve vários níveis de significado. Nele havia uma espantosa bomba factual (embora com espoleta de retardamento) que só detonou após a solução de um jogo de palavras. O sonho fez também uma declaração metafórica sobre a natureza do câncer, como um tipo de gêmeo maligno da fisiologia normal — as células "más" tinham o seu próprio rosto. Havia pistas vívidas para traços psicológicos que pesquisadores ligam à vulnerabilidade ao câncer — um profundo senso de autocrítica (Nancy, má), juntamente, como acontece muitas vezes, com uma afirmação compensatória "Eu sou invencível", de uma *persona* que acha que pode tudo. (O cartum mostrava uma pessoa que, mesmo quando metida em sérias dificuldades, não podia admitir derrota. Ela estava "se bajulando para enganar a si mesma".)

Quatro anos depois, Nancy notou um segundo caroço, que dois oncologistas sucessivos diagnosticaram como cistos benignos, dizendo-lhe que não devia preocupar-se sem motivo. Mais ou menos por essa época, ela foi acordada por um sonho impressionante:

> *Em uma praça de aldeia, uma multidão reunia-se em volta de uma figura encapuzada que pregava sobre algum assunto que eu não conseguia entender. Abri caminho pela multidão e comecei a discutir com a figura, berrando: "Eu não compreendo." A figura me ignorou. Fiquei tão zangada que chutei com a bota um monte de neve branca em crosta que havia entre nós. Abri um buraco*

na crosta do monte e dele saiu uma enxurrada de coelhos brancos e pretos dentro de um líquido esverdeado, parecendo xarope! Todos ali reagiram à vista cheios de horror.

No dia seguinte, Nancy procurou um cirurgião e insistiu em uma biópsia, que revelou que o fluido no interior do cisto "benigno" continha células mortas e vivas de câncer. Após o diagnóstico, ela resolveu partir para uma dupla mastectomia. Observa o dr. Royston: "O sonho usou todos os símbolos conhecidos de Nancy: o monte de neve de um cartum antigo, a figura encapuzada do primeiro sonho — que neste momento era uma figura masculina, não mais ela, talvez insinuando uma malignidade mais grave. E os coelhos simbolizavam algo que podia reproduzir-se com grande rapidez. Tendo já uma demonstração da precisão dos sonhos, ela optou pelo tratamento mais radical."

Ainda assim, esses prognósticos em sonhos, acrescenta Royston, constituem uma "área em que só se deve pisar com cuidado. Algumas pessoas podem ter um sonho dramático e terrível sobre um problema físico e nada jamais acontecer. Até mesmo os sonhos proféticos só fazem sentido depois que a doença se manifesta e elas compreendem em retrospecto o que o sonho dizia". Referindo-se ao estudo em grande escala de Vasily Kasatkin, ele formula uma conjectura: "Talvez chegue a época em que tenhamos reunido dados suficientes para poder fazer um diagnóstico ou prognóstico úteis. Nesta altura, porém, qualquer maneira fixa de interpretação é inútil."

De idêntica maneira, tentar reduzir um sonho desses a um único e fixo diagnóstico talvez deixe escapar seus outros sentidos ocultos. Descobri que o curso de toda uma crise de saúde pode ser contado através de sonhos, anunciando-lhe a chegada iminente, dando descrições dos processos da doença, dos boletins médicos e suas atualizações, fazendo comentários sobre decisões tomadas, orientação e temas que se repetem.

Curiosamente, o Sonho Curativo — se nos dermos ao trabalho de decifrá-lo — conta, do ponto de vista psíquico, uma história paralela da doença. O primeiro sonho, por exemplo, igualou "Nancy, má" à malignidade, sugerindo que a auto-imagem negativa da sonhadora — "seu auto-espancamento" — precisava também de atenção curativa. Um terapeuta falou-me certa vez sobre uma paciente que sonhou o seguinte: *Encontro no seio um caroço do tamanho de uma bola de golfe. E pergunto a mim mesma: por que não consegui sentir isso antes?* Quando os dois estudaram o sonho, a mulher lembrou-se de como ficou zangada certa noite quando o marido chegou de uma farra com companheiros de golfe. Esse hábito dele era característico no casamento de ambos. Ela, de fato, encontrou alguma coisa — não simplesmente embaixo da pele, mas de sua vida — que, nesse momento, deixava-a espantada por "não ter sentido antes".

Quando estamos doentes, o objetivo razoável é ficar bom. Os sonhos, porém, insistem repetidas vezes em que não é suficiente curar disfunções dos membros e doenças dos órgãos. *Ficar boa para quê?*, perguntam eles seca e insistentemente. *Para que fim?* O Tecedor dos Sonhos parece preocupar-se tanto, ou mais, com nosso crescimento espiritual quanto com nossa sobrevivência física. Desejamos nos livrar da doença, mas o sonho acrescenta uma linha de contraponto: que a doença é também um *chamado*, embora vindo do que e para onde talvez seja obscuro.

Certa vez, por exemplo, tive um sonho que parecia relacionado com doença e no qual eu fazia parte da tripulação da série *Jornada nas estrelas*, em uma viagem pelo desconhecido:

> *Descobrimos artefatos de uma civilização interestelar que se extinguiu há milhares de anos, mas não antes de obter um triunfo tecnológico grandioso e sem precedentes: aprendeu a congelar o Tempo mediante superesfriamento de moléculas em jarros, até que seu movimento — na verdade, toda a cronologia — parava. Descobrimos um tesouro inacreditavelmente antigo desses jarros dentro de uma nave que vagava pelo espaço, sem ninguém vivo a bordo. Os jarros, porém, descongelaram levemente e noto que o Tempo recomeçou. Um jarro quadrado está cheio de uma cultura que parece de brotos de alguma coisa. Fico cheio de alegria ao descobrir que, mesmo depois de milênios de estase, a vida é incontrolável, sempre reaparecendo de súbito, sem ser convidada. No momento em que começo a acordar, lembro-me de uma velha canção popular: Tempo em uma garrafa. Um verso doloroso acorre-me à mente: "Parece que nunca há tempo suficiente para fazer as coisas que queremos, quando descobrimos quais são elas."*

Nessa época, eu sentia de uma forma aguda demais tal sensação. Tive câncer, que, em um sentido sinistro e de suprema importância, é uma doença do tempo. Sua "história natural" é simplesmente a de continuar a crescer, enchendo a vasilha do corpo com uma profusão de células inúteis. O sonho encerra claras implicações de vida promissora para o indivíduo, cortada tragicamente pela raiz e um aviso sobre os perigos de pensar que poderíamos congelar o tempo e interromper o crescimento das células malignas. (Na verdade biópsias de tumor são denominadas de "seções congeladas".)

Dias depois, passei de carro por uma galeria de arte de vanguarda, de que ouvira falar, e resolvi parar. O tema da exposição era o Dia Mexicano dos Mortos e vi esqueletos de dentes arreganhados, rindo em todos os cantos. No meio dessa morte zombeteira notei um artefato inegavelmente vivo: um quadro onde um jarro de vidro cheio de sementes de girassol, em brotação acelerada, havia sido montado no centro de uma moldura. O título, repetido em torno da borda do trabalho, para dar ênfase, era *Medo de crescimento.*

Fitei-o durante longos minutos, sentindo que havia entrado em meu sonho. Rolei o duplo sentido na mente como se fosse um *koan* zen. Por um lado, as plantas pareciam estar sinistramente crescendo e ficando grande demais para a vasilha e, antes de muito tempo, voltariam a morrer, incapazes de romper a barreira que as prendia. Isso me fez pensar nas maneiras como eu tinha medo de crescer e na idéia de que bloqueios emocionais, segundo algumas escolas, contribuem para a doença. A imagem, florescendo de vida, porém, era inspiradora. Brotos de uma flor que segue a luz do sol parecem uma imagem curativa.

Estejamos doentes da alma ou do corpo, Sonhos Curativos podem mostrar-nos uma visão de totalidade em uma ocasião em que nos sentimos aprisionados, dentro de uma armadilha, mortais. Essa situação talvez seja uma forma de compensação, a pulsão inata da psique para o equilíbrio, mas uma poderosa visão de saúde pode ter em si mesma a força de uma profecia auto-realizável.

Uma amiga minha, Ruth, que trabalhava como enfermeira-conselheira nos hospícios do Sistema de Saúde Britânico, teve certa vez um paciente de câncer que praticava jardinagem por prazer. Ele estava atormentado porque, no começo dos 40 anos e com dois filhos pequenos, recebeu um prognóstico de apenas quatro semanas de vida, com tratamento apenas paliativo.

"Ele era muito fechado e introvertido, não tinha o costume de falar sobre si mesmo, era orgulhoso e tudo mais", conta Ruth. "Ele me disse que não se lembrava de nenhum sonho na vida." Ruth ensinou-lhe exercícios de imaginação e estimulou-o, homem muito prático do "tipo racional", a tentar desenho e pintura. Certa noite, ele teve um sonho luminoso sobre um gerânio. "Essas plantas têm em geral três ou quatro pequenos capítulos em um talo longo, embora esse parecesse mais uma margarida, tal a imensa profusão de pétalas. Nesse sonho, a flor dizia: 'Quero que você recolha minha semente, de modo a que possamos continuar a viver.'"

Quando Ruth lhe perguntou o que o sonho significava, ele respondeu: "Que eu ainda tenho algum tempo. O solo, meu sistema imunológico, parece estar desnutrido, mas aqui, crescendo nessa terra doente, há uma contradição, uma flor magnífica. O sonho está me dizendo: 'Não pare de acreditar.'" O doente ultrapassou o prognóstico de apenas semanas de vida e viveu quase um ano inteiro, durante o qual resolveu numerosos conflitos internos e fez a viagem internacional pela qual ansiou durante toda a vida. "Ele *não* parou", lembra-se Ruth, "e permaneceu bem, muito bem, até poucos dias antes de morrer." O homem aceitou a mensagem de esperança transmitida por uma flor numinosa.

Em outras ocasiões, o convite à vida do Sonho Curativo é quase que um espetáculo teatral por ordem real. Uma paciente que chamarei de Sarah — uma mulher de 43 anos de idade, com um marido que a amava muito e três filhos pequenos — recebeu um diagnóstico de câncer terminal, com tumores em rápido crescimento no fígado e pulmões. "Meu oncologista", lembra-se ela, "praticamente cantou meu hino fúnebre."

Sarah começou a preparar-se. Calculou a idade que os filhos teriam quando de sua morte e imaginou-se dividindo com eles suas jóias ("Talvez eles, algum dia, tenham filhas"). Reuniu em álbuns fotos dela e dos filhos, para não ser esquecida. Mas então teve um sonho — um "verdadeira maravilha", disse ela. O sonho começou com uma tocante cena junto a um leito de morte: "Meu filho de oito anos me deu seu ursinho de pelúcia, com o qual dormia desde o nascimento, o do meio me deu sua pedra de sorte e a velha e suja bola Hackey Sack. Meu marido beijou-me ternamente o rosto." Em lágrimas, ela se despediu da família arrasada. Quando eles saíram lentamente do quarto, sentiu as pálpebras ficando pesadas e as batidas do coração tornando-se mais leves. No diário de sonhos, escreveu:

> *Meu peito pára de subir e descer, e tomo a última respiração. Pacientemente, espero que um raio de luz baixe e leve para o céu minha alma cansada. Anjos. Onde estão eles? Elias? Espero. Nada. Nessa ocasião, vejo, caminhando em minha direção, mãos estendidas, Albert Schweitzer, Eleanor Roosevelt... Harry Chapin... Jim Henson. Acenando e me chamando pelo nome. Rin Tin Tin... Lassies, também, duas, e os três resfolegando como que dizendo meu nome. Mas, em seguida... Nixon... Lenin... Stalin... Mussolini... Hitler... Hitler? A situação está ficando realmente feia! Nós não esperamos ir para lugares diferentes?*
>
> *"Nenhuma garantia!", troveja uma voz do alto.*
>
> *De repente, uma dor perfura-me o corpo como se fosse um trem passando por ali em alta velocidade. Eu grito? "Não!" No meu corpo, células começam a explodir. Células cancerosas despedaçam-se em meus pulmões e fígado, implodindo, e células sadias agarram-nas, absorvendo-as como bolhas de mercúrio, devorando sua própria espécie.*
>
> *Minhas pálpebras se abrem e, com um grito, jogo para longe as cobertas: "Esqueça isso!" Arrastando um lençol que se agarrou a mim desço correndo o corredor em direção ao posto das enfermeiras, uivando como um espírito anunciando a morte de uma pessoa da família: "Onde estão meus filhos? Eu quero meus filhos!"*
>
> *Uma enfermeira me repreende, de dedo em riste em minha cara, dizendo que eu sou uma péssima doente e ordena que eu volte para a cama. Mas estou zangada, desafiadora, no controle da situação. "Eu agora sou a chefe", respondo. No mesmo instante, meu marido surge a meu lado. Meus filhos voltam e também meu oncologista.*
>
> *"Sua chapa radiográfica está limpa", diz ele. "Seus tumores desapareceram."*
>
> *"Exatamente como eu pensei", digo, de mau humor, e volto para o quarto para fazer a mala.*

Acordou com um sobressalto e descobriu "que era apenas um sonho e que ainda estou presa à realidade". O sonho, porém, perturbou-lhe seriamente a fantasia de uma saída suave deste mundo, interrompendo como um estrondo de trompete os violinos sentimentais de sua cena final. O sonho de Sarah continha numerosos aspectos clássicos dos Sonhos Curativos: as imagens vívidas de processos biológicos — neste caso, células cancerosas sendo explodidas (o método real usado pelas células assassinas naturais), seus restos sendo devorados (o papel de faxineira das macrófagas), a "voz trovejante", uma representação típica no sonho de forças mais poderosas, insistindo em que não há garantias cósmicas, os fragmentos, de valor inestimável, de humor irônico — Lassie, o Bem, e Hitler, o Mal, andando lado a lado.

Sonhos Curativos freqüentemente destacam pessoas "importantes" — figuras religiosas, astros da música popular, retratos de livros de história que adquirem vida, como se a escala titânica da luta contra a morte tivesse de ser reconhecida. Ao buscar totalidade, tornamo-nos atores em um palco mitológico.

No sonho de rebelião de Sarah, "Eu agora sou a chefe", saltando da cama e arrastando a própria mortalha, ela assumiu mais poder e controle, um momento decisivo, que muitas vezes ocorre em casos de recuperação notável. O sonho encorajou-a a ser mais assertiva na vida de vigília. Logo começou a assumir uma nova identidade, mais bem adaptada à luta contra o câncer do que a de santa e paciente mãezinha. Fosse vencer ou perder, disse o sonho, o melhor era continuar a lutar. O reflexo do esplendor do poder e mistério do sonho, de medo e júbilo, forneceu-lhe um empréstimo suficiente de coragem para empreender uma jornada que nada tinha de semelhante a uma humilde aquiescência à morte iminente. Sarah resolveu viajar a Budapeste para fazer um tratamento experimental de imunoterapia. A família deu um jeito de se arranjar em sua ausência. Ela acha, segundo me disse, que o sonho continua a orientá-la na jornada, lembrando-lhe de que nada tem a perder tentando.

Sonhos de Orientação: Cruzando as Águas

Disseram-me em um sonho,
Que eu devia fazer isso,
E que ficaria boa.

Canção curativa algonquina

Quando o dr. Brugh Joy, com um aceno cordial, desceu do terraço de sua casa nas colinas baixas e minguadas do Colorado, a pouca distância ao sul da fronteira de Wyoming, sua aparência me surpreendeu. A cabeça raspada emprestava-lhe uma aparência ascética de paciente de quimioterapia ou de um *sensei* zen. Na verdade ele é ambas as coisas — ex-paciente de câncer e preceptor informal de uma comunidade, que se espalha pelo mundo e que se formou nas duas décadas transcorridas desde que publicou seu livro clássico sobre cura, *Joy's Way*. Após um poderoso despertar espiritual em princípios da década de 1930, pendurou o estetoscópio e tornou-se um dos primeiros protótipos do médico-guru dos dias de hoje. Ele reconhece plenamente que, no seu auge, a tendência de cantar os êxtases do espírito — "Deus como o Grande Bem, todo amor e nenhuma treva" — esmaeceu as tonalidades mais terrenas, mais escuras, da senda espiritual.

Mas isso aconteceu antes que uma série de pesadelos trágicos precipitassem o que chama de sua "queda espiritual". Em um deles, "viu um devorador e implacável tiranossauro rex em uma antiga tenda de encontros religiosos, cuja cauda, movendo-se como um açoite, formou uma espiral que se contorcia no chão de lona. Eu senti puro horror, sabendo que ninguém conseguiria sobreviver àquela criatura". Sonhou com tornados pretos e ondas monstruosos.

Na época, contudo, sua própria vida parecia estar no prumo certo. Perguntou a si mesmo se o horror do sonho não anunciava acaso alguma calamidade natural. "Durante dois anos, assisti ao noticiário da CNN todas as manhãs, pensando que ia presenciar algum imenso evento externo, igual àquelas titânicas catástrofes interiores." Em 1993, o dr. Joy, que participou durante décadas das atividades da nova era, recebeu um inquietante telefonema. "Era uma mulher dotada de dons psíquicos, em quem eu confiava, e que me disse: 'Você tem uma massa no alto do pâncreas.' E tive certeza de que era *isso* o que eu estive esperando."

Pediu a seu médico um escaneamento radiográfico, que revelou a presença de um câncer no local que a mulher localizou intuitivamente. A única possibilidade, reconheceu ele, dada sua formação de médico, era habitualmente inútil, uma "cirurgia horrenda", denominada procedimento Whipple. Resolveu retirar-se do mundo durante dez dias para meditar. O retiro culminou em um sonho impressionante:

> *Estou em um jipe, sendo levado através do oceano, por um tipo rústico, de cabelos louros, ao volante. Uma força invisível mantém o carro acima da água e separa as ondas, permitindo-nos seguir viagem. É uma rota longa, difícil, cheia de curvas, que exige muita concentração. Esse campo de força é transparente. Vejo no alto uma coluna de ar e água e penso: Ah, é assim que o espiritual e o físico operam juntos.*

O sonho, com sua ressonância bíblica de Deus separando as águas para os israelitas, ocorreu na noite anterior ao dia em que ia encontrar-se com um cirurgião altamente recomendado. "Quando o conheci, oh, veja só, reconheci-o como o motorista do jipe, cabelos louros e tudo mais! Quando ele viu minhas chapas, disse-me que elas não eram animadoras. Descreveu a maneira como iria me cortar, camada por camada, e, se descesse o suficiente e ainda encontrasse a doença, bem, isso era o fim. Noventa e nove em cem pacientes de câncer pancreático morrem, o que quer que seja feito." Tomando coragem, Brugh contou-lhe o sonho.

"Cruzamos o oceano?", perguntou o cirurgião.

"Cruzamos. E o senhor vai me levar através dessa situação."

O sonho de Brugh não lhe deixou dúvida de que devia seguir em frente, embora a cirurgia de seis horas fosse "espantosamente difícil do ponto de vista técnico. Se não fosse o sonho, eu não teria tido forças para me deixar submeter à anestesia, sabendo que poderia morrer na mesa de operação. Era um *consolamentum* — mostrando-me que alguma coisa sobreviveria, em vida ou após a morte". E acrescentou, com uma bazófia de poeta: "O sonho transformou a mesa de operação em um local sagrado de um sacrifício de sangue, do casamento de carne e alma." Ele tinha uma nova fé na sobrevivência: no sonho, vira o poder da conexão entre corpo e espírito.

Na verdade freqüentemente se sugere que o reino do imaginário é o ponto de encontro entre o fisiológico e o espiritual. Em 1932 um colega de Jung escreveu: "O mundo das imagens está sintonizado com fatos orgânicos que não vemos... Embora eles apareçam psicologicamente como imagens, atuam fisiologicamente." Será que isso implica que os Sonhos Curativos podem realmente afetar o processo físico da cura?

Acreditar de uma forma literal demais no poder dos sonhos de curar o corpo, no entanto, pode ser perigoso. O escritor grego antigo Aélio Aristides, em seu livro *Sacred Tales*, conta o sonho de um homem em um dos santuários de Asclépio, deus da cura. O deus lhe disse que "era necessário remover meus ossos e inserir nervos, porque os existentes falharam". Uma interpretação literal, em um período da história em que, segundo um autor, "a cura da doença era freqüentemente associada a fantasias poderosas de esquartejamento e reintegração"[4] teria sido desastrosa. No mesmo sonho, porém, o deus disse também ao paciente: "Em consolo e instrução, não deves arrancar diretamente os ossos e cortar os nervos existentes, mas será preciso, por assim dizer, uma certa alteração nos existentes."[5] Temos aí um exemplo antigo maravilhoso de procurar em primeiro lugar nos sonhos a transformação interior, e não uma receita exata.

Isso não quer dizer, porém, que as instruções dos deuses jamais fossem imediatamente seguidas. Galeno, o pai da cirurgia, foi duas vezes advertido pelos deuses durante o sono de que devia cortar a artéria entre o indicador e o polegar. Foi o que fez e alegou em sua grande obra, *Venesection*, que o tratamento livrou-o de uma dor contínua na área do fígado.[6] Numerosos xamãs tribais dizem que, em sonhos, aprenderam os usos medicinais de certas plantas. Ainda assim, encontramos até hoje casos inquietantes de pessoas que, com ingênua literalidade, seguiram o que lhes diziam os sonhos. (Um despacho jornalístico da Associated Press recebido da China diz o seguinte: "Crimes horrendos ligados à superstição começaram a aparecer em grande número na mídia oficial: Um operário de uma fábrica de alumínio escavou mais de cem sepulturas, depois de ouvir em um sonho que lidar com ossos lhe curaria palpitações cardíacas crônicas.")[7]

Ainda assim, relatos ocasionais foram feitos, ao longo de toda a história, sobre curas físicas resultantes de sonhos. Talvez o mais famoso deles tenha sido o que ocorreu na Itália, em fins do século XIII, quando um jovem e fanático padre da Ordem dos Servitas apareceu com um doloroso câncer no pé. Agüentou suas provações sem um único murmúrio e, quando foi decidido que uma amputação devia ser feita, ele passou em prece a noite antes da operação. Em seguida, caiu em um leve torpor, do qual, alegam histórias da época, emergiu inteiramente curado. Ele viveu até os 80 anos e mais tarde tornou-se conhecido como São Peregrino, o padroeiro dos cancerosos.

Parece claro que os sonhos são capazes de produzir fortes sensações físicas, que persistem mesmo depois de acordarmos. Frederic Meyers, um psicólogo inovador, cita o caso de um paciente chamado Albert, que tinha propensão para "fugas" em estado de sonambulismo. Disse Albert: "Todas as vezes que sonho que fui mordido ou alguém bateu em mim, sinto dor o dia inteiro na parte machucada."[8] Jayne Gackenbach, pesquisadora de sonhos, cita um estudo-piloto realizado na Escola de Medicina da University of Texas Southwestern, no qual os sujeitos que tiveram caracteristicamente "sonhos lúcidos" foram instruídos a visualizar durante o sonho a proliferação no sangue dos assassinos naturais (NK) das células cancerosas. Normalmente, o nível das células NK cai durante o sono. Mas, tirando sangue durante a noite inteira, pesquisadores descobriram que os níveis das células subiram inesperadamente para os de estado de vigília em vários sujeitos de testes, em seguida a períodos de lucidez.[9]

Gackenbach cita dois casos muito curiosos. Em um deles, um operário de construção civil do Tennessee teve um braço tão machucado durante uma queda-de-braço que não pôde mais trabalhar. Antes de adormecer, ele sugeriu a si mesmo que o braço ia ficar bom. "Lembro-me, no sonho, de um homem torcendo e cutucando meu cotovelo", disse ele mais tarde, "e doía." A figura do sonho explicou que o estava curando. Ao acordar, o homem descobriu no braço uma sensação de formigamento, como se tivesse ficado dormente. Quando o formigamento passou, a dor desapareceu e o braço, declarou ele, "estava novinho em folha".[10] Outro sonhador lúcido, com uma forte distensão no tornozelo, contou um sonho no qual "peguei no tornozelo com as mãos do sonho, o que me levou a me contorcer todo. Segurando o tornozelo, senti uma vibração parecida com eletricidade. Espantado, resolvi, no sonho, lançar raios... Acordei praticamente sem dor no tornozelo inchado e consegui andar com grande facilidade".[11]

E. W. Kellog, um pesquisador de sonhos lúcidos, comunicou pelo menos um caso em que alguém alegou ter sido curado por uma sensação "quente, demorada, elétrica" que sentiu no sonho. Mostrou-me também um relato fascinante recebido de uma mulher que foi dormir certa noite, mal podendo andar, por causa da dor de seis verrugas nas solas dos pés, cada uma delas de cerca de um centímetro de diâmetro. Abaixo, em forma resumida, o sonho lúcido que ela teve naquela noite:

> *Estou andando no que parece ser um museu. Vejo pequenos candeeiros presos às paredes, iluminando alcovas onde estão expostos objetos religiosos. Acho que, embora tenha visitado museus parecidos, este parece mais um cenário de filme. Penso nos pés porque eles doem enquanto ando. Sento-me em cima de um cubo de madeira. Nesse momento, lembro-me de que posso curar meus pés. Uma bola de luz branca que estive visualizando antes de dormir aparece em volta de minhas mãos. Seguro com as mãos o pé direito e a luz nele penetra, brilhando dourada dentro dele. Mantenho-a ali durante vários segundos e, depois, passo ao pé esquerdo. Mesmo processo. Aquilo parece espantoso e apavorante. A sensação é tão forte que acordo com o coração em disparada.*

Na manhã seguinte ela descobriu, espantada, que não sentia dor ao andar. Examinou as verrugas e descobriu que, durante a noite, todas elas haviam se tornado uniformemente pretas. E todas caíram dez dias depois.[12]

O desaparecimento por efeito psicossomático de verrugas é um fenômeno médico bem conhecido. Mas o que dizer de relatos ocasionais, como o de São Peregrino, de cura de uma doença grave associada a um sonho vívido? O dr. Larry Dossey cita em um livro recente uma carta que recebeu de um homem de 36 anos de idade que, em 1994, recebeu diagnóstico de um tumor inoperável no cérebro. A quimioterapia não era opção no caso. Ele havia recebido a dose máxima de radiação. Não sabendo o que fazer, ele conseguiu obter água benta de Lourdes, que passou pelo couro cabeludo, enquanto orava a Maria, pedindo que o curasse. Uma chapa radiográfica acusou encolhimento da massa tumoral. Um ano e meio após o diagnóstico, ele comunicou "um sonho muito estranho", de um simples e inefável encontro: uma mulher modestamente vestida, "mais ou menos de minha idade", chamada Maria, disse-lhe: "Jeff, seja feliz." O extraordinário no sonho, disse ele, foi "o amor incrível que senti de parte dessa mulher. Foi a sensação mais estranha de amor que jamais senti. Não era amor sexual, mas um amor que lembra o de uma mãe pelo filho. Eu não acreditava que fosse possível a alguém sentir um amor e um carinho tão profundos... O sonho e as sensações a ele ligadas persistiram durante vários dias. Eu não conseguia pensar em nada mais". Quando foi submeter-se a um exame radiográfico três dias depois, escreveu ele a Dossey: "O tumor havia virtualmente desaparecido."[13]

Relatos como esses levam-nos à borda mais distante dos Sonhos Curativos. Mesmo depois de meus anos de pesquisa de casos, bem documentados por médicos, de curas notáveis, a avaliação mais honesta é que eu mal sei o que pensar deles. A ciência médica, no entanto, confirmou amplamente o poder fisiológico da emoção e esses sonhos freqüentemente exibem estados emocionais de uma intensidade sem precedentes. Deixando de lado aspectos teológicos de casos de "milagre", poderíamos especular que, nos sonhos, a conexão mente-corpo torna-se mais direta, mais capaz de ladear a rotinização do pensamento em estado de vigília. Talvez as correntes da psique se tornem, por assim dizer, mais eficientes para dar partida aos motores do corpo durante o sonho.

As alegações mais numerosas de curas através de sonhos chegaram-nos do culto antigo de Asclépio. Os gregos acreditavam que se dormissem em um dos templos do deus os doentes poderiam acordar, fisicamente curados, de um sonho divinamente inspirado. O imprescindível era uma visão de significado inconfundível, que eles chamavam de "sonho eficaz", ou simplesmente de "sonho curativo". A cura concreta podia ser obtida, por exemplo, sonhando-se com um cão, uma serpente, ou o próprio Asclépio. Neste último caso, a cura era instantânea. Na verdade os primeiros "estudos de casos" de curas milagrosas foram esculpidos por agradecidos beneficiados nas paredes dos templos de Epidauro e Cós. (Exemplo: "Alecetes de Alicos, cego, sonhou que Asclépio lhe abria os olhos com os dedos. No dia seguinte, pôde ver.")

Se tivesse vivido há alguns milhares de anos, um homem, que chamarei de Thomas, poderia ter encomendado uma placa semelhante. Thomas, que me procurou após uma palestra que fiz para o pessoal de um hospital no Sudoeste, havia sido advogado e professor de Processo Civil quando caiu subitamente em coma. Homem irônico, de fala mansa, em fins da casa dos 50 anos, o relato do que lhe aconteceu, em um dia de outubro de 1972, foi tão simples quanto complicada a tragédia: "Fui dormir numa noite de sexta-feira, mas, ao meio-dia de sábado, meu pai ainda não havia conseguido me acordar", diz ele mansamente. Nem o conseguiu a mãe, quando voltou do trabalho mais tarde naquele dia, nem seu irmão, que era policial. Paramédicos foram chamados e, não conseguindo despertá-lo, levaram-no às pressas para o hospital. Na noite de domingo, no que interessava ao médico que o atendia, estava tudo acabado e só restava a extrema-unção. "Ele disse à minha mãe que voltasse para casa e que ligasse para ele depois, dando o nome da funerária para onde enviar o corpo."

A mãe, porém, recusou-se a deixar que ele morresse. Insistiu em tratamento domiciliar do filho nesse misterioso estado vegetativo, cujo corpo inerte conservava ainda a capacidade de respirar sem necessidade de respirador. Thomas continuou na cama, alimentado por sonda, seu verdadeiro paradeiro desconhecido. "Eu estava simplesmente inconsciente", explica ele em um tom quase de embaraço. "Três anos depois, eu continuava do mesmo jeito." Mas, certo dia, lembra-se ele: "Um homem chegou ao pé de minha cama. E disse: 'Levante-se, Thomas, preciso de você.' E eu me levantei! Entrei andando na sala de visitas e minha mãe gritou. Meu pai, também.

"Eu simplesmente perguntei a eles: 'Para onde foi aquele vizinho', porque era isso o que eu pensava. Ele não tinha barba, nem manto nem halo e, de modo algum, asas."

Os confusos pais de Thomas disseram-lhe que ninguém havia entrado em seu quarto.

"Depois disso, passei três semanas procurando aquele homem, sentado em um banco no centro da cidade, na esperança de vê-lo no meio da multidão, porque eu não podia acreditar que ele não fosse uma pessoa real. Se tivesse de descrevê-lo", continua ele com um sorriso irônico, "eu diria que ele se parecia com Alan Ladd, que fez o papel de herói no filme *Shane*. Eu não vi *nada* de religioso nele."

Thomas diz que ficou desorientado durante algum tempo, incapaz de compreender que três anos haviam se passado. "Eu não conseguia acreditar que havíamos eleito aquele plantador de amendoim, Carter, presidente dos Estados Unidos. Eu achava isso mais inacreditável do que o que havia me acontecido!"

Um amigo de Thomas no hospital disse-me que ele ainda tem déficits cognitivos e problemas de percepção, efeitos retardados da estranha provação pela qual passou. Qualquer que tenha sido a grande força que despertou Thomas, ela não podia anular todas as leis da fisiologia. Após uma longa e lenta recuperação, ele resolveu estudar teologia. Embora possuísse profunda formação religiosa ("uns dois anos de seminário antes da faculdade de direito, mas eu não senti vocação") e esteja bem consciente da moda moderna de anjos, reluta em afixar rótulos a uma ressurreição que teve algo da de Lázaro. Ele ficou simplesmente comovido, diz, pelas palavras misteriosas daquele homem: "Eu preciso de você", lembrando-se disso como "uma coisa que Jesus disse a seus discípulos em uma passagem da Bíblia."

Thomas é agora capelão especializado em aconselhamento no leito de morte. "Eu trato de todas as questões que precisam ser conciliadas", explica ele em seu modo lento e sincero de falar. "Um pai não falou com os filhos durante anos. Um irmão e irmã não se falam há décadas porque ainda se sentem ressentidos com alguma velha briga. Tento conseguir que eles façam pelo menos um último esforço, em vez de morrer com aquele problema ainda pendente sobre eles." Ele sorri de leve. É o sorriso de alguém que *sabe* alguma coisa que não consegue pôr em palavras.

O que foi que aconteceu com Thomas? Teve um sonho? Viu uma aparição? Ocorreu-lhe uma visão? Dada a imprecisão da linguagem para descrever estados alterados de consciência, essas palavras parecem quase intercambiáveis.

Tudo que sabemos é que alguma coisa — alguma força da totalidade — introduziu-se em seu desvalimento. Se isso ocasionou concretamente seu despertar, ou se sua fisiologia vinha lenta e imperceptivelmente caminhando para a cura, até que se manifestou subitamente através do coma, ou se eventos fisiológicos e psíquicos bruscamente entraram em sincronia, é um mistério tão profundo quanto sua própria cura.

Médicos de Sonhos

Fui apresentado a Thomas por um dos médicos administradores do hospital, que aparentemente não via problema em que um homem que dava tanta importância a Sonhos Curativos visitasse seus pacientes. Conheci um pequeno número desses profissionais de saúde — médicos e enfermeiras que reconhecem, com freqüência apenas em caráter confidencial, que os sonhos têm um lugar em seu trabalho. Alguns deles poderiam ser chamados de "curadores convictos" que tiveram experiências profundas com sonhos durante suas próprias crises de saúde.[14]

A dra. Julie Carpenter, uma mulher bonita e quase agressivamente otimista, em fins da casa dos 40 anos, é um produto pronto e acabado do fermento espiritual da década de 1960. Estudou yoga com Swami Satchidananda e filosofia em Stanford, antes de tornar-se o que era conhecido, nos dias da medicina pré-holística, como "doutora *hippie*" de minha pequena cidade. Pediatra de alta classe, ela se mostrava disposta, o que era incomum naquela época, a fazer partos em casa.

"Quando fazia partos", conta ela, "eu costumava ter sonhos notáveis o tempo todo." Certa vez, uma família mostrou-se inflexível em querer que o bebê nascesse em casa. Julie, contudo, teve um sonho vívido, no qual o bebê seria natimorto. Implorou aos pais para que pensassem em um parto no hospital. A família, finalmente, optou por isso. "Foi uma boa coisa", lembra-se ela. "Os batimentos cardíacos do bebê caíram subitamente para 40 durante o parto. Tive que extraí-lo a fórceps. Em casa, ele teria morrido. Desde então, ele cresceu e se tornou um rapaz maravilhoso."

Pode ter sido uma coincidência, reconhece ela. Mas que continuou a acontecer, embora nem sempre com o mesmo final feliz. Julie fez o parto do bebê de um casal mais idoso e tudo correu normalmente. Meses depois, em um leilão ao ar livre, viu o bebê dormindo serenamente nos braços da mãe — parecendo, achou, um pouco pálido, mas isso acontecia também com todo mundo naquele dia frio de dezembro na região das montanhas Rochosas. Algumas noites depois, porém, teve um sonho que a acordou com um sobressalto. Viu o bebê no carro com os pais quando, de repente, o *bebê vomitou o coração*. Ela ainda parece arrasada ao lembrar-se da imagem horrível. Não muito tempo depois, recebeu um triste telefonema dos pais, dizendo que o bebê faleceu com a síndrome de morte súbita. "Eles vinham de carro para casa em uma estrada deserta durante uma horrível onda de frio quando o motor do carro subitamente parou. Quando um fazendeiro passou e lhes deu uma carona, eles descobriram que o bebê estava morto."

Por coincidência, o agricultor e a esposa haviam perdido também um bebê e conseguiram acalmar os pais, loucos de dor, e levá-los até o hospital. Julie sentiu um efeito tão forte do sonho que duvidou do diagnóstico e insistiu em uma autópsia, que revelou que o bebê, de fato, havia morrido por causa de um defeito congênito no coração. Ela, às vezes, pergunta-se o que teria acontecido se tivesse feito alguma coisa com base no sonho. Quem sabe, poderia ter levado a um diagnóstico precoce do estado do bebê? "Atualmente, são feitos transplantes cardíacos nesses casos. Naqueles dias, porém, não havia realmente um bom procedimento a que pudéssemos recorrer. Hospitais infantis teriam tentado cirurgia, com a morte certa do bebê, mas apenas depois de muito sofrimento."

Julie, de fato, agiu certa vez com base em um sonho, e isto lhe salvou a vida. Em uma época em que mamografias duas vezes por ano são a recomendação médica de praxe, ela, uma médica consumada, adiou essa cautela. "Eu não queria, sem bons motivos, expor-me à radiação. Assumi a postura arrogante de que me alimentava bem, vivia bem, praticava exercícios e não tinha uma história de câncer na família. Se assim, por que me incomodar?

"Mas aconteceu que tive um sonho curto, vívido, de que estava descendo o corredor de um hospital, onde ia fazer uma mamografia. Eu trabalho em hospitais, de modo que não havia nada de incomum nisso, mas a imagem simplesmente não me deixava. Liguei para marcar a radiografia. Meia hora depois — uma pessoa havia cancelado a consulta e eles conseguiram me encaixar logo — foi encontrada uma pequena lesão cancerosa, de menos de um centímetro.

Três semanas depois, submeti-me a uma operação e meus nodos linfáticos acusaram a doença. Se eu não tivesse tirado a radiografia exatamente quando o sonho me 'disse' para fazer isso, eu não estaria aqui." Ela aponta para cima, para o coração, e encolhe os ombros. "Dou ao Grande Espírito, ao inconsciente coletivo, ao que quer que seja, todo crédito por isso. Ele me fez compreender que vivemos no colo do Outro."

Como resultado de suas experiências, Julie faz questão de respeitar, quase tanto quanto seus algoritmos médicos, os diagnósticos interiores de seus pacientes. "Se alguém tem um forte sonho para o qual não consigo encontrar explicação, respondo de alguma maneira. Se descubro que nada está acontecendo medicamente falando, passamos a procurar outro sentido."

Sua maneira de abordar essas situações retroage a tempos mais antigos, quando os Sonhos Curativos eram um instrumento indispensável no arsenal do médico. (Benedict Pererius, teólogo do século XVI, escreveu em seu tratado, *De Magia*: "Sonhos que indicam bons ou maus estados do corpo... são examinados e aproveitados com grande vantagem pelos médicos."[15]) Seu uso na medicina moderna é hoje casual, se não inteiramente vergonhoso. Embora médicos que os incluem em seu trabalho sejam considerados raridades, um mundo clandestino, discreto, profissional, continua a explorar esse território pouco conhecido. Após vivenciar uma série de sonhos que lhe mudaram a vida, Katharine O'Connell, uma enfermeira com treinamento médico, de Santa Cruz, Califórnia, não só os incorporou a seu trabalho, mas ministrou também vários seminários em escolas de medicina, a fim de ensinar a jovens médicos técnicas ligadas ao trabalho com sonhos.

Tal como o dr. Carpenter, O'Connell notou que sonhos notavelmente precisos ocorrem durante a gravidez. E dá mesmo um passo adiante: esses sonhos, acredita, podem ser usados para orientar ativamente o processo em si. E cita o caso de uma professora do maternal, de 39 anos de idade, ansiosa, grávida, chamada Joan, que lhe foi enviada pelo obstetra após quatro abortos.

Joan, casada com um jogador profissional de futebol americano, teve o mesmo pesadelo antes de todos os abortos. No sonho, fazia parte de um time de futebol só de mulheres, vestidas com uniforme branco. O objetivo do jogo era percorrer todas as nove jardas (evidentemente, "todas as nove jardas" de uma gravidez de nove meses). Mas, todas as vezes em que, no sonho, corria com a bola, tropeçava na linha de quatro e meia jardas. Nessa altura, o jogo era suspenso e o uniforme se tornava alarmantemente vermelho, a cor de sangue fresco. E, na verdade, a maioria dos abortos dela ocorreu por volta do quarto mês.

A enfermeira O'Connell lembra-se de Joan arquejando alto quando entrou em seu consultório. "Ela disse: 'Meu Deus, você está usando a mesma roupa que o treinador, em meu sonho, usava na noite passada!'" Aconteceu que Joan teve o sonho habitual, apenas, desta vez, todos usavam uniformes verde-esmeralda e havia uma nova treinadora usando um colar de uma cor azul incomum. "De fato, no dia em que ela veio me visitar pela primeira vez, eu usava uma bata verde-esmeralda e um colar azul-escuro. Tivemos certeza de que havia ali alguma sincronicidade, uma indicação de que alguma coisa maravilhosa poderia acontecer."

O sonho de Joan continuou a desenvolver-se durante a gravidez, mas não de acordo com o modelo anterior. Aproximando-se a temida marca de quatro meses e meio, a equipe conseguiu uma nova treinadora-assistente feminina, que usava um jaleco branco de médico. No sonho, a nova treinadora lhe dizia: "Você vai precisar ficar no banco durante o resto do jogo." Joan marcou consulta com o obstetra, que lhe aconselhou inatividade quase completa e repouso na cama. Aos seis meses, Joan teve um sonho no qual se encontrava sentada no banco de reservas e a médica-treinadora lhe disse: "O jogo vai terminar na linha de oito e meia jardas."

"Naquela semana", conta a enfermeira O'Connell, "na consulta regular ao obstetra-ginecologista, ele lhe disse: 'Você vai ter de fazer cesariana aos oito meses e meio.' Não muito tempo depois, Joan sonhou que estava sentada na arquibancada, com a equipe em volta, tendo nos braços um sadio bebê do sexo feminino." O sonho se tornou realidade. A cesariana foi realizada por uma médica jovem que Joan, imediatamente e deliciada, reconheceu como a "treinadora" vestida de branco do sonho.

A enfermeira O'Connell formulou sua própria teoria funcional de como sonhos transmitem sabedoria curativa: "Em primeiro lugar, há a 'etapa de apresentação', em que o problema, o sintoma ou o desafio são mostrados. Mais tarde, há o 'estágio de coleta de informações', em que os sonhos revelam mais sobre a doença e fornecem pistas para sua cura. Posteriormente, após meses ou mesmo anos, ocorre o 'estágio de processamento', no qual aparecem muitas vezes imagens de indivíduos ou grupos úteis. Finalmente, o sonho oferece alguma solução do problema." Essas jornadas de cura desenvolvem-se da forma mais eficaz, observa ela, quando médico e paciente colaboram no *loop* de realimentação entre sonhos e realidade.

A dra. Gladys McGarey, uma médica especializada em medicina familiar, passou boa parte da vida sintonizada com o reino invisível dos sonhos. Nascida e criada na Índia, foi influenciada pela filosofia hindu e pelos pais missionários, que "conheciam a importância da prece e da ação do espírito". Quando, no tempo de jovem, tomou conhecimento do trabalho de Edgar Cayce, o famoso psíquico conhecido como o "Profeta Adormecido", passou a interessar-se profundamente por trabalho ligado aos sonhos.

Sete anos depois de iniciar seus estudos formais, teve seu próprio sonho apavorante. Tinha notado antes um pequeno nódulo na tiróide, mas supôs, como acontece geralmente, que era benigno. No sonho, contudo, ela prendeu uma enorme viúva-negra dentro de um jarro. A aranha escapou. Quando a pegou por trás da cabeça, o inseto venenoso virou-se e picou-lhe o dedo.

"A dor foi tão forte", disse ela, "que me acordou." Em seguida, voltou a dormir e sonhou: *Estou em um restaurante e uma pessoa sentada a meu lado está cortando e destruindo livros sobre sonhos e jogando-os fora. Nesse momento, um pastor que conheço senta-se ali e chegamos à conclusão de que o sonho com a aranha tem alguma coisa a ver com o nódulo em meu pescoço.*

Ela imediatamente entrou em retiro, iniciou um jejum de trinta dias à base de água, meditou profundamente e consultou ininterruptamente os sonhos. Ela conserva ainda seus meticulosos diários, contando o aumento gradual de imagens positivas: a casa onde passou a infância (um símbolo freqüente do corpo) sendo consertada e remobiliada, operações bem-sucedidas e assim por diante. Quando encerrou o retiro, diz, o tumor havia desaparecido. Uma vez que nunca fez biópsia, não há como saber se o tumor era maligno. O notável nessa história, talvez, é a extensão em que ela resolveu seguir o que lhe dizia o Sonho Curativo.

O Sonho Curativo faz hoje parte integral de seu trabalho. Quando os pacientes o trazem a seu conhecimento, anota-os nas respectivas fichas clínicas como parte dos registros médicos. Quando fica preocupada com um paciente, invariavelmente "pede" para sonhar com ele. "Em seguida, tomo a melhor decisão consciente possível e então pergunto a Deus se estou certa. Se, dentro de uma semana, não tenho um sonho que diga coisa diferente, acho que a primeira intuição foi correta. Se estamos descendo uma estrada com boa sinalização, não procuramos saídas que não estejam marcadas."

Ela descreve o caso de um paciente de 72 anos que teve um ombro removido cirurgicamente devido a um osteossarcoma e, em seguida, apareceu com câncer pulmonar. Os médicos só lhe deram algumas semanas de vida. Por essa época, ele teve um sonho notável: estava preso ao chão por quatro grandes estacas de madeira, que eram os "quatro poderes da terra", e que o impediam de levantar-se. *Ótimo,* disse ele, estranhamente, no sonho, *neste caso vou usar os 12 poderes da mente!* Acordou com um sobressalto, sem saber bem o que quis dizer com aquelas palavras. Mas, diz Gladys com uma risada, "o homem foi para o Colorado, arranjou 12 perus brancos e disse: 'Vocês são minhas células brancas.' Alimentou-os com gafanhotos e disse: 'Estas são minhas células cancerosas.' No Natal seguinte, depois de exceder o prognóstico sobre o que lhe restava de vida, morreu de pneumonia. Quando lhe examinaram os pulmões, encontraram-nos sem nenhum sinal de câncer."

Gladys fez o parto de grande número de bebês — uma atividade notavelmente imprevisível —, confiando nos sonhos a fim de prepará-la para o inesperado. Lembra-se de uma paciente em trabalho de parto que disse: "Este bebê vai ser por cesariana." Gladys disse-lhe que deixasse de preocupar-se — todas as indicações eram de um parto absolutamente normal. A paciente, porém, insistiu. Na noite anterior, sonhou que seu velho ursinho de pelúcia tinha um bebê no estômago e que o zíper precisava ser aberto para ele sair. Ela mostrou a Gladys onde ficava o zíper. Algumas horas depois, ela, de fato, precisou submeter-se a uma cesariana e, Gladys, preparada, terminou fazendo uma incisão exatamente onde o sonho da paciente havia indicado.

A história dela me lembrou outra que me foi contada por um aborígine australiano. Antes de sua filha nascer, teve um sonho no qual foi informado do nome que ela teria. No seu diário, ele escreveu: Itimathangawa. "*Iti* significa 'pequenina'", explicou. "*Thanga* significa 'formiga-de-mel'. *Ewa* significa 'mãe'. Mas eu não descobri por que o sonho me assustou tanto.

"Sete meses depois, minha mulher foi fazer um *check-up* e os médicos disseram que ela tinha toxemia — que ela e o bebê estavam lutando entre si, um envenenando o outro. E os médicos me disseram, o senhor vai ter uma mãe sem bebê ou um bebê sem mãe. De jeito nenhum, respondi. Sei que não é assim. Não contei a eles o que tinha sabido no sonho! No fim, eles fizeram uma cesariana. Minha filha era bem pequenina e prematura, mas agora é uma moça robusta, de vinte e um anos de idade."

Pequeninas rugas de divertimento se formaram em volta de seus olhos, enquanto ele explicava: "Veja só, a maneira de pegar formigas-de-mel é cavar a Mãe-Terra e puxá-las para fora. De modo que o que o sonho significava era: a mãe tinha de ser aberta para tirar essa criança bem pequena, entendeu?"

Natureza e Corpo do Sonho

A experiência desse homem indica um tema comum nos Sonhos Curativos — a igualdade entre eventos que ocorrem no corpo e os que acontecem no mundo natural. Um câncer, por exemplo, poderia ser representado como uma paisagem fervilhando com uma praga de insetos, por um vulcão vomitando lava, como se a perturbação de nossa fisiologia acontecesse em algum nível profundo do próprio mundo natural, mergulhando no caos. Talvez esteja, por que poderia ser mais enraizado na natureza do que nosso corpo? "O que acontece à terra acontece conosco", dizem todos os povos indígenas. Não deve surpreender, portanto, que, em sonhos sobre doença, a Natureza seja mostrada entrando rudemente em nossa casa ou cidade (a maneira como nos sentimos quando a doença invade nossos espaços), ou, ao contrário, criações do homem invadindo-a (representando, talvez, o que os epidemiologistas chamam de "doenças da civilização").

Uma mulher chamada Wendy sonhou com um "sapo muito barulhento comendo aranhas e larvas vivas", e que a seguiu até os fundos de uma loja. Em seguida, sonhou com uma pequena cidade, cujo belo lago "tinha conchas flutuando por toda a superfície. Cheguei à conclusão de que devia procurar saber se, no caso, havia poluição". Por último, teve outro sonho: *Vejo um negro trabalhando sozinho em uma canalização de esgoto, na cidade de Nova York. Há duas rãs perto da boca do esgoto, uma bem grande e a outra um filhote. Digo a ele que acho maravilhoso a gente poder ver tanta vida em Nova York, mas que rãs são muito sensíveis.* Não muito tempo depois do primeiro sonho, ela foi fazer um *check-up*, tendo os médicos descoberto dois fibromas, um dos quais começava realmente a aparecer como inchação na barriga. Ela submeteu-se a uma operação bem-sucedida. O sonho, porém, levou-a a perguntar a si mesma o que havia causado o fibroma. Rãs são consideradas por cientistas como barômetros sensíveis da saúde ambiental, o equivalente para nosso planeta ao canário na mina de carvão. Poderia ter acontecido que sua doença não fosse apenas algum desequilíbrio em seu próprio sistema, mas um sinal de poluição do ecossistema? (Uma teoria corrente sobre o motivo por que os fibromas se tornaram tão epidêmicos — atingindo 40 por cento das mulheres americanas — é a saturação, no solo e na água, de dioxina, um xenoestrógeno que afeta tumores mediados por estrógeno, subindo pela cadeia alimentar.)

Os sonhos subseqüentes de Wendy mostravam com freqüência outras criaturas da água — um símbolo que Jung acreditava representar "o feminino", bem como as profundezas aquosas do inconsciente em si. Os sonhos que se seguem, citados por três diferentes pacientes de câncer, parecem quase insistir em que a doença envolve uma confrontação inevitável com o inconsciente, com uma vida desconhecida situada abaixo da superfície da percepção. Uma mulher chamada Demaris, por exemplo, ouviu certa noite uma "voz interior" dizendo-lhe que fizesse uma mamografia. Ela é casada com um acupunturista e a medicina ocidental não é sua primeira eleição de cura. Câncer no seio, porém, era muito comum em sua família e, após pensar um pouco, marcou consulta com um médico. Alguns dias antes da consulta, teve o que descreveu como um sonho "tremendo":

> *Um rapaz muito forte está pescando em um enorme canal. O pai dele, gentil, forte, de olhos azuis e cabelos grisalhos, me diz: "Estou com medo que meu filho pegue algum peixe grande demais." Nessa ocasião, vemos no céu o maior dos peixes, de uma cor amarelo-esverdeada fluorescente que não era desta terra, puxando uma comprida linha com o rapaz preso à sua extremidade por uma espécie de arreios. O peixe começa literalmente a puxar o rapaz pelo céu. Em seguida, mergulha na água e o rapaz fica nas profundezas durante longo tempo. Fico pensando se ele não vai morrer afogado. Mas ele é novamente puxado para o céu quando o peixe dá outro salto. Não podemos fazer nada. O peixe está cem por cento no comando da situação. No fim, o peixe paira sobre a terra e deposita suavemente o rapaz no chão. O rapaz se solta dos arreios e o peixe voa para longe. Eu digo: "Ele deu o passeio de sua vida." Vejo que os olhos dele estão de uma cor azul brilhante e, embora abalado, ele só tem um pequeno galo na cabeça.*

O sonho — uma espécie de *Moby Dick* com final mais feliz — mostrou-lhe, diz ela, "que eu podia confiar em minha própria jornada de cura e aonde ela iria me levar". Demaris submeteu-se com sucesso a uma operação para erradicação do câncer. Associou o peixe luminoso à "consciência de Cristo" e sua cor à "transformação". O sonho lhe pareceu uma viagem iniciatória, como se sua alma tivesse por si mesma rompido seus grilhões, abandonando sua morada natural para voar através dos céus, não lhe deixando dúvida sobre seu poder primordial.

O paciente de câncer Mark Pelgrin contou o seguinte sonho impressionante:

> *Estou acampado com uma misteriosa figura feminina. Um homem aproxima-se de nós trazendo um grande peixe para o jantar. Nós o acompanhamos até seu acampamento e o enorme peixe, uma truta dourada, uma espécie de Leviatã de 2,40 m de comprimento, é estirada em cima de uma vara. O peixe ainda não está morto, pois sua boca se abre, e ele arqueja para respirar. Ao morrer, posso ver que isso acontece em meio a uma grande dor. Ele estrebucha todo. Apalpo-o, mas dou-me conta nesse momento que eu serei uma das pessoas que vão comê-lo. E é de alimento que precisamos, a figura feminina e eu.*[16]

Ele, também, interpreta o peixe — que, ao contrário de Demaris, terminou por comer — como um motivo cristão, mas também como uma maneira de compartilhar do "grande e indiferenciado corpo da natureza" e do "lado irracional, o lado que se situa próximo do inconsciente". Ele incorpora o peixe, que morreu numa espécie de crucificação, quase como uma Eucaristia, um banquete de necessidade espiritual.

Gail, uma terapeuta de 42 anos de idade que usa arte em seu trabalho, teve o que descreve como "um sonho realmente importante, que me abriu os olhos", enquanto se recuperava de um doloroso mas bem-sucedido tratamento de câncer no seio:

> *Sonho que estou pescando à noite. A água brilha, trêmula, à luz da lua. Ponho uma minhoca no anzol, orgulhosa porque não tenho esses nojos, e jogo novamente a linha. Um peixinho morde a isca, mas, nesse momento, vejo um relâmpago de ouro e, contentíssima, noto que um peixe realmente grande engole*

o pequeno. Puxo a linha e agarro o peixão para tirá-lo do anzol. Depois, chocada por estar realmente tocando-o, jogo-o no ar, e ele cai sobre um aterro de pedras às minhas costas. Olho com mais atenção para o peixe e noto que tem os olhos esbugalhados e bem redondos, e que está arquejando, incapaz de respirar. É tão belo esse peixe tão luminoso, amarelo e pintalgado de branco, contra as pedras inteiramente pretas, arfando para respirar. E eu entro em pânico... O que é que eu devo fazer agora? Devo observá-lo, enquanto ele morre? Estou me sentindo muito esquisita e também com uma profunda compaixão. Levanto novamente o peixe, jogo-o de volta à água e ele começa a nadar para longe.

Gail achou que "as águas eram eu mesma. Estendi a mão para o fundo e descobri uma coisa que, no princípio, era muito pequena, em seguida uma coisa maior, que me assustou. Senti que tinha de me separar dela, jogá-la na margem do rio, mas, depois, achei-a tão bela que tive de devolvê-la a seu ambiente, jogando-a de volta à água". Exala um suspiro. "Tudo isso ainda é um mistério."

O registro no diário, imediatamente após o sonho, transmite uma imagem de vida experienciada, pelo menos durante algum tempo, à mercê do inconsciente, abaixo da superfície de quaisquer objetivos pragmáticos: "Eu quero ceder, render-me", escreveu, "espojar-me em mim mesma, ficar contente em pensar ou não pensar, ser simplesmente eu, com a luz do sol filtrando-se pelas janelas, carros passando pela rua lá fora, passarinhos cantando e batendo as asas junto ao cocho na gaiola. Esta pode ser uma maneira de viver? Ela me faz feliz. Fui dispensada de uma vida produtiva, de trabalho com um objetivo. Mas estarei também evitando alguma coisa? Evitando o quê? Estou olhando para algo que significa Ser."

Até parece que esses três pacientes arrancaram uma página do mesmo livro de mitologia. Isso é o tipo de coisa que levou Jung, irresistivelmente, à teoria dos arquétipos — que todos nós temos uma herança coletiva de imagens e histórias, parte tão integral de nossa psique quanto a capacidade inata do cérebro para a gramática. Em todos os casos, o sonho insiste em que a doença não é apenas uma disfunção física, mas também uma jornada luminosa (ainda que apavorante) pela escuridão, pelas águas virgens do eu (si-mesmo). Os sonhadores "fisgaram acidentalmente um peixe e tanto" e descobriram que ele era muito maior do que queriam — mais assustador, embora também sobrenaturalmente belo.

Em todos esses sonhos, o peixe era literalmente "grande demais para controlar". Embora essas forças da psique nos revelem sua existência secreta, não estão sob nosso controle. Nem podem viver indefinidamente no ar e à luz do dia do mundo de vigília. Seu hábitat natural está nas profundezas, para onde às vezes nos puxam. Em terra, o peixe arqueja para respirar; sob a água, é o sonhador que não consegue respirar. Consciente e inconsciente: nenhum dos dois pode existir sozinho no mundo do outro. Ainda assim, sem intercâmbio, eles permanecem radicalmente incompletos. A revelação mútua está carregada de perigos e de potencial. Temos aí uma metáfora notável da totalidade dinâmica que há no âmago da cura.

Gail disse que estava olhando para o que significa *Ser*. Mesmo diante da morte, sonhos são aguilhões afiados a nos estimular para expandir nossa vida até no momento em que sua circunferência se contrai.

Vim a confiar tanto em meus sonhos quanto em chapas de raios X, radioscopias, ultra-som, exames de sangue e palpação. Eles me diagnosticam o corpo, tiram a pulsação de minha alma. Venho acompanhando-os como os climatologistas seguem os caprichos dos ventos e das marés para descobrir padrões em fenômenos diferentes, aparentemente sem relação entre si. Qual a minha previsão meteorológica a longo prazo? O que é que meus sonhos pressagiam, proíbem, prometem? O que é que eles *querem*, essas visões noturnas que lançam os braços em volta de meus problemas pessoais e nossos problemas coletivos, um abraço que parece um convite para dançar e chorar? Alguns amigos me criticaram por mitificar o Ser. Deixo que me interrompam, e lhes sou grato, às vezes, por me puxarem de minhas próprias profundezas. Mas não posso me convencer que nossa jornada, sua dureza e audácia não requeiram um mito ainda mais grandioso. No fim, talvez seja por falta de mitos que perecemos e só por meio da coragem de vivê-los é que nos tornamos realmente completos.

Capítulo 4

Sonhos sobre vocação pessoal

Curando Nosso Caminho na Vida

A pessoa que não sonha jamais chega à sinceridade interior, porque apenas em sonhos o homem é realmente ele mesmo. Só pelos seus sonhos ele é responsável — seus atos são o que precisa fazer. Atos constituem uma raça bastarda, à qual ele não concedeu sua plena paternidade.

John Butler Yeats (em carta ao filho William)

O QUE ACONTECERIA SE SEGUÍSSEMOS A CONVOCAÇÃO DE UM SONHO Curativo? Desmoronaria tudo, porque o centro não poderia mais resistir? Ou a vida se tornaria mais completa, com nossos Eus interior e exterior refletindo um o outro com uma fidelidade maior do que jamais ousamos imaginar? Seria nossa trajetória mais nobre, nosso destino de maior importância? Ou despencaríamos na direção da terra, tendo confiado, com excesso de ingenuidade, em asas coladas com cera em nosso vôo para o sol? Com o que se *pareceria* uma vida que respeita o sonho?

Conselheiros vocacionais dizem que nunca foram tão solicitados como agora, por tantas pessoas, todas anelando por uma vocação que para elas faça sentido — por um trabalho que satisfaça cérebro e coração, que ajuste perfeitamente o ser interior às condições externas. Mas pode ser difícil extrair o fio da verdadeira vocação de vidas tecidas pela necessidade ou por omissão. Mapeamos um curso, mas apenas para descobrir que nos desviamos por incrementos invisíveis do ponto para onde apontamos inicialmente nosso sextante. Mas, se na vida de vigília somos atores em um palco social, delimitado por normas, expectativas e história pessoal, nos sonhos reentramos no reino de nosso potencial total. Neles, o desafio espiritual permanece vivo. Podemos descobrir espantados (e desolados) que as ânsias de algum eu superior não podem mais ser aplacadas com gestos simbólicos ou meias medidas. Mesmo que os tenhamos esquecido, os sonhos lembram-se muito bem de nós. À noite, batem à janela do quarto, tirando-nos do conforto do corpo, ou aguardam, guardiões da chama, esperando pelo momento certo de acordar a alma e atear fogo à nossa vida.

Sonhos Curativos na Infância

Segundo a tradição dos índios americanos, sonhos de criança revelam qual será o seu destino. Os sonhos seriam presságios sobre sua natureza básica, palpites sobre seu futuro papel na comunidade. Aos nove anos de idade, o pajé Black Elk, dos oglalas sioux, sonhou que voava até um alto pico nas Black Hills. No local, conheceu poderosos totens ancestrais, tal como o pássaro-trovão, que o iniciou nos mistérios sagrados e encarregou-o de, no futuro, liderar seu povo. Janet, uma índia salish, conhecida minha que vive nos arredores de Seattle, contou-me que, em sua tribo, os sonhos de crianças são rotineiramente examinados em busca de palpites sobre sua vocação. "Eles são sempre levados a sério", disse ela enfaticamente. "Ninguém faz troça deles." Parentes estudam também seus sonhos em busca de *insights* sobre a alma da criança.

Diz Janet que, ao tempo de criança, possuía uma imaginação muito viva. Aos sete anos de idade foi levada da casa da mãe para morar com o pai biológico que, segundo se lembra, "era um alcoólatra... um bêbado malvado. Ele me fazia dormir em um desses berços distribuídos pelo governo, com grades de ferro. Uma noite, quando chorei porque ninguém me ajudava a pentear meus cabelos compridos, ele pegou uma tesoura e cortou-os". A muitos quilômetros de casa, ela foi dormir com o coração partido.

"Naquela noite tive um sonho tão vívido que me lembro dele até hoje: *Estou em minha cama, voando pelo céu. Vejo quatro seres espirituais, cada um num dos cantos da cama, que me levam para algum lugar. Fico com medo porque sinto o vento no rosto, mas eles continuam a dizer: Não tenha medo, nós não vamos machucar você. Em seguida, volto, e não tenho mais medo.*"

Depois desse sonho, continua Janet, "resolvi que, acontecesse o que acontecesse, eu ia voltar para casa". Alguns dias depois, ela fez às escondidas a mala, fingindo que a estava usando para brincar de arrumar casa, mas em vez disso levou-a até uma estrada de rodagem. Fazia um sinal com o polegar toda vez que via uma mulher ao volante, mas ninguém parou.

Continuou a andar, carregando a pesada valise o dia inteiro até que, perdida e exausta, parou para esconder-se na grama alta junto de uma casa, onde viu algumas crianças brincando. Vendo-a, as crianças chamaram a mãe, que, por coincidência, era tia-avó de Janet. Após um conselho familiar que durou uma semana, uma amada avó ofereceu-se para ficar com ela. "De modo que aquilo foi muito esquisito. Aquele sonho foi o ponto decisivo em minha vida. Desse dia em diante, se não gostava de como as coisas estavam indo, eu procurava orientação interior sobre o que fazer, e fazia."

Em nossa cultura, raramente falamos às crianças sobre o valor dos sonhos. Seus próprios pais talvez nem saibam coisa alguma a esse respeito. O sonho pouco espaço ocupa na mesa do café da manhã ou, por falar nisso, na maioria das teorias sobre desenvolvimento infantil. A psicologia afirma que as experiências de infância no estado de vigília formam a base de nossa personalidade, sendo os sonhos meros reflexos ou barômetros. Essa opinião, porém, não é universal. Ou, como observa um antropólogo: "Quando pensamos na vida, só incluímos eventos que ocorreram quando estávamos acordados. Os ojibwas incluem a lembrança de eventos ocorridos durante os sonhos. E longe de serem de importância secundária, essas experiências são muitas vezes para eles de importância mais vital do que os eventos da vida ordinária de vigília."[1]

Sempre me surpreendo com a freqüência com que me contam uma visita inesquecível na infância, que atuou como um ímã, exercendo uma atração magnética pelo resto da vida dessas pessoas. Por volta dos seis anos de idade, tive um sonho repetitivo que me impressionou tanto que não o contei a ninguém durante 25 anos. Nele, meu mundo — *o* mundo — literalmente se desfazia em pedaços:

O ar está carregado com milhões de partículos acesas, rodopiantes. Acho que a terra está sendo destruída e sei que tenho de correr para um lugar especial no bosque. Chego a uma clareira, no meio da qual vejo um grande disco voador. Quando dou por mim, já estou a bordo, em companhia de um grupo de estranhos. A atmosfera aí é sombria, melancólica. Em silêncio, olhamos por uma janela, compartilhando de uma tristeza comum. Eu me pergunto por que ninguém de minha família ou meus amigos estão ali, mas, ainda assim, sei que meu lugar é com essa gente — como se nós tivéssemos sido escolhidos. Começando a nave a subir, vejo que a terra está sofrendo uma catástrofe inimaginável, seus continentes partidos em convulsões e sobrelevações. Minha mente distende-se até quase o ponto de rebentar, incapaz de assimilar uma tragédia tão gigantesca.

Meus pais nunca haviam me levado para assistir a um filme de ficção científica. Na minha vida de criança nunca houve divórcio, maus-tratos, alcoolismo ou pobreza, dos quais eu quisesse fugir. Moramos em plácidos subúrbios de Nova York, e embora minha formação fosse emocionalmente difícil, esse fato não poderia explicar esse sonho impressionante. O sonho criou aparentemente em mim um bastião secreto de conhecimento que nenhum adulto que eu conhecia compreenderia. Só em fins da casa dos 20 anos é que comecei a me dar conta da medida em que o sonho me moldou a vida. Esse sentido subliminar de urgência de "salvar o mundo" vem sendo uma pedra de toque em minhas decisões na vida. O sonho tem sido como que um zumbido de fundo, tão constante que mal o notava, embora eu soubesse que contribuiu para meu interesse posterior por política radical e ativismo na defesa do meio ambiente, dando-me aquela sensação de "estar neste mundo, mas não ser deste mundo" que, no fim, acabou me levando ao budismo. Tentei ignorá-lo como imagens exageradas da infância, alimentadas pela paranóia do holocausto nuclear de princípios da Guerra Fria. A indescritível realidade do sonho, porém, permaneceu durante muito tempo em minha mente, muito depois de terem sumido os fatos concretos da infância.

Descobri outras pessoas que se lembram de sonhos semelhantes, que lhes despertaram um senso decididamente nada infantil de responsabilidade pelo mundo. Michael, nascido vinte anos depois de mim, lembra-se de, aos sete anos, ter tido seu único sonho repetitivo:

O mundo está sendo destruído, para valer. Duas grandes potências estão reunindo suas forças, explosões atômicas já são ouvidas ao longe. Eu e um bando de outros garotos, variando de minha idade até o começo da adolescência, construímos secretamente todo esse complexo subterrâneo — a gente desce por um elevador de árvore até uma profundidade de 40 metros. Temos painéis de controle, telas para receber informações. Estamos bem protegidos. Eu sou uma espécie de líder, mas todos nós trabalhamos juntos.

"O notável para mim", diz ele, "era o sonho parecer tão vividamente colorido e real. Lembro-me do azul brilhante da tela do computador. Durante três noites seguidas, o mesmo sonho! Havia um senso forte de que nós, crianças, éramos mais inteligentes do que os chamados adultos, que estavam agindo como crianças — que *eles* estavam loucos e que sabíamos mais do que eles como precisávamos agir."

Sonhos "marcantes" de começos da infância podem conter um número surpreendente de temas adultos. Podem chocar-se com a cultura predominante, dar ao sonhador uma nova autonomia frente à autoridade social, proporcionar contato com algum poder orientador ou gerar *insights* — muitas vezes, de natureza quase religiosa — que derrubam a doutrina tradicional. O pesquisador de sonhos Harry Hunt menciona os sonhos seguintes, vivenciados em noites consecutivas por um menino de sete anos, nascido e criado na Itália.

1. Na igreja, Deus lhe diz que sua avó morreu porque ela não ia à missa. [O sonhador] vai até o caixão, brandindo ameaçadoramente um crucifixo e insistindo em que ela tem de ressuscitar ou ele matará Deus. De repente, ela se senta no caixão.
2. Ao lado de uma fonte d'água na praça da cidade, o demônio tenta levar seu primo. Ele ataca e estrangula o demônio, prendendo-lhe a cabeça sob a água da fonte.
3. Ele está na igreja. A estátua de Santo Antônio tem nos braços o Menino Jesus. Santo Antônio oferece-lhe a criança para segurar e o sonhador responde: "Mas eu nem mesmo vou à igreja." Ainda assim, sorrindo, Santo Antônio estende-lhe Jesus, até que o menino acorda banhado no suor frio que encerra cada um desses sonhos e os grava nele como experiências decisivas de vida.[2]

Temos, nesse caso, uma versão complexa, heterodoxa, de espiritualidade — parecendo mais um episódio de uma luta com Deus —, incluindo um batismo forçado do demônio e uma santa bênção, sem mediação de autoridade da igreja ou doutrinação religiosa. Trata-se de um sonho transbordante de paradoxos espirituais. Várias pessoas me contaram Sonhos Curativos de infância tão precoces para elas que, desse momento em diante, sentiram-se como "estranhas" no ambiente familiar. O dr. Brugh Joy, por exemplo, teve aos nove anos de idade um "sonho maravilhoso" que lhe moldou a vida adulta:

> *Estou correndo para casa, onde vou dizer a minha mãe que Cristo voltou e que vou segui-lo. Faz um dia belo e ensolarado. Entro no que é nossa casa no sonho — um prédio de adobe de linhas puras, branco, de forma retangular, com uma larga porta da frente de madeira e pisos também de madeira. Com toda a emoção e senso de maravilha que uma criança de nove anos pode manifestar, faço esse anúncio e imploro à minha mãe, meu irmão gêmeo e meu irmão mais velho que me sigam. Eles, porém, não estão interessados no que estou dizendo. Compreendo então que irei embora de casa e que seguirei o grande Ser.*

Ao acordar, sentiu-se dominado tanto por um êxtase quanto por um profundo desespero. Não contou o sonho a ninguém. Embora o sonho lhe despertasse uma "sensação agradável, cálida" sempre que dele se lembrava, também lhe parecia "estranho demais. A casa de adobe nada tinha de parecido com outras que conhecia", lembrou-se o dr. Joy, "nem eu nem minha família éramos religiosos no sentido tradicional. O sonho teve de esperar trinta anos antes que eu pudesse compreender como foi profético".[3] Embora seguisse a carreira de médico, a vocação entrevista em criança moldou-lhe o trabalho, levando-o finalmente a seguir uma vocação mais explicitamente espiritual.

Vocações descobertas já no tempo de criança são bem conhecidas na história da Igreja. Em 1825, Giovanni Bosco, de nove anos de idade, uma criança violenta, inclinada a resolver na bofetada discussões no pátio da escola, sonhou com "um homem luminoso, vestido de branco", que lhe disse que usasse a bondade para conquistar os coleguinhas. Em seguida, uma mulher "usando uma vestimenta de luz" mostrou-lhe uma cena de animais selvagens transformados em cordeiros, dizendo-lhe que seu "campo de atividade" seria fazer o mesmo "por meus filhos". Bosco, mais tarde, fundou a Ordem Salesiana, que tem por missão cuidar de crianças sem lar.[4]

Jung teve na infância um famoso sonho, saturado com um tipo diferente de mistério religioso, fundindo forças de bondade e ameaça, sensualidade e transcendência. O sonho, ocorrido quando tinha três ou quatro anos de idade, seria motivo de preocupação durante toda sua vida:

> *Brincando numa campina, descobre degraus de pedra que levam a uma passagem subterrânea. Cheio de medo, desce e chega a uma porta velada por uma rica cortina de brocado verde. Curioso, separa-a e vê, espantado, uma câmara de uns dez metros de comprimento, com um teto arqueado de pedra trabalhada. Uma passadeira vermelha leva até uma plataforma baixa, onde reconhece um magnífico trono dourado, digno de um rei de contos de fadas. Mas, sentado nele, vê um grosso e alto tronco de carne, encimado por uma cabeça redonda, sem rosto, com um único olho erguido fixamente para o alto. Acima da cabeça, distingue uma aura de luz.*

A imagem permaneceu em sua mente durante toda a juventude, a de um "Deus subterrâneo cujo nome não devia ser pronunciado". Jung, filho de um pastor protestante, iria reconhecer mais tarde na vida profissional aquele tronco como um "falo ritual". Ficou aturdido, sem saber como um ícone "tão estranho ao entendimento de uma criança, tão sofisticado, não, tão supersofisticado" poderia ter penetrado em sua mente. E especulou:

> Quem reuniu o Acima e o Abaixo e lançou os alicerces de tudo que preencheria a segunda metade de minha vida?... Através desse sonho de infância fui iniciado nos segredos da terra. O que aconteceu nessa ocasião foi um tipo de sepultamento na terra e muitos anos se passaram antes que eu pudesse sair de lá. Hoje, sei que o sonho aconteceu para trazer às trevas o maior volume possível de luz.[5]

Em toda sua juventude, Jung jamais contou o sonho a pessoa alguma. Tratou o que denominou de sua "revelação inicial" como "um segredo que jamais deveria trair". Ainda assim, o sonho permaneceu como um ponto de apoio interior quando os ensinamentos religiosos foram, como disse, "bombeados para dentro de mim", permitindo-lhe dizer a si mesmo: "Mas eles não são tão verdadeiros assim." Esse senso de autoridade interior conferido por um sonho da infância formou como que um gabarito que ele usaria em toda sua vida profissional.

Fiquei surpreso quando, ao discutir o fascínio pelo sonho de Jung com meu amigo Franc, diretor de cinema britânico, ele disse que teve outrora uma experiência semelhante — com a diferença de que lhe pareceu estar acordado! Franc cresceu em uma pequena aldeia no norte da Inglaterra, em uma área em que sua família vivia desde o ano 712 d.C. O lugar ficava ao lado de um vale onde outrora houve uma colônia, saqueada pelos dinamarqueses. Ladrões de sepultura haviam pilhado exaustivamente o local durante todo o século XVIII, mas as crianças podiam ainda encontrar pontas de flechas e lascas de espadas, de centenas de anos.

Aos oito anos de idade, ele cruzava o vale em companhia do irmão quando caiu uma chuva torrencial de verão. Atravessaram correndo a campina à procura de um lugar onde pudessem se abrigar. "Geralmente, nós nunca vadeávamos o riacho, mas havia árvores do outro lado. Entramos na água e andamos para ir até lá, mas as árvores não nos deram muita proteção.

"De repente, olhei para o chão e vi um pequeno túnel, a mais ou menos uns 60 centímetros acima do nível da água, perto de um antigo moinho abandonado. Rastejamos túnel abaixo e chegamos a um estranho e velho cômodo, que nunca tínhamos visto antes. E ali, bem no meio da sala, havia uma harpa dourada! Lembro-me perfeitamente de ficar esperando que a chuva passasse para poder brincar com a harpa. O que não sei até hoje é se caí em algum tipo de sonho ou transe ou se a harpa estava realmente ali. Uma semana depois, voltei ao local para examiná-lo, mas não consegui encontrar o túnel. Perguntei a meu irmão estes anos todos e ele tem uma vaga lembrança de tê-la visto, também."

Franc, que se orgulha de possuir o que chama de "uma memória quase fotográfica" de incidentes que retroagem até seus dois anos de idade ("Eu me lembro do dia em que ganhei meu primeiro cavalinho de pau"), permanece confuso. "A harpa dourada" é uma imagem que ele vem remoendo durante toda a vida, como se fosse um Santo Graal pessoal. Mais tarde ficou intrigado ao ler sobre o místico alemão Heisenberger, que, em criança, alegou ter visto um cálice dourado e, alimentado por essa visão, tornou-se mais tarde um carismático líder de seita. "Eu não tenho planos de assumir o controle do mundo", brinca Franc. "Mas me lembro dessa experiência como uma espécie de despertar místico. Eu vi alguma coisa dourada, de notável beleza, uma dádiva que me foi trazida especialmente e que pareceu quase despertar uma nova faculdade em meu cérebro."

Até hoje, continua, atribui seus "dons intuitivos" a essa antiga visão. "Idéias me chegam inteiramente formadas de parte alguma. Sei de coisas que ninguém precisou me contar. Posso perceber, em um milionésimo de segundo, um plano tortuoso para me prejudicar. Isso foi útil quando enfrentei situações difíceis, como na ocasião em que eu era produtor de documentários e trabalhava em regiões violentas do mundo. Por alguma razão, relaciono esse tipo de coisa com a dádiva dourada que me foi mostrada. Geralmente, não falo nisso porque parece loucura e presunção."

Às vezes, esses sonhos formativos — sonhos que criam consciência de si mesmo e individuação já nos primeiros anos de vida — não contêm imagens nem palavras. Uma mulher de meia-idade chamada Susan lembra-se ainda claramente de um sonho que teve aos oito anos. "O sonho não tinha qualquer conteúdo especial, eram simplesmente sentimentos de vazio, terror, desamparo, um senso de minha própria condição de mortal. O que era que eu estava fazendo aqui na terra? Quem era eu? Eu nada era, só um pontinho de poeira, minha vida, sem nenhuma permanência — uma crise de meia-idade aos oito anos! Lembro-me da sensação de a terra abrindo-se sob meus pés e tudo que eu conhecia tornou-se subitamente sem sentido e vazio.

"Procurei minha mãe e perguntei: 'O que é que a gente deve fazer quando tem um sonho muito assustador?' Ela respondeu: 'Pense em alguma coisa boa, como em árvores de Natal.' Naquele momento, tive um *insight* bem maduro e perturbador. Pensei: 'Que mulher estúpida', porque ela havia me dado uma resposta inteiramente inadequada. Ela era minha principal fonte de amor, mas, desse momento em diante, comecei a me afastar psicologicamente dela. O sonho era definitivamente um brado para que eu despertasse e significava muito mais para mim do que apenas meu corpo físico viver nessa casa na Inglaterra. Em retrospecto, me pergunto se não passei a vida viajando, movendo-me de um lado para o outro, fazendo coisas diferentes, mantendo olhos e ouvidos abertos, apenas para descobrir o que aquele sonho significava."

Daniel Quinn, autor do romance *Ishmael* — uma saga estranha e irresistível, na qual um símio inteligente lamenta que a natureza tenha sido traída pela humanidade —, lembra-se de um sonho que teve na primavera de 1941, aos seis anos de idade. No sonho, ele ia para casa nas caladas da noite, passando por casas silenciosas e escuras, e seus ocupantes adormecidos, quando descobriu o caminho bloqueado por um tronco caído de árvore. Um "grande besouro verde" saiu correndo do tronco. Quinn, que no tempo de criança tinha pavor a insetos, teve medo de que o bicho o culpasse pela queda da árvore onde vivia. Em vez disso, o besouro, do qual emanava uma aura de autoridade adulta, falou-lhe em tom tranqüilizador, "dentro de sua mente". Enfaticamente, disse o besouro: "Seu lugar não é realmente aqui, sabia? Você não se sente muito à vontade nestas ruas, nestas casas, neste mundo." Quinn ainda se lembrava da sensação, no sonho, de lágrimas correndo dos olhos ante essa "grande revelação". Quando o besouro acrescentou: "A coisa é, você não é necessário aqui", o menino ficou mudo de dor.

O besouro, porém, disse-lhe que ele era "muito necessário" em outro local e, com um gesto, indicou a floresta, onde um cervo pastava numa clareira iluminada pela lua. O besouro explicou que elas, as criaturas do bosque, "precisam lhe contar o segredo de nossa vida" e que ele, Daniel, tinha de ajudar, mesmo que significasse tornar-se quase uma delas. Ele compreendeu que isso era algo que iria acontecer no futuro, mas não queria esperar: "A floresta estava ali, naquele momento, a um passo de distância, e eu estava inteiramente disposto a renunciar à minha vida para fazer companhia a essas criaturas, que precisavam de mim e queriam me contar seus segredos. Virei-me, desci da calçada e acordei no mesmo instante. Acordei instantaneamente — com o coração inteiramente partido, soluçando feito um desesperado", porque, quando o contou à mãe, que não entendeu nada, "o sonho era tão *belo*".[6]

Diz Quinn que, dessa época em diante, "aceitei esse sonho de criança de seis anos como descrição de meu destino". Essa experiência põe em destaque um aspecto comum dos sonhos sobre vocação — a ênfase em responsabilidade pessoal. O que é mostrado passa a ser, a partir desse momento, o que cumpre ao sonhador realizar. Esses sonhos se assemelham — eu diria, são quase idênticos — ao que a pesquisa psicológica recente chama "memórias de eventos pessoais", aqueles momentos decisivos que nos moldam a vida e tornam-se elementos fundamentais de nossa autobiografia. (Uma das categorias dessas memórias, um "evento seminal", é definido como um acontecimento significativo, ao qual o indivíduo "atribui o início de um caminho na vida, ou o nascimento de crenças e atitudes duradouras".)[7] À luz dessa pesquisa, são profundas as implicações dos Sonhos Curativos para nossas atuais teorias sobre o desenvolvimento da personalidade da criança. Temos aqui sonhos que não são meras reações às circunstâncias, mas geradores de novos atos e atitudes, catalisadores de padrões psicológicos que persistem e chegam à vida adulta.

Sonhos sobre vocação, mesmo na infância, podem ser solenes e sobrenaturais, contendo surpreendentes temas filosóficos. Em criança, a romancista Anne Rice, sonhou o seguinte: *Vi uma mulher que parecia feita inteiramente de mármore. Ela estava descendo uma rua... Alguém disse: "Essa aí é sua avó* regis." Rice não tinha a menor idéia do que essa palavra significava. Nunca a tinha visto impressa — e, na ocasião, sequer tinha certeza de como pronunciá-la. Só já adulta é que aprendeu que essa palavra é aplicada a professores universitários. "Quando é tão intenso assim, quando é tão sobrenatural assim, o sonho é também um pouco assustador", diz ela. "É quase como se a gente enxergasse outra dimensão. Vemos alguma coisa que tem a ver com herança ou linhagem e que transcende o que podemos ver com olhos racionais."[8]

Rice pensou repetidamente no sonho, ao tempo em que escrevia *A rainha dos condenados*, um livro em que figuram sábios e antigos imortais, cuja aparência lembrava alabastro vivo. A visão da infância formou a base de suas convicções mais profundas de adulta. "Tenho medo de idéia pura. Esses anciãos e a figura do sonho eram estranhos demais à carne. A sensação de ameaça, talvez, tinha essa origem. Era diferente demais do que somos." Rice, que escreveu livros eróticos sob vários pseudônimos, diz ainda: "Meus livros, todo sentido deles, tem sido dizer: 'Escutem as lições da carne.'"

Uma estudante de pós-graduação chamada Jan descreveu um sonho decisivo, de características semelhantes. À idade de sete anos, lembra-se de ter ficado zangada com uma professora de escola primária católica, cuja descrição da alma, segundo lhe pareceu já naquele tempo, era superficial demais. Logo depois, teve um sonho inesquecível: *Ia submeter-se a uma cirurgia para remoção de sua alma.* Mas estava assustada — isso não era, diz, a mesma coisa que fazer uma operação "para retirada das amídalas". Foi inicialmente levada para uma sala de observação, do lado de fora do anfiteatro cirúrgico, para presenciar essa estranha operação através de um espelho unidirecional. Viu um homem idoso deitado em uma mesa de metal, aparentemente anestesiado e coberto por um lençol. Em seguida, um *ruído alto... uma ventania. Quase como o que a gente sentiria se abrisse a porta de um avião, ouvi um forte som de coisa sendo sugada. No instante em que ouvi o ruído, o corpo do homem encolheu e sua cabeça explodiu como se fosse um grande balão. Fiquei apavorada, porque isso ia acontecer comigo.*[9]

A imagem do sonho — que tocava questões espirituais como a relação entre espírito e corpo, e as terríveis conseqüências da "perda da alma" — voltou espontaneamente durante toda a sua vida. Só quando escreveu sua dissertação doutoral sobre distúrbios de alimentação de mulheres — uma análise das atitudes mecânicas da cultura ocidental em relação ao corpo, sob o título de "A Cabeça sem Corpo" — é que compreendeu como o sonho lhe inspirou diretamente o trabalho. O sonho de Jan revela claramente um padrão dos Sonhos Curativos na infância: a criança tem uma visão de vida dada por uma fonte de maior sabedoria, que não encontra na família, escola ou igreja. É levada a compreender que as atitudes predominantes talvez sejam assombrosamente errôneas e sente uma compulsão silenciosa para mudá-las.

Sonhos como esses, em qualquer idade, embora não resultem necessariamente em transformação imediata, forçam um reconhecimento precoce de outras realidades, estabelecendo o curso da vida segundo diferentes pontos da bússola. Eles se tornam catalisadores de novas formas de conduta e atitudes que amadurecem ao longo da vida. A grande visão de Black Elk só começou a concretizar-se nove anos depois, período esse em que não a contou a ninguém. Há casos de vinte ou trinta anos transcorridos antes de um xamã convencer-se de que a visão da infância veio realmente dos espíritos e começar a usar as canções e a "medicina" que lhes foram confiadas.[10]

Atendendo à Convocação

Reciprocamente, o Sonho Curativo talvez traga de novo à vida um evento decisivo da infância no contexto do destino do adulto. Quando Martha del Grande, atriz de televisão, tinha nove anos, uma terrível borrasca de gelo derrubou as linhas de transmissão em sua cidade natal, perto da fronteira de Kentucky, e lhe trouxe um adorável interlúdio: tempo ininterrupto com a adorada e excêntrica avó, cuja casa era aquecida com toda segurança por várias lareiras.

"Ninguém gostava de minha avó", lembra Martha. "Ela era uma pária na família, mas foi minha salvadora durante toda a vida. A casa dela era meu santuário. Ela demonstrava desligamento deste mundo, mas era também capaz de uma grande compaixão. Combatia a segregação racial e defendia os negros na cidade. Sentia grande prazer com pequenas coisas, como jardinagem, jogar cartas, preparava com tanto prazer *bacon* e ovos para o café da manhã que a gente acabava também por adorá-los. A gente pensava: 'Deus do céu, vou comer *bacon* com ovos!'"

Na noite da tempestade de gelo, a avó armou uma cama perto da lareira e jogou no fogo um lenço de papel que nela encontrou. Pela manhã, tomada de pânico, lembrou-se de que havia embrulhado no lenço um anel com um grande brilhante. Martha passou horas para encontrar a pedra, nesse momento coberta de cinzas. Posteriormente, um joalheiro partiu a pedra em duas e fez dois anéis, um dos quais a avó lhe deixou em testamento. Após a morte da avó, aos 106 anos de idade, Martha mandou engastar o brilhante ao lado de uma esmeralda que o marido lhe deu de presente. O anel, simbolizando o casamento e a pessoa que mais amou na família, tornou-se seu tesouro.

Quanto tinha 54 anos de idade, teve o seguinte sonho:

Meu marido Louie e eu estamos passeando por Toronto em um feriado. Ele sugere irmos a um restaurante do qual somos fregueses. Os proprietários aparecem e dizem que têm um presente para mim. Entregam-me uma caixa de jóias e, nela, encontro o anel de brilhante de minha avó. Choro de felicidade. Eles, porém, me dizem: "Guardamos este anel há cinco anos e você nunca veio buscá-lo... Se é assim, como é que pode dizer que é valioso para você?"

Respondo: "Eu não sabia que ele estava perdido."

A mulher retruca, zangada: "É melhor cuidar bem dele, porque pode perdê-lo."

Pergunto a Louie se devo usá-lo ou guardá-lo na bolsa, por questão de segurança. Ele me diz para guardá-lo na bolsa. Em seguida, diz que não gosta daquele restaurante, de modo que saímos para ir a outro. Mas, quando o proprietário do novo restaurante aparece para nos receber, eu me dou conta, Deus do céu!, que deixei a bolsa no outro! "Como foi que a senhora pôde fazer isso?", pergunta o proprietário. "Perder seu tesouro mais valioso!"

Mas, quando lhe digo: "Posso voltar lá para pegá-lo", ele responde: "Não, a senhora nunca mais o terá de volta, perdeu sua chance." E enquanto o sonho se dissipa, acordo, desolada, repetindo, uma vez após outra: "Vou tê-lo de volta, vou tê-lo de volta, vou tê-lo de volta!"

Diz Martha que raramente se lembra de sonhos, mas que esse foi "tão vívido, tão real, que me lembro de todos os detalhes". Alguma coisa lhe dizia enfaticamente, segundo lhe pareceu, que estava "prestes a perder alguma coisa vital", mas não sabia o quê — "talvez alguma parte fundamental de minha alma, a semente de meu espírito". Achou que, como o diamante jogado na lareira, estava "perdendo meu brilho, meu respeito próprio e minha capacidade de me maravilhar".

Absteve-se de comentar o sonho com o marido, que, tinha certeza, ficaria entediado. "Eu julgava o sonho tão fundamental que só podia compartilhá-lo com outros sonhadores, ou ele se transformaria realmente em cinza'." Uma amiga lhe disse que a perda do anel simbolizava a perda de amor no casamento. Outra sugeriu que era a perda de sua própria capacidade de amar, neste caso representada pela avó. Outras julgaram que significava perda de confiança em si mesma — no sonho, era dependente demais, deixando que o marido tomasse todas as decisões. Martha, porém, achava que o sonho era como "uma régua sem os números. Eu não estava preparada para pôr nele quaisquer marcas fixas. No fundo, tive certeza do que aquilo significava — que meu maior dom ao tempo de jovem, a alegria e capacidade de me maravilhar, tinha sido pulverizado sem eu saber, que eu estava a caminho de tornar-me uma velha amargurada e negativa. O sonho era uma sinaleira, um farol. Era como uma semente que gradualmente se transforma em uma coisa viva, florescente."

Pouco depois do sonho, resolveu mudar-se do subúrbio distante onde morava e voltar à cidade para ficar perto dos netos. Disse ao marido que não ia acabar com o casamento, mas que não podia viver mais naquele lugar. Instalando-se na nova vida, tornou-se mais claro para ela, segundo diz, que ficar perto dos netos era "uma coisa que eu fui posta na terra para fazer". Aprendeu a apreciar a filha e o genro pelo que eram "no dia-a-dia, ao passo que, antes, isso dependia do que eles faziam e realizavam. Tudo que podemos fazer por outro ser humano é amá-lo". Sua carreira anterior, como estrela premiada da televisão canadense, parece-lhe, em retrospecto, inteiramente vazia.

O sonho de Martha com um anel — um objeto que simboliza o círculo intacto de fidelidade espiritual — lembra estranhamente o de John Newton, compositor do século XVIII e autor de "Amazing Grace", que foi mercador de escravos até que um Sonho Curativo lhe transformou a vida. Newton sonhou que estava no quarto de vigia noturna no tombadilho de seu navio, ancorado em Veneza. Um desconhecido lhe entregou um anel, fazendo-o prometer que o guardaria a todo custo. Se o guardasse, foi informado, ele teria felicidade e sucesso. Se o perdesse, tristes infortúnios se abateriam sobre ele.

Newton aceitou as condições, certo de que poderia cumpri-las. Logo depois, porém, apareceu um segundo desconhecido, censurando-o por acreditar que um anel poderia produzir tais efeitos e insistindo com ele para que o jogasse fora. "No início, fiquei chocado com a proposta. As insinuações, porém, prevaleceram", escreveu ele mais tarde em sua autobiografia. "Tirei o anel do dedo e joguei-o pela borda do navio."

Os efeitos foram instantâneos e horrendos:

> Um incêndio terrível surgiu em uma cadeia de montanhas... Tarde demais, reconheci minha loucura. O tentador, com um ar de insulto, disse-me que toda compaixão que Deus tinha em reserva para mim estava contida naquele anel, que eu havia propositadamente jogado fora. Compreendi que tinha de ir com ele até as montanhas em fogo e que todas as chamas que eu via tinham sido provocadas por mim. Tremi todo e senti um intenso sofrimento.

Naquele momento de impotência, um terceiro homem apareceu e, ouvindo-lhe a confissão, perguntou-lhe se ele pensava que seria uma pessoa mais sábia se tivesse o anel de volta. Antes que pudesse responder, o "inesperado amigo" mergulhou na água e voltou com o anel. O incêndio nas montanhas extinguiu-se imediatamente. Quando se aproximou do benfeitor para pegar o anel, porém, ele se recusou a entregá-lo, dizendo que ia guardá-lo por questão de segurança e que o traria quando fosse necessário.

O sonho obcecou-o durante vários dias, impedindo-o de trabalhar. Mas, como o "amigo" havia insinuado, Newton logo se esqueceu de tudo e, durante anos, comportou-se como antes. Mas, depois, escreveu: "chegou uma época em que me vi em circunstâncias que lembravam muito as sugeridas por aquele sonho extraordinário", nas quais estava sendo aliciado para tomar parte em um "crime muito grave". E foi em seu "dia de desespero" que o sonho voltou e teve a sensação de que Deus lhe devolvia o anel, como um símbolo de devoção ao Altíssimo. Newton tornou-se mais tarde pastor e a letra de seu famoso hino retrata a experiência vívida no sonho do "outrora perdido, agora reencontrado".

Os insistentes e inesquecíveis convites a uma vocação sagrada, transmitidos por um sonho, são bem conhecidos na literatura de todas as religiões. A palavra *vocação* deriva do latim *vocare*, "chamar", refletindo a crença do mundo antigo em que o indivíduo é chamado por uma voz divina, num sonho ou visão, a fazer o autêntico trabalho de sua vida. Constitui às vezes papel do Sonho Curativo insistir na concretização não das ambições do ego, mas daquelas coisas que torna todas as demais o ouro dos tolos. É difícil superestimar a extensão em que esses sonhos obcecam, com perigos e promessas, a alma humana.

A Função dos Sonhos

Ah, essas pessoas boas, eficientes, mentalmente sadias, elas sempre me lembram aqueles girinos otimistas que se aquecem em uma poça ensolarada, na mais rasa das águas, reunindo-se e amigavelmente balançando as caudas, inteiramente inconscientes de que, na manhã seguinte, o poço secará e os deixará encalhados.

Carl Jung

A convocação para viver e trabalhar com devoção aos ditames interiores pode ser mais geral do que geralmente se reconhece, mesmo que seja deixado aos nossos sonhos particulares dar testemunho desse fato. Conheço uma moça que passa horas, todos os dias, trabalhando em seus prolíficos sonhos. Antiga funcionária do Departamento de Energia, poderia parecer que ela está literalmente sonhando enquanto a vida passa. Mas por que *não deveria* ela respeitar seus sonhos? O que seria nossa vida — e nossa civilização — se considerássemos o trabalho nos sonhos tão valioso quanto nossa pomposa "produtividade"? Talvez incorporar sonhos à nossa vida individual e coletiva fosse o grama de prevenção que vale um quilo de cura, a leitura de bússola que garantiria que estamos realmente rumando para o norte e não velejando para longe do mundo.

Preston, meu amigo choctaw, cujos sonhos o orientaram durante toda a vida, diz a propósito: "Temos sempre uma opção. Se temos um sonho impressionante e resolvemos *não* segui-lo, bem, nós o ignoramos. Mas é nesse momento que começamos a ficar cegos. Entramos em um mundo escuro. Percorremos repetidamente o mesmo círculo, cumprimos a mesma rotina dia sim, dia não.

Se seguimos o sonho, humildemente, é nesse ponto que começa nossa vida autêntica."

Jung teve certa vez um paciente, um empresário, que se sentia preocupado com uma série de sonhos impressionantes. Embora o mestre insistisse com ele para que seguisse o que o sonho lhe dizia, o homem respondia que tinha um número grande demais de coisas urgentes para tratar. Jung simplesmente sacudiu a cabeça, e comentou mais tarde: "Pobre homem, ele não compreende que os sonhos é que são seu 'negócio urgente'." A lógica de nosso trabalho no mundo não muda um sonho, que permanece teimosamente fixado em valores mais profundos.

Recentemente, fui procurado por um recrutador de executivos, com o oferecimento de um emprego em uma revista nacional. Eu havia estado uma vez com o fundador da revista, que durante todo o almoço só falou no seu tópico favorito — ele mesmo. Ele tinha reputação de ser um chefe exigente e já fazia muito tempo desde que eu havia trabalhado para alguém. Meus amigos, porém, insistiam em que eu aceitasse o emprego — eu precisava de dinheiro, o cargo era interessante e, mesmo que eu tivesse que bajulá-lo um pouco, valeria a pena a experiência. Naquela noite, contudo, tive um sonho: *Alguém me oferece vantajoso "contrato de serviço" como 'escravo sexual gigolô", diante de toda a comunidade. Sofro horrores por um momento, mas, em seguida, berro:* Não! Acordei com o coração em disparada. Embora tivesse estado prestes a ligar de volta para o recrutador, compreendi que não conseguiria dar esse passo.

Ao invés, durante o mesmo período, investi todas as minhas energias em um número de música e poesia que tinha sido convidado a montar em uma conferência sobre cura, no Ano-novo daquele ano — um "papel" que eu havia quase recusado. Embora tivesse sido músico profissional lá pela casa dos 20 anos, eu me sentia enferrujado demais. Fiquei embaraçado só em pensar em subir a um palco para "fazer um número", cantando com uma voz dificilmente aceitável. Mas, nos dias em que estive pensando no sonho, lembrei-me de outro, maravilhoso, que tive cinco anos antes: *Estou numa tribuna, prestes a fazer uma palestra sobre o futuro da medicina para uma platéia de profissionais de saúde. Levanto-me e escandalizo todo mundo ali cantando uma versão* a capela *de "Rockin' Robin"*. Acordei jubiloso, com um senso de travessura subversiva e um deleite borbulhante. A recordação, ainda vívida, encerrou o assunto. A apresentação de mídia-mista correu muito bem. Fui convidado a representar a dança do Ano-novo e, naquela noite, subi a um palco — atrás de uma tribuna ali colocada — e cantei uma série de canções de *rock-and-roll* diante de uma platéia simpática, composta principalmente por médicos. Fiz questão de começar com "Rockin' Robin", que havia decorado por precaução. A transformação desse sonho em realidade, com tudo que nele havia de puro capricho, foi notavelmente revigorante. Passados meses, ainda consigo me lembrar da emoção de tocar e da dose viciante de endorfinas trazida pela tempestade de aplausos. Atualmente, estou estudando convites para repetir o espetáculo. O sonho, aparentemente, continua a me levar para novos trabalhos, sobre os quais sinto-me tanto duvidoso quanto interessado.

Toda essa experiência representou um contraste radical com meus dias como editor de revista. Nesse tempo, vivi em um estado de dissonância cognitiva quase esmagador entre meus sonhos e a vida que levava. Eu havia conseguido um cargo duramente conquistado — dirigir uma revista nacional de orientação espiritual que era, eu pensava então, o meu lugar exato na vida. A rotina de horas sem conta de trabalho, porém, estava cobrando um tributo imenso à minha saúde e à minha família. E eu me perguntei se a revista não estava servindo uma espécie de comida-lixo para a alma. Os próprios costumes empresariais duvidosos dos proprietários faziam com que os artigos que publicávamos sobre "investimento ético" parecessem uma impostura.

Mas consegui desviar a vista. Por alguma razão, consegui me convencer que, por mais traiçoeiro que fosse o terreno, alguma coisa de boa resultaria de tudo isso. Enquanto me ocupava alimentando essas ilusões, pesadelos me serviam frias doses de realidade. Lembro-me de ter acordado certa manhã de um sonho horrível:

> *Estou sendo torturado à beira de um penhasco, pendurado de uma corda que me balança de um lado para o outro em cima de um profundo abismo. Quando a corda passa sobre rocha sólida, minhas costas nuas são cruelmente lanhadas. Quando cruza o abismo, há uma curta trégua. Mas para realmente escapar, eu teria de soltar a corda e mergulhar para a morte. É uma versão do Abismo e do Pêndulo. Finalmente, incapaz de agüentar aquilo por um momento mais, solto a corda, giro no ar e aterro com um som surdo sobre o corpo mumificado de um "homem de turfa".*

Quando acordei, lembrei-me de um artigo dizendo que corpos preservados de celtas do período neolítico ainda são ocasionalmente encontrados nos pântanos de turfa da Irlanda. Naquele dia, procurei o artigo, que descrevia a exumação de um homem, presumivelmente um sacerdote, com uma pele que parecia couro curtido e uma corda de estrangulamento em torno do pescoço. No rosto, ele exibia uma expressão tranqüila e o corpo havia sido coberto de flores. Antropólogos conjecturaram que ele havia se oferecido na meia-idade em sacrifício aos deuses das colheitas. Seria *isso* o que eu estava fazendo — fazendo um sacrifício inútil por alguma idéia mal orientada de bem comum?

Esse sonho "no limite de meus recursos" foi seguido por uma sucessão de cenários de pesadelo, recheados de conflitos entre o bem e o mal, o espiritual e o material:

- *Estou lutando para expulsar o mal de meu escritório, um lugar apertado no oco de uma árvore. Em seguida, encontro em um tanque congelado, ao lado de uma fortaleza à beira-mar, uma antiga bainha de espada, incrustada com gemas e os enfeites de prata ainda brilhando.*
- *Meu guru me dá um "Calendário" que prevê meu tempo de vida, bordado com símbolos místicos e cravejado de pedras preciosas. Mostro-lhe a revista que estou editando. Ele ri, divertido, e nenhuma importância lhe dá: "Eu não sabia que você estava fazendo esse tipo de coisa!"*
- *Tenho uma audiência com o papa. Ele fica extraordinariamente divertido com minha grossa agenda de encontros, que inclui um pequeno* kit *de material de escritório.*
- *Uma van preta com o letreito "U Pay Association" está me seguindo, dela estrugindo música alta. A van tem um interior vermelho, do qual tocaieiros tentam acertar em mim. Ninguém vai acreditar em mim. Em seguida, o logotipo da revista surge redesenhado, de modo que cada letra parece uma estátua de Ísis, mas eu não devo saber isso.*

Estudando esses sonhos, fico espantado como pude lhes ignorar os temas comuns: o trabalho tornou-se inteiramente vazio de sentido, meu escritório é o oco de uma árvore e minha espada de retidão moral transformou-se em um fóssil; o desprezo de preceptores espirituais pelo que considerei como um trabalho nobre; as implicações de que minha "agenda" era finita, que eu não devia desperdiçar tempo precioso e que o dia do ajustes de contas estava próximo.

Antes de transcorrido um ano, a revista *Camelot*, que tentei criar, havia fechado. O pessoal idealista, cuidadosamente reunido, tinha ido embora ou havia sido dispensado. Expulso do mercado, quando dei por mim, lutava pela vida. A busca, ao que parecia, dera em nada. Aquilo me parecia a morte, embora eu não compreendesse, na ocasião, que tive liberdade de seguir uma vocação desconhecida. Só muito tempo depois, mergulhando na referência do sonho a "Ísis", é que descobri que ela era a deusa da cura, um assunto que me ocuparia profissionalmente nos 15 anos seguintes. (No mito, ela trazia de volta à vida o esquartejado Osíris, deus do mundo subterrâneo e, assim, era uma restauradora da vida inconsciente.)

Não é fácil dar ouvidos a sonhos quando eles exigem uma mudança dolorosa. Às vezes, estamos dispostos a ouvir-lhes o clamor para levar uma vida de coerência interior e assumir o único lugar que nos compete no mundo. Em outras ocasiões, a onda de choque nos atinge com uma força tão atordoante que somos levados de cambulhada, como destroços flutuantes, como aconteceu com Saulo de Tarso, cuja visão na estrada para Damasco acabou por transformá-lo em São Paulo.

Meu amigo Jeff, de modo algum um santo, recebeu certa vez seu próprio raio caído dos céus. Jeff é um homem prático, comum, que diz que quase nunca se lembra de sonhos. Um dos principais guias em todo o mundo em descer corredeiras em balsas, ele aprendeu a sobreviver com os Boinas Verdes do exército a tirar sustento das selvas mais inóspitas. Suas muitas e variadas operações nos joelhos são as conseqüências de mais de cem saltos de pára-queda. Durante anos, foi um bem-sucedido corretor de projetos de desenvolvimento imobiliário, sempre capaz de fechar grandes negócios, namorou uma fieira de modelos de moda, viajou de jato à Europa por mero capricho. Certa noite, porém, diz ele, "uma voz me chamou, tão real que me acordou. Ela simplesmente disse em um tom imperioso, embora sem palavras: 'Se viver assim por mais um ano, você morrerá!'"

O sonho ocorreu imediatamente depois de ele ter fechado um negócio altamente lucrativo, "passando adiante" uma gleba de terra devoluta, após tê-la conservado por apenas três meses e ganhando "limpo" um milhão de dólares. A maioria das pessoas teria ignorado o sonho, como sendo dores de consciência por ter ganho um dinheiro fácil, e continuaria a lavrar o mesmo campo fértil. Jeff, porém, um ex-paciente de linfoma, não pôde livrar-se da sensação de que estava sendo convocado por forças além de seu controle. O sonho ocorreu em novembro. Em dezembro, disse aos colegas que estava fazendo as malas e que ia cair fora do negócio. Precisava de tempo para repensar a vida, explicou a seus chocados empregados que não sabia quando voltaria. Deixou o país em uma peregrinação pessoal, passando por Bali, Nova Zelândia, Sumatra e Bornéu, cruzando a Europa de bicicleta, e descendo para a África, onde "andou ao léu por algum tempo em Okakavanga". Após uma curta estada na Argentina, participou de uma expedição à Antártida. Finalmente, voltou para casa.

Hoje em dia Jeff vive em condições mais humildes, numa cabana rural pequena, ligeiramente arruinada. Suas estantes estão cheias de fitas espirituais de auto-aperfeiçoamento e de livros bem marcados de Joseph Campbell, de pastas cheias de papéis e pilhas de envelopes do FedEx. Esta é a base de campo de sua nova aspiração — abrir um canal holístico de televisão. Gastando o que sobrou da poupança feita nos negócios imobiliários, desencavando velhos contatos, fazendo novos contatos no mundo de financiamento de espetáculos teatrais, incansável mas filosófico em suas atividades, Jeff diz que está em paz consigo mesmo. Se o navio chegar a bom porto, este era seu destino. Se não chegar, isso também devia acontecer. Homem outrora distraído por dezenas de opções, ele desenvolveu uma qualidade peculiar a todos os bons executivos: faz com que a pessoa com quem conversa sinta que tem sua atenção total. Aprendeu, diz ele, que pequenas coisas contam tanto quanto as grandes — às vezes, até mais.

Outro empresário, que chamarei de Philip, contou-me uma história semelhante, de como um único sonho levou-o a mudar sua vida profissional. Philip lembra o sonho: *Estou nu em frente a um espelho, em uma sala de academia de ginástica. Tenho um físico de "menino de ouro", mas ele parece de alguma maneira artificial. E tenho um pênis minúsculo. Em uma sala contígua, vejo no espelho não o jovem* macho man *que esperava, mas um homem comum, magro, de uns 50 anos de idade. Nesse momento, ouço um trovão ensurdecedor, que me acorda.* O som foi tão inesperado que Philip saltou da cama e correu para a janela para ver se estava chovendo, mas o sol brilhava em toda sua glória.

Ainda sob o efeito da experiência, resolveu ir até a livraria local. Enquanto preguiçosamente inspecionava as prateleiras, seus olhos caíram em um livro que o deixou atônito. Ali, na capa, estava uma foto do "homem comum" de seu sonho — o monge trapista Thomas Merton. Philip comprou o livro e devorou-lhe, faminto, o conteúdo. Esse momento marcou o início de uma longa viagem de estudos espirituais. Não muito tempo depois, Philip mudou de carreira, deixando seu próspero negócio para estudar teologia. O caminho inesperadamente sinuoso levou-o finalmente a trabalhar em uma obra nacional de caridade. Há alguns anos, lembra-se Philip, encontrou por acaso uma observação, nos livros de Merton, que o fez parar de chofre: "Era uma passagem sobre zen, em que Merton explica que a experiência de *satori* é freqüentemente acompanhada por um som de trovão!"

Aqui, mais uma vez, vemos em atividade o princípio de compensação: o ego fica aturdido com um sonho que o reduz à sua justa proporção (no caso de Philip, chegando ao emblema de sua virilidade). Seu reflexo é "comum", por que, voltar a nós mesmos, para uma humanidade despojada de adereços e enfeites, *significa* voltar finalmente para casa. Enquanto que em nossa vida profissional nossa aptidão é freqüentemente medida em termos de dinheiro, poder e prestígio — em termos de nossa "imagem" —, nos sonhos ficamos nus diante do espelho de nossa alma.

De Trabalho para Vocação

Deixar um meio de vida pode ser uma decisão assustadora, um salto no vazio desconhecido. Às vezes, os sonhos insistem em uma mudança completa de direção. Em outras ocasiões, dizem-nos que estamos onde devemos estar — e que a maneira de encarar a vocação é que precisa de uma mudança radical. Nesse caso, estamos sendo solicitados a tornar sagrado nosso trabalho, ungir um local vazio com o sangue do coração. A analista M. L. von Franz tratou certa vez um pintor famoso pela fidelidade fotográfica de seu estilo. O homem sentia uma violenta antipatia pelo modernismo abstrato, que considerava destrutivo para o próprio ideal da arte. Mas foi assombrado por sonhos repetitivos, que lhe diziam para pintar em cores berrantes, em vez da habitual palheta de tons escuros e, pior ainda, pintar abstrações e não imagens literais do mundo externo. Diz Von Franz que logo depois de o homem começar a seguir os sonhos e mudar o estilo artístico, um dos sintomas que o haviam trazido à análise, impotência sexual, desapareceu. Ao trazer para o trabalho partes reprimidas de seu ser imaginativo, ele deu nova vida não só ao relacionamento com sua musa (poder-se-ia dizer que ele descobriu a potência da expressão criativa pura), mas também com sua companheira de carne e osso.

Encontrei um caso semelhante de transformação *in situ*, de uma mudança mais de enfoque do que de carreira, em um artigo contando em detalhes a história de uma mulher chamada Alice. A paixão de toda vida de Alice era ajudar o próximo. Quando jovem, levava para casa seres perdidos, tanto animais quanto humanos, dando sempre dinheiro a todos os que puxavam insistentemente sua manga ou os cordões de seu bondoso coração. Previsivelmente, a atitude santa tinha seu lado escuro: ela se sentia compulsivamente atraída por "homens desesperados, em necessidade". Escolheu a carreira de assistente social e "comecei a tentar, dando de mim o máximo, aprender exaustivamente todos os macetes que me tornariam a melhor assistente social que eu poderia ser".

Mas, ao tempo em que estava terminando o treinamento, teve um sonho espantoso e decisivo:

> *É uma noite de nevoeiro. Estou perto de uma velha agência dos correios. Sinto grande urgência de despachar um pacote de cartas, que contêm informações cruciais. As cartas, na verdade, vão salvar todo o mundo de toda dor e sofrimentos evitáveis que sofremos. Fico apavorada em pensar que essa missão, de suma importância na terra, seja frustrada.*
>
> *Finalmente, consigo despachá-las. Em seguida, desço correndo nervosa um beco, procurando um lugar seguro onde possa me esconder. Vejo um homem vindo lentamente em minha direção. Fico apavorada pensando que ele pode descobrir alguma coisa sobre as cartas. Ele se aproxima calmamente e me diz que pensa que o que ando pensando em fazer é muito arrogante.*
>
> *Nesse momento, desperta toda minha fanfarronice e digo insolentemente que agora é tarde demais — que eu já enviei as cartas. Ele, porém, em um tom muito bondoso, diz que eu não compreendo as conseqüências de meus atos. Com uma defensividade crescente, respondo que certamente compreendo — que eu estou salvando o mundo. O homem me contesta, dizendo que é justamente para fins de crescimento que sofremos. Refletindo nessas palavras, compreendo de repente o que ele está tentando dizer. Faço uma completa meia-volta. Estou*

convencida de que é essencial para nossa evolução continuar a viver através de nosso sofrimento. Fico atônita ao compreender que estive totalmente errada em tentar evitar que pessoas passassem por esse processo. Nesse momento, fico desesperada, querendo as cartas de volta. Correndo pelo beco na direção do correio, vejo-me deixar estranhamente o chão, como se estivesse correndo em cima do ar.[11]

Alice acordou em pânico. "Deitada na cama, eu sentia o corpo ainda muito leve, como se estivesse ainda correndo sobre ar. Tentei me segurar para não cair! Tive de combater uma compulsão de sair correndo pela porta e ir àquela agência dos correios."

O sonho permaneceu na mente de Alice durante meses, "tão vívido como na primeira vez em que o tive". Este era um Sonho Curativo clássico, com um enredo que começa com a ignorância da pessoa sobre si mesma e termina em catarse e revelação. Pessoas com quem ela convivia passaram a notar a transformação. Um professor elogiou-lhe a mudança, de pena dos clientes para empatia autêntica. Parentes notaram que ela não trazia mais para casa deslocados que encontrava na rua. Começou a namorar com um homem mais velho e que era emocional e financeiramente auto-suficiente. E começou a se perguntar se não estivera prejudicando pessoas com sua necessidade arrogante de resgatá-las. Estava começando a respeitar, como diz, "o poder que as pessoas têm de fazer o que precisam para crescer".

Sempre que sente a tentação de "assumir o controle" da vida de alguém, volta-lhe a profunda ansiedade que sentiu no sonho. Essa sensação transformou-se em uma bandeira vermelha de perigo. Diz que se sente mais firme em seu trabalho com criminosos, em um programa de cumprimento de pena alternativa. "Digo a eles que se as coisas não funcionarem, encaminharei os documentos de revogação, que os levará de volta à prisão. Essa atitude é eficaz. Como não tenho a *compulsão* de fazer com que o programa funcione no caso dessa gente, consegui realmente a taxa mais alta de sucesso no estado."

Duas décadas depois, o sonho de Alice permanece vívido. "Eu ainda me lembro dos detalhes exatos — cor, roupa, arquitetura. Posso sentir ainda o nevoeiro úmido no rosto, lembro-me da preocupação de que a maquiagem se desmanchasse. Nunca, antes ou depois, tive um sonho tão claro ou detalhado como esse."[12] Sonhos Curativos mudam nossa vida não só nos mostrando e dizendo, mas fazendo com que sintamos *visceralmente* a verdade, sem interferência das manobras do ego. Nesse caso, Alice teve acesso a um ponto de vista que não poderia ter concebido antes, porque a luz mais brilhante pode também criar pontos cegos na vista. A finalidade de seu Sonho Curativo foi um tipo de alquimia vocacional — a reorientação de uma atividade comum para uma vocação sagrada, harmonizando o pessoal com o universal, transmutando neuroses privadas em alimento para todos.

A história dela tem muito em comum com a do dr. Marty Sullivan, renomado cardiologista da Duke University. Conheci Marty em um jantar organizado por uma escola de medicina do Meio-Oeste. Homem encantador, transbordante de autoconfiança, ele me puxou para um lado quando soube que eu escrevia sobre sonhos. "Eu tenho algumas dezenas deles para lhe contar", disse, "mas não aqui." E com um gesto indicou os demais convivas, um bocado de professores conservadores. Marty, igualmente, foi outrora um rígido pilar da ortodoxia e orgulhoso disso. Porta-voz de sua profissão, ele se descreve como um antigo crente autêntico no modelo biomédico. "Eu não achava, por exemplo, que um paciente com depressão tivesse proveito em submeter-se à psicoterapia, uma vez que seu caso era um mero distúrbio bioquímico." Dez anos atrás, porém, passou pelo que chamou de sua "experiência de conversão". Sua vida, que lhe parecera um *motor* perfeitamente regulado, começou a bater pino, engasgar e pifar. Quando deu por si, vivia metido em escaramuças com colegas da universidade. O casamento tornou-se uma área de desastre. "Eu era infeliz em *tudo*", lembra-se ele. Escondeu-se em uma casa alugada, tendo tomado uma licença-prêmio de três meses.

Superando o antigo ceticismo, escolheu ao acaso, nas Páginas Amarelas, uma psicoterapeuta, surpreendendo a profissional ao apresentar-se com um simples "Estou fodido". Quando ela lhe sugeriu que começasse a manter um diário de sonhos, ele, imediatamente e com característica eficiência, comprou no mesmo dia um livro com páginas em branco. Naquela mesma noite, "tive um pesadelo do qual jamais me esquecerei": *Estou em um prostíbulo em New Orleans, no último andar. Não há ninguém ali, exceto eu, que ando de um cômodo para outro, procurando em desespero alguma coisa que perdi. Vou até o último quarto, exausto e em pânico, e olho para um espelho. Fico horrorizado ao me ver sangrando nas orelhas e nos olhos, como um paciente de leucemia sem plaquetas sanguíneas.*

Trabalhando com a terapeuta, compreendeu o seguinte: "Aqui estou eu, no auge de minha profissão, um modelo para médicos, procurando alguma coisa vital em um lugar onde pessoas se vendem por dinheiro. É um local onde não vamos conseguir o que realmente queremos — amor, relacionamento, carinho. Pagamos por uma coisa falsificada, dando valor a pessoas apenas pelo corpo. E enquanto procuramos alguma coisa fora de nós mesmos, estamos sangrando por dentro até a morte."

O sonho deixou-o atordoado. Pareceu-lhe que simbolizava tudo que tinha dado errado em sua vida, em seus relacionamentos e, principalmente, na profissão que outrora amara. Foi o início, diz ele, de uma "meia-volta de 180 graus" em sua clínica médica, de "cardiologista hostil, arrogante" para "aspirante a curador". Pouco depois do impressionante sonho, teve outro, pressagiando um extraordinário processo de mudança: *Vejo o casulo de uma lagarta no tronco de uma árvore. Uma luz pulsa no alto e toca o casulo. Sou envolvido por uma senação incrível de paz e harmonia, que jamais experimentei quando acordado. Nesse momento, ouço uma voz retumbante dizendo: "Eu o orientarei nos sonhos."*

Desde então, Marty tem sido instruído em sonhos no que considera como um curso progressivo, como se estivesse matriculado em um programa personalizado de reeducação. Os sonhos, diz, "situam-se além de minha capacidade consciente de gerá-los. Os conceitos, as imagens, parecem-me como se pertencessem inteiramente ao 'outro'. Não os solicito. Eles simplesmente vêm". Os sonhos derrubaram muito daquilo que outrora julgou que sabia e ajudaram-no a integrar a nova compreensão em sua clínica. E ele me disse, dando um exemplo:

> *Estou em uma clínica psiquiátrica. Sou informado de que meu paciente chegou. Saio do consultório e vejo um cara velho, um desses tipos de rua pisoteados pela vida, um tipo de veterano de hospitais, zangado e perturbado. Ele inicia uma diatribe e, após cinco minutos, levanta-se e vai embora. Penso comigo mesmo que simplesmente não vou poder ajudá-lo. Em seguida a enfermeira diz que o paciente voltou, apenas, dessa vez, é uma adolescente. Eu digo, tudo bem, agora vou poder ajudá-la, mas ela me olha, finge um ataque de convulsão e, mais uma vez, eu me afasto, dizendo que não há nada que eu possa fazer. A enfermeira me aconselha a voltar para o consultório e, mais uma vez, lá está o mesmo paciente, apenas, dessa vez, como um bebê. Tomo o bebê nos braços e sinto uma sensação incrivelmente forte de amor e conexão. E penso: este é o nível em que ocorrem*

todas as curas. Até irmos fundo o suficiente, não estamos fazendo absolutamente qualquer trabalho de cura.

São poucos agora os pacientes em quem não consegue perceber a criança interior, nos quais não consegue encontrar aquela semente que, se devidamente cuidada, torna possíveis até milagres. Foi esse conhecimento interior, diz, que o tornou um curador. Marty continua a sonhar, sentindo, em todas as ocasiões, fortalecida e reforçada sua compreensão dos outros. Em outro sonho recente, *pessoas me procuram para tratar suas feridas, mas, em vez de verterem fluidos sanguíneos, delas escorria Grand Marnier*! "Isso me mostra que mesmo doenças contêm a doçura de viver." O coração, sua área de especialização, não é mais apenas uma bomba biológica, mas um órgão que põe em circulação o néctar embriagante da vida. Orientação interior levou-o a iniciar o trabalho cansativo de criar uma nova clínica corpo-mente, associada a seu centro médico. Em sonhos recentes, começou a ver um "retiro para médicos, onde eles podem aprender uma perspectiva que transcende a tecnologia médica".

A vocação do sonho colide às vezes com a pressão da inovação tecnológica que lhe caracteriza a profissão. Os sonhos podem forçá-lo a entrar em choque com um mundo que gira cada vez mais rápido. A enxurrada interminável de novos aparelhos e tecnologias ameaça transbordar para os espaços outrora ocupados pelo sonho e pelo mito. O Buda profetizou que a Idade das Trevas chegaria quando os pensamentos do homem se tornassem tão vertiginosamente rápidos, superpondo-se uns sobre os outros, que pouco espaço haveria para o silêncio interior. Talvez este seja o motivo por que os Sonhos Curativos enfatizam tantas vezes a restauração e a preservação, em contraste com a inovação. Um advogado de Santa Bárbara, por exemplo, sonhou várias vezes com uma catedral desmoronando em uma praça, numa pequena cidade mexicana. Ficou confuso. Sabia que tinha uma avó em algum lugar do México, que resolvera ficar para trás quando o resto da família emigrou para o norte. Desde então haviam perdido contato com ela. Depois de consultar um terapeuta local, foi visitar uma tia e lhe perguntou sobre a avó perdida. Descobrindo o nome da aldeia onde ela tinha vivido, resolveu tirar umas férias do trabalho e fazer uma espécie de peregrinação até lá. Ao chegar, descobriu que a avó era líder comunitária em um movimento para impedir que a amada igreja local fosse derrubada a fim de abrir espaço a um novo projeto imobiliário. Ele passou seis meses doando todos os seus recursos financeiros e jurídicos para garantir a preservação da igreja. Nesse momento, está ajudando a reconstruí-la, reinstalando a alma da cidade no seu antigo lugar central, uma tarefa que, aos poucos, tornou-se o trabalho de sua vida.[13]

À medida que nossos locais internos e externos de refúgio são invadidos, não é de surpreender que os sonhos levem pessoas não para o brilhante e o novo, mas de volta ao que é feito com a mão e o coração. Russell Lockhart, um respeitado analista junguiano, é um homem que se deixa guiar pelos sonhos. Em seu consultório, um espaço aconchegante decorado com uma grande quantidade de estatuetas de várias origens étnicas e bricabraques colecionados com amor, ele me contou um sonho simples e memorável que teve na Escócia, após uma noitada até tarde conversando e bebendo com um poeta local: *Estou usando um grande e velho prelo manual do século XIX, imprimindo um livro denominado* Moonstone.

O sonho lembrou-lhe imediatamente um interesse, de começo da adolescência, pela arte de impressão, quando ele e um amigo, como *hobby* na escola, imprimiam sua própria revista em um prelo de brinquedo. Seu primeiro emprego remunerado foi também numa tipografia. Lembrou-se de que trabalhou gratuitamente na gráfica da faculdade apenas para ficar perto do cheiro de tinta e do som chocalhante do velho equipamento.

A revista da infância de Russell, *The Tech Observer* ("Nós publicávamos matéria sobre estrelas, a Lua, astronomia, insetos e coisas assim"), deu início a uma fascinação da vida inteira por ciência aplicada. "Há algum tempo", disse ele, "tive um desses sonhos 'auditivos', no qual alguém pronunciou as seguintes palavras: 'Deus está no computador.' Não entendi que isso significasse que Deus é um computador, ou que um computador é Deus, mas que a psique e nosso vertiginoso progresso tecnológico conseguiram, de alguma maneira, encontrar um ponto de encontro."

E ele se perguntou por que, depois de tantos anos, a imagem de um prelo manual reaparecia com tanta força, despertando nele um sentimento tão profundo. "Cheguei à conclusão que o importante não era o que um prelo poderia significar simbolicamente, mas, sim, o que aconteceria se eu realmente *comprasse um prelo*? O que aconteceria se eu resolvesse, mesmo, imprimir um livro?" Fuçando por aí, Lockhart acabou por descobrir um prelo manual do século XIX, danificado pelo fogo, no Cincinnati Museum of Science and Industry. Comprou-o por uma ninharia e passou a estudar a maneira de imprimir livros com o equipamento. "A coisa, às vezes, me parece estranha", reconhece ele, "isso de querer publicar livros em papel feito à mão, de acordo com as regras desse velho e trabalhoso ofício." Mas está convencido de que ele — e mesmo, de uma maneira modesta, o mundo — está sendo intangivelmente mudado por seu novo passatempo. Alguns anos mais tarde, após uma curva de aprendizagem não destituída de impactos, um trabalho por ele impresso ganhou o prêmio de melhor livro produzido em prelo manual no Noroeste do país. "Até agora, todos os livros que publiquei são de poesia", observa ele, "mas ainda vou ter de publicar o livro intitulado *Moonstone*!"

Alguns sonhos são uma convocação para um destino mais nobre — uma das denominadas altas vocações —, ao passo que outros nos prendem à tessitura mais sutil da vida. Ao contrário do que a sociedade nos diz — que devemos, em alguma altura da vida, engavetar nossos sonhos —, os mesmos sonhos nos dizem que nunca é tarde para ouvir o chamado a uma nova vocação e para segui-la até onde possa nos levar. No *Fédon*, Sócrates conta como um sonho convenceu-o a compor canções durante seus últimos dias na prisão: "O mesmo sonho me ocorria às vezes de uma forma e, em outras ocasiões, de outra, mas sempre dizendo as mesmas ou quase as mesmas palavras: 'Comece a trabalhar e faça música.'" Ele, incerto como qualquer um ficaria sobre o sentido dos sonhos, supôs inicialmente que estava sendo apenas estimulado a continuar seu estudo de filosofia, "a mais nobre e melhor das músicas", até o próprio fim. Não era possível que uma nova direção lhe estivesse sendo exigida tão tarde assim na vida. Com toda certeza, estava sendo encorajado a continuar em seu velho caminho, da mesma maneira que "um competidor em uma corrida é encorajado pelos espectadores a correr, quando já está correndo". Mas, pensando mais no assunto, fez a descoberta inesperada que acontece a todos aqueles que respeitam o sonho — concluiu que estava sendo encorajado a deixar a senda batida e a tomar uma estrada menos freqüentada. O sonho, convenceu-se, exigia um novo florescimento da poesia e da canção. Na prisão, à espera da morte, resolveu, "em obediência ao sonho", "compor uns poucos versos antes de partir".[14]

"Nós somos os homens vazios", escreveu T. S. Eliot. "Entre a idéia e a realidade... cai a sombra." Não perdemos necessariamente nossos sonhos, sugere o poeta, mas perdemos nossa conexão orgânica com eles e, portanto, a capacidade de agir de acordo com o que nos dizem. Se não lhes dermos um lugar em nossa vida, nossa existência pode tornar-se fantasmagórica. Sonhos Curativos não são conselheiros vocacionais, dizendo-nos como rearrumar nossos recursos para ter sucesso na vida. Eles falam pelo mais profundo de nós, quando ninguém mais faz isso. Não calculam a distância mais curta entre dois pontos, mas sugerem que tomemos o longo caminho de volta para casa. Embora freqüentemente nos contentemos em manter várias faces diferentes — uma para o emprego, outra para a família, a terceira para a sociedade, a quarta para o coração etc. —, os Sonhos Curativos querem tornar visível o padrão que liga; tentam-nos a trazer para o claro o que é mais apaixonante e profundo em nós, para nosso próprio bem, e para um mundo ainda sedento da autêntica música da alma.

Capítulo 5

Sonhando juntos

Profundezas, Destinos e Crises do Amor

Mas no meu sonho...
Nadamos um atrás do outro, subimos cada vez mais
O rio, o mesmo rio chamado Meu
E nele entramos juntos. Ninguém está sozinho.

Anne Sexton

O SONHO, DIZEM POR AÍ, É UM ASSUNTO PURAMENTE SUBJETIVO, O resultado da luta de forças que se engalfinham na psique. Se sonhamos com alguém, isso acontece porque esse alguém é um símbolo de alguma repulsa e atração interiores, uma auto-apalpação de nosso pulso emocional. (O sonho, escreveu Freud, "nada tem a comunicar a alguém mais... e, por essa razão, de nenhum interesse se reveste para outras pessoas".) Os depoimentos de sonhadores em todo o mundo, porém, desmentem essa opinião míope. Dizem eles que nosso aparecimento no sonho de outra pessoa pode ser pessoal — que nossos sonhos talvez não sejam exclusivamente nossos. De que maneira podemos compreender nossos relacionamentos mais íntimos, à luz do que os Sonhos Curativos aparentemente mostram: que as ligações que mantemos com cônjuges e amantes, amigos e inimigos, pais e filhos estendem-se até nossos espaços interiores mais privados?

No início da gravidez, minha irmã ruiva e alegre sonhou com uma menininha com uma basta cabeleira flamejante.

"Estou procurando minha mãe", anunciou a criança do sonho.

"*Eu sou* sua mãe", respondeu felicíssima Lynne, pegando uma madeixa de seu próprio cabelo e sacudindo-o. "Está vendo? Eu tenho até um nome para você."

"Eu tenho meu próprio nome", respondeu firme a menina e, em seguida, cantarolou várias sílabas, que Lynne, por mais que fizesse, não conseguiu lembrar-se quando acordou. Ela achou a menina do sonho, com sua enfática inteligência e serena independência, um completo enigma — pois ela não pareceu absolutamente ser uma criatura de sua imaginação.

A psicologia profunda poderia, talvez, considerar um sonho como esse como exemplo do "arquétipo da criança sábia" — como nos mitos em que o herói nasce com cabelos e dentes, declarando sua finalidade na vida logo que deixa o útero da mãe. Em algumas culturas, porém, sonhos durante a gravidez são considerados como visitas, o primeiro encontro espiritual entre mãe e filho, bem como uma pista para o caráter futuro da criança.[1] (E, na verdade, minha sobrinha, Katie, é precoce, voluntariosa, afetuosa, com completo domínio de si mesma.) Uma amiga minha, que trabalhou como parteira em Bali, escreve: "A criança 'espírito' apareceu ao pai nos sonhos, antes de ser concebida. 'Me leve pra minha mãe', é quase sempre a mensagem." A mensagem da criança do sonho é o paradoxo existente no coração da família: *Sim, estamos ligados, carne, sangue e espírito, mas eu sou uma pessoa independente.*

Eventos como esses marcam o próprio início de um laço inefável entre pessoas que se amam e que pode persistir durante a vida inteira. O dr. Medard Boss, um dos poucos psiquiatras ortodoxos que escreve sobre esse fenômeno (que um pesquisador denomina de "sonho simbiótico"), descreve um rapaz que conheceu em seu treinamento de análise e que entrou em delírio durante uma pneumonia. O rapaz estava convencido de que a mãe, que residia em uma área rural muito remota, estava ali com ele. E lhe implorou que colasse sua mão fria em sua testa. Na manhã seguinte, a mãe telefonou, tendo sonhado com o filho deitado numa cama, febril, pedindo constantemente para ser esfriado. Três anos depois, o mesmo jovem quebrou a coxa direita a caminho do escritório. No dia seguinte, recebeu um telefonema da mãe, que sonhou que ele estava em uma cama de hospital, com a perna direita enfaixada de cima a baixo. Escreve Boss: "Esses dois telefonemas foram e continuam a ser as únicas chamadas de longa distância que a mãe pôde pagar *em toda sua vida*. Se não houvesse estado inteiramente convencida da realidade desses sonhos, ela, sem a menor dúvida, por motivo de economia, não teria dado nenhum dos telefonemas."[2]

O psicólogo Edward Taub-Bynum cunhou a expressão "paisagem onírica familiar compartilhada" para denotar que "a vida onírica de cada membro da família pode refletir a vida onírica de todos os demais membros". Essa interconexão, claro, não requer clarividência. Nossos sonhos estão eternamente mapeando e remapeando a geografia de relacionamentos, como uma equipe de topógrafos plotando, de diferentes ângulos, a configuração do terreno.

Nos Sonhos Curativos, sonhamos um com o outro, entre os outros e mesmo para os outros. Minha cunhada teve certa vez um sonho vívido que achou que pouco tinha a ver com ela. Finalmente, chegou à conclusão de que sonhou por mim, por procuração:

> *Toda a família — eu, Doug, Marc, os pais deles, meu irmão e meus pais — está dormindo no mesmo quarto. Marc está sentado na espreguiçadeira e não consegue dormir. Vira o abajur para cima e a luz entra no quarto. Sorri, olhando pensativo pela janela. Minha mãe fica uma fera com ele: Droga! Você não entende que todo mundo aqui está querendo dormir!*
>
> *Marc parece horrorizado por um momento, mas, alguns minutos depois, simplesmente vira outra vez o abajur para cima. Começa a amanhecer, aquele momento feliz em que a luz do dia está justamente surgindo. Eu penso: ele está simplesmente provocando todos nós, não entendeu o recado, está irritando todo mundo. Mas ele parece muito feliz e tranqüilo.*

O sonho ocorreu numa ocasião em que ela estava justamente compreendendo como eu, o irmão raramente visto do marido, morando nas montanhas a milhares de quilômetros de distância, me encaixava no retrato da família. Freqüentemente, sou o desajustado, o que quer uma coisa diferente do que a família quer, que tenta, às vezes, desajeitado, deixar entrar um pouco de luz "para acordar todo mundo". O sonho lhe foi útil, mas me ajudou também, dando-me melhor *insight* de meu papel no sistema familiar e criando um laço de percepção compartilhada e empatia com minha nova parenta.

O Círculo Intacto

Talvez, no final, não haja sonhos intrinsecamente mais curativos do que aqueles que demonstram que nossa separatividade é uma ilusão, que somos parte de uma teia viva que se estende além de pele e crânio. Por maiores problemas que tenhamos com a família, parece que os laços que a ela nos ligam — às vezes, para nossa irritação — são inegociáveis. Em algum nível subliminar, no próprio sangue que circula em nossas veias, parece que "rastreamos" durante toda a vida aqueles a quem amamos. Meus próprios sonhos com meus pais, avós, filhos, ex-esposa, amantes e amigos íntimos têm sido tão notáveis que não hesito mais em lhes telefonar quando acordo de um sonho expressivo. Quase sempre, há uma boa razão.

Nos casos de algumas pessoas, esse rastreamento da família no sonho é uma ocorrência mais comum. Uma avó de 74 anos contou-me que aprendeu a procurar nos sonhos notícias das pessoas amadas como *seu* avô, descendente de uma família de pioneiros do século XIX que, garante ela, foi o "primeiro menino branco nascido em Ukiah, Califórnia". O avô freqüentemente sonhava com a família, que se encontrava no Leste, sobretudo sobre questões de saúde. "Ele os via todos juntos em um barco a remo. Se o barco virava, isso significava problema. Se podia salvar alguém, descobria mais tarde que a pessoa havia estado muito doente, mas que tinha ficado boa. E se não podia salvá-la, mais tarde chegava uma carta, dizendo que ela havia falecido."

Esses sonhos contêm muitas vezes pistas específicas, como telegramas que trazem notícias. Uma mulher disse-me que tem de prestar uma atenção especial quando sonha três vezes seguidas com alguém.[3] Um aborígine australiano me falou de devaneios, nos quais sensações em diferentes partes do corpo lhe indicam que um parente de sangue está doente: "A perna direita é meu avô", disse ele, dando-lhe um tapinha carinhoso. "O joelho é meu tio. Peito, minha mãe. Meu irmão é o ombro direito e, minha irmã, o esquerdo." Essas sensações, alega, são infalivelmente exatas e jamais hesitaria em agir baseado nelas.

O psiquiatra e cientista político holandês Joost Merloo cunhou a expressão "comunhão oculta" para descrever essa ligação "heteropsíquica" entre pessoas. A certeza que tem sobre esse assunto baseia-se em uma dolorosa experiência. Em 1943, Merloo estava em um navio de tropas que viajava de Nova York para a Inglaterra. Acordou certa noite de um sonho vívido no qual ouviu os irmãos pedindo socorro. Sentiu tal nervosismo que deixou o beliche para procurar, no porão escuro e atravancado de gente, materiais para escrevê-lo, convencido de que o sonho significava que eles haviam caído nas mãos dos nazistas. Dois anos depois, na Holanda libertada, localizou registros confirmando que, na data do sonho, soldados nazistas penetraram na instituição onde seus dois irmãos estavam internados com problemas neurológicos e, depois de espancá-los brutalmente, jogaram-nos nos vagões da morte, a caminho das câmaras de gás.

Concluiu o dr. Merloo que vivemos em um mar de "interação inconsciente e discreta" com as pessoas que nos são íntimas. Essa situação, conjecturou, poderia ser mesmo uma fonte oculta das defesas do ego. "Temos pele grossa", escreveu, para "evitar continuamente" os pensamentos e sentimentos dos outros, que incansavelmente nos "bombardeiam". As descobertas médicas de Merloo sugerem que essas comunicações ocorrem "em situações penosas de conflito", em tempos de aflição ou perigo: uma vez que pessoas "temem renunciar às suas ilusões de independência",[4] é preciso um aríete de emergência para penetrar na dura concha da separatividade.

Após a guerra, Merloo teve outro sonho vívido com os irmãos mortos: *Estou procurando arranjar um espaço em minha casa semidestruída por bombas para instalar um consultório médico. Para conseguir espaço, expulso meus irmãos do antigo quarto de brinquedos, batendo neles impiedosamente.*[5] Naquela manhã, uma carta longamente esperada chegou da Cruz Vermelha holandesa. Nela encontrou os detalhes horrendos da morte dos irmãos. O que o intrigou foi que, à parte de anunciar a chegada da carta, o sonho continha também material psicológico que precisava ser curado — especificamente sua atitude "confusa, ambivalente", com os irmãos. Ele *havia* sentido uma destruidora hostilidade infantil contra eles quando estava crescendo, recordações essas, juntamente com o fato de que tinha escapado do destino terrível de ambos, que lhe provocavam sentimentos constantes de culpa. Ele classifica a "comunicação telepática" que recebeu no navio sobre a morte dos irmãos e o sonho que coincidiu com a carta da Cruz Vermelha como "manifestação veleitária para aliviar ansiedade: 'Não sou eu que quero espancar meus irmãos, mas os nazistas. *Eles* os mataram.'" Corajosamente, Merloo comenta os sentimentos sombrios que circulam em todas as famílias. Enquanto nos esforçamos para manter a harmonia, nossos sonhos revelam uma história paralela, uma zona vulnerável sombria, que sonhos paranormais podem iluminar vividamente.

O que poderia ser chamado de aspectos "objetivos" do sonho, portanto, entrelaçam-se com o conteúdo psicológico. Quando Freud, no fim da vida, estudou a possibilidade de sonhos telepáticos, teve o cuidado de ressalvar que mesmo material aparentemente de origem clarividente revelava, logo que analisado, os mesmos temas edipianos, manifestação de desejo, repressão e outros mecanismos que o sonho normal. E aconselhou que o que chamava de "mensagem telepática" fosse tratada como um elemento do sonho em nada diferente "de quaisquer outros estímulos internos ou externos, tais como um barulho perturbador na rua ou uma sensação orgânica insistente no próprio corpo do sonhador".[6]

Tendemos, de fato, a assumir uma atitude de espanto em relação a sonhos paranormais — o clássico "não falo nem mesmo penso em Renee há anos, mas, noite passada, sonhei com ela e, hoje, ela me telefonou" — e esquecemos o assunto. Um exame mais atento, porém, revelaria uma mina (se é que não uma jazida) de história emocional mútua. Um único Sonho Curativo pode revelar, como se numa tela de radar, toda a *gestalt* da família. Até mesmo o sonho "clarividente" mais nítido contém amiúde distorções que têm tudo a ver com alguns problemas interpessoais subjacentes. Contar a outra pessoa seu aparecimento em um sonho pode produzir efeitos catalíticos.

Lembrei-me disso recentemente, quando organizei um experimento informal, pedindo a algumas dezenas de pessoas que gerassem um sonho em que eu aparecesse. (Esse ritual de "auxiliar de sonho" é tratado em detalhes no capítulo seguinte.) Fiquei surpreso porque meu pai, que diz que raramente tem sonhos vívidos (e, também, jamais sonha comigo) teve o mais notável deles: *Marc diz que está residindo em 116 Village Avenue. Eu respondo: Deus do céu, esse é o apartamento que fica por cima da loja que foi de meu pai! A porta do quarto de Marc estava fechada. Abri-a e vi-o cercado de livros empilhados no chão, para os quais gesticula, dizendo: "Li todos eles."*

Meu pai ficou surpreso ao descobrir que sua tentativa de sonhar comigo, que, incrédulo, concordou em fazer, realmente "funcionou". Ele havia captado uma imagem onírica exata de meu escritório caótico, dominado por uma torre de volumes com marcas nas pontas das páginas, todos os quais eu havia compulsivamente resolvido que tinha de ler. Perguntei que ligações ele havia tido com o apartamento de seu pai. "Ficava no alto da grande loja de roupa que tínhamos", explicou ele, "até que meu pai fez uns investimentos desastrados e foi à falência."

E acrescentou, com um travo na voz: "Aquilo foi uma catástrofe de família, da qual nunca me recuperei."

"Por que, em nome de Deus, sonhei com aquilo?", perguntou ele. Nesse momento, foi minha vez de ficar surpreso, porque eu mesmo vinha escondendo um segredo de minha família: eu estava à beira da falência como resultado de minhas próprias más decisões de investimento. Nesse momento, virtualmente sem tostão, entrei em contato com um advogado especializado nesses assuntos, que vinha preparando a papelada, mas não havia tido coragem de contar nada a meus pais.

Após hesitar por um momento, cheguei à conclusão de que tinha de confessar meu problema. Por questão moral, não podia deixar que meu pai se incomodasse com o sonho, depois de eu ter, na verdade, o convidado para abrir a porta de minha psique e entrar. Quando lhe contei a verdade, ele ficou atordoado. O silêncio se prolongou: eu o havia deixado sem fôlego.

A revelação daquilo que escondemos uns dos outros é um aspecto freqüente desses sonhos. Merloo escreveu, a propósito: "Um sonho telepático é, muitas vezes, um grito pedindo socorro, um rompimento através de uma barreira de comunicação antes existente, como se o emissor quisesse dizer: 'Fiquei calado por muito tempo, mas, agora, você tem de saber o que vim escondendo esse tempo todo!'"[7]

Neste caso, o rompimento do silêncio funcionou nas duas direções. Para surpresa minha, com meus problemas servindo como detonador, a história da infância de meu pai, muitas vezes indiretamente mencionada, mas nunca contada em detalhes, finalmente jorrou: "Nós tínhamos uma *grande* loja de roupas", disse ele. "Meu pai foi à falência porque minha mãe, que mal conseguia assinar o nome, resolveu que estava abaixo dela vender roupas a pessoas comuns. Ela chegou à conclusão que havia mais dinheiro em construir casas. Os sócios de meu pai nessa aventura imobiliária, porém, passaram-no inteiramente para trás. Em seguida, chegou a Depressão. Quando demos por nós, vivíamos sem aquecimento em casa, sem comida, sem roupas, tapando com papelão os buracos em nossos sapatos. Nós moráramos em qualquer lugar onde os seis primeiros meses de aluguel eram de graça e, em seguida, mudávamo-nos para outra casa."

Fiquei pasmo com essas revelações, cujas analogias eram desagradavelmente claras com minha própria vida. Eu vinha jogando com cartões de crédito com prazo de carência de seis meses para financiar meu hábito de escrever, passando para o cartão seguinte quando subiam os juros. A história de meu pai aparentemente explicava a atmosfera de ter direito a coisas e de derrota que sempre achei que saturava nossa família. Mais do que isso, jogava uma nova luz na dinâmica de nosso relacionamento sempre difícil. Meu pai podia ser encantador, carinhoso e engraçado, mas também dominador, volúvel e hipercrítico. Cresci à sombra dele, temendo-lhe as explosões, sentindo-me irremediavelmente deficiente em tudo. A despeito de nossas melhores intenções, continuávamos a travar as escaramuças constantes de nosso passado pessoal e comum. Nesse momento em que meu pai, enredado na emoção despertada pelo sonho, revelava os horrores de sua própria infância, senti dentro de mim os murmúrios de uma desconhecida compaixão.

"Minhã mãe contou que, certa vez, jogou-se de um telhado baixo 'para se livrar de mim'", disse ele, em voz sufocada. "Lançou-se escada abaixo tentando me abortar. Ela queria uma menina e, por isso, fazia cachinhos em meus cabelos e me obrigava a usar vestido. Chamava meu irmão mais velho, que teve paralisia infantil, de 'o Aleijado' — ou simplesmente *schmutz,* lixo. Meu irmão vingava-se atormentando-me fisicamente, era o meu Torquemada particular, procurando todas as maneira de me humilhar." Escutei esse transbordamento de emoção inteiramente surpreso. Como eu podia ter sido tão cego — meu pai, que me fazia sentir tão insignificante, tinha sido humilhado por sua própria família.

Nossa troca de sonhos teve um resultado surpreendentemente tangível. Meu pai, sabendo nesse momento de meus apuros, ofereceu-me um empréstimo pessoal, que me afastou da beira do colapso financeiro. Os efeitos de nosso compartilhamento de sonhos prolongaram-se por minha vida, não só me permitindo voltar para terreno sólido, mas também tornar possível pensar em voltar a Nova York, onde vive agora toda minha família, filha, irmão e pais. Relembrando, fico atônito ao descobrir como um único sonho pôde iniciar a cura de gerações de karma familiar.

A continuidade entre gerações é, tudo indica, um imperativo para a alma que sonha, sempre atenta às conexões de cada um com todos. Ouvi vários Sonhos Curativos em que uma pessoa sonhou com um parente "perdido", sobre o qual supostamente nada deviam saber — um pai biológico ou um filho dado em adoção —, sem cujo elo a corrente da família fica incompleta.

Tive um notável exemplo disso em um escultor sul-africano chamado Percy Ndithembile Konqobe. Conheci-o em 1996 na cafeteria de um hotel de Joanesburgo, quando a euforia da derrubada pacífica do *apartheid* cedeu lugar à pura angústia. A cidade estava mergulhada em uma onda sem precedentes de crimes. Vi prédios de escritórios embandeirados com avisos de "Aluga-se", enquanto empresários brancos nervosos preparavam-se para uma incerta nova ordem.

Percy, porém, sentia-se otimista. Homenzarrão cujo largo rosto brilha de boa vontade, iniciou-se no mundo do sonho enquanto cumpria pena de prisão por roubo. Isso aconteceu durante uma época, disse, rindo com certa melancolia, em que até mesmo um ladrão podia imaginar-se como um pequeno herói na Luta. "Eu pensava", disse, "que estava atacando o governo ao roubar o dinheiro."

Certa noite, na cela, teve um sonho assombroso. Viu um livro aberto que lhe falou, pronunciando uma frase que ainda pode repetir literalmente: "Eu sou a panela de toda vida e conhecimento." Aconteceu que o companheiro de cela de Percy era um curador e místico, um *sangoma*. Ele sorriu quando Percy lhe contou o sonho, dizendo-lhe que significava que ele estava sendo convocado por seus antepassados. Percy riu dele. Semanas depois, porém, em outro sonho, teve uma visão muito clara do corpo nu da mãe diretamente à sua frente. Acordou horrorizado. Na África, explicou, isso é um grande tabu e o encheu de incontrolável nojo de si mesmo. Mais uma vez, porém, o velho elucidou o sonho: "Quanto mais feio o sonho, mais informação contém. Ver sua mãe nua significa que nunca mais haverá quaisquer segredos para você e que tudo que está escondido será revelado."

Os sonhos, que Percy chama de "sonhos falantes" — "posso *senti-los* falando comigo", diz —, continuaram durante meses. Certa noite, sonhou com a imagem clara de uma pilha de sapatos da prisão, meias, calças, camisas, camisetas e bonés. O velho, que em uma referência bíblica havia-o apelidado de José, informou o seguinte: "Isso significa que muitos prisioneiros serão libertados pelo faraó e você estará entre eles." Isso ocorreu em 1966, no quinto aniversário da fundação da República Sul-africana. Pouco depois do sonho, o presidente Verwoerd decretou uma anistia limitada e Percy foi um dos felizardos.

Jurando nunca mais envolver-se em crimes, resolveu tornar-se *sangoma*. Teve muitos sonhos que não compreendeu, mas lembrou-se dos ensinamentos do ancião: "Ele disse: 'Um sonho é como sua mão, tem dois lados. Se não pode compreender o que vê, vire-a e veja o que está escrito no outro lado. Pergunte: Você é falso ou autêntico?'"

A sinopse elaborada por Percy das técnicas africanas de trabalho com sonhos é idêntica, em muitos aspectos, aos métodos ocidentais correntes, especialmente o de imaginação ativa: "Sonhos são como um remédio que não queremos tomar, mesmo que seja o melhor para nós", disse-me ele em uma voz confiante e retumbante, que fez com que os comensais nas mesas vizinhas virassem a cabeça em nossa direção. "Depois de um sonho impressionante, temos de conversar com ele. Não podemos fazer isso *durante* o sonho. Temos de trazer o sonho de volta. Em um lugar sagrado, perguntamos ao sonho o que é que ele quer, deixamos que ele se mostre várias vezes. Quando a gente descobre o que ele quer dizer, é como engrenar a marcha certa em um carro... a gente ouve um clique."

Hábil como estava se tornando nos costumes do sonho autêntico, ele precisou de algum tempo para reunir coragem de perguntar à mãe sobre um sonho que o perseguia desde a infância. Nesse sonho, ele tentava escalar uma montanha, mas escorregava e descia antes de chegar ao cume. Nesse momento, disse a ela, um novo elemento havia aparecido:

> *Um velho está empurrando uma bicicleta morro acima, como se ela tivesse um pneu furado. Nós dois subimos e, quando chego ao cume, estou sozinho. Mas lá, no topo da montanha, há uma linda estrada de ferro. Penso: vou seguir os trilhos até chegar a uma estação e, então, saberei onde estou. Vejo uma luz brilhante às minhas costas, como um nascer do sol vermelho-amarelado e sei que estou seguindo para o oeste. Nesse momento, ouço uma voz: "A estrada para o sucesso está em Kafkat, em um lugar chamado Goshen." Olho para trás e vejo sete sombras masculinas. Viro-me para elas, que me estimulam a ir até esse lugar.*

Acordou às quatro horas da manhã, banhado em suor, incapaz de voltar a dormir. Mas já desconfiava do que o sonho poderia significar. "Eu disse à minha mãe: 'As outras crianças foram embora. Você só tem a mim, o primogênito, e meu irmão, o que sobrou de seus cinco filhos. Eu sempre cuidarei de você. Mas você tem de me dizer a verdade. Quem é o meu verdadeiro pai?' Ela caiu no choro e contou a verdade: 'Seu pai estava em Kafkat, Goshen, mas faleceu em 1939.'"

"Eu sabia que isso não podia ser verdade", contou-me Percy, "porque, no sonho, eu o via vivo. De modo que fui até o tal lugar e encontrei-o. Ele me disse que sonhou comigo apenas uma semana antes e que me chamou em voz alta!"

Em sociedades tradicionais, a ligação com os antepassados é um aspecto definidor da identidade. Mas conversei também com ocidentais que tiveram experiências quase idênticas. Um psicólogo, por exemplo, teve um sonho repetitivo com um homem que parecia um comandante de navio e que dizia: "Eu sou seu avô." Após tentar, sem sucesso, deslindar o sonho usando métodos convencionais, resolveu contá-lo à mãe. Espantadíssimo, ouviu-a contar entre lágrimas um profundo segredo de família: a avó teve um caso com um marinheiro e ela era o resultado dessa ligação ilícita. E lhe mostrou uma foto desbotada do desconhecido avô — uma foto que combinava sobrenaturalmente com sua visão —, juntamente com as placas de identificação dele na velha Marinha de Guerra. Após muitos meses de pesquisa, contou-me ele, localizou finalmente, no Colorado, a família "perdida". Embora o avô tivesse falecido, sentiu uma profunda sensação de completeza quando lhe visitou a sepultura, e gostou imensamente dos parentes desconhecidos que o sonho lhe trouxe.

Voltando à nossa principal pergunta — o que é que o sonho quer? —, diríamos que ele quer essas ligações primordiais. Quer que nos conheçamos não como pontinhos solitários movendo-se do passado para o futuro, mas como fios em uma teia de ancestralidade (nas histórias populares dos aborígines australianos, *sonhar* é sinônimo de antepassado), como atores, mesmo que de pouca importância, no grande drama ininterrupto das gerações humanas. O Sonho Curativo lembra-nos que alguns relacionamentos, em uma era de famílias fragmentadas e angústia romântica, são praticamente indissolúveis.

Sonhos de Destino Romântico

Aparentemente, os Sonhos Curativos fazem o levantamento de todo panorama de nossas ligações pessoais, tratando às vezes do passado da família e, em outras ocasiões, de nosso destino romântico, sempre contando a história que se esconde por trás da história. Não é raro que, no início de um relacionamento, ele lhe prefigure o curso — revelando o objetivo espiritual dessa reunião de duas pessoas, a dinâmica emocional que se transformará na história, até mesmo no desenlace, seja sob a forma de um rompimento abrupto ou de um laço forjado para sempre. O sonho freqüentemente põe em destaque o que é ignorado nas primeiras e ternas etapas do amor. Pode, insistentemente, chamar nossa atenção para alguém que parece inteiramente desaconselhável ou desviá-la de outra pessoa que parece ser o nosso par perfeito. Se formos receptivos, poderemos ter de questionar nossas primeiras impressões sobre quem é o sr. Certo ou a srta. Errada.

Michelle parecia uma candidata nada viável para um sonho extraordinário de destino romântico. Nascida em uma comunidade agrícola nas montanhas do Colorado, resolveu estudar em um colégio preparatório que ficava a uma hora de casa e, em seguida, trabalhou como enfermeira no hospital em que nasceu. Seu caminho na vida, quase circular, fechada em si mesma, ainda assim realizava-lhe os desejos. Sentia profundo entusiasmo por medicina holística, principalmente por acupuntura chinesa, e adorava sua especialidade, o cuidado de idosos. De outras maneiras, sua vida era tão previsível como os movimentos de um metrônomo — até que começaram os sonhos estranhos. Havia tido ocasionalmente o mesmo tipo especial de sonhos — sonhos do tipo "ensino", como os chamava, sonhos "fortes". Mas nenhum como esses: noite após noite, a mesma cena era reencenada com todos os detalhes: *Estou em um navio de cruzeiro. Tenho um grupo de pessoas em volta de mim e estou lhes ensinando alguma coisa. Na periferia do sonho há um homem, embora ele não esteja no navio. Ele tem um irmão e vou casar com um deles.*

Ficou confusa. Jamais tinha vivido perto do mar, quanto mais estar em um navio. Quando, no tempo de menina, visitou uma vez o cais de San Diego, ficou com medo daqueles navios enormes. Os sonhos, porém, continuaram a repetir-se, pelo menos um por semana nos seis meses seguintes. Às vezes, estava em terra, observando a partida do grande navio. Em outras ocasiões, corria pela doca para não perdê-lo, passeava pelo tombadilho superior ou descia para o interior do barco, onde pulsavam e zumbiam os motores enormes. Os sonhos eram indecifráveis. "Eu simplesmente acordava pela manhã e dizia a mim mesma: 'Bem, estive novamente naquele cruzeiro!', e deixava o assunto morrer." Não contou os sonhos a ninguém.

Um dos pacientes favoritos de Michelle era uma bem-humorada nonagenária chamada Irene, viajante inveterada e um repositório inesgotável de histórias sobre seus dias de turista mundial. Desde que se conheceram, combinaram imensamente bem. A amizade floresceu e depois murchou um pouco, à medida que os deveres de enfermeira de Michelle lhe exigiam cada vez mais tempo. As visitas passaram a uma por mês e, em seguida, a uma cada dois meses.

Certo dia, quando Michelle arranjou tempo para visitá-la, Irene recebeu-a com uma pilha de brochuras, sobre navios de cruzeiro, em cima da mesinha-de-cabeceira.

"Irene, você vai fazer um cruzeiro!", exclamou Michelle.

"Estive esperando por você o verão inteiro", respondeu logo Irene. "Fiz sete vezes a volta ao mundo. Esta é a minha última viagem. E preciso de uma enfermeira. Você vai comigo!"

Michelle ficou embasbacada. Não havia contado sonho algum a Irene. Nesse momento, quando os contou, um após outro, Irene ficou imóvel como um monólito. E disse que não iria de maneira alguma, a menos que a companhia permitisse que Michelle desse aulas a bordo sobre medicina chinesa. Em dúvida, mas com outra parte do quebra-cabeça do sonho se encaixando, Michelle resolveu que, se Irene conseguisse o impossível, esse seria o argumento final.

"De alguma maneira, ela conseguiu", lembra-se rindo Michelle. "Conseguiu que a Princess Line me *contratasse* para seu Cruzeiro Anual de Artríticos. A companhia chegou à conclusão de que seria bom ter a bordo uma professora de acupuntura. De modo que, naquele momento, eu não tinha mais opção."

Teve de dizer aos pacientes que ia ausentar-se durante algum tempo, principalmente a uma mulher que sofria de câncer e que estivera ajudando com aplicação de injeções. De passagem, Michelle disse que iam passar por St. Croix. "Eu tenho um filho que mora lá!", exclamou a mulher e insistiu em combinar com ele para levar as duas a conhecer pontos locais de interesse. Quando o navio atracou na cidade algumas semanas depois, o jovem recebeu-as à escada de desembarque. "No minuto em que conheci John, fiquei fascinada", lembra-se Michelle. "As primeiras palavras que me saíram da boca quando nos conhecemos foi: 'Eu vou ter um bebê.' Fiquei vermelha e inteiramente confusa." Aquele momento foi supremamente embaraçoso. Ela não fazia idéia do motivo por que dissera tal absurdo ao encontrar-se pela primeira vez com uma pessoa. Era como se tivesse entrado bruscamente em transe. Mas, de alguma maneira, John foi atingido também pelo mesmo raio — pelo que os franceses chamam de *coup de foudre*. "Ele me disse depois que, normalmente, teria dado meia-volta e se escafedido dali, mas que, no minuto em que me viu, embora tivesse jurado permanecer solteirão a vida toda, teve certeza de que casaria comigo."

Enquanto conversavam no pouco tempo de que dispunham, ela ficou espantada com as coincidências entre os dois. "Eu disse a minhas amigas que nunca voltaria a casar. E se casasse, e simplesmente para tornar a coisa impossivelmente difícil, ele teria de ser louro, usar rabo-de-cavalo e ter meu tipo de sangue A negativo, de modo que um possível filho não sofresse de incompatibilidade genética. *E* ele teria de lembrar-se de seus sonhos." John parecia feito sob medida. A sua plaqueta da Marinha dizia que ele era A-negativo. Pouco antes da chegada de Michelle, resolveu deixar crescer os cabelos louros e prendê-los em um rabo-de-cavalo. E era um sonhador entusiasta. Duas semanas após a partida de Michelle, ele fez as malas e mudou-se para o Colorado. Meses depois, casaram-se.

Michelle é inflexível na convicção de que nunca teria concordado em fazer aquele cruzeiro, se não tivesse ensaiado tantas vezes em sonhos a viagem. Até mesmo o tema do irmão no sonho seria encenado depois na vida real — semanas depois do casamento de ambos, o irmão mais moço de John casou-se também. A transformação do Sonho Curativo em realidade afeta muitas vezes, quase magicamente, outros aspectos da vida — Michelle, a marinheira de água doce arquetípica, descobriu uma nova vocação: a de dar aulas sobre saúde em navios de cruzeiro.

Poderíamos bem dizer que John e Michelle formam um casal dos sonhos. "A primeira coisa que fazemos pela manhã é conversar sobre nossos sonhos, antes de estarmos inteiramente despertos, para evitar que eles voltem para seus esconderijos." Os sonhos levaram-nos aos "nossos pequenos segredos e paixões, nossos lados sombrios, nossa história sexual: é uma espécie de terapia matrimonial na cama". John sonha freqüentemente com sua nova vida, o que significa ter deixado as ilhas para estabelecer-se nas montanhas Rochosas: *Três águias arrancam com o bico um enorme carvalho, com raízes e tudo mais, e o depositam em um belo lago formado numa cratera.* Recentemente, em um sonho estranho, sua cabeça transformou-se em madeira, rachou, abriu-se e dela saiu uma bela índia americana. John, taciturno e introvertido, acordou em lágrimas. Estóico ex-militar, cujos antepassados lutaram no Exército da União que colonizou Fort Pitt e de lá saíram "para caçar índios", ele, nesse momento, estuda *tai chi* com uma professora de artes marciais. O sonho, ele e Michelle concordam, representa uma nova e tênue revelação de seu lado feminino, outro passo na viagem dos dois, juntos, no mundo dos sonhos.

Uma das esperanças gloriosas da união romântica é que desabrochem as partes subdesenvolvidas de nosso ser. Além da visão de vida a dois, de riso, paixão e filhos, há a possibilidade, vagamente entrevista, de um *hierosgamos*, um casamento sagrado, que leva cada pessoa a seu mais alto potencial espiritual. Nós nos aproximamos, diz o Sonho Curativo, não apenas em nome do amor, mas da transformação.

Rita, palestrante de assuntos de medicina, trabalhava certa tarde em seu bangalô em Devon, Inglaterra, quando, de repente, foi dominada pelo sono. "Ou, pelo menos", diz ela, "eu pensei que era sono, mas ali havia um homem de pé, falando comigo. Eu podia ver cada detalhe, podia ouvir-lhe a voz. Tivemos uma conversa interessantíssima. Tive certeza de que ele era uma pessoa muito importante para mim... Eu simplesmente não sabia quem ele era."

Quando acordou, ele desapareceu. Espantada, mas sem saber como conservar a visão, arquivou-a na memória. Anos depois, Dan, um psiquiatra americano e pesquisador de processos de cura, foi convidado a fazer uma palestra para seu grupo de médicos. Quando o conheceu, diz ela: "A respiração simplesmente sumiu de meus pulmões! Fui imediatamente transportada de volta ao sonho. Era a mesma pessoa — o mesmo rosto, corte de cabelo, compleição física. A única diferença era que o homem do sonho usava um colete colorido com tonalidades de rosa, vermelho e amarelo, ao passo que Dan vestia-se de forma bastante convencional."

Abalada e sem saber o que fazer, nada lhe falou sobre o sonho. Por quê?, perguntei a ela. Rita fez uma careta e respondeu: "Bem, eu não *gostei* absolutamente dele. Eu tinha quase que obrigação de jantar com ele e me lembro de ter pensado: Como vou ficar contente quando esse homem for *embora*!" Ainda assim, os dois se corresponderam durante um ano. Ele convidou-a para um encontro profissional em Londres, e ela lhe ofereceu hospedagem em seu bangalô — "uma troca, tal como cama e café da manhã" — na próxima vez em que ele viesse à Inglaterra. Ela estava namorando outro homem, sequer pensara em Dan como candidato a um romance. Quando, meses depois, ele lhe bateu à porta, ela havia pensado simplesmente em lhe mostrar como usar o fogão e ligar a televisão, e sair porta afora. Ele, porém, deteve-a, pedindo desculpas, e dizendo que precisavam conversar. Estava sentindo, disse ele, uma estreita ligação com ela, misteriosa, perturbadora e interessante. A conversa prolongou-se noite adentro, e Rita diz timidamente: "Alguma coisa mudou." Passaram-se mais seis meses antes que eles reconhecessem a crescente certeza mútua de que haviam sido feitos um para o outro e um ano antes que ela lhe contasse o sonho.

Literalmente saindo do sonho, Dan forçou-a a encarar todos os aspectos de sua vida. Divorciada, estava resolvida a evitar envolvimentos românticos no futuro previsível. "Mas alguma coisa me sussurrou ao ouvido: 'É melhor você mudar de idéia.'" Antes de conhecer Dan, fora uma professora bem conhecida, "com uma excelente reputação, considerada uma pessoa sensata". Mas havia sido também uma "curadora enrustida", que mantinha seus dons intuitivos bem longe da vista. Dan, que havia escrito e publicado um estudo acadêmico em dois volumes sobre presumidos curadores psíquicos, mudou tudo isso. "Ele me forçou a assumir", diz ela com simplicidade. "Ele me dizia: 'Você está vendo mais do que está me dizendo.' Ele é insistente. Acho que está agora em minha vida, de modo que não preciso ter vergonha de minhas intuições, que foram o que primeiro despertaram em mim a tentação de estudar as artes curativas. Nosso encontro mudou minha vida desde o início. Tivemos nossos altos e baixos, crises, mas a voz dentro de mim continua a mesma: 'Este é o homem com quem você deve ficar para cumprir sua finalidade na vida.'"

Quando teve a visão no primeiro sonho, Rita penxou que ela talvez simbolizasse um aspecto masculino de sua personalidade, e não o homem que mais tarde seria seu marido. "Perguntei a mim mesma: 'Meu *animus* é tão bonzinho assim? Geralmente, ele é horrível.'" Esse termo junguiano para designar o "elemento masculino interior" da mulher sugere a dicotomia no âmago do relacionamento. Acreditava Jung, como também acreditavam tantas antigas tradições, que a natureza do ser humano é dual, que todos temos em nós uma essência contra-sexual (para o homem, uma alma feminina, ou *anima*). Sonhos são janelas para esse território interessantíssimo e assustador, revelando que o inconsciente conserva a marca da maneira de ser do outro sexo, ou uma compensação para a assimetria de nosso lado dominante.

Jung tinha a tendência de cair em estereótipos de sexo — o feminino como receptivo/emocional *versus* o masculino como ativo/racional, como Eros *versus* Logos. Mas sua principal intenção era mostrar que nosso(a) companheiro(a) possui externamente um componente submerso de nosso ser, de modo que é intrinsecamente nosso mestre, chamando atenção para potencialidades interiores subdesenvolvidas. A pedagogia romântica do sonho neste particular nem sempre é suave: "Tanto em seus aspectos positivo quanto negativo", escreveu Jung, "o relacionamento *anima-animus* é sempre cheio de 'animosidade'."[8] Inevitavelmente, projetamos um no outro não só nossa inteireza como nossa fragmentação. A magia do romance, a bênção que confere e o bálsamo que aplica não podem curar instantaneamente nossas feridas interiores. Nos relacionamentos, sonhos parecem freqüentemente o contraponto da bem-aventurança, a dissonância que nos arranca da harmonia superficial e insiste conosco para obter um conhecimento recíproco mais profundo — e também de nós mesmos.

Amor, afinal de contas, é uma palavra que navega por um mar de sargaços de sentidos: é não só carinho, paixão, lealdade e cuidados, mas também ciúme, traição, raiva e desconfiança. Embora procuremos em nosso(a) amante a realização de nossas fantasias mais queridas, esperando no íntimo ter um paraíso sem lágrimas, sonhos de casais revelam que até a mais maravilhosa história de fadas pode repousar sobre uma história oculta. Às vezes, uma imagem negativa do bem-amado no sonho pode simbolizar um aspecto negado de nós mesmos; em outras ocasiões, talvez revele a ele(ela) um lado mais sombrio nosso que não podemos ainda nos obrigar a reconhecer.

Uma mulher que chamarei de Sally Anne contou-me que, quando conheceu Bob, achou que ele era o Príncipe Encantado em carne e osso — um capitão de indústria bonitão, com mansões espalhadas por todo o mundo, impecavelmente generoso e refinadamente atencioso, um sonho transformado em realidade. Certa noite, porém, teve um pesadelo estranho: *Vi Bob à janela, pedindo para entrar em minha casa. Usava uma fantasia de Papai Noel. Na verdade, ele pensa que é Papai Noel. Mas, ao deixá-lo entrar, o chapéu dele, que lhe obscurecia o rosto, cai e eu vejo que ele, na verdade, é Rasputin.* Acordou horrorizada, mas não conseguiu entender por que o sonho descrevera o namorado que lhe trazia presentes como o manipulador ignóbil, depravado, da última czarina russa.

O que o sonho lhe dizia sobre si mesma?, pensou. Sobre Bob? Confusa, resolveu ignorar o sonho e o namoro culminou em um casamento espetacular. Embora gradualmente viesse a reconhecer que o marido tinha uma propensão especial para controlar tudo, achou que era um preço irrisório a pagar por uma união, à parte isso, muito feliz. Um ano depois, porém, começou a apresentar estranhos sintomas de saúde. Sentia-se fraca, tonta. Os cabelos começaram a cair em mexas inteiras. Apareceu com erupções esquisitas na pele. Após consultar um especialista após outro, foi diagnosticado finalmente envenenamento por metais pesados. O que se seguiu foi uma história de horror de proporções góticas: acabou por descobrir que o marido, um executivo do ramo de mineração, era um homem profundamente conturbado, que vinha, secretamente, *envenenando-a.* O sonho com Rasputim tinha sido um alerta vermelho. O alegre dispensador de tantas benesses acabou se revelando um charmoso sociopata.(Nas circunstâncias, a escolha pelo sonho da figura de Rasputin foi sobrenaturalmente apropriada: talvez o incidente histórico mais famoso da vida dele tenha sido a tentativa de cortesãos do czar de assassiná-lo envenenando um presente de doces e vinho.)

Rapidamente, Sally Anne divorciou-se de Bob, embora os anos subseqüentes de processos na justiça dessem em nada, tão poderoso era ele, a ponto de tornar-se intocável. Tal como Rasputin, ele tinha um trono às suas costas, ainda que um trono empresarial. Feliz por ter escapado com vida, Sally pensou freqüentemente no sonho nos anos seguintes e na displicência com que o havia ignorado. A poção curativa destilada por sonhos pode ser um remédio amargo, contra o qual cerramos os lábios, preferindo a doença do amor.

Quando o Sonho Acaba

O caso de Sally Anne era trabalho para um detetive de polícia, não para um conselheiro matrimonial. Embora o alerta do sonho fosse chocantemente literal, as imagens mórbidas nada tinham de incomum. Com freqüência, Sonhos Curativos falam sobre relacionamentos, usando a linguagem simbólica de vida e morte — do ponto de vista da alma, o que está em jogo não é nada menos do que isso. Quando nos juntamos à outra pessoa para construir uma nova vida, alguma parte de nosso velho eu morre em um sacrifício à união. Por outro lado, quase metade dos americanos vai acabar em casamentos desfeitos, num desenlace que pode parecer uma morte. (Conversei com uma mulher que sonhou com o divórcio como tomando uma taça fatal de cicuta, e com outra que sonhou com o rompimento sob a forma de um cometa chocando-se com a Terra e destruindo toda a humanidade.)

Às vezes, a imagem do sonho tem tal peso que toda a equação do relacionamento muda, como num piscar de olhos. Sue conheceu o namorado, Allen, na faculdade, iniciando um relacionamento que durou oito anos. Mulher ferozmente independente que trabalhou mais tarde como assistente social em um hospital psiquiátrico, na perigosa zona do East End londrino, Sue, no início, não levou a sério a sugestão de Allen, de que deviam casar. Mas, em uma noite de fevereiro, ele pediu-a formalmente em casamento e, "para minha surpresa e deleite, eu disse que sim".

Quase de imediato, foi possuída por uma profunda ambivalência. Logo que a mãe de Allen começou a preparar a lista dos convidados do casamento, Sue lembrou-se de "não querer discuti-la, de não sentir entusiasmo, de voltar atrás. A mensagem que chegou à mãe dele quando Allen e eu fomos visitá-la era: '*Não* fale em casamento com Sue'".

O planejamento do casório, porém, continuou inexoravelmente. O casal foi à Escócia visitar parentes dela. Semanas depois, sua mãe ligou para queixar-se da escolha do bolo de casamento. "Foi nesse momento que a coisa começou a fazer sentido", lembra-se Sue. "Tipo por que estou preocupada com o número de camadas de meu bolo? Como é que eu me *sinto* e o que é que eu quero? Minha inquietação, porém, continuava ainda sob a superfície. Fiz tudo que se esperava de mim. Escolhemos a igreja, conversamos com o padre, marcamos a data."

Em seguida, em junho, após um grande banquete de família em um hotel de luxo de Londres para comemorar o noivado, Sue teve um sonho: "Eu não sou muito boa em questão de me lembrar de sonhos", disse ela, "mas esse continua claro ainda hoje": *Estou escalando a Pirâmide da Lua, perto da Cidade do México, que eu realmente visitei em outra ocasião. Estou sendo escoltada degraus acima e uso meu vestido de casamento. Meus pés parecem feitos de chumbo. Sinto a sensação de que vou ser logo sacrificada. Fico cheia de medo, pânico e impotência. Acordo sentindo uma incrível sensação de alívio por aquilo ter sido apenas um sonho.*

Um terapeuta poderia sugerir que Sue teve um sonho típico de ansiedade, de nervosismo pré-matrimonial, no limiar de uma transição de suma importância. O sonho, porém, foi tão vívido que ela acordou tendo certeza de que não podia levar aquele relacionamento até o fim. No mesmo dia telefonou, cancelando a cerimônia do casamento. Embora o noivo ficasse aturdido com tudo aquilo, Sue ficou surpresa e aliviada quando ele aceitou, sem recriminação ou lágrimas, a decisão, como se ele, também, estivesse com dúvidas e tivesse medo de dizer. Os dois continuam como bons amigos até hoje.

O sonho extraordinário trouxe a primeiro plano uma convicção: "Tenho coisas a fazer com minha vida. E elas não são ser esposa, acomodar-me e ter filhos." Desde então, Sue teve vários relacionamentos satisfatórios, "mas, desse ponto em diante, iniciei minha própria jornada. E ela tem sido minha força propulsora". De que modo, perguntei, havia ela encontrado coragem para tomar uma decisão tão radical? Sue respondeu apenas: "O sonho foi absolutamente *real*, a sensação de morte iminente, apavorante, e o alívio imenso por não ter sido sacrificada." Ficou pensativa por um momento e em seguida disse, alegremente: "Alguma coisa me informou e eu simplesmente segui-a de uma forma desinformada!"

Sua observação repete o que muitas pessoas dizem quando resolvem dar atenção a um Sonho Curativo. Ao sonhador é dita alguma coisa de enorme importância, por quem ou o que ele dificilmente sabe. Ele resolve fazer alguma coisa, voltando-se para a luz, seja uma cálida luz do sol ou uma iluminação cegante, porque, no fim, pouca alternativa parece haver.

Outra mulher com quem conversei, uma profissional de informática de 40 anos que chamarei de Deborah, chegou também ao fim da estrada do relacionamento graças ao que descreve como "o sonho mais notável que jamais tive". No sonho, ela também faz uma escalada, mas dessa vez nas montanhas:

> *De repente, começa a nevar. Fico desorientada. Lembro-me que uma excursionista perdeu-se ali há não muito tempo e que nunca a encontraram. Começando a escurecer, entro em pânico. Chego a uma cabana abandonada em um bosque e entro para me abrigar, mas tropeço e caio em um buraco no chão. Minha grande mochila impede que eu consiga me soltar — e fico presa ali. A neve e o vento uivam no lado de fora. De repente, para meu horror, compreendo que* eu *era aquela mulher que se perdeu!*
>
> *Lembro-me, em seguida, que a mochila contém todo tipo de coisas, como pratos e talheres, que achei que precisaria na excursão. Compreendo que sem o peso e volume dessa tralha eu poderia escapar do buraco onde estou presa. Mas, agora, vou morrer aqui, com todos esses inúteis utensílios domésticos, que não consegui deixar para trás.*

Nessa época, Deborah estava encalhada em uma união profundamente infeliz, de nove anos de duração. O sonho, um aviso proverbial para que acordasse, foi implacável em sua urgência: o sonho não terminou com ela se soltando e, sim, deixou-a frente a frente com uma morte desnecessária, sem sentido, sobrecarregada com os mesmos artigos domésticos que a haviam confortado com a familiaridade bem-organizada de que se revestiam. Sonhos Curativos sabem que somos criaturas de hábitos. Na regularidade às vezes embotadora da vida justificamos com falsos argumentos nossa dor. Cabe ao sonho fornecer a retroalimentação — amplificar o murmúrio baixo, quase inaudível, da infelicidade crônica e transformá-la em um grito agudo de angústia.

Deborah dá ao sonho assustador o mérito de tê-la ajudado a romper o casamento e iniciar a nova vida em que estivera até com medo de pensar. "Antes, eu pensava que jamais conseguiria pagar a hipoteca da casa e criar sozinha meus filhos, que precisava da segurança material proporcionada pelo casamento. O sonho me disse que o importante não era tanto eu estar presa, mas eu mesma me prender."

Sonhos de Traição

Os sonhos têm a capacidade quase sobrenatural de pôr a nu as fraquezas secretas dos laços de relacionamento. Bem profundo no coração de um casamento aparentemente estável corre um rio subterrâneo, transportando de um lado para o outro maneiras de ver inaceitáveis, que só o sonho pode trazer à luz. Uma escritora amiga minha, Felicia, sempre foi uma sonhadora com imagens bem nítidas, lembrando-se às vezes de três ou quatro sonhos numa só noite. Ela, porém, jamais pensou em buscar neles orientação até meio caminho de seu casamento, quando teve um sonho que "bateu à porta, com força, e disse: 'Você precisa cair na realidade'".

Ela estava pesquisando material para uma biografia em New Orleans, cidade cuja taxa de crimes de rua, disse-lhe certo dia um amigo, era altíssima. Naquela noite, Felicia sonhou o seguinte:

Estou descendo uma rua desconhecida. Dois homens me agarram pelas costas, prendem-me os braços e me puxam para um beco. Eles querem me assassinar. Arrancam de meu dedo a aliança e outro anel que me foi dado por uma mulher sobre a qual eu escrevia e enfiam os anéis por minha garganta abaixo! Quando acordo, estou engasgada e sufocando com esses anéis.

"O sonho tinha a atmosfera", diz ela, "de uma tragédia terrível." No dia seguinte, andando pelo Bairro Francês, reconheceu a rua como a mesma do sonho — as mesmas lojas, os mesmos apartamentos com terraços de plantas pendentes das grades trabalhadas. Andou cautelosa, sem incidentes, mas, nesse momento, o sonho lhe pareceu ainda mais irresistível. "Compreendi o sonho como me dizendo que meu trabalho poderia prejudicar o meu casamento", diz Kelly, "e o sonho revelou-se presciente. Meu marido não gostava do tempo ou da direção que meu trabalho estava tomando." O sonho continuou a obcecá-la. "Voltei a olhar para trás e a fazer novas interpretações, sentindo que nele havia mais do que tentava me dizer." Não muito depois, foi comprovado que ela sofria de câncer da tireóide.

Tornando-se cada vez mais insatisfatório o casamento, passou a ser acordada por outros sonhos inquietantes: *Meu marido está dirigindo e eu sou a passageira. Ele faz uma observação incomumente cruel e, quando se vira para mim, vejo que ele se transformou em um monstro demente.* O sonho perturbou-a tanto que o contou a ele. "Ele achou que eu estava maluca, dando tanta importância a sonhos. Concordei. Ele não se parecia em nada com aquela criatura. Mas, para grande choque meu, meses depois, deteriorando-se o casamento, ele se tornou aquele tipo de pessoa enfurecida."

Em seguida os sonhos começaram a revelar outra dimensão oculta do relacionamento. Mostravam que o marido estava tendo um caso amoroso. "Eu o vi com uma mulher de cabelos castanhos compridos. No sonho, eu sabia que ela trabalhava com ele. Certo dia, ele me apresentou a uma funcionária do escritório, e era *ela*! Reconheci-a imediatamente. Contei-lhe meu sonho e lhe perguntei à queima-roupa: 'Isso é um assunto sobre o qual precisamos conversar?'"

O marido negou que estivesse dormindo com a tal mulher. Quanto mais ele se recusava a falar, mais presa e imobilizada ela se sentia. A situação de Felicia nada tinha de atípica — uma pessoa, num relacionamento, dá atenção a sonhos; a outra deseja evitar as questões purulentas que eles revelam. Em um sonho, conta ela, *nós estamos na cama, os pés virados para a cabeça um do outro. Eu estou toda enrolada em lençóis, como se fosse uma múmia. Ele se levanta e se afasta, e eu sou deixada enfaixada, presa, enquanto ele anda livre.*

"No nosso décimo segundo aniversário de casamento", continua ela, "ele confessou que estava apaixonado pela colega de trabalho e que havia resolvido me deixar e casar com ela."

Alguns relacionamentos terminam com um bangue explosivo; outros, com um baixo murmúrio; alguns com o esfriamento lento da afeição; outros, em uma tempestade de fogo de traição. A infidelidade, porém, é sempre um choque para o espírito, o nivelamento com o chão de um edifício inteiro de confiança mútua. O chão que pisamos racha, abre-se e um abismo nos engole o coração. Na luz surrealista da revelação, reina suprema a dissonância cognitiva. Nosso carinhoso namorado ou namorada, marido ou mulher, não é o que pensávamos. Perguntamo-nos no que *podemos* acreditar que é a verdade. Ele trabalhou realmente naquela noite? Esteve ela realmente consolando uma amiga deprimida? Tudo que é comum passa a ser estranho. O que, neste instante, *não pode* ser questionado? Ainda assim, em algum nível, já sabemos. Sabemos no tutano dos ossos. Soubemos em nossos sonhos.

Em uma série de experimentos sobre "comunicação anômala" realizados na década de 1960, o Maimonides Dream Research Laboratory, de Nova York, discretamente e com pouca publicidade, demoliu a idéia da privacidade do pensamento. Um sujeito foi ligado a equipamento de monitoração, de modo a poder ser acordado sempre que exibisse movimentos rápidos dos olhos (*rapid eye movements* — REM), característicos dos sonhos. Durante toda a noite, em uma sala separada corredor abaixo, um psicólogo olhava atento para uma gravura de belas-artes, escolhida aleatoriamente. Juízes independentes comparavam os relatos de sonhos do sonhador com uma grande variedade de estampas, incluindo o alvo, à procura de correspondência. Observou-se que elementos da estampa que serviam de alvo apareciam, em duas em cada três vezes, nos sonhos do sujeito, tornando impossivelmente pequena a probabilidade de mera coincidência.

Em um experimento, por exemplo, o "emissor" passou a noite olhando para o *Downpour at Shono* (Chuvarada em Shono), do artista japonês Hiroshige, que mostra pessoas surpreendidas por uma tempestade. O sujeito disse que sonhou com "um oriental usando um guarda-chuva". Outro disse: *Estou comprando ingressos para uma luta de boxe no Madison Square Garden*, enquanto durante a noite, em uma sala distante, um psicólogo concentrava-se em uma estampa mostrando uma luta desse tipo. Em ainda outro caso, um pesquisador focalizou a atenção em um quadro de Edgar Degas, *Escola de Dança*, que mostrava jovens bailarinas. O sonhador, um psicanalista, sonhou sucessivamente: "Eu estava em uma turma de talvez meia dúzia de pessoas... Em ocasiões diferentes, pessoas diferentes levantavam-se para fazer algum tipo de recitação ou dizer alguma coisa... Parecia uma escola... Uma menininha estava querendo dançar comigo."[9]

Embora os participantes não fossem nem mesmo amigos, e a maioria dos sujeitos participasse do experimento durante uma única noite, foi verificada a estranha permeabilidade dos sonhos mesmo entre estranhos virtuais. Isso acontecia com muito mais freqüência entre marido e mulher, caso em que, notou o psicanalista Merloo, "pode ser alcançado um estado de hipersensitividade a pensamentos ocultos". As implicações dos experimentos do Maimonides foram ao mesmo tempo encorajadoras e desoladoras: tal como um *paparazzo* batendo uma foto indiscreta de trás de uma moita, a vida secreta de uma pessoa que amamos pode ser revelada em um relâmpago. Nosso parceiro pode, de repente, "ver" diretamente o que há no mais profundo de nosso coração, sonhar com nossos anelos e medos, nossos atos de omissão e comissão. No lado positivo, temos aí uma demonstração de que compartilhar nossa vida com outra pessoa liga-nos a ela de uma maneira que transcende tempo e espaço, fenômeno este que pode ser confirmado por numerosos maridos, esposas e amantes.

Em sua obra de 1926, *Traumnovelle* (A novela sonhada), o escritor vienense Arthur Schnitzler conta a história de um médico e respeitável chefe de família que se deixa atrair para uma teia de impostura erótica. Certa noite, dizendo à esposa que tem de atender um paciente moribundo, dirige-se para uma sinistra orgia sexual, em uma isolada mansão, onde tem de vestir uma fantasia esquisita e usar uma senha roubada — "Denmark" — para ter acesso ao local. Ele, porém, é denunciado pelos farristas mascarados como um "bicão", só escapando com vida quando uma mulher bela oferece-se em sacrifício para salvá-lo.

O médico corre de volta para casa, atormentado pela culpa mas aliviado por ter voltado intacto da desastrada aventura secreta, e sem que a esposa saiba. Ao deitar-se silenciosamente na cama, nota que a mulher se debate em meio a um terrível pesadelo. Quando acorda, escuta, atônito, enquanto ela descreve o estranho sonho. No sonho, *está procurando o vestido de casamento, mas, em vez dele, o que vê são "fantasias" penduradas no armário. Em seguida, quando dá por si, está no meio de uma orgia, experimentando uma "sensação de horror, vergonha e raiva, muito mais intensos do que tudo que jamais sentiu quando desperta". Vê o marido, vestido com uma fantasia maravilhosa, dourada e prateada, ser agarrado e prestes a ser morto, quando uma jovem rainha da beleza oferece, em troca, sua própria vida. Nota que a rainha é uma mulher que o marido descreveu como tendo visto certa vez nua em uma praia na Dinamarca.*

O médico fica atoleimado. Finalmente, confessa tudo, enquanto a mulher escuta em silêncio. No fim, ele pergunta o que os dois devem fazer:

> Ela sorriu e, após um minuto, respondeu: "Acho que devemos ser gratos por termos escapado ilesos de todas as nossas aventuras, fossem elas reais ou apenas um sonho."
>
> "E nenhum sonho", disse ele com um leve suspiro, "é só um sonho."
>
> "Agora, acho que estamos acordados", retrucou ela, "e assim ficaremos por um longo tempo ainda."[10]

Essa história interessante, com uma sensação persistente de sonho dentro de sonho, serviu de tema para o último filme do diretor Stanley Kubrick, *De olhos bem fechados*. Embora o filme fosse criticado como uma adaptação malfeita, fiquei pregado na poltrona ao assistir a ele: eu sabia, por experiência pessoal, como era verdadeiro.

No próprio início de meu relacionamento com Carolyn (pseudônimo), na noite anterior ao dia em que eu ia viajar a negócios, ela me contou um vívido sonho: *Descobrimos uma ilha isolada, com um clima ótimo e um equilíbrio perfeito de flora e fauna. Você, porém, quer fazer um experimento. Pede que lhe sejam enviados vários caixotes e, quando os abre, deles saltam dezenas de macacos bagunceiros, que correm para o mato.* "Você ficou todo alvoroçado", disse ela, "mas eu senti uma sensação de medo." No sonho, ela temeu que essas criaturas selvagens, impulsivas, se reproduzissem demais e destruíssem o ecossistema paradisíaco que lá havia.

Em nossa ida ao aeroporto uma semana depois, tivemos uma briga terrível. Carolyn jogou no meio do salão a bagagem que vinha me ajudando a carregar e foi embora, pisando duro. Tomei logo o avião, pensando em quanto tempo mais poderia durar aquele nosso relacionamento nascente. Naquela mesma noite, em uma festa em Hollywood, conheci uma mulher de corpo belíssimo. A proverbial fagulha triscou entre nós. Jantamos juntos algumas noites depois e, após vários copos de vinho, ela me pediu que a levasse de carro em casa. Caímos um nos braços do outro. Depois, fui consumido por um sombrio senso de culpa. Eu havia violado a confiança de Carolyn — havia impulsivamente soltado minha "natureza simiesca" em um Éden que ainda não conhecia traição. Para tornar mais forte ainda meu remorso, no dia seguinte, ao telefone, Carolyn me contou um sonho vívido que a acordou naquela noite: *Estou tomando banho e, de repente, a água quente, gostosa, clara, torna-se preta retinta. Sinto-me chocada e cheia de horror.* Acordou certa de que o sonho tinha alguma coisa a ver comigo — conosco. Mordi a língua e fiquei calado — aquilo havia sido apenas uma aventura inócua, de uma noite só. Eu não faria mais isso.

Disfarcei meus rastros, inventei um álibi, contei mentirinhas. Manteria uma atitude séria durante alguns dias e quaisquer persistentes suspeitas sumiriam no ar. O que ela não sabia não lhe faria mal. Mas não podia afastar a idéia de que, em algum nível, Carolyn *de fato* sabia. O sonho continuou a perturbá-la — ela mencionou-o várias vezes — e o estado de confusão verdadeira em que ela se encontrava encheu-me de vergonha. Embora maquiasse minha má ação, atribuindo-a à fragilidade de nosso relacionamento e a uma noite de grande animação não planejada, eu não conseguia suportar o pensamento de que estava fazendo com que ela desconfiasse do que lhe dizia uma voz interior. Finalmente, puxei o assunto e confessei tudo. O resultado foi uma noite de traumática inundação de lágrimas e meses de estranheza entre nós. O incidente deixou cicatrizes dolorosas, que tivemos de trabalhar muito para eliminar.

O sonho dela levou-me a questionar qualquer idéia moralmente duvidosa de relacionamento, numa base do precisar saber com certeza. Parecia-me que pensamentos e sentimentos, atos visíveis ou invisíveis, tinham asas e que voavam para aqueles a quem estamos profundamente ligados. Os sonhos de Carolyn, nesse sentido, falavam a nós dois. E levaram-nos a tentar praticar o rigoroso costume mútuo de um contar a verdade ao outro. E decidimos ainda compartilhar nossos sonhos, acontecesse o que acontecesse.

Certa vez, sonhei o seguinte: *Carolyn encontrou um novo amor, que se parece comigo e que teve um bocado de experiências fascinantes por todo o mundo. Mas ele é menos errático do que eu e lhe pode oferecer mais estabilidade. Carolyn diz que vai tirar férias de nosso relacionamento para ficar com ele. E eu me sinto desolado com a perda.* Na noite seguinte, jantando em um restaurante chinês, contei o sonho. Ela me disse que naquele dia, por coincidência, encontrou na rua um antigo amante, que não via há anos. Ele a regalara com histórias muito interessantes de suas viagens — à Índia e ao Nepal, passeio de balsa pelo Amazonas e, nesse momento, seguia para Paris. E chegou mesmo a sugerir que ela fosse com ele, oferecendo-se na hora para lhe pagar a passagem.

Eu, também, tinha viajado à Índia e ao Brasil, mas pouco interesse sentia por Paris, que Carolyn sempre quis conhecer. Fiquei um pouco desanimado com a história dela e ela gozou meu desconforto, antes de me tranqüilizar: "Nada feito. Ele não me interessou, absolutamente." Quando lhe contei meu sonho da noite anterior, ela disse que ele, *de fato*, parecia-se muito comigo em altura, peso e feições, e acrescentou, provocante: "E os olhos dele são tão azuis quanto os seus." Enquanto continuávamos a conversar, ela falou da ânsia, que às vezes sentia, de conhecer alguém com meu senso de aventura, mas que também lhe atendesse às necessidades de vida doméstica. A conversa foi dolorosa, quase torturante, mas a verdade foi que o compartilhamento do sonho nos libertou para conversarmos francamente sobre nossas necessidades, desapontamentos e esperanças. (Um ano depois, arranjamos uma maneira, com pouca despesa, de passar uma semana em Paris.)

Amar é uma teia tão sensível que até o roçar da asa de uma mosca pode ser sentida como uma sutil vibração. Não podemos ter as duas coisas, diz o sonho: é pelo amor que nossas vidas são tecidas juntas, é por causa do amor que os delicados fios se entrelaçam. Não há segredos, dizem-nos eles, especialmente os do coração.

Não são fáceis os tempos para relacionamentos quando todas as regras mudam a toda hora e as afeições parecem sujeitas a um tipo de *quid pro quo*: estou tirando dele tanto quanto estou dando? Estou crescendo ou encolhendo? Meu companheiro é o ar sob minhas asas ou uma corrente de ar descendente? Uma mulher de uns 60 anos, chamada Alma, raramente pensou em fazer perguntas como essas. Era casada havia 33 anos, embora o casamento, às vezes, pouco mais parecesse oferecer do que estabilidade emocional a longo prazo. Certa noite, ela teve um sonho terrível:

> *Vejo duas aves de rapina, falcões, acho, macho e fêmea. O macho está dentro de casa, andando em passos duros de um lado para o outro. Não permite que a fêmea entre. Toda vez que ela tenta cruzar a porta, ele encrespa ameaçador as asas. Fico olhando enquanto a fêmea, finalmente, morre. Em seguida, como um videoteipe rodado em alta velocidade, como flores nascendo em uma dobra do tempo, olho enquanto ela inicialmente cai, os fluidos do corpo escorrem para o pátio, as penas são levadas pelo vento, até que nada mais resta, senão ossos!*[11]

Alma acordou horrorizada. Compreendeu que ela era a fêmea do sonho e, o marido, o macho arrogante. E perguntou a si mesma em voz alta se um deles logo morreria. Achando que precisava de ajuda, resolveu contar o sonho em um *workshop* dirigido por um diácono de sua igreja. "Ninguém vai morrer", disse-lhe ele, "mas alguma coisa vai acontecer dentro de vocês."

Com a orientação do diácono, começou a ver o sonho como uma parábola sobre o relacionamento estagnado com o marido, no qual a ave moribunda era uma versão horrível do tradicional até-que-a-morte-nos-separe. "Paul mantém a porta fechada", explicou ela, "e ninguém consegue penetrar naquele homem. Ele não compartilha, não fala." O marido vivia fechado há tanto tempo para ela, compreendeu, que uma parte sua estava morrendo de desespero. E reconheceu que, muitas vezes, pensava "se dava para agüentar outro dia. Posso viver dessa maneira sequer um momento mais"? Uma noite, ajoelhou-se na sala de estar, chorou e orou a Deus: "Dê-me um sinal, mostre-me aonde ir, o que fazer!"

Foi dormir naquela noite e teve um segundo sonho inesquecível:

> *Paul sabe que estou muito perturbada e que vou deixá-lo. Ele pede que eu apenas venha com ele e veja a mesa da sala de jantar, nesse momento cheia de presentes, flores e docinhos. Olho para tudo aquilo e digo: "Não há aí nada que eu queira, nada que me faça ficar aqui." Ele responde: "Volte aqui e olhe para este último presente e, se puder olhar para ele, poderá ir embora." Em sua cadeira, na cabeceira da mesa, crescia nesse momento um magnífico e florido abrunheiro, seus ramos espalhando-se por toda minha cozinha.*

Alma acordou com um sobressalto, o rosto úmido de lágrimas. "Qualquer outra coisa menos o abrunheiro teria produzido um impacto zero sobre mim", diz ela. "Mas eu amo mais abrunheiros do que qualquer outra coisa. Acredito que são as árvores mais belas do mundo."

Alma resolveu ficar, com a certeza transmitida pelo sonho de o que quer que o marido fosse externamente, ele continha, desconhecida até mesmo dele, uma eflorescência magnífica da alma. Passaram-se anos, antes de lhe contar o sonho, que se tornou uma espécie de lembrança querida, um talismã para ambos. Às vezes, quando o olhava, só conseguia ver a árvore mágica. Depois, devagar, quase milagrosamente, o marido começou a abrir-se. O casamento, no auge do inverno final, lançou timidamente novos brotos. "O sonho permite que eu aceite as coisas como elas são. Agora, o que quer que aconteça em meu íntimo, ouço o Abrunheiro Rosa dizer: 'Controle-se, não fique perturbada ou irritada. Você suportou por um tempo grande demais para desistir agora.' Além disso, ele precisa de alguém que cuide dele — e ninguém mais é tão estúpida como eu para fazer isso!"

O Sonho Curativo revelou-lhe uma verdade profunda, inacreditável, por trás do véu da aparência. O casamento *é* simultaneamente uma vida e uma morte — a morte do eu pequenino, reduzido a osso seco e penas efêmeras (a palavra grega *tholos* significa tanto "câmara nupcial" quanto "sepultura"). Todos os relacionamentos são traições — de esperanças privadas e ânsias que jamais poderão ser satisfeitas através do outro; de fantasias de perfeição, de segurança total e harmonia eterna. Algumas partes nossas têm de cair à beira da estrada; ramos terão de ser podados, para que a árvore possa viver. O sacrifício — literalmente, "tornar sagrado" — torna-se um ato de afirmação, permitindo que alguma misteriosa bênção entre em um lugar que ficou vazio.

Os sonhos de Alma, sua reverência por eles, deixaram-me espantado. A sabedoria convencional, a psicologia *pop*, o consenso das amigas, todos lhe davam plena razão e direito de libertar-se. Com os três filhos crescidos, por que simplesmente não se divorciar? Em uma sociedade em que o casamento é um contrato que periodicamente sobe à mesa para renovação, onde pessoas procuram garantias de felicidade, parece loucura aceitar menos do que aquilo a que temos direito — e acima de tudo, a amor. Teria sido Alma simplesmente uma reprimida? Ou encontrou no Sonho Curativo a semente de mostarda da fé que move montanhas?

O sonho lhe apresentou uma idéia tão forte que espalhou todas as outras, como palha diante de uma tempestade. Falou-lhe em nome da terceira presença que pode surgir de duas, aquela que mostra o quanto maior um relacionamento é do que a soma de suas partes. Revelou-lhe que o homem taciturno, repressivo, a quem dedicara a vida, continha um espírito fragrante, florescente. Mesmo que só ela pudesse percebê-lo, se apenas sua visão pudesse alimentá-lo e sustê-lo — e, lentamente, estimulá-lo a florescer —, isso seria, para ela, a glória final do amor.

Capítulo 6

A sociedade do sonho

> Agora sei que não é apenas com nossa alma que sonhamos. Sonhamos anonimamente, comunalmente, ainda que cada um a seu jeito. A grande alma da qual todos somos partes pode sonhar por meio de nós, em nossa maneira de sonhar, seus próprios sonhos secretos...
>
> Thomas Mann, *A montanha mágica*

SONHOS CURATIVOS CONHECEM MUITO BEM NÃO SÓ NOSSOS RELACIONAMENTOS íntimos, mas são também observadores sociais argutos. Estão notavelmente sintonizados com o clamor da comunidade, as nuanças do organismo político e até mesmo o destino da terra. Irritam-se com fronteiras. Livraram-se das teias de solidão em que vivemos e dirigem-se para alto-mar, em busca de um conclave mais amplo de almas. Essa idéia talvez nos perturbe um pouco. Tem sido política tradicional da psicologia tratar os sonhos como criações privadas, que só falam ao sonhador. Os sonhos, afinal de contas, podem passar dos limites, defendendo o rude, o debochado e o totalmente inaceitável. E o que dizer se são representados no palco social? Quando Júlio César sonhou que estava dormindo com a mãe, o adivinho real lhe disse que o sonho significava que, antes de muito tempo, ele possuiria a cidade-mãe, Roma. Obedientemente, César marchou para o sul e tomou a capital. Teriam ele e o mundo maior proveito se, em vez de tomar a estrada da conquista, ele levasse o sonho a um terapeuta para analisá-lo através do complexo de Édipo?

Nos trabalhos com sonhos, somos aconselhados, sabiamente, a "manter a panela tampada", a "puxar as projeções" de volta, do mundo externo para o interno. "O objetivo dos sonhos", disse-me um junguiano, "é solapar a identificação com o grupo, contrariar as soluções coletivas e estimular a individuação." Os Sonhos Curativos, porém, adoram um toma-lá-dá-cá. Põe-nos frente a frente com nosso potencial social irrealizado, pedindo-nos a todos que nos reconheçamos como partes do todo. Tem sido a psicologia ansiosa demais para prender o sonho no consultório, proibindo-lhe uma vida coletiva?

Sonhos de Clã

Nos sonhos, escreve o psicanalista Erich Fromm, "interessamo-nos exclusivamente por nós mesmos... neles o 'eu sou' constitui o único sistema ao qual se referem pensamentos e sentimentos".[1] Ainda assim, a privacidade do sonho continua a ser um costume tipicamente ocidental. Os sonhos, em muitas culturas — como a dos índios das planícies americanas[2] —, são componentes fundamentais na solução de problemas sociais, com implicações públicas e mesmo políticas de importância vital. Minha amiga Sylvia, uma índia cree, conhecida em sua comunidade como sonhadora e curadora, acha incompreensível a idéia de que seus sonhos só a ela interessam. Não lhes considera os personagens como simplesmente aspectos de si mesma, usando trajes simbólicos. Para ela, o sonho é freqüentemente uma ocorrência social, para ser compartilhado com sua numerosa rede de parentes e, às vezes, com toda a tribo.

No curso de minhas pesquisas ouvi numerosos relatos do que poderia ser chamado de "sonho de clã". Uma executiva de televisão a cabo, Linda, diz a propósito: "Eu raramente sonho comigo mesma. Quase sempre, sonho com outras pessoas." Linda cresceu na Geórgia, com uma rica herança de ancestrais índios e africanos. Sua tia de 97 anos de idade é ainda uma conhecida curadora. Sua avó, uma famosa curandeira que tratava com ervas, ensinou-lhe o jogo "adivinhe o que é que eu estou pensando" — e escondia coisas no quarto ou atrás das costas, e me perguntava que objeto era, qual a sua cor, e dizia que eu, de alguma maneira, tinha de "vê-lo". Esse jogo é parecido com o que *sangomas* africanos me descreveram como parte do treinamento de intuição de indivíduos possuidores de certos dons. Linda possuiu esse dom de família desde criança bem pequena, quando começou a sonhar "pequenas pré-estréias de coisas que iriam acontecer".

"É como se eu estivesse inteiramente acordada, vendo um filme", diz Linda. "Como se, em um cinema às escuras, visse as cenas se iluminarem à minha frente, sentindo as emoções das pessoas na tela."

Quando tinha 20 anos, Linda sonhou que uma prima distante, Delores, estava sendo levada em uma maca, a toda pressa, pelo corredor de um hospital. *O sonho até me "disse" o nome — Arlington Hospital. Em seguida, vejo-me sentada na sala de espera, em um semicírculo formado pela mãe de Delores, minha mãe, minhas três irmãs e as três irmãs dela — todo o clã! Vejo Delores coberta por um lençol sujo de sangue e sinto que ela teve uma morte violenta.*

"Quando acordei daquele sonho", lembra-se Linda, "eu mal podia respirar. Que medo que eu tive! Logo que levantei, desci correndo a escada e contei à minha mãe." Por coincidência, a mãe de Delores estava de visita naquela manhã, mas não ficou impressionada. "Esse sonho pode ser sobre você mesma", disse ela a Linda. "Ou sobre qualquer outra pessoa."

"Você não compreendeu", insistiu Linda. "*Esses* tipos de sonhos não cometem erros — eles são *reais*."

Duas semanas depois, uma Linda consumida pela dor compareceu ao enterro de Delores. Logo depois do sonho, o ex-namorado de Delores invadiu-lhe a casa, atirou nela e, em seguida, suicidou-se. Conforme se descobriu depois, Delores tinha justamente começado a namorar outro homem — um homem que trabalhava no Arlington Hospital. Ela não disse a nenhum parente que o ex-namorado vinha telefonando e ameaçando-a de morte. A família ficou arrasada. "Desde esse dia", diz Linda, "sempre que recebo uma 'mensagem' sobre alguém procuro descobrir uma maneira de passá-la adiante."

Tanto quanto ousa, Linda trouxe esses "sonhos sociais" para a vida de trabalho. "Em meu escritório, em uma estação de televisão de propriedade pública, havia uma mulher intragável, ranzinza, sem nenhuma amiga por lá. Certa noite, sonhei com um homem, que soube imediatamente que era o pai dela, embora ela jamais tivesse falado nele. Foi um sonho bonito, com um ar festivo — vizinhos comparecendo, o pessoal comendo guloseimas, todo mundo se divertindo pra valer. Ele deu a todas as pessoas uma barra de chocolate marrom-escuro."

Linda não conseguiu encontrar nenhuma associação pessoal com as imagens do sonho. "No dia seguinte, reuni coragem e disse: 'Virginia, acho que tive um sonho com seu pai.' Descrevi-o como um homem baixinho, com um pequeno bigode, chapéu-coco pequeno e muito generoso. Os olhos dela se encheram de lágrimas. Descobri que o pai dela havia falecido 15 anos antes, mas eu havia captado com precisão absoluta a aparência e personalidade dele. Todas as sextas-feiras, contou ela, ele ia a uma padaria das redondezas, comprava uma enorme caixa de bombons de chocolate e distribuía-os entre todos os garotos da vizinhança." O relacionamento de ambas no escritório tornou-se mais cordial. Voltando a lembrar-se do generoso interesse do pai pelas pessoas, a tal mulher como que lhe adotou um pouco da sociabilidade. Linda, na verdade, teve um sonho *para* ela. Ao contá-lo, contribuiu para melhorar a atmosfera tensa do local de trabalho.

Ajuda no Sonho

O costume de contar sonhos varia de uma cultura a outra. A tribo zuni, do Novo México, tem a tradição de tornar públicos os "maus" sonhos, enquanto que os "bons" são às vezes ocultados até de parentes próximos. Entre os quichés, da Guatemala, todos os sonhos, mesmo pequenas partes deles, são imediatamente compartilhados com a família e a tribo.[3] Um aborígine australiano me disse certa vez: "Nós temos uma frase: 'Conte-o antes do próximo amanhecer.' Contamos nosso sonho ao grupo, porque pessoas diferentes possuem dons diferentes e podem nos ajudar a compreendê-lo." Isso me lembrou grupos informais de sonhos que surgiram em sociedades ocidentais nas últimas décadas — até que ele acrescentou um comentário intrigante: "Freqüentemente, a gente se encontra quando está sonhando."

Em certo número de culturas, segundo se sabe, seus membros sonham deliberadamente uns com os outros. Os xamãs da tribo yakut, na Sibéria, realizam uma cerimônia noturna, usando uma omoplata de cervo, e em seguida pedem aos participantes que prestem toda atenção a seus sonhos. No dia seguinte, os sonhos são contados e interpretados, em busca de orientação — não só para o próprio sonhador, mas também para os demais membros do grupo. Na história, conhecem-se relatos ainda mais exóticos do compartilhamento de sonhos. Após a tomada da ilha de Rhodes, feudo dos Cavaleiros de St. John, em 1522, por soldados muçulmanos, foi construído um mosteiro em que eram praticadas técnicas de sonho coletivo. Escreve um estudioso: "O mestre e os discípulos purificavam-se juntos corporal, mental e espiritualmente, e deitavam-se juntos numa cama que dava para toda a congregação. Recitavam juntos a mesma prece secreta e tinham os mesmos sonhos."[4] O rabi Zalman Schachter-Shalomi menciona um ritual judaico denominado "assembléia de sonhos". Várias pessoas rezam juntas em certa hora da noite, "ocasião em que a Shekhinah [sabedoria divina] retira seu véu". Os participantes fecham os olhos quando a prece noturna chega às palavras "Guardai-nos a saída e a volta". Em seguida, diz ele: "Os que se juntaram em oração se juntarão no sonho."[5]

Em várias ocasiões, sonhei de formas significativas com amigos e, eles, comigo. Às vezes, são parentes, embora, com mais freqüência, sejam pessoas para quem fui atraído pelo que Goethe chamou de *Wahlverwandtschaft* ("afinidade eletiva"). Trata-se de uma expressão aproximadamente equivalente ao inspirado neologismo criado pelo escritor Kurt Vonnegut no romance *Cat's Cradle* (Cama-de-gato), o *karass*, um grupo ligado por sensibilidade, afeição e destino mútuos. Se quer saber quem está nos seus, observe as pessoas com quem sonha.

Certa vez, resolvi organizar uma série de experimentos informais para ver o que acontecia se convidasse meu *karass* a entrar em meu espaço de sonho. Na ocasião, eu estava em uma difícil encruzilhada na vida. Pedi a amigos e à família que meditassem um sonho que pudesse me servir de orientação. Vários deles criaram rituais informais — acender velas e incenso e meditar antes de ir dormir, pôr um pedaço de papel com meu nome embaixo do travesseiro ou simplesmente visualizar meu rosto antes de adormecer.

Vários deles comunicaram sonhos vívidos que, ao serem examinados, apresentavam um fio comum de imagens de taças e copos. Um deles sonhou que vinho branco estava sendo derramado em meus olhos através da haste oca de duas taças de vinho, "para fins medicinais". (Um mês depois, um médico me receitou meu primeiro par de óculos, depois de um exame que exigiu pingar antes um colírio nos olhos.) Outro viu "um balcão cheio de xícaras de papel, com comprimidos dentro, que eram servidos por uma enfermeira vestida de branco"). Outra amiga, Sally, teve um sonho vívido, complexo:

> *Vejo-me em uma mansão grande e antiga, com muitos quartos. Estamos sentados em volta de uma mesa cerimonial, na qual copos de festa de plástico estão cheios de água. Flores cor de pêssego foram postas ali como decoração. Há ali, pelo*

menos, uns duzentos copos. Vemos a água tremendo, como se estivesse havendo um terremoto. Nesse momento, começa uma grande ventania e uma mão entra, apontando, e ouvimos uma voz retumbante, como a voz de Deus: "Pede e receberás!" As flores começam a se abrir. Vejo chamas saindo das pétalas.

Fiquei fascinado. No dia anterior uma psicóloga amiga (e que era também enfermeira) havia me aconselhado a fazer um exercício de imaginação ativa sobre a situação difícil em que me encontrava — na época, má saúde, problemas financeiros e uma solidão existencial da qual não conseguia me livrar. Surgiu em minha mente a imagem de um prisioneiro, sozinho em uma cela, de paredes de pedra, com uma sede terrível. O ambiente tornou-se tão vívido que senti a boca seca. Eu mal conseguia engolir, pude apenas articular num grasnido: *Água, por favor.* Minha amiga pediu que eu fechasse os olhos e estirasse a língua e começou a gotejar água em minha boca. Aquilo pareceu uma chuva abençoada no deserto. Acicatado por uma sede ainda mais forte, pedi mais. Ela me trouxe copos de festa de plástico com água até a borda, que tomei em grandes golfadas, um após outro. Achei que estava participando de um ritual sagrado, bebendo as águas medicinais da vida.

De alguma maneira, a cena havia sido ampliada no sonho de Sally, um sonho que parecia santificado não só pelos elementos que continha — terra, água, fogo, vento —, mas pela mão do próprio Deus. O enfático "Pede e receberás!" do sonho dela afetou-me. É difícil para mim estender a mão quando estou necessitado. O sonho de Sally ajudou-me a reunir coragem e humildade necessárias para enviar uma carta a sessenta amigos, contando minha situação e pedindo ajuda. Descobri, para minha surpresa, que mãos prestativas estiveram à espera o tempo todo — mãos que, nos meses que se seguiram, ajudaram-me bondosamente a transpor uma barreira após outra.

Naquela noite, vários outros amigos sonharam com rituais de cura. Rick, que me disse que raramente se lembrava de sonhos, teve um tão forte que o acordou no meio da noite:

Howard Badhand, um xamã lakota, atrás de mim, coloca um colar em meu pescoço. O colar consiste em quatro saquinhos de oração de algodão vermelho, que são em geral enchidos com fumo e costurados. Estes me parecem diferentes no sentido de serem oblongos e muito grandes — e cobrem minha garganta quase que como um afogador. Enquanto amarra o colar atrás do meu pescoço, Howard diz: "Reze alguém", que acho que significa "Reze a alguém". Meu coração batia muito forte e tive a sensação de que meu peito estava aberto.

Pensei que o sonho de Rick tinha a ver com minha própria doença, na garganta, e senti-me grato por receber essa visão de bênção de um índio americano. Porém, descobri que o sonho tinha um significado imprevisto: uma semana depois, em um exame médico de rotina, Rick recebeu o diagnóstico de reaparecimento de um câncer do pulmão. Pouco tempo depois, ele foi convidado para uma cerimônia em Boulder, Colorado, dirigida por ninguém mais que Howard Badhand. Rick me pediu que o acompanhasse. Tarde, certa noite, em um quarto escuro como breu, perfumado pelo aroma adocicado de incenso de sálvia, rezamos juntos, pedindo cura — nossa, do outro, de todos ali — em uma comovente cerimônia *yuwipi*, na qual os destaques eram saquinhos de oração oblongos, de algodão vermelho. Rick cantou suas orações em voz rouca — o câncer havia chegado à garganta, o "sufocador" pressionando-lhe as cordas vocais. A ocasião marcou o início de nosso companheirismo em uma jornada que o levou muito além do prognóstico médico. A mensagem que recebeu no sonho tornou-se seu lema: ele "rezava todo mundo", dos *kahunas* havaianos aos maiores oncologistas e tornou-se participante habitual nas cerimônias de dança do sol dos lakotas.

Vi a experiência de Rick reproduzida em outras cerimônias de "ajuda no sonho": o pedido que fiz a pessoas que sonhassem por mim provocou Sonhos Curativos em todas elas. Essa situação tem a lógica da sabedoria popular: se você quer curar-se, procure curar alguém. Os sonhos haviam desenhado um poderoso círculo de giz que trouxe forças poderosas para a vida de todos nós.

Sonhos em Comunidade

Uma sociedade que se sabe que observava extensos regimes de compartilhamento de sonhos, a Temiar Senoi, era uma tribo da selva, de dez mil indivíduos, que vivia no platô Cameron, na Malásia. O pesquisador Kilton Stewart escreveu em 1954 que se, por exemplo, uma criança sonhava que havia sido atacada por um amiguinho, seu pai lhe aconselhava que contasse o sonho a ele. Este, por sua vez, era aconselhado pelo pai a dar um presente e ser bondoso com o amiguinho que havia sonhado com ele, no caso de tê-lo ofendido. "Dessa maneira", diz Stewart, "a agressão que se formava em torno da imagem do amiguinho, na mente do sonhador, tornava-se a base de uma troca cordial." Mais tarde no mesmo dia, os sonhos eram discutidos por toda a comunidade, e as mensagens e *insights* que continham tornavam-se parte dos rituais da tribo e do comportamento de seus membros no estado de vigília.

Se o retrato rousseauniano pintado por Stewart podia ser aceito pelo valor aparente ou se era, como disseram muitos antropólogos, apenas uma invenção romântica, continua a ser uma questão aberta.[6] O antropólogo Robert Knox Dentan, que fez duas viagens à Malásia em 1963 e 1974, poucos vestígios pôde encontrar do mundo descrito por Stewart em termos tão comoventes. Um dos informantes de Dentan sumariou a situação melhor do que ninguém, talvez, quando lhe disse amargamente: "Nós tinhamos sonhos verdadeiros. Agora, não temos mais."

Ainda assim, essa divergência tem pouca importância. Décadas de pesquisas revelam que numerosas culturas tribais atribuem aos sonhos um papel fundamental na vida coletiva. A antropóloga Barbara Tedlock diz que os sonhos são de importância tão fundamental para os maias, do México, que um em cada quatro membros da tribo é iniciado como "guardiões do dia", a expressão que usam para interpretadores de sonhos. E os relatos sobre os temiar senois, sejam apócrifos ou históricos, têm sido uma inspiração para aqueles que procuram incluir os sonhos no discurso social do Ocidente.

Uma dessas pessoas é o pastor unitarista Jeremy Taylor, que começou a dirigir grupos de sonhadores enquanto prestava serviços civis alternativos durante a guerra do Vietnã. Ele foi designado para trabalho de organização comunitária em Emeryville, Califórnia, "uma cidade onde a classe baixa era formada inteiramente de negros, operários e desprivilegiados". As sessões de sonhos entre negros e brancos provocavam um clima tenso e muitas vezes acabavam em trocas de palavrões.

Certo dia Taylor sugeriu que deixassem de falar sobre a vida no dia-a-dia e, em vez disso, compartilhassem seus sonhos. Muitos deles confessaram que estavam tendo "sonhos ruins, racistas... de serem atacados ou ameaçados por indivíduos sinistros, hostis e perigosos de outras raças".[7] Taylor teve receio que discutir sonhos fosse o mesmo que apagar fogo com gasolina. Em vez disso, começou a surgir uma forma mais aberta de diálogo. Tornou-se claro para todos, escreve Taylor, que "essas figuras feias, assustadoras, sombrias, poderosas, *sexy*, violentas, irresponsáveis, perigosas dos sonhos eram partes cheias de vida das pessoas que, na realidade, elas eram".[8]

O cinismo, aos poucos, desapareceu. "Simpatias e antipatias autênticas começaram a substituir a 'polidez formal, os comentários idiotas em tom de superioridade e o medo reprimido. A energia antes desperdiçada para manter a repressão e a projeção de defeitos próprios nos outros começou de repente a jorrar... como ondas espontâneas de vitalidade e bem-estar... possibilidades criativas e entusiasmo." O trabalho em grupo nos sonhos ajudou a formar um estilo de organização política de base, inter-racial, que, no fim, contribuiu para que fossem eleitos os primeiros servidores públicos negros na que tinha sido antes considerada "a comunidade mais corrupta da Califórnia".

Em um mundo em que "comunidade" significa, com uma freqüência grande demais, "gente igual a nós", sonhadores ficam às vezes desanimados, quando não constrangidos, a ter encontros face a face com indivíduos que, em estado de vigília, fazem tudo para evitar. Em sonhos, convivi com cafetões ordinários, bandidos, ladrões, ciclistas idosos, índios encharcados de bebida, trapaceiros que passam por homens de bem, uma gorda e baixota mulher sherpa, um italiano comum e safado, uma garota *junkie* magrela, avós judias senis e corcundas, uma prostituta adolescente mexicana com o rosto marcado de acne. Ainda assim, algumas das figuras que encontrei possuíam qualidades inesperadas ou mesmo me trouxeram grandes benefícios. O trapaceiro do sonho tirou-me do exército subornando um oficial com uma esmeralda roubada, a mulher Sherpa foi minha guia através de um traiçoeiro passo nas montanhas, os ciclistas eram hedonistas ardentes e amigos leais, e coube à prostituta adolescente me dar uma aula altamente instrutiva sobre a interação entre a glândula timo e o sistema linfático!

Mas, concretamente, é difícil evitar o fato — na verdade, até um pouco mortificante — de que essas imagens são estereótipos tipo cartuns sobre raça, classe e sexo. Até mesmo naqueles entre nós que se orgulham de possuir uma aguda consciência social, os preconceitos contra o "outro" têm profundas raízes psíquicas. Sem dúvida alguma, eu poderia identificar em mim mesmo aspectos, que não quero reconhecer, desses personagens de sonhos descritos em largas pinceladas: cada vez que, contrafeitos, nos distanciamos de outras pessoas, somos nós mesmos que estamos rejeitando aquelas partes feridas que comprometem a idéia lisonjeira que fazemos de nossa alma. Mas a própria proximidade delas, simultaneamente íntima e ameaçadora, transforma-as em lembretes daquilo que é ignorado, reprimido e negado — não só em nossa psique, mas na sociedade em geral. Os sonhos são os grandes niveladores.

Essas imagens — todas elas encontros vividos, pessoais — solapam os rituais sociais de *status* e posição, a alegação absurda do ego, de que alguns de nós estamos "acima" ou "abaixo" dos outros e que podemos separar nosso destino do destino dos vizinhos. O mundo dos sonhos não tem comunidades fechadas a quatro chaves. Um pastor que dirige grupos de sonhos numa igreja confessa-se espantado com a maneira infalível como os sonhos apresentam o que ele chama de a "sabedoria alternativa de Jesus, que insiste em que devemos honrar o mais humilde entre nós e amar o detestável".[9] Embora possamos sentir um grande prazer em ver a sociedade virada de cabeça para baixo dissipar-se à luz do sol, o sonho nos diz que todos aqueles que encontramos, se vistos com o olho interior, são companheiros, mestres e pessoas amadas potenciais.

A Política dos Sonhos

Compartilhar sonhos pode ser um motivo inesperado de conciliação. Na década de 1970, uma violenta batalha política e econômica irrompeu entre incorporadores de projetos imobiliários e moradores de casas-barcos na pitoresca e boêmia Sausalito, Califórnia. Como reação, um morador chamado John van Damm iniciou a publicação de uma carta-circular, intitulada *A Waterfront Community Dream Journal.* E começou a estampar um pastiche de sonhos, poemas e desenhos, na ocasião em que a paranóia dos moradores das casas-barcos chegou ao ponto de ruptura, devido à perseguição constante dos incorporadores, policiais, operários de construção civil e guardas armados.

No meio de toda aquela confusão, Van Damm publicou o sonho de uma conhecida dona de casa-barco no qual *ela dormia com um dos incorporadores mais odiados.* Neste caso, de forma contundente, um Sonho Curativo promulgou um artigo constitucional do mundo dos sonhos: no fundo, todos nós nos tocamos, nossas diferenças têm apenas a profundidade da pele.

"A comunidade ficou chocada — comigo, por ter publicado o sonho e, com a mulher, por *ter* mesmo sonhado aquilo", lembra-se Van Damm. "A imagem, porém, não podia ser ignorada. Ela dizia, vividamente, que os incorporadores eram gente, também — que não devíamos endemoninhá-los, mas descobrir nossa humanidade comum. Esse argumento, praticamente, não poderia ter sido apresentado de qualquer outra maneira." A chocante imagem da mulher no sonho tornou-se um catalisador que contribuiu para que fosse reestruturado o diálogo. A dinâmica da guerra social, em fervura lenta, mudou e, no fim, uma solução pacífica acabou por ser encontrada. E Van Damm perguntou-se se, por acaso, não havia descoberto uma nova forma de "política dos sonhos".

Claro, esse assunto nada tem de novo. Os iroqueses, por exemplo, trouxeram o sonho para a esfera social em um grau quase desconhecido. Acreditavam eles que os sonhos representavam a vontade da alma, da força divina, que chamavam de Ondinnonk, e que exigia expressão, se o indivíduo — e a sociedade em geral — queria permanecer sadio.

Os iroqueses possuíam pajés cuja função especializada era reconhecidamente psicanalítica: "Algumas pessoas, mais esclarecidas do que o comum... que percebem os desejos naturais e ocultos que ela [a alma] tem... mesmo que aquele que sonhou possa tê-los esquecido inteiramente." Eles usavam até mesmo as técnicas de livre associação, insistindo com os "pacientes" para que "dissessem... o que quer que lhes ocorresse", a fim de descobrir "desejos reprimidos, freqüentemente desconhecidos deles mesmos, e dos quais dependia sua felicidade".[10]

Um exemplo interessante do sonho no discurso social iroquês era o "rito de adivinhação de sonho", realizado em meados do inverno, um jogo sagrado, no qual grupos de homens e mulheres corriam pela aldeia, entrando sem serem convidados nas cabanas, virando os móveis, enquanto propunham enigmas sobre sonhos que continham um "desejo da alma". No que era conhecido como Festa dos Tolos, ou Ononharoia ("virar o cérebro de cabeça para baixo"), os celebrantes não podiam ir embora até que o desejo — de alimento, de ganhar um belo ornamento, ou de ter uma ligação sexual — fosse adivinhado. O desejo tinha de ser atendido através de ritual ou comprado com um presente apropriado.[11] Nessa cerimônia, o sonho literalmente invadia o espaço social, insistindo em ser ouvido e reconhecido. Os elementos "escondidos e proibidos" da psique individual eram inequivocamente expressados. O sonho tornava-se público e animado — ator autônomo e não mero comentador.

Que tipo de sociedade resultava de tudo isso? Embora, para uma resposta, tenhamos que depender principalmente de versões de missionários jesuítas do século XVII, esses relatos descreviam os iroqueses como "modestos no trajar, muitas vezes tímidos em contatos heterossexuais e, embora casos pré-matrimoniais fossem livremente permitidos aos jovens, e divórcio e novo casamento não apresentassem dificuldades para adultos, a castidade e a fidelidade matrimonial eram ideais publicamente louvados". A despeito de nossas idéias sobre a confusão que sonhos revelados poderiam ocasionar na sociedade, os iroqueses dos séculos passados, respeitadores de sonhos, desenvolveram um conjunto de costumes surpreendentemente modernos.

Às vezes, contudo, como observa o antropólogo Anthony Wallace, "a transformação do sonho em realidade tinha prioridade sobre as convenções sociais". Esse respeito pelos sonhos podia levar às vezes à sua concretização perigosa. Wallace menciona um caso ocorrido com um hurariano em 1642, que sonhou ter sido capturado e queimado vivo, uma tortura praticada amplamente por várias tribos. A fim de esconjurar a má sorte, o conselho da tribo ordenou que fogueiras fossem acesas na cabana onde os cativos eram tradicionalmente mantidos, que o sonhador fosse atormentado com fogo e que se sacrificasse um cão à maneira ritual de um cativo. Há relatos de um homem que teve o dedo amputado com uma concha marinha porque sonhou que havia sido capturado e tinha perdido todos os dedos. Essas cerimônias não são raras em culturas que acreditam em sonhos.

Nenhuma sociedade, porém, poderia funcionar se não houvesse limites implícitos à transformação de sonhos em realidades. A psique, como notou Freud, contém mais sexualidade e agressão de que podem ser expressadas sem resultados sociais catastróficos. Entre os iroqueses, o drama de tornar realidade o sonho horrível era geralmente suspenso no último momento. Um homem, por exemplo, cujo desejo no sonho era matar um soldado francês, ficava satisfeito em lhe receber o capote. São conhecidos casos em que um sonho promoveu mudança social positiva. Conta-se a história de uma mulher iroquesa, casada e que vivia infeliz em uma tribo muito distante da sua, que entrou na floresta certa noite e viu a lua aproximar-se dela sob a forma de uma bela senhora. Na visão, a senhora declarou que todas as tribos deveriam dar presentes à mulher — a nação tobacco daria fumo, por exemplo, e a neutrals, um casaco de pêlo de esquilo preto. Espalhando-se a notícia da visão da mulher, foram trocados presentes e realizadas festas intertribais em muitas aldeias. O missionário que escreveu sobre o fato notou também um resultado positivo: "Essa pobre e infeliz criatura acho que se sentiu melhor depois do que antes da festa." Nesses casos, a visão no sonho trouxe cura para o indivíduo e para toda a sociedade.[12]

Querendo pôr o caso em perspectiva moderna, conversei com Orren Lyons, cacique dos onandagas, uma tribo da nação iroquesa, sobre o poder social do sonho. Ele confirmou que os iroqueses ainda os usam em tomadas de decisões coletivas. "No dia em que o chefe é apresentado e reconhecido, por exemplo, é perguntado a toda a tribo se alguém teve 'um sonho importante' na noite anterior.

"Geralmente, não consideramos sonhos como uma coisa pessoal", acrescentou ele, "embora, às vezes, eles sejam. A pessoa precisa saber se teve um sonho porque comeu *pizza* demais na noite anterior ou se é uma mensagem especial para todos."

"Como é que vocês podem saber?", perguntei.

"Nós simplesmente *sabemos*. Temos dez mil anos de experiência. Não é nada de excepcional... é apenas uma parte normal de nossa vida."

A incorporação de sonhos à vida social é comum em muitas culturas. Bob Randal, o aborígine australiano meu amigo, disse-me o seguinte: "O sonho nos dá orientação, de modo que o contamos, especialmente se é do tipo profecia. Nesse caso, porém, os anciãos discutirão o assunto e verificarão se a pessoa é alguém que já demonstrou prova de acerto. Digamos que, se essa pessoa teve, nas últimas quatro vezes, um sonho que se confirmou, eles talvez o escutem pela quinta vez."

Evidentemente, porém, algumas culturas despencaram para o caos quando deram credibilidade social excessiva ao inconsciente. Tive a boa sorte de passar uma tarde em companhia de *Sir* Laurens van der Post, amigo e biógrafo de Jung, pouco antes de sua morte. No meio de nossa conversa, mencionei a Dança do Fantasma, dos índios paiutes, no final do século XIX, quando o sonho de um profeta chamado Wovoka galvanizou as tribos dos índios das planícies em uma última tentativa de restaurar seu mundo perdido. Se a dança fosse realizada, prometia a visão, os búfalos retornariam, os guerreiros mortos se levantariam da terra e a sociedade ingressaria em uma nova idade de ouro. Embora o sonho de Wovoka enfatizasse a paz, os sioux interpretaram-no como uma convoção à resistência. O sonho desencadeou uma guerra curta que foi o último grito dos índios. "Eles correram para os fuzis dos soldados acreditando que suas camisas invisíveis os protegeriam das balas", contei a Van der Post. "Não é isso o que tememos? Que os sonhos não contem a verdade e que os sigamos para nosso risco?"

Van der Post, cujos trabalhos deixaram claro uma crença profunda nos sonhos, respondeu sumariando sua convicção básica: "O sonho jamais é falso. Nele, todos os detalhes têm uma razão de ser e um significado." E deu um exemplo, que conhecia bem, de seus muitos anos passados na África do Sul. Uma jovem do povo amacoza sonhou que sua tribo precisava sacrificar todas as suas posses materiais — "comer todo seu gado, que era a principal riqueza deles. O sonho dizia que, no dia em que consumissem seus últimos bens mundanos, seus ancestrais sairiam do mar e expulsariam os homens brancos".

A tribo, contou ele, aceitou literalmente o sonho da jovem. Ao começar a abater o gado, o governador da área, *Sir* George Gray (que mais tarde faria um estudo dos sonhos e da mitologia dos maoris) tentou em desespero fazer com que eles pensassem em outras interpretações. "Eles não quiseram escutar. A moça lhes disse: 'É outro truque do homem branco para conservá-los em seu poder.' Tudo que Gray pôde fazer foi reunir todos os suprimentos que conseguiu encontrar, levá-los para a fronteira e esperar pela fome inevitável. Os amacozas mantiveram a fé no sonho e, como resultado, morreram centenas de milhares deles. Eles não compreenderam o seu simbolismo."

O que, perguntei, enquanto caíam as sombras de fins de tarde, achava ele que tinha sido o simbolismo?

"Que eles não deviam preocupar-se com o mundo material e seus valores, mas voltar aos valores espirituais de seus ancestrais. Temos de ver as imagens tanto literal *quanto* simbolicamente. Só assim o sonho jamais nos trairá."

O Sonho no Palco Social

> E o faraó teve um sonho. Parecia-lhe achar-se de pé junto ao Nilo. Do rio subiam sete vacas formosas e gordas, e pastavam no carriçal. Depois delas subiam do rio outras sete vacas, feias e magras; e pararam junto às primeiras, na margem do rio. As vacas feias e magras comiam as sete formosas e gordas. Então o faraó acordou.

De acordo com o relato do Gênese, o faraó, após o pesadelo, declarou estado de emergência nacional e reuniu todos os sábios da terra para adivinhar-lhe o significado. Ficamos espantados com o pânico do faraó. Afinal de contas, era apenas um sonho — velho de seis mil anos, mas não diferente dos nossos, com sua embrulhada de coisas conhecidas e de pernas para o ar. Mas forçosamente houve alguma coisa inexprimível *nesse* sonho, alguma coisa tão pulsante de portento que o faraó se dispõe a pedir ajuda a um vidente judeu, chamado José, que estava na prisão. Aceitando a famosa interpretação de seu cativo judeu — sete anos de fartura e sete anos de carência —, o faraó deu início a um gigantesco programa de obras públicas, construindo celeiros que salvaram o povo da fome e seu reino da extinção.

Tendemos a considerar esses relatos como curiosas notas de rodapé bíblicas. Já estão longe os tempos em que o sonho de uma única pessoa podia estabelecer a agenda nacional. Mas lembrem-se, por exemplo, do famoso Sonho Curativo de Mohandas Gandhi. Durante um período de apavorante inquietação civil na Índia, com notícias diárias de incêndios propositais, saques e distúrbios de rua, Gandhi falou em comícios, pedindo ao povo que se controlasse. Com sua voz abafada pelos berros das multidões, incapaz mesmo de conseguir que suas cartas fossem publicadas nos jornais, sentia-se impotente para defender sua meta de resistência passiva. Retirou-se para a residência de verão de um amigo, onde jejuaria e rezaria por uma solução. Após uma semana, acordou certa manhã com um sonho notável.

No sonho, todas as facções religiosas em guerra na Índia — hindus, muçulmanos, parsis, jainistas, budistas e sikhs — haviam abandonado seus próprios festivais santos para se juntarem em oração e em uma procissão (*hartal*) no mesmo dia. Um psicólogo poderia descrever o sonho de Gandhi como mera manifestação de desejo, uma reação compensatória a esperanças dissipadas pelas realidades do dia-a-dia. Gandhi, porém, considerou-o como uma instrução e exigiu que Nehru e o partido do Congresso seguissem as diretrizes do sonho e "apelassem para todas as seitas da Índia para que se reunissem imediatamente em uma *hartal*".

Seu próprio partido recebeu a idéia com certo desprezo. Gandhi, porém, sem se deixar abater, sentou-se para escrever uma série de notáveis cartas pessoais a líderes religiosos em toda a Índia, contando o sonho e convidando-os para se reunirem sob sua bandeira não-sectária. Surpreendentemente, quase todos os que ele notificou aceitaram o convite, ordenando a seus seguidores que se reunissem nas ruas para cerimônias de orações em massa. Não só a violência diminuiu, mas as várias facções que se opunham ao colonialismo — antes desorganizadas e se devorando mutuamente — encontraram nesse momento uma voz comum. O movimento paralisou o governo colonial com a primeira bem-sucedida greve geral. O governo foi obrigado a revogar uma série de atos odiados e devolver aos indianos os direitos de cidadania britânica, incluindo liberdade de reunião, de imprensa e eleições locais.[13] O sonho de Gandhi ajudou a libertar um país inteiro.

E não faz muito tempo que a frase extraordinária de Martin Luther King Jr., "Eu tenho um sonho", mobilizou a consciência da nação (embora seus biógrafos ainda discutam se ele se referia a um sonho profético literal ou estava usando meramente um recurso de retórica). O sonho, uma vez solto de suas amarras, torna-se uma presença viva, com efeitos imprevisíveis sobre o destino de todos aqueles a quem toca. Marion Stamps, uma ativista comunitária nos tristemente famosos conjuntos residenciais Cabrini Green, foi uma das pessoas inspiradas pela visão de King. Dedicou a vida a promover a igualdade social das famílias que residiam naquele monumento em ruínas a uma política urbana fracassada, que se tornou uma terra de ninguém assolada por guerra sangrenta entre quadrilhas rivais de traficantes de drogas.

Antes de ir dormir em certa noite de janeiro de 1992, ela orou fervorosamente, pedindo orientação, e o sonho lhe acabou com o sono: *O Senhor me diz que quer que eu planeje uma festa de quatro dias.* O sonho apresentou um plano detalhado. "Disse-lhe" o Senhor que ela deveria distribuir volantes, convidando as quadrilhas para uma "festa de confraternização". Na primeira noite, uma sexta-feira, todos os chefes de gangue deveriam trazer quinze de seus principais comparsas. No sonho, viu a festa desenvolvendo-se como um filme, cada delegação entrando na sala usando as cores de sua gangue — os Discípulos, de azul, os Cobras, de verde e cinza, os Pedras, de vermelho e branco, e os Vice-Lordes, de dourado e preto. Viu-se dizendo palavras de boas-vindas, enquanto os representantes, em mesas separadas, ouviam-na com toda a atenção: "Estou pedindo que todos vocês se mostrem... é Tempo de uma Nação Só!" Na segunda noite, continuou o sonho, notavelmente específico, todos os líderes da comunidade deveriam se reunir para decidir sobre um programa de mudança. No terceiro, a decisão do grupo seria anunciada em um serviço religioso dominical na igreja, com vários coros e cerimônias de adoração. No dia seguinte, haveria uma comemoração de gala para toda a comunidade.

Marion acordou atônita e pôs no papel a visão, palavra por palavra. No dia seguinte, regalou seu pastor, irmã e amigas com a notável experiência. Embora alguns a encorajassem, outros aconselharam-na a não se arriscar e o sonho enlanguesceu, sem ser transformado em realidade. Três meses depois, na Páscoa, enquanto jogava paciência, sentiu que entrava "em um estado diferente. Deitei-me. Não estava realmente adormecida, estava mais ou menos cabeceando de sono. E todas essas palavras me vieram".

Pegou uma caneta e as palavras correram pelo papel. Era uma carta aberta a todos os moradores, contando em detalhes seu grande sonho. Mandou imprimir os volantes e subiu e desceu todos os quarteirões, distribuindo-os a todos os que encontrava. Seu furacão de atividade provocou o aparecimento de repórteres de um popular programa da rádio local. Membros de quadrilhas do que ela chamava de "as tribos" do Near North Side começaram a lhe telefonar e, milagrosamente, ela conseguiu trazer uma paz temporária à área. Libertada por algum tempo do medo e das desavenças, a população organizou uma marcha até a prefeitura para exigir novas soluções para a violência crescente e o desemprego crônico predominante na comunidade. Naquele verão e outono foram iniciados novos programas recreativos para adolescentes, reativados serviços sociais, marcadas noites regulares para encontros de famílias e "sessões de *rap*".

Diz Marion que, nos primeiros dias do movimento, aprendeu a prestar atenção a sua "subconsciência": "Se o espírito diz boicote, a gente boicota. Se o espírito diz vá à cadeia, a gente vai. Porque o espírito é uma energia coletiva de todo mundo... A gente sente todas essas forças jorrando pra dentro, a gente tem de fazer o que o espírito diz pra fazer."

No fim, ela conseguiu organizar uma versão do evento de quatro dias. Um grupo de noites de sexta-feira, composto principalmente de mulheres, promoveu uma reunião. "Dançamos, cantamos, conversamos, lembramos coisas e nos abrimos um bocado." No dia seguinte, uma campanha de levantamento de fundos foi um fracasso, e o evento do domingo, quando as diferentes "nações" deveriam anunciar a paz tão esperada, foi cancelado quando os Cobras caíram fora. Mas ela se lembra com carinho daquele domingo: "Tivemos aquela festa no velho e grande quarteirão. Apareceram umas três mil pessoas. Todos vieram: as crianças, os idosos, todo mundo... foi lindo."

Semanas depois, um rapazola foi morto a tiros em um acerto de contas de quadrilhas, outra vítima inocente na guerra insensata por território. A tragédia trouxe as quadrilhas de volta à mesa de negociação e a outra trégua periclitante. Marion compreendeu que seu sonho talvez nunca se realizasse literalmente, mas havia produzido "algum tipo de trabalho preliminar, uma planta baixa, um esboço do que Deus me dissera para fazer".[14]

Ela não viveu o suficiente para ver o sonho transformar-se em realidade. Morreu há alguns anos, com 50 anos. Hoje, Cabrini Green está sendo nivelada com o chão para abrir caminho a um projeto imobiliário que expulsará a comunidade nascente pela qual ela tanto lutou. Mas ela continua a ser um exemplo de como um Sonho Curativo pode circular, emigrando do mundo do sonho para o indivíduo, do indivíduo para a sociedade e da sociedade de volta para o indivíduo, ganhando ímpeto à medida que circula.

O Que Acontece a Um Sonho Ignorado?

Mas o que acontece se o sonho fica confinado à psique do indivíduo e dela jamais escapa? Em um livro intitulado *The Third Reich of Dreams*, a jornalista alemã Charlotte Beradt catalogou a vida onírica de trezentos de seus compatriotas durante a ascensão do nazismo. Descobriu que embora seus informantes se sentissem constrangidos ao ver o rompimento devastador do tecido social da República de Weimar, seus sonhos contavam a sombria história paralela.

Beradt escutou em 1933, três dias depois de Hitler ter tomado o poder, o primeiro sonho que a deixou alarmada. O conhecido *Herr* S., um industrial, sonhou que o ministro da Propaganda, Joseph Goebbels, visitava-lhe a fábrica e mandava pôr todos os operários em duas filas, um de frente para o outro. *Herr* S., que tinha a seu serviço numerosos social-democratas, que se opuseram à ascensão de Hitler, foi obrigado a ficar em frente a eles e erguer o braço na saudação nazista. Goebbels observava-o impassível, enquanto "eu levava meia hora para erguer o braço, centímetro por centímetro". Finalmente, quando conseguiu, "Goebbels disse, friamente: 'Eu não quero sua saudação', deu-lhe as costas e saiu pela porta. Ali fiquei eu, em minha própria fábrica, braço levantado, imobilizado em frente de meu próprio pessoal. Só consegui evitar desmaiar olhando fixamente para o pé torto dele, enquanto ele saía."

O sonho, diz Beradt, "arrancou-o de repelão dos alicerces que ele mesmo construíra laboriosamente, destruiu-lhe o senso de identidade e deixou-o desorientado". O sonho voltou repetidas vezes, em todas as ocasiões com humilhantes novos detalhes — em um deles, *Herr* S. se viu lutando consigo mesmo para erguer o braço, até que sua coluna quase se partiu, literalmente. Esses pesadelos, começou ela a desconfiar, estavam se tornando comuns, embora permanecessem como infernos privados de cada sonhador. A atmosfera se tornava tão envenenada, o terreno tão traiçoeiro, que as pessoas tinham medo de contar seus sonhos umas às outras.

Até ser obrigada a deixar o país em 1939, Beradt continuou a compilar sua história de sonhos. Tranqüilamente, pedia às pessoas com quem habitualmente mantinha contato que lhe contassem os sonhos — costureiras, vizinhos, uma tia, o carteiro etc. —, sem revelar para o que os queria. Era obrigada a escrever as notas em código, camuflando-as como anedotas de família (Hitler, Goering e Goebbels tornaram-se "tio Hans", "tio Gustav" e "tio Gerhard"), e escondia-as nas encadernações de livros espalhados por sua grande biblioteca particular.

O trabalho de Beradt lança luz sobre o poder da verdade que os Sonhos Curativos possuem e como, para trágica perda da sociedade, tal poder pode ser reduzido a uma voz clamando no deserto. Vale a pena citar, por exemplo, o caso de um oftalmologista de 45 anos que sonhou o seguinte em 1934:

> *Soldados das Tropas de Assalto estavam instalando arame farpado em todas as janelas do hospital. Eu não ia admitir que eles o trouxessem para minha enfermaria. Mas, no fim, acabei tolerando isso. Fiquei parecendo uma caricatura de médico, enquanto eles tiravam as vidraças das janelas e transformavam a enfermaria em um campo de concentração — e acabei perdendo o emprego, de qualquer maneira. Mas fui chamado de volta para tratar de Hitler, porque eu era o único homem no mundo que podia fazer isso. Tive vergonha de mim mesmo por sentir orgulho e comecei a chorar.*

Escreve Beradt: "O médico acordou no meio da noite, arrasado e exausto, como acontece freqüentemente quando choramos em sonhos." Ele lembrou-se que um de seus assistentes apareceu para trabalhar na enfermaria naquele dia usando uniforme das Tropas de Assalto e, embora se sentisse indignado, absteve-se de protestar.[15] O sonho constitui um lembrete cru de como cidadãos comuns se tornaram cúmplices das monstruosidades nazistas. O indivíduo, por dentro, resolve protestar, mas, amedrontado, nada faz. Torna-se uma "caricatura", como acontece com todos que não conseguem trazer para fora o que está dentro de si e cujo comportamento se choca com sua verdade pessoal. Os sonhos tornam-nos responsáveis: o sonho dele lhe disse que ele era pessoalmente responsável por manter Hitler vivo.

As futuras vítimas do nazismo sonhavam, também. Logo no início do Reich, quando alguns judeus ainda acreditavam que poderia haver uma acomodação, uma adolescente, com medo de que seu nariz adunco a marcasse como judia, teve um sonho estranhíssimo, que sugeriu a solução final do *Shoah*, o Holocausto. O sonho, antes do pleno cumprimento das leis raciais, continha horríveis premonições sobre os crematórios do futuro:

> *Fui ao Departamento de Verificação de Origem Ariana [que não funcionava sob esse nome e ela nada tinha a fazer nesse local] e apresentei uma certidão de nascimento, confirmando a origem de minha avó, que eu havia obtido depois de meses de busca. O funcionário parecia uma estátua de mármore. Reduziu-a a pedacinhos e jogou-os em uma lareira na parede. E disse: "Você ainda pensa agora que é ariana pura?"*

Outra mulher, anos antes da Solução Final, teve também um sonho sobrenaturalmente profético: *De repente, descobri que estava deitada embaixo de uma pilha de cadáveres, sem a menor idéia de como tinha ido parar ali — mas, pelo menos, eu tinha um bom esconderijo. Bem-aventurança pura sob minha pilha de corpos, agarrando com toda força meus documentos em sua pasta.*

Esses sonhos prefiguravam de forma notável muitos dos horrores ainda por acontecer — a transformação da medicina em tortura e experimentação com seres humanos, a eliminação dos deficientes físicos e racialmente "impuros", o desprezo pelas normas da justiça civil, a supressão da independência psicológica do indivíduo, a permissão para que o mal campeasse. A excepcionalidade desses sonhos, observou Beradt, estava no fato de não serem produzidos por conflitos na vida privada ou por feridas psicológicas pessoais, mas no seu aspecto de reação a um ambiente público de mentiras e violência iminente. Antes de a implacabilidade totalitária dos nazistas revelar-se em todo seu horror — quando, como escreveu ela, "o regime ainda estava pisando de leve" —, muitos já sabiam, por meio de sonhos, o que aconteceria.[16]

Beradt surpreendeu-se ao notar que os sonhos eram surpreendentemente diretos: "Esses sonhos adotam formas e aparências que não são nada mais complicadas do que as que vemos em caricaturas ou sátiras políticas, e as máscaras que usam são tão transparentes quanto as usadas em bailes à fantasia." Beradt, na verdade, usou expressões que ouvimos freqüentemente quando pessoas descrevem um Sonho Curativo: "especialmente intenso e direto... construído de uma forma geralmente coerente, factual e mesmo dramática, tornando-os fáceis de lembrar... Quando eram contados, muitos deles começavam com as palavras 'Eu jamais vou me esquecer disso'."[17]

Descobriu, espantada, que até mesmo pessoas comuns estavam vendo as "verdadeiras manifestações de uma nova ordem".[18] Com base em uma larga experiência, concluiu ela o seguinte: "Podemos supor com segurança que grande número de pessoas eram atormentadas por sonhos muito semelhantes durante o Terceiro Reich."

As observações de Beradt sugerem uma interessante pergunta: poderiam forças compensadoras, nascendo na psique, tê-lo abrandado, antes de o fascismo ter atingido sua virulência final, concentrada. Se a Alemanha pré-nazista tivesse sido rica em grupos de sonhos, compostos de pessoas comuns — se elas tivessem contado umas às outras seus pesadelos, dando-lhes voz —, teria esse fato funcionado, de maneira ainda que modesta, como uma vacina contra o totalitarismo, dando-lhes a possibilidade de tirar coragem das visões interiores recíprocas?

Ou o que teria acontecido se elas tivessem simplesmente *acreditado* em seus sonhos? Freqüentemente, pensamos na Alemanha nazista como um grito de alerta contra o inconsciente desenfreado, quando a estrutura do ego civilizado de uma nação é derrubada pelo id descontrolado, e as diretrizes cegas de Eros e Tanatos adquirem a força coletiva de uma avalanche. Mas não seria mais correto dizer que seus cidadãos tornaram-se surdos ao próprio inconsciente, cegos para seus pesadelos e ficaram mudos quando ouviram a voz da psique?

Há um pesadelo bem documentado que ajudou um homem a ter a coragem de lançar-se contra o *juggernaut* avassalador. Franz Jaegerstetter, austríaco, pouco antes do irrompimento da Segunda Guerra Mundial, recusou-se publicamente a aceitar convocação nazista para servir nas Forças Armadas, um dos poucos casos dessa natureza em que existe um dossiê detalhado. Durante o processo, ele disse em depoimento que seus atos haviam sido inspirados por um sonho impressionante: *Estou em um vale e vejo um trem ganhando velocidade ao descer de uma montanha, e observo, cheio de espanto, enquanto centenas, depois milhares e finalmente milhões de pessoas sobem a bordo. Estou pensando em eu mesmo fazer isso quando uma voz retumbante diz: "Esse trem está indo para o inferno!"* Ele teve certeza de que, acontecesse o que acontecesse, jamais poderia subir a bordo desse terrível veículo, que levava uma parte tão grande da humanidade para o abismo. Em 1938, com toda a bárbara pompa do militarismo prussiano, Jaegerstetter foi condenado por traição e publicamente decapitado.

O sonho, porém, uma vez passado adiante, não morre. Transforma-se em uma semente viva, deitando raízes no mundo. Essa história me foi contada por Daniel Ellsberg, o homem que deu o grito de alerta no caso dos Documentos do Pentágono, durante a guerra do Vietnã, irritando de tal modo o presidente Nixon que os "encanadores" da Casa Branca foram despachados para lhe arrombar o escritório. Ellsberg foi julgado por violar a segurança nacional e por pouco escapou de uma longa sentença de prisão. Continuou em seu caminho para tornar-se um ardente ativista antinuclear, concentrando sua raiva nas armas de destruição em massa. "Quando me sentei nos trilhos para bloquear o trem de carga que ia entrar na fábrica de armas nucleares de Rocky Flats, onde era refinado plutônio suficiente para produzir cem, mil Auschwitzes, lembrei-me do sonho de Jaegerstetter. Consolei-me pensando que o que eu fazia era certo e que poderia agüentar as conseqüências."

Terapeutas informam que, não raras vezes, seus pacientes têm terríveis pesadelos sobre aniquilação nuclear. A psicóloga e escritora Gayle Delaney escreve sobre uma cliente que, depois de decidir reduzir suas sessões de análise a uma por semana, após engravidar, sonhou o seguinte:

Ocorreu um holocausto nuclear. Estou em um quarto. Olho pela janela e vejo uma nuvem em forma de cogumelo, de várias cores. Penso: "Oh, merda, alguém finalmente fez isso!" Resolvo que prefiro morrer imediatamente do que sofrer uma demorada doença nuclear. Ainda assim, tento sobreviver. Em seguida, devido à catástrofe, a conduta civilizada desapareceu do mundo: encontro pessoas lutando, empenhadas em combate letal... não havia mais os controles habituais.

Conclui Delaney: "As associações da paciente tratavam principalmente de sentimentos de medo, por ter reduzido as consultas comigo a uma por semana. Nós atribuímos esse sonho apocalíptico a uma preocupação bastante mundana e não-violenta: o medo de possíveis conseqüências físicas por reduzir a freqüência da análise." É verdade que até os sonhos de aparência mais titânica podem, em um nível, tratar de preocupações no nível do chão. Ainda assim, será esse sonho realmente tão diferente dos catalogados por Charlotte Beradt? Talvez a psique da paciente esteja tentando chamar atenção para o espectro silencioso do holocausto nuclear em uma era em que, a despeito do fim da Guerra Fria, o "clube" nuclear continua a atrair novos membros, e milhares de mísseis permanecem em estado de alerta.

O poeta Michael Ortiz reuniu numerosos sonhos sobre apocalipse nuclear em seu livro *Dreaming the End of the World.* Ele os considera como um mito moderno emergente — iniciações em uma morte psicológica coletiva e renascimento para banir a possibilidade de autodestruição. Nos exemplos seguintes, pessoas comuns enfrentam o potencial apavorante dos arsenais do mundo:

- *O lugar onde morávamos foi atacado com uma bomba nuclear e eu, com minha família, estamos tentando fugir. Estávamos andando, levando algumas coisas, não muito, e centenas de pessoas faziam também a mesma coisa... As margens da rodovia eram altas demais para ver do outro lado e não havia tráfego, nenhum carro. O choque chegou e o horror nos atingiu em cheio quando fomos ao lugar onde um viaduto passava por cima da estrada e eu vi centenas de pessoas andando na direção oposta. Não havia para onde ir, nenhum refúgio. Aquela vista afetou todos nós.*
- *Uma camada de poeira vermelha cobria tudo. Se a respirássemos, morreríamos... Desviamo-nos por uns 30 quilômetros para um lugar onde não havia tanta poeira radioativa. Eu carregava meu irmão. Podíamos ver a nuvem em forma de cogumelo enquanto andávamos. A caminho, nós comeríamos*

> *grama. A nuvem de cogumelo era horripilante. Estávamos tentando sobreviver. Às vezes, o ar ficava preto e não podíamos ver coisa alguma.*[19] [Este último, contado por uma menina de nove anos.]

Pode parecer talvez estranho que eu classifique como Sonhos Curativos esses tipos de pesadelos, mas eles são exatamente isso — tanto quanto os sonhos dos que entreviram os horrores iminentes do nazismo. Os sonhos podem nos atrair para a completeza ou, por medo, forçar-nos a aceitá-la. Mas, em primeiro lugar, temos de estar dispostos a encará-los. À medida que as tecnologias nucleares se espalham como uma praga, torna-se mais premente do que nunca a urgência de eliminar na sociedade a guerra e suas raízes. Os sonhos nos forçam a enfrentar interiormente alguns dos aspectos mais horríveis do mundo em que vivemos, acicatando-nos a procurar um meio de mudá-los.

Às vezes, perguntamo-nos se não devemos seguir o exemplo de Augusto, o imperador romano, que baixou uma proclamação determinando que todos aqueles que sonhassem com o destino da república tinham o dever de proclamá-lo na praça do mercado. A esse propósito, escreve o dr. Montague Ullman: "Enquanto nada de importância [do sonho] tiver permissão para encontrar sua própria maneira de voltar à sociedade, o indivíduo ficará entregue a seus próprios meios e não terá outra opção que lhe absorver os mistérios em sua consciência ou inconsciente. Nenhum espaço é deixado para qualquer desafio à ordem social."

A bomba, dizem-nos os sonhos, está fora e dentro de nós. Quando repasso meus diários antigos, fico espantado ao notar com que freqüência, no período anterior à minha doença, os sonhos eram sobre holocausto nuclear. *Há uma bomba atômica na garagem, prestes a explodir*, avisa uma entrada no diário. *A Terceira Guerra Mundial explode e todas as grandes cidades sobem pelos ares*, diz outra. *Estou no México... estamos suficientemente longe da precipitação radioativa?* Uma década mais tarde o governo liberou um estudo no qual transparecia que até setenta mil casos de câncer da tireóide — incluindo, talvez, o meu — foram causados por iodo radioativo presente na precipitação e que contaminou o leite consumido em todo o país por crianças durante a era dos testes atômicos.[20] De corpo e alma, dizem-nos os sonhos, estamos ligados ao destino do mundo, como o do mundo está ligado ao nosso.

O filósofo alemão Georg Hegel observou certa vez que, se os sonhos com um determinado período histórico fossem coletados e analisados, eles dariam "uma idéia precisa do estado de espírito predominante na época". Que tipo de estado de espírito prevalece nos sonhos de americanos modernos e de outras pessoas em todo o mundo e o que podem significar para nosso futuro? Diz Ortiz que, comuns como sejam os sonhos com o apocalipse, ele pouco encontrou que se referisse à catástrofe ecológica, a despeito do buraco na camada de ozônio, da extinção acelerada de espécies animais, do aquecimento global e do desmatamento das florestas tropicais. Sugere ele que até os sonhos podem estar sujeitos a alguma forma de "conservadorismo psíquico", acrescentando: "Talvez seja ainda necessário um bom número de anos antes que a psique possa completa e nitidamente imaginar — e, em conseqüência, reagir — a uma catástrofe ecológica."

Nós, porém, estamos ouvindo um apelo; alguns, através de visões de devastação ambiental; outros, de visões elegíacas sobre a beleza da terra em perigo e seus maravilhosos seres vivos. Minha amiga cree, Sylvia, disse-me que embora seus sonhos se destinem em geral apenas à tribo, nos últimos anos eles começaram a instruí-la: "Chegou a hora de todas as culturas trocarem informações sobre a preservação da humanidade." Alguns membros de seu povo, diz ela, estão ouvindo o mesmo apelo em sonhos, a mensagem de "estar preparados para se unirem nas dificuldades. Há muito tempo, nossos anciãos sonharam que haveria mudanças climáticas, que a cadeia alimentar correria risco, que seria menor a abundância. Meus sonhos mostram-me que esse tempo está chegando, um tempo que será difícil, tal como os Sujos Anos 30 no Canadá". Diz ela que os sonhos são muito vívidos, mostrando-lhe colheitas menores e "até a relva não é mais tão verde". Outros de seu clã tiveram visões semelhantes. A irmã, certa noite, ouviu uma voz retumbante, que a acordou no meio da noite, dando-lhe informações sobre as mudanças climáticas que viriam: "O marido dela ouviu-a, também", diz Sylvia, acrescentando secamente: "E ele é russo!"

Os sonhos levam-na a sentir, diz, "uma sensação de urgência para lembrar-se do conhecimento que recebi em criança e para compartilhá-lo com meu povo. Nos sonhos, eu cavo a terra em busca de raízes, mostrando onde encontrá-las. Como plantar as coisas de que preciso, seja em terreno pantanoso, em campinas ou em matas".

Uma amiga me contou um sonho inesquecível, obcecante, que teve há 15 anos e que só agora começa a compreender: *Estou na praia e vejo dezenas, cen-*

tenas, de pessoas morrendo, baleias encalhadas. Subitamente, de um buraco jorra um gêiser de enxofre misturado com sangue. Fico horrorizada. Anos depois, incidentes semelhantes, juntamente com outros sinais e portentos das lentas agonias do mundo natural, começaram a ocorrer. Todos nós estamos acostumados demais a ignorar as "notícias" que nos chegam das profundezas da psique, até que elas sejam confirmadas pelo jornal diário e o noticiário das 6h. Hoje, sonhos me falam do que os hopis chamam de *koyaanisqatsi* — vida sem sacralidade, a alma, corroída, dilacerada pela desarmonia. Numerosos povos indígenas dizem que as árvores, os animais, as rochas e os riachos estão lhes "dizendo" que nossa situação tornou-se pavorosa, que a Mãe Terra está gemendo. Poderemos criar uma sociedade que tire água do poço dos sonhos e tenha coragem de bebê-la, todos juntos — antes que se acabe o tempo para sonhar?

Capítulo 7

A comunidade invisível

O reconhecimento de que a psique é autônoma, algo realmente existente que não é você, só dificilmente se compreende e aceita. Isso porque significa que a consciência que você chama de si mesmo está num extremo. Você descobre que não é o senhor de sua própria casa, não vive sozinho no seu quarto, há fantasmas em volta que criam confusão com as suas realidades e isso é o fim de sua monarquia.

Carl Jung

SE REFLETEM A SOCIEDADE COMO UM TODO, OS SONHOS FORMAM TAMBÉM uma sociedade em si, habitada por uma numerosa população. Na maior parte do tempo, conhecemos muito bem certas figuras em nossa vida — amigos e inimigos, pais e cônjuges, filhos e vizinhos. Às vezes, contudo, imagens espantosamente vivas invadem-nos os sonhos, procedentes de uma origem que parece situar-se além da psique. Esses seres (porque é difícil pensar neles como outra coisa) são as fontes do folclore e do mito. No passado remoto, suas visitas inspiravam religiões — o sonho de Maomé com um "anjo em forma humana", mostrando-lhe, em uma tela de seda, o santo Alcorão; a visão que o patriarca mórmon Joseph Smith teve de um ser dourado; a tutela budista do Tilopa pelo Vajradhara azul; a luta do bíblico Jacó com o anjo.

Essas histórias parecem ao olho moderno despachos jornalísticos bolorentos de uma era de milagres, perdida no passado. Sentimo-nos confusos com relatos sobre outros tempos e lugares, contando que divindades, demônios, anjos, ancestrais e mensageiros celestiais faziam visitas rotineiras à casa do homem. As histórias de que o deus curador Asclépio aparecia aos buscadores em transe nos templos de cura da Grécia parecem-nos versões, no mundo antigo, das visões de Elvis. Onde estarão agora esses deuses? Por que eles não se revelam a nós? Hoje em dia os sonhos (pelo menos, os que contamos) transbordam com o que Freud chamou de *Tagesreste* — com o "resíduo do dia" de nossos emprego e relacionamentos, com o farfalhar da angústia cotidiana. Frases surradas como "ouça seu anjo da guarda" ou "o diabo se apossou de mim" diferem muito das experiências assombrosas catalogadas nas escrituras sagradas do mundo.

Mas a verdade é que mais pessoas ainda têm experiências com irresistíveis figuras de sonho do que se sentem à vontade para confessar isso. Entrevistei um número surpreendente de pessoas que atestam — não raro, com relutância, depois de eu tranqüilizá-las de que sua sanidade mental não seria posta em dúvida — que o portal entre os mundos continua tão aberto como sempre. Ouvi descrições de figuras como "treinadores", "guias", "arcanjos" e de outros seres de variada aparência e atributos. Um comentário típico é que esses sonhos parecem "autônomos, desenvolvendo-se por si mesmos, nada que jamais conheci ou que poderia inventar". Algumas pessoas descrevem essas experiências como de bem-aventurança, outras como intimidadoras. Em outras ocasiões, os sonhos inspiram a definição do dicionário, de *temor reverencial* — "medo misturado com reverência" —, como naqueles quadros sobre a Anunciação, quando Maria põe o braço diante do rosto, numa tentativa vã de negar a presença do anjo resplandecente.

Essas invasões continuam a ser aceitas em culturas tradicionais, de onde os habitantes do mundo dos sonhos não foram ainda banidos. Joseph Shabalala, pastor sul-africano que fundou o famoso grupo coral Lady-Smith Black Mambazo, diz, no tom de voz o mais normal possível, que suas canções e arranjos são cantados para ele por crianças que vê em sonhos, "flutuando entre o palco e o céu. Elas me ensinam exatamente esse som". O XIII Dalai Lama, falando recentemente em um programa de televisão sobre a diferença entre "sonhos importantes" e sonhos comuns, mencionou casualmente que, dormindo, recebe novos ensinamentos do V Dalai Lama, uma figura histórica conhecida por sua visão ecumênica.

O fato de esses encontros serem conhecidos dos índios americanos é comprovado pela *spomitai* ("os seres do alto"), da tribo blackfoot; o *miyun*, dos cheyennes ("seres misteriosos"); e o *pawakan* ("espíritos do sonho"), dos ojibwas. Os espíritos tampouco deixaram de aparecer, pelo menos para os que são receptivos. Quando tinha seis anos de idade, na reserva dos índios crees em Alberta, no Canadá, Sylvia teve um sonho marcante que a escolheu como aquela que poderia ver o que os outros não viam. No sonho, viu um tio morrer em um desastre de automóvel — ouviu o som horrível de metal amassado, a chuva fina de cacos de vidro na calçada e os gemidos do homem agonizante. Alguns dias depois, a tragédia aconteceu. Apavorada, pensando que, de alguma maneira, havia causado aquilo, esperou vários dias antes de reunir coragem suficiente para contar o sonho ao amado avô. Ele respondeu da mesma maneira que os anciãos da tribo responderam durante séculos, quando descobriam que uma criança possuía esse dom. Chegou a época, disse-lhe suavemente, de lhe ensinar as peculiaridades do sonho.

Ela se lembra do avô, e também cacique da tribo, sentando-a no colo durante as reuniões do conselho e pedindo-lhe que contasse seus sonhos ao círculo de anciãos. Após alguns anos, um mestre começou a lhe aparecer nos sonhos, um espírito "avô" (*mushum*). Diz Sylvia que ele parecia uma pessoa comum, "exceto que o vi durante toda minha vida e ele jamais envelheceu um só dia". Ela o descreve como tendo entre 30 e 40 anos de idade, vestindo calça *jeans* e camisa parda amarelada "da cor das folhas no outono", e usando um boné com pala, mas que não lhe escondia os olhos ternos e irresistíveis.

No início, diz ela, ficou intimidada demais para saber como responder. Mas, à medida que os anos passavam, aprendeu a lhe fazer perguntas. "Ele é muito calmo. Explica as coisas de uma maneira que não vou esquecer, e nunca se apressa." O ser mostrou-lhe maneiras de aliviar o impacto negativo de eventos no futuro e ajudou-a em problemas familiares. Ele sempre fala em um dialeto cree arcaico. "Ou ele não sabe inglês ou se recusa a falar nessa língua!" Sylvia, vivendo em uma cultura em que experiências desse tipo constituem a norma, não acha que tenha criado o "avô" através de um ato de imaginação ou que ele simbolize o aspecto avoengo de si mesma ou o "arquétipo do ancião sábio". Ele simplesmente *é*, tanto, à sua maneira, como ela mesma *é*. "Ele me disse uma vez", lembra-se: "'Nós viemos para ajudá-la e para você nos ajudar.'"

As palavras simples de Sylvia sumariam elegantemente a necessidade mútua de colaboração que liga o sonhador à comunidade invisível. "É como se eu tivesse dois empregos", diz ela, "um durante o dia e, o outro, à noite. É muita coisa o que eles querem que eu aprenda. Às vezes, tenho de lhes pedir que me deixem só, por um momento."

Ela ri, mas seu rosto de duende brincalhão parece momentaneamente preocupado. Sylvia trabalha como terapeuta em psicodramas com crianças que sofrem os efeitos devastadores de vida na reserva — síndrome de alcoolismo fetal, abusos, famílias perdendo a esperança. Os sonhos lhe mostram ocasionalmente as cerimônias que devem ser realizadas pela tribo para fins de restabelecimento e cura. Ela acha que deve não só contar o sonho com tanta fidelidade quanto possível, mas agir para que as visões se transformem em realidade. "É uma grande responsabilidade recebê-los", diz ela. Certa vez, foi-lhe mostrado um ritual especial com tambores, cujo nome ela sussurra, mas me pede para não repetir. ("Meus anciãos ficariam furiosos comigo... Esses rituais são secretos.") Certa vez, os mestres mostraram-lhe como construir uma cabana especial, descendo a detalhes como a posição do fogo ofertório e onde alimentos sagrados específicos deveriam ser postos nos altares. Quando os descreveu no conselho, um homem muito velho balançou-se sobre os calcanhares. "*Quem lhe ensinou isso?*", perguntou, atônito. Reconheceu-o como um rito histórico obscuro, que não fora realizado na área nos últimos duzentos anos. A preparação necessária para trazer esse sonho à vida requer tempo, despesas e investimento emocional. "O espiritual não é uma categoria, mas cada momento da vida", diz Sylvia. "É o que fazemos sete dias por semana, trezentos e sessenta e cinco dias por ano, acordados ou dormindo. O mundo espiritual me ajuda e, em troca, eu o ajudo."

Ouvindo Vozes

O pacto de Sylvia com o mundo espiritual é um costume antigo, profundamente enraizado na tradição tribal. No caso de um ocidental moderno que, de repente, é envolvido por esses sonhos, o trabalho para compreendê-los pode ser muito mais difícil. O que parece culturalmente exótico ou anacrônico torna-se irresistivelmente relevante. Em contato com um ser de sonho, fazemos as mesmas perguntas que dirigiríamos a um estranho que nos batesse à porta: *Quem é você? De onde vem você? O que é que você quer?* Encontros desse tipo despertam emoções que variam de espanto e medo a deleite e mesmo indignação.

O meu mais vívido contato com a comunidade invisível ocorreu durante um período fortemente condensado em uns poucos meses. Em um doloroso momento de opção em meus problemas de saúde, eu me senti bruscamente assediado por, digamos, já que não me ocorre uma palavra melhor, presenças. Em uma visita, elas me *mostram um brilhante campo verde, cruzado por um regato sinuoso cor de esmeralda, uma cena tão clara quanto uma pintura em um pergaminho tibetano. Vejo uma antiga garrafa de vidro pairando no ar, sua água pura sendo derramada por uma mão invisível, até que metade é esvaziada no chão. O ar parece denso de ameaça. "Isto", troveja uma voz, "é trabalho de Hécate!"*

Inicialmente, identifiquei a garrafa como sendo minha glândula tireóide, um vaso que contém as próprias águas da vida. Metade dela deveria ser extirpada por cirurgia, uma perspectiva que me deixava nauseado. Mas quem era Hécate? Vagamente, lembrei-me de uma feiticeira em uma peça de Shakespeare. Quando procurei o nome no *Bullfinch's Mythology*, descobri que era uma divindade romana, uma mestra da magia e dispensadora de pesadelos "suficientemente poderosos para despedaçar toda teimosia". Só mais tarde descobri que Hécate estava também ligada à propria interpretação de sonhos. Conhecida como *phosphoros* — uma substância que brilha no escuro —, ela corporificava, sugere o analista James Hillman, o princípio de que aquilo que nasce na escuridão tem de ser visto também na escuridão: isto é, temos de nos submeter ao mistério do sonho antes de podermos decifrá-lo. Abordar sonhos de acordo com a maneira dessa deusa consiste, em primeiro lugar, em "abandonar tentativas de descobrir-lhes uso no mundo de vigília".[1]

Embora em nossa realidade, quando acordados, façamos um mapa da trajetória de nosso destino, Hécate, que era a guardiã das encruzilhadas sem marcas, proclama que não podemos fazer um desvio em volta dela. Se queremos mudar nosso destino, temos de reconhecer, em nossas vísceras, o que ela faz no sonho. Na minha própria e fatal encruzilhada, sem saber que caminho tomar, ouvi, em mais de um sonho, uma voz fazendo pronunciamentos oraculares, geralmente em uma ou duas frases que eu podia lembrar, palavra por palavra. Não era uma versão de minha voz nem de ninguém que eu conhecesse. Com freqüência, era muito alta, como um grito num corredor, ou uma proclamação ecoando como trovão vale abaixo. E era também uma voz assexuada, como um *chip* de voz em uma secretária eletrônica. Uma parte minha queria tapar os ouvidos; outra parte queria desesperadamente continuar a ouvir.

Em pesquisas posteriores, descobri que essa voz não é rara em Sonhos Curativos. Sylvia chama-a de "voz de sistema de intercomunicação", descrevendo-a como se saísse de um alto-falante. "A voz não ameniza palavras. Diz a coisa como ela é. Às vezes, toca um ponto doloroso, tal como se estou procrastinando ou preciso mudar um comportamento prejudicial." Descreve-a como "tonitruante", como também o dr. Brugh Joy, referindo-se "à voz trovejante em meu sonho que me levou a abandonar a medicina". Um índio navajo contou certa vez a um antropólogo como seu povo identifica um espírito autêntico de sonho: "Quando nossos ouvidos vibram, ele está nos dizendo o que fazer, pois ele está longe, viajando e está tentando nos transmitir uma mensagem."

Antropólogos comentaram esse "tom imperativo" e "a fala didática" de presenças descritas por índios americanos visionários. Os seres usam uma "estrutura autoritária de comunicação", freqüentemente "uma fala direta ao indivíduo, sob a forma de comandos ou instruções" que são "extraordinariamente curtas e sucintas". Jung, que observou que "os arquétipos falam a linguagem da retórica rebuscada, até mesmo bombástica",[2] acreditava que a ocorrência de voz no sonho representava quase sempre "alguma verdade ou condição que está além de qualquer dúvida". Santa Teresa de Ávila, contudo, que descreveu em detalhes as "locuções" que lhe foram concedidas ("As palavras são perfeitamente formadas, mas não escutadas com os ouvidos físicos... tenho de escutálas, queira ou não"), prevenia que algumas vozes vinham de "bons espíritos"; outras, de "maus espíritos", e que algumas eram "criadas pelo próprio intelecto ou pelo espírito falando consigo mesmo".[3]

Esta última condição constitui um comentário psicológico percuciente: tais vozes poderiam estar falando por percepções que nos recusamos a reconhecer. É bem verdade que tendemos a negar muitas delas, ignorando freqüentemente as dicas subliminares que nos chegam da periferia da consciência. Essas explicações, porém, são inadequadas para uma experiência invariavelmente descrita em termos de uma poderosa sensação de estarmos em "outra dimensão", para onde somos "levados" por uma misteriosa presença-guia que nos "mostra" ou nos "diz" coisas. A esse respeito, disse o sábio persa Rumi: "Quando a ouvem, todos compreendem a voz. Ela fala, com a mesma autoridade, a turco e curdo, a árabe da Pérsia e a etíope, a mesma língua!"

Wanda, uma contadora de 34 anos, recebeu convite para um novo emprego em outro estado no exato momento em que descobriu que sua companhia, em Nova York, ia ser liquidada judicialmente. Nessa noite, antes de dormir, meditou e prometeu a si mesma seguir fielmente qualquer orientação que pudesse receber. E teve um sonho incomumente vívido: *Estou em um ambiente rural, descampado. Fico impressionada com o verde vibrante e profundo da relva. A voz, que sei claramente que é de meu guia, convida-me a acompanhá-lo em um passeio.*

No sonho, ela visita o prédio do novo emprego em perspectiva, sentindo a sedução de poder e prestígio do local. Em seguida, é levada a rever o lar de sua infância e os pais, ao mesmo tempo que a Voz lhe diz que seria uma grande traição se ela aceitasse o emprego. Num pronunciamento típico de provérbio, a Voz diz: "Tão importante como saber quando ir é saber quando ficar."

Na página impressa, essas palavras parecem um mero chavão. Mas constitui um aspecto peculiar dessas vozes dar até aos sentimentos mais banais o peso de uma revelação. Wanda acordou profundamente impressionada, revolvendo a frase na mente. Resolveu, com "um coração trêmulo", recusar o emprego, sem saber o que disso poderia resultar. Meses depois, em uma viagem de carro pela Costa Leste, chegou por acaso a uma cidade da Carolina do Norte, cujo verdor vibrante lhe lembrou fortemente a paisagem do sonho. Embora jamais tivesse, "em seus momentos mais loucos", imaginado residir no Sul, sentiu que aquele local deveria ser seu novo lar. (Essa conclusão foi confirmada em outro sonho pela "Voz do guia", que lhe disse com simplicidade: "É aqui que você deve ficar.") Ela lá reside, feliz, em uma nova vida e profissão, há mais de uma década. Sobre a Voz, diz: "Ela nunca mentiu. Ela se comunica em um nível inteiramente diferente. Nela não há dimensão de tempo ou espaço, embora seja intensamente pessoal. A Voz não diz: 'Você tem de obedecer.' Ela simplesmente me mostra."[4]

Às vezes, a voz autoritária que dá instrução espiritual no sonho parece a própria voz de "Deus", tal sua aura de autoridade final e sabedoria ilimitada. Uma pessoa me contou que, quando era estudante universitário e se sentia incerto sobre que direção tomar na vida, foi interpelado por uma voz de sonho: *Ouço a palavra SOCORRO! É a palavra em tom mais alto que jamais ouvi, mas pronunciada com um estranho som de uma nota só, como um rádio. Penso que tenho de estar morrendo. Acordo num sobressalto, o coração batendo descompassado.* "Depois de pensar no sonho", diz ele, "cheguei à conclusão de que a voz era simultaneamente da terra e de Deus, gritando '*Ajude-me.*' É uma coisa estranha pensar que Deus pode precisar de ajuda humana, mas essa foi minha clara impressão." (A idéia de que a Criação depende de nós constitui um *insight* paradoxal de muitos místicos, como disse o poeta Rilke: "Tudo tornar-se precisou de mim/Meu olhar amadurece as coisas.") O tal indivíduo terminou a faculdade e, em seguida, ingressou no ministério religioso, achando que havia recebido uma convocação vinda de um local simultaneamente muito acima dele e bem embaixo de seus pés.

Essa experiência parece com a de um jovem católico chamado Anthony que, à idade de 12 anos, ouviu uma voz do céu, dizendo: "Você tem de tornar-se padre." Anthony ficou confuso. Tendo estudado em uma rigorosa escola católica, não sentia qualquer interesse autêntico pelo sacerdócio e viveu um conflito terrível diante desse chamado interior. Mas, no caso, havia uma diferença crucial: sua história é um estudo de caso no *The Interpretation of Schizophrenia*. Tendo escolhido a carreira de matemático, ingressou na vida adulta exibindo "tendências esquizóides" e distúrbios obsessivos. A origem de seus problemas, concluiu o terapeuta, encontrava-se em uma ferida psíquica profunda, causada por uma mãe hipercrítica, dominadora, cuja voz ele havia internalizado.

Freud comentou certa vez que o superego é predominantemente auditivo. Talvez isso explique as vozes ouvidas, digamos, por psicóticos paranóicos, e que são freqüentemente de alguma divindade parental, castigadora. O psicólogo Julian Jaynes descreve da seguinte maneira a gama de vozes ouvidas pelos esquizofrênicos: "Elas conversam, ameaçam, amaldiçoam, criticam, consultam, freqüentemente em frases curtas. Repreendem, consolam, comandam e, às vezes, simplesmente anunciam alguma coisa que está acontecendo."

Psiquiatras usam a expressão "alucinações de comando" para descrever experiências nas quais os pacientes recebem ordens de Deus, Jesus, diabo, demônios, alienígenas ou assemelhados para praticar certos atos — tudo, de salvar o mundo a mutilar pessoas. À parte as questões de patologia clínica, justifica-se certo ceticismo quando o assunto é visões. Até mesmo o místico São João da Cruz reconheceu a necessidade de discriminação e análise, dando sensatos conselhos psicológicos em termos teológicos: "O demônio leva muitos a acreditar em visões tolas e em falsas profecias, e esforça-se para fazer com que eles suponham que Deus e seus santos lhes falam. E, não raro, eles confiam em suas fantasias."

Todas as tradições espirituais falam sobre as várias classes, por assim dizer, de representantes autorizados de Deus. Na tradição judaica, por exemplo, o anjo Gabriel atuou como intermediário, nomeado "para trazer o homem a Deus e Deus ao homem". Escreve um comentador: "O sonho é uma manifestação de Deus em busca de humanidade e de nossa própria necessidade humana de reconhecer nossos próprios, inatos, poderes divinos."[5] Jung incluiu essas figuras de sonhos na definição dos arquétipos, que considerava como emissários de alguma fonte mais profunda de sabedoria. Embora pudessem ser considerados simbolicamente, os arquétipos, ao que parecia, tomavam também "sua própria iniciativa". Eles podiam, escreveu, "interferir em uma dada situação com seus próprios impulsos e suas próprias formações mentais... Eles vêm e se vão como lhes apraz e não raro obstruem ou modificam, de forma embaraçosa, nossas intenções conscientes". Isso se assemelha à maneira como os budistas tibetanos concebem as divindades de sua iconografia, desde as ferozes *mahakalas* às brincalhonas *dakinis* — como energias vitais autônomas, agentes provocadores dotados de maior percepção, personificações daquele aspecto da consciência que bica diligentemente a casca do ovo do ego até que um eu mais verdadeiro seja atingido.

Certa vez perguntei ao mestre espiritual Chögyam Trungpa Rinpoche se ele considerava os deuses do panteão tibetano como literalmente reais. "Não exatamente", respondeu ele. Senti uma onda de alívio com o frio racionalismo do budismo, sua consideração atenta aos particulares *deste* mundo. Mas, em seguida, ele sorriu, rangendo alto os dentes, como os khampas de sua província natal fazem quando querem que saibam que não estão para brincadeiras. O sorriso tornou-se tigrino. "Esse é o motivo por que eles podem entrar em qualquer lugar. Passam diretamente pela sua janela... ou através das paredes!"

É uma experiência alucinante ter caracteres imaginários, que aparentemente não criamos, destruindo nossa moradia psíquica. Somos confrontados com algo que é simultaneamente "interior" e totalmente "do além". A mente ocidental considera tais experiências profundamente perturbadoras. Quando, em 1952, o poeta Robert Duncan tomou mescalina, um alucinógeno, em um experimento realizado na Stanford University, teve uma visão muito nítida do que ele chamou de "a Árvore do Mundo", imensa e coberta de jóias, como um mosaico engastado. Por mais reverente se sentisse ante a majestade da "Árvore", prorrompeu em lágrimas quando se deu conta de que "estava vendo uma coisa que eu não fiz, não desenhei e que nenhuma outra pessoa fez". O que o perturbava era que seu processo criativo não lhe parecia ser a única origem de tal magnificência. Não apenas "ignorava a recusa de ter uma experiência mística", sua crença no concreto e no imediato — mas escarnecia de sua insistência em que, tal como um tapete de orações muçulmano, que leva uma vida inteira para ser tecido, sua vida seria "feita de milhares de fios que eu mesmo atei, fio por fio".

Experiências desse tipo ameaçam-nos a autonomia psíquica, a habitação bem conhecida e arrumada de nossa mente e corpo. O fato de a civilização ocidental, especialmente sob orientação da Igreja, ter virado as costas a tais coisas, é refletida na definição dada pelo dicionário à palavra *daemon*: a primeira definição é "um espírito inspirador ou interior"; a segunda, "um demônio, o diabo". Embora os *daemons* fossem considerados no mundo antigo como guias, guardiões e fontes de inspiração, existentes entre o divino e o humano, a doutrina cristã transborda com as advertências de São Paulo: "Não podeis beber na taça de *daemons* e na taça do Senhor."

Na opinião desses pensadores, a psique teria de ser, como um Deus monoteísta, apenas singular. Mas isso se choca com a pluralidade de nossa constituição. Os *daemons*/demônios de nossos sonhos dão rosto a todas as potencialidades humanas para o bem e para o mal. Sentimo-lhes a presença quando somos consumidos por uma ânsia insopitável, quando estamos em fogo para expressar uma idéia, ou quando somos tangidos por um talento que anseia por corporificação. Reconhecemo-lhes a existência em nossa linguagem quando falamos no "demônio de olhos verdes" do ciúme, chamamos um grande corredor de "demônio da velocidade" ou um grande matemático "um demônio com números". Ansiamos por sua inspiração; tememos que nos possuam. Não queremos ser "assumidos", mas quem não anseia por ser arrebatado por uma grande paixão ou ter um pensamento transcendente?

Nos sonhos, experienciamos o universo interior como um tumulto de seres com variadas finalidades e aparências, clamando por verdadeira atenção. Podemos vislumbrar, na descrição do *daemon* feita pelo romano Apuleio, o que podemos perder ao rejeitá-lo categoricamente: "nosso guardião, nosso vigia em casa, nosso próprio e correto árbitro, um buscador no mais profundo de nossas fibras, nosso observador constante, nossa testemunha inseparável, o reprovador de nossas más ações e o aprovador das boas... aquele que nos avisa antecipadamente em nossas incertezas, nosso ponto de referência em questões de dúvida, nosso defensor no perigo e nosso auxílio nas necessidades."[6]

O poeta Yeats escreveu sobre seus encontros visionários com "o Daimon, que sempre nos comete as obras mais árduas entre as que não são impossíveis", acrescentando: "Estou convencido que o Daimon nos liberta *e* nos engana."[7] Discutindo os arquétipos, Jung aconselhou que essas imagens fossem interrogadas com todo o cuidado. Sugeriu um caminho intermediário, no qual "nós nos expomos" aos arquétipos "sem nos identificar com eles, e sem fugir, porque fugir do inconsciente anularia a finalidade de todo o procedimento. Temos de defender nosso terreno".[8]

Geralmente, reagimos às nossas aflições nos sonhos como o faríamos acordados. Eu, com grande freqüência, vivencio meu eu sonhador como uma parte responsável, razoável e mesmo ofendida. São os *outros*, sejam deslumbrantes ou ameaçadores, sublimes ou ridículos, que causam todos os problemas. O ego do sonho — aquela parte que sinto como "eu" no sonho — é o ponto de vista já conhecido. E são precisamente os "estranhos" da comunidade invisível que contêm uma parte desconhecida do nosso ser. Eles incorporam as partes não assimiladas de nossa personalidade, as que mais precisamos ter, mas que o ego freqüentemente considera menos dignas — ou secretamente se sente menos digno do que elas. Eles estendem diante de nós as vidas que não vivemos, mergulham-nos em sentimentos desconhecidos, e novas e inquietantes perspectivas, desejos, terrores e sabedoria vedados a um nós-mesmos mais limitado. Podemos ignorá-los se nos parecem humildes demais, fugir deles se nos parecem terríveis (ou majestosos demais), distanciarmo-nos deles até que só ouvimos os baixos ecos de suas vozes na brisa. Ainda assim, eles permanecem, esperando apenas o amadurecimento de nosso apetite (e fortaleza de ânimo) por descoberta.

Nos encontros com a comunidade invisível, a hermenêutica — a ciência da interpretação, assim chamada em homenagem a Hermes, o mensageiro de pés alados dos deuses — torna-se de importância suprema. Hermes (conhecido também como Mercúrio, a essência "mercurial" da mudança) simboliza a incerteza do significado em si. Na Idade Média, ele era considerado às vezes como "um espírito ministrador ou prestativo, camarada e ajudante" e, em outras, como "um duende brincalhão ardiloso, enganador". Contradições não somem magicamente no reino dos arquétipos. Seres imaginários podem ser inescrutáveis, mesmo falsos em seus tratos conosco. Não são meros atores substitutos simbólicos, mas mistérios de importância vital. Nem sempre recebemos de braços abertos, ou mesmo reconhecemos, esses instigadores de crescimento, esses arautos de partes nossas que desconhecemos. Talvez um desconforto com sua ambigüidade multiforme estivesse por trás da obsessão dos antigos pela codificação intrincada do reino invisível. Jâmblico, filósofo grego do século III d.C., catalogou "distinções entre pessoas imaginárias em termos de sua beleza, movimentos, luminosidade e energia". Sustentava ele, por exemplo, que os heróicos *phasmata* eram "sujeitos ao movimento e ao acaso, e demonstravam magnificência; que anjos não falam; e que os *daimons* despertam medo, mas que suas atividades não são tão rápidas como eles parecem ser".

Muitas culturas possuem hierarquias finamente definidas dessas figuras. Os deuses do Olimpo, diziam, enviavam intermediários específicos, conforme suas finalidades. Telésforo trazia sonhos verdadeiros. Na *Ilíada*, Onírio, um deus dos sonhos de atividades mais gerais, foi enviado por Zeus para ficar à cabeça de Agamenon e lhe dizer que fosse à guerra, mas foi Hermes quem visitou Príamo para avisá-lo de que ele estava dormindo entre inimigos. Para os hopis, Palulukon, espírito das águas, aparece especificamente para condenar o sonhador por má conduta sexual ou agressão. Entre os maricopas, uma águia diz ao sonhador que ele se tornará um grande cantor.

A formação religiosa sempre incluiu exercícios espirituais — a contemplação extasiada de estátuas e quadros, a visualização repetida de divindades, em todos os detalhes —, a fim de preparar o iniciado para um encontro direto com uma sabedoria superior e prover o inefável da aparência apropriada. A experiência com o "mestre de sonhos", portanto, poderia ser interpretada de acordo com a forma reconhecível em que resolvem manifestar-se. Sem nos fornecer substitutos, a civilização nos empobreceu ao privar-nos desses antigos símbolos e costumes.[9]

De que modo podemos saber quando, como, ou mesmo se dar atenção aos habitantes numinosos dos sonhos? Lembro-me de ter sido cuidadosamente interrogado por um *tulku* tibetano, ou lama encarnado, quando anos depois lhe descrevi minhas estranhas experiências. Em que horas da noite eu tive esses sonhos?, ele quis saber. (Os tibetanos consideram as horas próximas do amanhecer como o domínio dos sonhos proféticos.) Vi as figuras ou simplesmente as ouvi? Após dez minutos de interrogatório, o lama fitou-me tranqüilamente e disse: "Às vezes, talvez seja bom fazer o que eles dizem."

Ícones dos Sonhos

Enquanto membros de outras culturas crescem na companhia de seus deuses, nós crescemos na companhia de estrelas de música pop e políticos, enaltecidos pela televisão com a mesma eficiência com que os deuses eram evocados em rituais e declamações épicas em volta de fogueiras. Surpreso, notei que os Sonhos Curativos freqüentemente convocam para serviço ativo esses ícones modernos, imbuindo-os com qualidades que os antigos encontravam em suas divindades. Em um livro encantador, intitulado *I Dream of Madonna*, o autor colecionou sonhos nos quais a diva camaleônica aparece como um cruzamento enfre Afrodite e a Virgem Maria, um anjo de poder feminino, de conforto e de uma espécie de travessura divina.

Uma mulher de 39 anos sonhou que subia para o terceiro andar da casa de um grupo de feministas. A casa possuía uma clarabóia, através da qual podia observar o esplendor estrelado da noite. Olhou para o alto em um estado de maravilha e expectativa e

> *em um súbito e miraculoso momento a Madona apareceu e cruzou a imensidão do céu noturno. Ela era uma projeção, uma aparição, uma Madona em carne, osso e ação ao mesmo tempo. Era visível a todos que olhavam para o céu naquele instante. O efeito sobre mim foi total. Compreendi em um grande lampejo de revelação que foi para isso que estivemos trabalhando o tempo todo, que esta era a dimensão da qual eu sentia tanta falta.*

Outra mulher de meia-idade sonhou que estava ajudando uma amiga a preparar um programa especial de televisão para a Madona. Enquanto conversavam sobre a deusa, notou que a amiga estava usando um vestido comprido pintalgado de ouro, com capuz azul, e que havia se transformado na Virgem de Guadalupe. No sonho, ela tremeu e não conseguiu articular palavra. A Virgem lhe ofereceu um drinque de "leite materno" em um copo plástico de remédio. Outra mulher sonhou que via a Madona usando um manto de veludo azul que arrastava pelo chão. A Madona levou-a para o banheiro, acendeu velas votivas, banhou-a ternamente, enquanto a canção "Like a Prayer" era tocada na "trilha sonora" do sonho. Um halo de luz dourada apareceu atrás da cabeça da Madona, enquanto ela *aspergia sobre minha testa a água que lhe fluía das mãos... Ao terminar esse ritual, ela me envolveu em uma toalha felpuda macia e me levou para minha cama. O brilho em volta da cabeça dela continuava e, quando ergui a cabeça, ela se curvou, beijou-me e, em seguida, desapareceu. Eu me senti como se tivesse sido batizada por amor e sexo, que a Madona, de alguma maneira, havia me purificado de experiências passadas com um ex-amante violento. No sonho, experimentei grande alívio por desprender-me dessas recordações dolorosas e chorei de alegria com a dádiva da Madona.*

Nesse caso, realmente "como a Virgem", Madona distribui bênçãos, proteção, sacramentos místicos, purificação espiritual, cura. A *persona* de uma insossa estrela pop transforma-se em um vaso para forças espirituais básicas. Bem, podemos imaginar que um bom número de semideusas de outras culturas foram outrora "estrelas" vivas, carismáticas, apoteoticamente elevadas a um *status* sobrenatural quando começaram a aparecer em Sonhos Curativos.

A Igreja declarou sacrílega a cantora Madonna. Mas ficou também contrafeita com o grande número de visões de Maria que, em anos recentes, surgiu em todo o mundo, atraindo fiéis para o que poderia ser descrito como aparições não-autorizadas da Virgem Maria. Comunicação pessoal direta com o divino ignora inteiramente as igrejas (talvez essa tenha sido uma das razões por que São Paulo atribuiu a demônios o pecado da desobediência). Se, no estado de vigília, submetemo-nos a numerosas autoridades —- as necessidades da família, os julgamentos da sociedade, as exigências de empregadores, de funcionários que decidem sobre empréstimos, de especialistas em imposto de renda, de guardas de trânsito, dos catecismos de igrejas ou templos —, a comunidade invisível pouca importância dá às hierarquias convencionais. O sonhador se vê face a face com uma autoridade interior, independente do mundo externo. As escrituras oficiais talvez percam um tanto de sua nitidez para uma epístola original, assinada, entregue diretamente ao sonhador, a tinta ainda fresca no papel. Experiências como essa podem ser, por quaisquer padrões, uma ilusão pura. Outras são exemplos de casos em que a "máscara de Deus" torna-se translúcida, quando entrevemos por trás da fachada uma glória imensa, uma solicitude que não conseguimos suportar, um reflexo hostil ou uma doçura incomparável. Nesses momentos, talvez algo não negociável esteja nos sendo ensinado, em palavras vindas diretamente dos lábios da Verdade insaciável.

Anjos Que Respondem

A vida mística judaica do século XVI ao XVIII foi fértil em guias sobrenaturais, chamados de *maggid* (literalmente, "aquele que relata", uma palavra usada para designar pregadores itinerantes). Conhecidos também como "anjos que respondem", esses seres apareciam supostamente em sonhos, em resposta a perguntas feitas no estado de vigília, trazendo respostas úteis, divinamente inspiradas.

De acordo com Hayim Vital, discípulo e biógrafo de Isaac Luria, o grande cabalista do século XVI, a qualidade de nosso próprio *maggid* dependia de nosso nível de realização espiritual. "Às vezes, os *maggidim* são autênticos, mas há também os que dizem mentiras." Na verdade, afirmava ele, a própria criação dos anjos tem origem nos atos do indivíduo a quem aparecem e, "por conseguinte, sua natureza será de acordo com esses atos". (O escritor Harold Bloom comenta que um anjo, "cuja capacidade de enganar depende da virtude relativa de seu criador humano, é uma imagem notável da natureza equívoca dos sonhos".)[10]

Certa vez, um xeque sufi disse-me que há três níveis espirituais de sonho: "Em um nível mais alto de consciência, estamos em um lugar sagrado ou com um grande mestre ou anjo de luz. Estas são revelações diretas que dispensam interpretação. Estamos realmente presentes. No nível intermediário, é como escutar uma bela história edificante, um belo sermão transformado em umas poucas imagens cinematográficas que contêm uma hora de conversa proveitosa. No nível básico, ocorre trabalho sobre nossa personalidade, questões da infância, problemas sexuais para as quais ninguém precisa de um xeque — essas coisas você pode saber com seu terapeuta!" E disse também que o tipo de sonho depende do adiantamento espiritual do indivíduo.

Não posso aceitar sem restrições essa opinião meritocrática: os "deuses" falam alto tanto a pecadores quanto a santos (embora a diferença talvez resida na capacidade de compreender e boa vontade em seguir). Entre o povo kagwahiv, os xamãs, poderosos sonhadores, eram descritos como *ipaji*, ou possuidores de poder. Mas era dito também que "todos os que sonham têm um pouco de *ipaji*".[11] Pessoas inteiramente comuns podem ter sonhos absolutamente extraordinários e, pessoas excepcionais, sonhos banais. Tenho observado que a maioria dos seres de sonhos tende a ser antiinflacionária, mais parecidos com o "anjo de segunda classe", caseiro, mostrado no filme *It's a Wonderful Life*, do que com criaturas celestiais dotadas de grande envergadura de asas, vistos em quadros da Renascença.

Karl, um morador de fala mansa do Meio-Oeste, de cerca de 40 anos de idade, mantém um relacionamento de vida inteira com essas instrutivas figuras de sonhos. Criado em uma família fundamentalista em que até a simples menção de sonhos era proibida, em uma cidadezinha de seiscentas almas de Iowa onde os sonhos eram condenados do púlpito como isca do demônio para fisgar os virtuosos, Karl aprendeu muito cedo a guardar para si mesmo essas experiências. "Eu não ousava nem mesmo *ler* alguma coisa sobre sonhos. Para mim, foi uma revelação quando cresci e descobri livros que diziam que essa coisa acontecia com outras pessoas."

Durante toda a infância, contou-me Karl, viveu "uma existência paralela", protegendo esse lado "profundamente entesourado" de sua vida, nada contando a pessoa alguma. Os sonhos, diz ainda, eram "a parte mais real". Conversador ponderado, ele como que mastiga cada palavra, como se a estivesse provando pela primeira vez. "Aprendi sobre coisas que não estava tendo na minha vida acordada — tal como o que se poderia chamar de inteligência emocional." Desde uma época tão remota quanto pode lembrar-se, teve uma guia particular nos sonhos, uma mulher de cerca de 30 anos, de cabelos escuros longos, suave e bem-humorada. "Estive apaixonado por ela durante toda a minha vida. Embora me sinta fisicamente atraído, o amor que sinto por ela é muito mais do que sexual. Na verdade nunca tive um sonho lascivo com ela. Ela me ensinou como lidar com as emoções, especialmente com a raiva, com a tendência a reagir violentamente. Nunca me repreendeu... e me recompensava com sua presença sempre que eu fazia bem alguma coisa."

A mulher desapareceu quando ele entrou na casa dos 30 anos, dizendo-lhe que nada mais havia que pudesse fazer para ajudá-lo. Foi um adeus e Karl ficou arrasado. Mais tarde, ela reapareceu, embora o relacionamento tivesse mudado: "Nesse momento, estamos em uma situação mais igual, embora a gente sinta falta de como as coisas eram antes." Em anos recentes, uma mocinha que parece filha da mulher foi incluída no relacionamento, "uma adolescente muito exuberante, descontraída. Parece que eu sou o mentor dela".

O mundo de sonhos de Karl é menos exótico do que uma vizinhança composta de amigos de longa data, conhecidos e mesmo rivais: ele, às vezes, sonha com "alguém que parece ser uma espécie de deus da natureza, fisicamente forte, de pele bronzeada, cabelos verdes que lembram plantas e olhos penetrantes. Ele sente em geral profunda desconfiança de pessoas e de mim em particular. Aparentemente, é o pai da mulher de cabelos escuros. Ele me disse que está me observando e que se eu cometer um erro, vou me arrepender". Karl sacode a cabeça. "Ele é um desafio."

Um sonho desse como que implora por uma interpretação freudiana. Karl descreve a mãe como pessoa fria e distante. O desejo de infância de ser acariciado por ela permaneceu ignorado. Poderíamos pintar um cenário em que, na falta do conforto maternal pelo qual ansiava, Karl inventou uma mulher de sonho, como um oásis em um deserto emocional. Na interpretação freudiana, o musculoso deus da natureza poderia ser a idéia de um pai ameaçador, um símbolo de complexo de Édipo não resolvido, despertado pelo desejo de receber um abraço da mãe. Karl, porém, que funciona em um nível sadio na vida normal, não considera seus estranhos companheiros como símbolos ambulantes. Eles são o que são, insiste, com personalidades tão sutilmente diferentes como ocorre com pessoas reais.

Considera-lhes a presença em sua vida como misteriosa e edificante, embora muitas vezes fique perdido, sem conseguir compreender a finalidade de suas idas e vindas. Certa vez, conta ele, "tive um sonho no qual eu entrava sem ser convidado em uma reunião que parecia ser de uma diretoria de empresa, e lá estavam *todos* os personagens de meus sonhos recorrentes! Fiquei perturbado... Era como se eles estivessem secretamente tramando uma estratégia por trás de minhas costas. Eu disse-lhes que, no futuro, apreciaria muito se eles deixassem aquela bobalhada sem sentido e me dissessem francamente o que pensavam, em vez de usar todos aqueles símbolos! Lembrei-me daquele cara de cabelos brancos — rude, entroncado, em fins da casa dos 50 anos, sempre me atenazando, fazendo troça de meus defeitos, e rindo às gargalhadas com tudo isso".

Tal como os deuses gregos, essas figuras, às vezes, parecem sentir um certo prazer em confundir os mortais, propondo enigmas, tentando convencê-los a agarrar o vento ou laçar a lua. Uma amiga contou-me um sonho que mostra bem os costumes independentes dessas figuras de sonho:

Estou em algum tipo de clínica. Pergunto à mulher que está do outro lado do balcão: "Se isto é um sonho, posso tocar em você?" Ela responde: "Pode." Aperto-lhe a mão. Para meu espanto, a mão dela é quente e sólida, e parece igualzinha a uma do mundo externo. Em seguida, volto-me para uma enfermeira que, nesse momento, descia o corredor e noto que ela dirige um olhar à mulher atrás do balcão, um olhar tipo "Oh, ela descobriu". Sinto uma sensação profunda de que esta é a vida delas, andar nos sonhos, exatamente como a gente tem um emprego aqui. E a enfermeira disse alguma coisa como: "Agora que sabe que isto é um sonho, nós temos um bocado de informações para você."

Essa atitude seria reconhecida por todos que tiveram encontros com essas figuras — um divertimento estranho, mesmo irônico, com nossas tentativas de reduzi-las à condição de meras representações, não mais do que nos submeteríamos a ser considerados como peças no jogo mental de outra pessoa.

Ingressando na Comunidade Invisível

Em nossa sociedade, o contato com o reino invisível e com as "informações" que oferece é em geral visto com certa restrição. Descrições de indivíduos que conversam regularmente com espíritos dos sonhos são encontradas principalmente em estudos antropológicos sobre sociedades tribais — e se julga que é esse o lugar que lhes compete. Em minhas pesquisas, porém, conheci um número surpreendente de sonhadores cuja história de vida seria imediatamente reconhecível por um ancião indígena. São pessoas que, em certo sentido, vivem na comunidade invisível, contando seus membros como partes de seu círculo de relações particulares. Embora em outras culturas pudessem ser facilmente identificados como xamãs, todos eles têm profissões, de empresários a ambientalistas, de artistas a cientistas. Aparentemente, concentram-se nas chamadas profissões de ajuda — o que não deve surpreender, uma vez que, na maioria das sociedades indígenas, quase todos os xamãs são também curadores.

Se pudéssemos traçar um perfil intercultural de indivíduos que passaram por essas experiências, o resultado seria mais ou menos o seguinte: uma criança tem desde cedo experiências visionárias (Sylvia lembra-se de deixar o corpo "e voar com os pássaros" quando ainda no berço), ouve vozes e escuta companheiros invisíveis, luta com uma doença que lhe ameaça a vida, descobre um mentor que a tranqüiliza e instrui (o vidente bíblico Samuel, nascido numa época de ceticismo sobre profecias, foi encorajado pelo ancião Eli), recebe em sonhos instruções espirituais, incluindo uma exposição completa de sua missão nesta vida (o mestre do sonho pode mesmo começar a aparecer durante o dia), e finalmente inicia, às vezes com uma resistência inerior não pequena, uma vida de serviço compassivo.

De modo geral, nossa cultura abstém-se de traçar uma distinção muito nítida entre esse tipo de dom e doença mental. Na verdade, em algumas pessoas, a síndrome talvez seja sintomática de (ou produza) delírios de grandeza, "possessão", ou incapacidade geral de distinguir entre fantasia e realidade. Mas, ainda quando as corredeiras da vida são ultrapassadas e um estranho dom é conciliado com as atividades da vida comum, esse chamado não raro sinaliza algum tipo de vida de dificuldades e austeridade. Essas pessoas estão, em certo sentido, sempre em estado de prontidão, estranhamente sensibilizadas para influências sutis, sejam elas deste ou do outro mundo, e enfrentando dificuldades para encontrar companheiros que lhe sejam simpáticas.

Conheci Laura Lawrence quando ela se levantou para falar — no início, hesitante, mas, em seguida, com uma convicção hipnótica — em um seminário médico. Psiquiatra de cabelos louros embranquecendo, e olhos azul-ardósia calmos, ela contou convincentemente uma cura pessoal que atribuía a um sonho vívido. Anos depois, um pedaço de papel com seu número telefônico surgiu de uma pilha de notas, resultando em uma série de conversas extraordinárias entre nós que detalharam a história da vida de uma xamã moderna.

Tanto quanto ela consegue lembrar-se, seus sonhos foram povoados por presenças invisíveis, que freqüentemente chama de "o Nós", devido à forma característica de tratamento, na primeira pessoa do plural, que elas usam. Ela não consegue pensar em outra palavra para essa "inteligência além de mim", que, diz, "ensinou-me as regras da empatia" já no jardim de infância. "Minha mãe diz que eu ficava perturbada se uma garota era ruim comigo, mas, se ela era cruel com outras meninas, eu ficava inconsolável. Eu sentia mais a dor delas do que a minha." A sensibilidade aguda causava-lhe perturbações emocionais: "Lembro-me de ter pensado em suicídio quando tinha cinco anos de idade, apenas eu não sabia como fazer isso." Certa tarde, porém, deitada de costas, olhando para o céu, teve uma experiência transcendente. "Eu não era mais meu corpo. Havia apenas aquele senso de vastidão do universo. Senti que estava ligada a tudo à minha volta, mas, ao mesmo tempo, era apenas um pontinho nessa enorme criação." (Essa descrição é tão boa como as melhores que ouvi daquilo que estudiosos do misticismo denominam de *mysterium tremendum*, a absorção pela grandiosidade do cosmo.)

De conformidade com a história da vida de tantos xamãs, Laura teve uma doença grave: "Quando era adolescente, pensaram que eu tinha leucemia", e diz que os indicadores nos exames de sangue ficaram misteriosamente normais após várias profundas experiências de meditação. (Embora erro de diagnóstico continue a ser a explicação mais provável, sua história é sobrenaturalmente semelhante à que Sylvia me contou. Ela, também, teve um diagnóstico de leucemia. Em seguida, em um sonho vívido, viu-se em um caixão, mas "Eu não queria estar ali, de modo que simplesmente saltei para fora e continuei a 'andar meu dia'". Um mês depois, os médicos descobriram que a contagem sanguínea tinha voltado ao normal, atribuindo a conclusão anterior a um erro de diagnóstico.) O ciclo de sofrimento e cura, diz Laura, solidificou-lhe a ligação com "o Nós", dando-lhe a sensação de ser "parte de alguma coisa muito maior. A dor acontecia por uma razão que um dia eu saberia, embora não soubesse quando".

Os sonhos ajudaram-na a escolher sua carreira de médica da mente, embora ela não encontre explicações de sua vida onírica nos textos de psiquiatria. Laura descreve uma categoria especial de sonhos nos quais parece viver outros personagens. "Eu experimento, em primeira mão, os diferentes pontos de vista dessa 'gente do sonho', sinto-lhes a personalidade, tenho mesmo suas lembranças... como se *fosse* elas."

Cita um sonho repetitivo que se desenrolou, com detalhes cada vez maiores, em um período de meses, nos quais sua identidade central era de uma menina cambojana de 12 anos que vivia em uma aldeia pequena e pobre. "Estou levando uma vida maravilhosa", recorda, com um pequeno sorriso. "Minha família está perto, temos parentes na aldeia vizinha." No sonho, volta de uma visita aos tios e tias e descobre que um incêndio lhe destruiu inteiramente a casa e que a família foi assassinada. "É uma devastação total. Experimento um sentimento tão forte, um horror tão grande, que quis morrer, tal meu sofrimento."

Vê as crianças da aldeia saindo da floresta, onde se esconderam durante o massacre, todas mais jovens do que ela, chorando e apavoradas, implorando-lhe que as ajude. Ela sente uma sensação estranha surgir das profundezas de seu ser de 12 anos, uma resolução férrea de levar todas elas à segurança. À medida que o sonho se desenrola, ela e sua pequena procissão são capturadas por soldados inimigos e forçadas a iniciar uma marcha para a morte. Duas vezes, tarde da noite, elas tentam escapar e, duas vezes, são capturadas e ameaçadas de execução instantânea. Mas fazem uma terceira tentativa, fugindo para a floresta, tremendo de medo enquanto as botas dos soldados batem surdamente através da relva, ao lado do lugar onde estão escondidas.

Finalmente, o jovem e assustado bando de crianças dirige-se penosamente para uma isolada casa de fazenda. No início, o fazendeiro quer entregá-las aos soldados. A esposa, porém, defende-as e, finalmente, muito apreensivo, o marido cede. A esposa do fazendeiro entra em contato com um grupo que vem contrabandeando crianças cambojanas para fora da zona de guerra. Elas são levadas para uma cidade européia e, finalmente, para a América e a segurança.

Esse sonho vívido de Laura repetiu-se um sem-número de vezes. Acordava ouvindo ainda "o Nós" lhe dizendo de forma bem audível: "Nós lhe enviaremos este sonho até que você lhe dê atenção." Em seguida, os sonhos terminaram. Ela não tinha idéia do que fazer com aquilo. Embora os sonhos lhe parecessem bem reais, era muito pouco o sentido pessoal que deles podia extrair, e acabou por esquecê-los.

Seis meses depois, uma engenheira cambojana foi encaminhada a seu consultório. Mãe de várias crianças pequenas, a mulher aparecera com síndrome do túnel cárpico e não podia mais trabalhar. Começava a sentir ganas de suicidar-se. Quando Laura pediu-lhe que contasse a história de sua vida, ficou atônita ao ouvir a própria história com que estivera sonhando, reproduzida em todos os detalhes.

Tipicamente, Laura não conta esse fato como uma história espantosa do mundo oculto, mas em termos de como a ajudou no diagnóstico e no tratamento. "Foi útil, em certo sentido, experienciar sua vida a partir de dentro, tornar-me consciente de sua personalidade, força, sua culpa por ter sobrevivido. Consegui que ela se abrisse para a dor horrível de ver o lar e a família destruídos, o que tornava tão mais triste sua situação corrente. O remorso dela tinha raízes profundas."

Laura nada disse sobre o conhecimento prévio que havia lhe multiplicado por mil a empatia. Mas, inevitavelmente, chegou o momento em que a mulher parou no meio de uma frase e disse, a voz trêmula: "Eu sei que você sabe tudo a esse respeito. Mas *como*?" Só então Laura falou sobre o sonho, descendo a detalhes específicos, como as pessoas que viu jogadas ao chão, trespassadas por baionetas ou chutadas até a morte quando não puderam acompanhar mais a parada até o campo de execução. A mulher escutou, as mãos na boca, os olhos enchendo-se de lágrimas. Quando Laura falou de um homem que havia sido morto de uma maneira extraordinariamente cruel, para dissuadir os outros de fugir, as duas choraram juntas com o que era, na verdade, a memória compartilhada de uma temporada no inferno. Laura havia sido "informada" ao fim do sonho que a jovem resolvera ser engenheira como maneira de honrar o pai assassinado. Ali estava a chave para dar vazão ao desespero profundo que ela sentia, de ser incapaz de trabalhar na profissão escolhida.

Em outra ocasião, Laura teve uma série de sonhos, nos quais levava a vida de uma estonteante moça na casa dos 20 anos: "Ela possuía um supercorpo, estava em excelente forma física, era muito atraente, embora talvez um pouco vulgar." A moça tinha cabelos louros descorados e usava maquiagem aplicada com todo o cuidado. Vestia saias curtas sedutoras, tinha um namorado que era um viciado completo em cocaína e sexualmente promíscuo. Laura, com formação clássica de psiquiatra, poderia, em outras circunstâncias, ter interpretado o sonho em termos psicológicos: era uma criação de sua própria libido reprimida, ou uma personificação — ainda que caracterizada como uma espécie de "puta não-assumida" — de uma "queda" para o sexual, o chocante, que precisava integrar em sua personalidade.

Mas reconheceu instantaneamente no sonho a assinatura de "o Nós" que dirigia o espetáculo. Certo dia, uma secretária de meia-idade, que sofria de grave depressão, veio a seu consultório. "Ela era uma mulher de aparência bastante comum, não usava maquiagem, tinha cabelos castanhos escorridos e excesso de peso. A intervalos, teve casos com um homem emocionalmente cruel. Quando fiz perguntas sobre o seu passado, ela se recusou a falar no assunto. Algumas sessões de tratamento depois, compreendi de repente que *essa* era a mulher de meus sonhos."

Ela dificilmente podia dar crédito à associação das duas — a figura do sonho não poderia ser mais diferente daquela criatura apática, desmoralizada, a sua frente. Depois de ter trabalhado com ela durante meses, sem conseguir lhe arrancar uma palavra sobre o passado, Laura fez uma única e penetrante pergunta sobre sexo. Os portões se abriram. Surgiu a história lúgubre de um parceiro sexual dono de uma Ferrari, traficante de cocaína, por quem havia se apaixonado quando estava na casa dos 20 anos, e uma referência a uma traumática festa de arromba. Em seguida, a mulher caiu no silêncio, evidentemente mortificada com o que tinha dito. "Eu nunca contei isso a ninguém", disse, a voz tensa de emoção. Começou a falar, parou e ficou em silêncio. Finalmente, Laura lhe disse que teve um sonho que pensava referir-se a ela. "O que era que eu estava usando?", perguntou a mulher, submetendo-a a um teste.

Quando Laura descreveu o traje que viu, que, na verdade, ela usou nos sonhos — "um bustiê vermelho chocante, com um decote tão baixo que mal cobria os bicos de meus seios, minissaia apertada preta de couro, meias pretas com costura atrás e saltos de 10cm" —, a mulher fitou-a, chocada, e disse em uma voz baixa, quase inaudível: "Deus lhe deu esse sonho para você poder me compreender." E contou uma história sórdida de encontros orgíacos que deu início à sua queda para uma vida vazia, de devassião, que por dentro odiava. Tudo aquilo saiu em um jorro único, catártico, que, como se verificou depois, foi o ponto decisivo na terapia. Tempos depois, a mulher lhe disse, espantada: "Durante todos esses meses a senhora soube, mas não me julgou porque a senhora *esteve* lá, também."

Ao contrário de muitos visionários da nova era, ansiosos para vender seu peixe em caríssimos *workshops*, Laura evitou a publicidade, preferindo continuar seu trabalho de cura com os pacientes que lhe cruzavam o caminho. Periodicamente, é submetida em sonhos a irresistíveis influxos de informações, que descreve como "uma troca desencarnada de conhecimentos". Tem dificuldade para descrever as características dessa experiência, que lhe parece como "um fluxo de dados condensados que chegam com tanta rapidez que não posso nem começar a interpretá-los, mas depois eu simplesmente sei mais". Ri, embaraçada: "Reconheço que isso parece pomposo."

Laura, que diz que alguns pacientes chamam-na de "médica feiticeira", está tentando ainda conviver em termos satisfatórios com seus dons, continua ainda em uma curva de aprendizagem com seus misteriosos mestres. "'O Nós'", diz ela, "sempre disseram que este seria um curso prático, como que laboratorial. Definitivamente, *não* uma pesquisa acadêmica." Embora a "transmissão de dados" no caso de Laura seja incomum, temos aqui uma autêntica pedagogia do Sonho Curativo, que instrui através de poderosa experiência subjetiva. Sonhos como esses levam-nos freqüentemente além de nós mesmos, insistindo em que devemos nos meter dentro de pele estranha, ver com olhos estranhos, sentir com os sentidos do outro.

Alguns desses sentimentos têm o caráter daquilo que os hindus chamam de *darshan* ("presença divina") — os budistas chamam de *abhiseka* (literalmente, "um borrifamento") ou "instrução sugestiva" —, na qual um estado real de consciência é transmitido pelo guru ao discípulo. Alguns sonhos têm um aspecto de iniciação. Conversei com um fotógrafo premiado, chamado Gary, cujas imagens etéreas são com freqüência inspiradas por simbolismo de sonho. Os sonhos que considera mais importantes, que permaneceram indelevelmente claros anos depois, foram os que o fizeram sentir — no coração, nas entranhas — o potencial de transformar-se em um ser autêntico. Sem hesitar, recordou um deles:

> *Estou em um deserto açoitado pelos ventos, discutindo com Deus, que quer que eu faça alguma coisa, de que não me julgo capaz. Um velho, que não consigo ver, caminha à minha direita. Ele me interrompe a diatribe, dizendo: "Você não compreende... Deus quer que faça o que você realmente quer fazer!" Nesse momento, um demônio da areia surge e me faz rodopiar. Ergo a vista e fico atônito ao ver a lua, as estrelas e o céu girando em volta de mim.*

Diz Gary que o sonho não lhe mudou muito as idéias sobre a vida, mas influenciou sutilmente a maneira como a *sente*: "O sonho me deixou com a clara impressão de que a totalidade é realmente possível." Foi como se ele tivesse sido girado por um momento em algum eixo cósmico central, como o José da Bíblia, que sonhou que a lua e as estrelas se curvavam diante dele. O que o sonho oferecia era a sensação única de estar centrado e ser inseparável do todo. Fiquei profundamente comovido com a pungência de seu tom de voz. Discutir com "o que Deus quer" é o que todos nós fazemos, com uma freqüência grande demais, pois incorporar o que mais sentimos no fundo do coração pode ser mais difícil do que a tibieza. Como tantos de nós, Gary sente-se constantemente como se fosse composto de eus que discutem entre si, de contradições, que nos puxam em direções diferentes. O sonho lhe deu uma visão antecipada de um estado de inteireza. A sensação especial era como que um aparelho de navegação inercial, guiando-o para situações na vida que irradiam o mesmo senso especial de completeza. Gary conta ainda uma visita subseqüente do mestre de sonho:

> *Estou em um campo de golfe, em meio a uma tempestade de neve. A uns sete metros de distância, vejo um índio vestido a caráter — cocar de penas, peitoral feito de ossos, calças de couro de gamo. Ele aparentemente não me vê. Com todo o cuidado, coloca um suporte no chão e, em cima, uma bola branca. Observo enquanto ele ensaia alguns movimentos de tacada. Em seguida, em um movimento gracioso, ergue o taco — que também tem penas ornamentais, como se fosse um instrumento ritual — em um arco às costas e bate na bola. A bola desaparece imediatamente na tempestade de neve, embora seu olhar dê a impressão de que lhe segue a trajetória invisível. Finalmente, ele me fita, os olhos tranqüilos e cheios de autoridade e diz, com o acompanhamento de um leve sorriso: "O Todo em Um!" Vou começar a discutir iradamente com ele por ser tão convencido assim — eu odeio essa atitude — quando acordo.*

Gary diz que não entendeu o sonho, mas apenas sua estranha mistura de agitação (sua) e paz (do índio). Sugiro que ele tente analisar o trocadilho. Talvez o sonho esteja dizendo o seguinte: "O Todo em Si Mesmo! O Si Mesmo no Todo!" Ele riu alto, batendo as mãos: "É isso!"

Embora alegue que deseja isso ardentemente, o homem resiste a toda sua capacidade para ser. Procuramos o ser fora de nós, mas ele permanece invisível. O sonho de Gary foi uma divertida repetição do *mysterium tremendum*, no qual uma figura se enraíza em uma pureza primeva de branco sobre branco e nossas dolorosas dicotomias se fundem em amor divino. O cenário lembra uma demonstração da arte de manejo do arco: o alvo não interessa. O objetivo é *perder* o objetivo, estar imerso em um momento sem passado, presente ou futuro — um momento que emerge do nada e desaparece no nada. Através da beleza e dignidade de seus atos, o "mestre do golfe" revela que não há objetivo, nenhum alvo, nenhum décimo oitavo buraco — apenas a jornada.

O mestre, como aprendem todos os que estudam com um guru ou mentor sábios, não pode usar uma varinha de condão (ou um taco de golfe) para nos tornar uma pessoa indivisa. Mas pode demonstrar que isso é possível. Os mestres do sonho, igualmente, dão-nos a experiência de um estado de ser que não é habitualmente acessível. Alguém toca uma nota clara e firme para nós. Em todas as ocasiões em que a ouvimos, em meio aos acordes e cacofonias deste mundo, ressonamos com ela e nos aproximamos mais de sua fonte.

Os Ensinamentos dos Justos

Às vezes, a nota é tocada tão cedo na vida, com tanta clareza, que tudo que se segue é por ela influenciado. Myron Eshowsky é um homem baixinho e entroncado, cuja *persona* experiente na vida é obscurecida por um leve problema de fala, causado por surdez parcial. Psicólogo e assistente social contratado pelo sistema penitenciário do estado onde reside, é também um sonhador que, tal como a dra. Laura Lawrence, conta o que equivale a uma autobiografia xamânica clássica, transplantada para o Meio-Oeste americano.

Myron lembra-se que sentiu que mudou após uma pneumonia quase fatal no começo da infância, depois da qual, diz, "eu podia dizer às vezes a meus pais o que os jornais do dia seguinte iriam noticiar". À idade de cinco anos, continua, teve experiências visionárias — o psicólogo nele sabe que outras pessoas poderiam denominar isso de estados de fuga —, nas quais ele aparentemente penetrava em um lugar nas profundezas da terra. "Eu ia a essa cidade toda de ouro, ruas, prédios, tudo", conta em voz calma, "com gente de milhares de anos atrás, andando tranqüilamente."

"Passei meu começo de vida no mundo dos espíritos", diz ele, "e a vida adulta aprendendo a viver a vida comum." Myron considera-se como "autoeducado". Os pais, frustrados com sua estranheza, afastaram-se emocionalmente dele. Eu sentia a vida familiar, diz sucintamente, "como muito venenosa". Por sorte, encontrou uma libertadora — a tia-avó Soshie, uma judia russa, curadora popular e "médica de plantas" que lhe revelou que descendia de uma antiga linhagem de sonhadores. Ela lhe segurava a mão e exigia que ele lhe confidenciasse seus sonhos. Ele descreveu os que lhe pareciam misteriosos, de "homens de um passado distante, usando velhos mantos de rabis, com longas barbas e feições morenas semíticas", lembra-se. "Eles tocavam minha mão e eu sentia o toque." Quando lhe descrevia as visões, ela inclinava a cabeça e explicava. "Ela me dizia que conhecia os lugares aonde fui e as pessoas que vi, mas que muita gente não conseguia vê-las, de modo que eu tinha de ter cuidado com quem falasse sobre esse assunto." Tia Soshie acendia velas para, como dizia, "ter visão através do fogo", entoando orações em iídiche e hebraico e prometendo sonhar por Myron para que ele obtivesse sabedoria.

Os sonhos lhe haviam dito, esclareceu ela, que ele tinha sido escolhido. Explicou que os anciãos sábios eram antepassados que olhavam por ele e que aos poucos lhe ensinariam a maneira de "trazer o sofrimento dos outros para sua própria alma, a fim de curá-los". A tia ensinou-lhe a repetir palavras especiais que ele não compreendia, a dizê-las em voz baixa como se fossem mantras. Antes de muito tempo, Os Justos apareceram mesmo quando ele estava acordado, emergindo, diz, como de "uma parede de névoa".

Ao ouvido moderno, tudo isso soa como um quadro muito esquisito: a "tia velha maluca" da velha terra, impondo superstições do *shtetl* a uma criança impressionável, com uma compreensão já tênue da realidade. Mas, de outro ponto de vista, Myron estava fazendo uma aprendizagem — sendo treinado, como xamãs sempre foram, para cruzar o caminho entre os mundos visível e invisível. Esse tipo de instrução é comum em sociedades tribais — crianças talentosas em sonhos são rotineiramente orientadas por certos anciãos para estabelecer contato com espíritos ancestrais. Nos sonhos e visões de Myron, os mestres explicavam às vezes o emaranhado da dinâmica da família. Certa vez, "disseram-lhe" que duas tias haviam sido consideradas psicóticas, informação essa que ele pôde confirmar mais tarde. Dependendo de nosso ponto de vista, podemos considerar Myron como vítima incipiente de uma doença hereditária, que cresceu na panela de pressão de uma família intolerável, ou o contemplado com um dom ancestral que as tias nem tiveram a força nem a orientação para desenvolver criativamente.

Não que o caminho de Myron lhe tivesse sido facilitado. Ele cresceu na Indianápolis da década de 1950, na borda de um gueto negro que queimava em fogo baixo, em um bairro da cidade onde morava "gente das colinas de Kentucky, pregadores de rua de Bíblia na mão". Em uma zona em que o Novo Testamento fazia parte do currículo das escolas primárias, sua família judia era a única por ali e daí ele ter crescido isolado e ser apontado como "assassino de Jesus". Uma trégua das perseguições no pátio de recreio só ocorreu quando tinha sete anos e uma família nipo-americana, com dois filhos, veio morar na vizinhança. Os dois novos meninos logo se tornaram os bodes expiatórios. Num dia em que os valentões locais pegaram pedras e começaram a caçá-los, Myron descobriu sua própria mão fechada em volta de uma. Deixou-a cair, cheio de horror, e fugiu para o lugar especial, no bosque onde sonhava.

"Os Justos apareceram", lembra-se ele, "e eu perguntei por que aqueles dois meninos eram odiados."

"O que foi que você viu nos olhos daqueles dois meninos?"

"Medo, um medo total", respondeu Myron.

"E nos olhos dos que os perseguiam?"

"A mesma expressão de medo total", respondeu o jovem Myron, confuso.

Após anos tentando pôr em contexto essas estranhas experiências, Myron, hoje psicoterapeuta respeitado, identifica-se formalmente como um tipo de xamã urbano — embora diga: "Na verdade quero simplesmente ser um cara comum, beber cerveja, ver os jogos do Green Bay Packers."

Os Justos, porém, não o deixam fazer isso. Certo dia, conta, teve um "sonho impressionante", o tipo especial que chama de "visita espiritual". Um Justo apareceu e "começou a me mostrar todos aqueles tiros disparados de carro em diferentes cidades, por diferentes quadrilhas. Depois, disse: 'Nós queremos que você leve o sonho para as ruas. Promova a cura.' Ele foi enfático." Diz Myron que sua primeira reação ao sonho foi protestar. Nada sabia sobre quadrilhas e não tinha a menor idéia até de como fazer contato com elas. À uma hora da tarde do dia seguinte recebeu um telefonema inesperado: uma organização popular, da qual nunca ouvira falar, queria que ele fizesse uma palestra para um grupo de uma gangue de garotos, como parte de uma classe experimental de desenvolvimento espiritual. Tendo recebido a garantia de que apenas um punhado de meninos das gangues compareceria e que o pessoal da organização faria a maior parte das perguntas, concordou.

Ao chegar, a turma havia engrossado para 45 garotos afro-americanos, de aparência truculenta, vestidos com todos os ornamentos das quadrilhas e exigindo barulhentamente ouvir "o xamã". Mas, enquanto contava sua história, a platéia ficou silenciosa. "Quando comecei a dizer como pessoas eram convocadas para serem curadores nas culturas indígenas, e sobre o mundo invisível, eles pararam de me espinafrar." Muito tempo depois do horário marcado para o fim da aula, ele passou horas conversando com cada garoto separadamente. "Todos eles", lembra-se Myron, "me contavam basicamente histórias de assombrações. De pessoas que haviam conhecido, abatidas a tiros, de membros da família, de irmãos mais velhos, de amigos mortos, vindo visitá-los em sonhos ou andando pela sala em plena luz do dia."

Semanas depois, Myron recebeu outro convite. Em um acampamento de dois dias com quarenta garotos que dormiam em barracas, descobriu que tinha de ser mediador entre os membros de três quadrilhas do Sudeste da Ásia — vietnamitas, laosianos e cambojanos hmong —, cujas diferenças étnicas faziam com que se jogassem uns na garganta dos outros. A maioria, variando em idade dos 12 aos 17 anos, já tinha uma história de prisões, de tráfico de drogas a assalto a mão armada e assassinato. Eshowsky convenceu os garotos desconfiados a improvisar um "teatro ritual cerimonial para dançar o conflito e superar a parte verbal", enquanto ele percutia hipnoticamente seus tambores, na esperança de que "o espírito curador os visitasse". Ao fim de dois dias, reinava uma atmosfera inacreditável de paz, que foi mantida durante três anos sem nenhum tiro.

Na noite anterior ao acampamento, Myron sonhou com "o mais parrudão, o mais duro garoto imaginável, de 16 anos, que o sonho me disse que seria minha chave para toda a situação. No fundo, ele era um curador e eu devia dizer isso a ele". E reconheceu-o no momento em que o conheceu — provocante e fanfarrão, ele dominava os demais garotos, adotando alternativamente uma postura ameaçadora ou friamente distante. Mas, quando Myron lhe conquistou a confiança, ele confessou que tinha "sonhos de fantasmas" com seus antepassados desde que era menininho.

Myron lhe disse que isso significava que ele havia sido escolhido. "Eu disse que ele tinha de estudar com um xamã hmong, com alguém que conhece o assunto." Ao fim do segundo dia, o garoto transformou-se em um mediador, usando sua autoridade jactanciosa para obrigar os mais teimosos e resistentes a participar. Observando-o, Myron sentiu um nó na garganta. Era como se, finalmente, tivesse conseguido passar adiante o dom de tia Soshie: conceder iniciação.

Diz Myron que a tia, falecida há muito tempo, ainda lhe aparece nos sonhos. Anos atrás, ela voltou para dizer que a namorada dele, Karen, era a esposa que lhe havia sido destinada. Ele ficou debatendo consigo mesmo essa idéia, até que, no dia seguinte, Karen lhe telefonou para lhe contar um sonho estranho. Uma velha lhe apareceu em sonho e lhe disse, com um sotaque russo: "Myron é seu marido." Myron convidou-a a vir à sua casa para assistir a um filme amador. "Minha tia-avó estava no filme, mas eu nada disse a ela. No minuto em que tia Soshie apareceu na tela, ela gritou: 'Aquela ali é a mulher de meu sonho! Quem *é* ela?'" Myron e Karen são hoje marido e mulher, fato este que ele credita a uma oportuna intervenção de uma antepassada.

Quando os Mortos Ensinam

Com a história de Myron penetramos na zona do sobrenatural, uma região que precisa ser demarcada em qualquer mapeamento honesto da paisagem dos Sonhos Curativos. Mas talvez não seja o caso de ficarmos surpresos. Histórias de ancestrais que, de além da sepultura, orientam os vivos, retroagem até os primórdios da história documentada. A maioria das sociedades acredita que pessoas amadas falecidas podem voltar em sonhos para ensinar, avisar, ajudar a navegar pelos caminhos traiçoeiros da vida.

Conheci a romancista Amy Tan em um palco, no píer de San Francisco, onde eu tocava violão com o grupo de "*rock* leve" dela, o Rock Bottom Remainders. Amy é um pilar desse grupo heterogêneo de fãs intelectualizados e fervorosos do *rock-and-roll*. Estávamos tocando para uma estação de rádio pública e, claro, os ouvintes não puderam ver a autora de *The Joy Luck Club*, atraídos por ser a compositora do sucesso absoluto do clássico *kitsch*, "These Boots Are Made for Walking", em suas botas pretas altas até as coxas, gargalheira cravejada de pedras e um chicote na mão.

Mais tarde, comendo bons hambúrgueres gordurosos em uma espelunca local, Amy — tão prolífica em sonhos quanto em livros — contou-me que chega a ter vinte sonhos numa noite. Alguns são invariavelmente sonhos passageiros — um macete que, diz ela, aprendeu com seu amigo assassinado Pete. Pouco depois da morte dele, ainda sofrendo a sua perda durante o julgamento do assassino, Pete apareceu-lhe em um sonho, oferecendo-se para trazê-la "para este lugar onde vivo agora". Chegaram a um ambiente idílico, onde todas as criaturas, de elefantes e camelos a pessoas, tinham capacidade de voar. Ele mostrou-lhe uma barraca onde ela poderia alugar um par de asas baratas ("desde que você não está morta") por 25 *cents*. Ela estava se divertindo para valer, descrevendo círculos no ar, quando lhe ocorreu o pensamento de como era absurdo voar com aquelas asas alugadas com desconto e, imediatamente, começou a mergulhar para o chão. Apavorada enquanto o chão subia em sua direção, lembrou-se de que as asas estavam funcionando perfeitamente minutos antes e novamente sentiu-se ganhar altura. Esse ciclo de vôo altaneiro, perda de fé e queda vertiginosa repetiu-se várias vezes, com todas as emoções da euforia do vôo e a apavorante queda para a morte, até que alguma coisa clicou em seu cérebro. "Finalmente, compreendi que o importante não eram as asas que me permitiam voar, mas a minha própria autoconfiança."

Os ensinamentos de Pete em sonhos continuaram todas as noites durante os exaustivos nove meses do julgamento do seu assassino. Em um sonho, Amy foi perseguida por alguma coisa tão horrível que teve medo de olhar para trás. Quanto mais corria, mais os pés lhe pareciam presos. Pete insistiu em que ela se virasse e confrontasse o perseguidor. Embora petrificada de medo de que ele a alcançaria e mataria, ela finalmente girou sobre si mesma e descobriu que era um personagem vagamente lembrado de seus tempos de infância: "O Velho sr. Chou", o guardião mítico dos sonhos, que o deixava entrar por uma porta e lhe dava os sonhos daquela noite — um ser mítico supostamente benevolente mas que, de repente, torna-se mau." O Velho sr. Chou ficou tão surpreso ao vê-la olhando para ele que desapareceu. Ela compreendeu naquele instante que era seu próprio medo que dava poder aos seus fantasmas. Enfrentando-os, podia quebrar o encantamento. Pete deu-lhe meios para ter uma experiência de destemor que começou a saturar sutilmente sua vida em estado de vigília.

Ao fim do julgamento, Pete lhe disse que chegara o momento de ir embora. Amy ficou zangada. Lembra-se de ter gritado: "Quem é você para decidir isso? Você não tem esse direito! Este é *meu* sonho!" Pete continuou inflexível. Mas descreveu uma nova amiga dele, dizendo que daria um jeito para que ela a conhecesse no futuro. "Eu de fato conheci a pessoa de quem ele falou", explica Amy, "uma autora de obras de ficção. Tornamo-nos boas amigas. Ela foi uma das primeiras a me encorajar a escrever romances."[12]

Seu relato inclui numerosas características de "quando os mortos ensinam". Entre os casos que ouvi, destaco os seguintes: o sonhador visita o morto em seu novo "lugar" e tem um vislumbre de sua nova existência, há uma conversa casual, consolo, instrução ou conselho relativo às circunstâncias do sonhador no momento. É como se o morto quisesse usar sua vantajosa posição *post-mortem* para ajudar o sonhador. O ensinamento é uma mistura de sabedoria adquirida desde a morte e colocação do relacionamento em termos necessariamente novos.

Meses depois de conhecer Amy, soube de outro caso envolvendo um julgamento na justiça e uma visita ao mundo dos mortos. Uma mulher que chamarei de Shirley era casada com um piloto comercial que adorava voar, nas horas de folga, em seu avião particular, conservado com o máximo de carinho. Certo dia, voando próximo do Hayden Pass, situado nas proximidades do San Luis Valley, no Colorado, o avião de Ken caiu. Os investigadores do acidente, diz Shirley, descobriram que "ele havia sido vítima de vibração aerodinâmica... o que quer dizer, uma asa se soltou. O avião mergulhou de cabeça e ele morreu".

Shirley ficou arrasada pela dor, embora, meses antes do acidente, tivesse uma premonição de que alguma coisa ia acontecer. Embora casados há mais de trinta anos, explicou ela, de repente ela e Ken haviam se transformado em duas crianças. Uma semana antes do acidente, ele havia se sentado no pátio da casa cantando "Beautiful, Beautiful Brown Eyes", a canção que havia cantado quando a namorava. Ela sentiu que um ciclo inteiro da vida em comum estava prestes a terminar. Quando ela e algumas amigas ouviram uma notícia urgente na televisão, que um pequeno avião havia caído, "Nós não trocamos nenhuma palavra. Nós sabíamos".

Por insistência de seu advogado, Shirley moveu processo contra o fabricante do avião. Ken, piloto de primeira classe, que havia participado de missões aéreas durante a guerra da Coréia, cuidava com o maior carinho do avião. Se assim, por que ele havia se desmanchado no ar? Mas à medida que anos de demoradas manobras e contramanobras legais se arrastavam, ela começou a sucumbir ao estresse. Teve crises de urticária que duraram seis meses e inflamação de garganta, que lhe dificultava a respiração. Ao aproximar-se a primeira data de comparecimento à justiça, não tinha mais certeza se devia continuar ou não com o caso. No meio de toda essa confusão, teve um surpreendente sonho com Ken. "Eu o vi com clareza absoluta", disse-me ela. "A única maneira como posso dizer isso é a seguinte: ele parecia *novo*. O corpo, a pele. Nada de rugas. Simplesmente, sentado ali na cadeira de balanço. E ele disse: 'Aposto que está surpresa em me ver.'" Em seguida Ken levantou-se suavemente da cadeira e foi em passos leves pelo corredor, com suas paredes cheias de quadros inclinados. "Eu voltei para endireitar esses quadros", disse ele. Ela seguiu-o e descobriu que estava em uma sala cheia de cadeiras de madeira marrom, em número suficiente para acomodar uma platéia, com um cavalete branco de pintor na frente. Nesse momento, ela acordou.

Achando que Ken queria que ela "endireitasse o quadro" de sua morte, tomou a decisão de dar seguimento ao processo. Meses depois, prosseguindo a ação, reconheceu a sala do tribunal como o local com que havia sonhado, sem faltar nenhum detalhe. Achou o processo em si "assustador", diz, mas Ken aparecia-lhe regularmente para encorajá-la. Em uma dessas visitas em sonho, encontrou-o sentado a uma mesa, armado de lápis e papel, "como se estivesse querendo descobrir o que havia acontecido". Desenhou um diagrama de uma peça mecânica, virou o papel e empurrou-o pela superfície polida da mesa, para que ela o examinasse. Alguns dias depois, seu advogado, explicando o que os investigadores haviam encontrado errado, disse-lhe que "o acinador do compensador do plano de comando" havia quebrado, e desenhou a peça defeituosa.

"Ela era exatamente igual à que eu havia visto no sonho!", exclamou Shirley. Exatamente essa peça, continuou ela, era a prova crucial de negligência da companhia fabricante do avião... e talvez de má-fé. "Após o sonho, descobriu-se que exatamente a mesma peça tinha desaparecido dos destroços do avião, que estavam guardados num galpão. Alguns representantes da companhia tinham recebido permissão para entrar no armazém e examinar o avião, e pediram a um mecânico que retirasse aquela peça. Em seguida, a peça desapareceu."

Em um exemplo da lei de conseqüências impensadas, os vários estratagemas da companhia fracassaram, um após outro, e o júri concedeu a Shirley uma polpuda indenização. Conversei com ela pouco depois da decisão da justiça. Ela me disse, com uma mistura de nervosismo e serenidade, que Ken parecia "estar se aprontando para ir embora". Ele começou a agir, disse, como se tivesse outras coisas para fazer. No sonho final, *Ken e eu estamos em meu quintal, cantando, felizes, como nos velhos dias. Mas as canções começam a acabar e eu noto um novo grupo inteiramente novo na casa vizinha, tocando novas canções. Um músico, que tocava o violoncelo, queria que eu me juntasse a eles. Ken não pareceu importar-se.* "Talvez", especula ela, "isso signifique que nossa música continua, mas é de um tipo diferente, e com diferentes pessoas."

Ancestrais Curadores

Mas não são apenas os que viveram bem perto de nós que aparecem em sonhos quando precisamos de ajuda. Na maioria das culturas tradicionais, a comunidade invisível que nos cerca inclui uma linhagem de ancestrais que retroage a muitas gerações.

Em um quintal verdejante de uma casa nos arredores de Joanesburgo, Claude Makabella, um homem alegre, cara redonda, de um clã do norte de Moçambique, contou-me a história de uma visita curativa de habitantes de um mundo desaparecido. Usando uma camisa de cor branca e púrpura com um motivo mostrando um espírito ancestral (*mndago*), seus cabelos cortados rentes começando justamente a embranquecer, Claude contou que, no tempo de jovem e quando trabalhava como empregado de escritório em uma clínica, teve uma doença diagnosticada como pneumonia dupla. Tomou coquetéis de antibióticos, mas sem resultado. Seu estado continuou grave. De repente, viu no quarto um espetáculo impressionante. “Em primeiro lugar, um vento muito forte. Em seguida, um homem baixo, usando calça curta, barba comprida, entrou em meu quarto no hospital! Não consegui me mover. Eu estava meio dormindo, meio acordado. Era como se eu estivesse no mato, na estepe, podia ver árvores, relva. Em seguida, vi pessoas cavando meu túmulo!”

“Você esteve sonhando”, sugeri.

“Não, eu estava de olhos abertos. Essas pessoas eram reais! Aí é que está o mistério. Voltei em seguida para casa. Vi um velho, com um velho bordão de castão esculpido, o bordão de um nobre. Acordei, consegui respirar. Estava curado!” Ao descrever mais tarde aquela figura para sua mãe, ela reconheceu-o imediatamente. “Ela me disse: aquele é seu bisavô, do povo de minha família.”

Várias vezes, quando estive em uma crise, minha falecida avó, uma *zaida* judia, apareceu, oferecendo um conselho bem mundano, que eu achava tolo ao tempo em que ela ainda vivia, mas que nos meus sonhos ressonavam de sabedoria. Em numerosas culturas, os ancestrais convivem com os vivos. Já para nós, essas figuras do passado parecem simplesmente esquisitas. Pensamos nelas com uma sensação de superioridade, não as levando a sério, até que elas aparecem nos degraus de um sonho. Nesse momento, elas não são mais daguerreótipos em tons sépia, em poses duras dentro de suas melhores roupas domingueiras, mas vibrantemente vivas. (Certa vez, sonhei com minha avó empoleirada em cima da asa de um biplano, como uma mulher jovem, animada, a cabeça jogada para trás, rindo.)

Uma mulher me contou que sonhou o seguinte: *Estou preparando a refeição de meu marido e filhos, mas falta um tempero no prato. Vou procurá-lo na "area comunitária", onde meu povo se reúne. Nessa ocasião, vejo meu falecido pai, que eu às vezes estranhava, sentado em uma cadeira inclinada para trás, com um sorriso radiante para mim. Ele parece tão bem, digo a ele: "Sinto tanta falta de você", e ele responde: "Senti também falta de você." Abraçamo-nos e eu sinto que sou amada sem reservas.*

"Era como se ele estivesse realmente ali", diz ela. "Como no meu tempo de criança, conhecendo o cheiro dele, sentindo o arranhão de sua barba." Ela compreendeu nesse momento que o "tempero de vida" que estava procurando era esse laço inquebrável, ainda vital. Talvez nossos antepassados sejam o ingrediente que nos falta.

Progredindo no tempo, apagamos o caminho às nossas costas, reinventamo-nos, como se a partir do nada. Eu raramente penso no passado de minha família ou em minha identidade étnica. Eu sou, digo a mim mesmo, um universalista, um itinerante que está justamente passando por aqui. Mas, certa vez, sonhei o seguinte: *Descobri que o nome de nossa família é a palavra polonesa que significa "cálice". Sinto uma emoção de finalidade: eu não sou mais apenas eu, mas o descendente de uma linhagem nobre, com a incumbência de defender uma causa nobre.* Em outro sonho, *um estranho, um parente distante, está me confiando um livro de registro do século XVIII, contendo mapas desenhados a mão de nossas "propriedades ancestrais". Folheio as páginas, vendo panoramas que lembram um quadro de Gainsborough — paisagens verdejantes de prados, colinas, riachos e trechos de floresta. Meu coração bate de espanto. "Nós somos donos disso?, pergunto ao homem, que responde com um sorriso de assentimento. "Isso é nosso?"*

Ainda posso lembrar o que senti — uma sensação vertiginosa de segurança, um senso desconhecido de me sentir *aterrado*. Meu clã, de modo geral, não possui propriedades, foi dispersado, um parente distante morreu em Auschwitz, outro em Treblinka, quando a comunidade judaica na Polônia foi praticamente destruída. Em meus sonhos, porém, tenho patrimônio, uma herança pessoal que retroage a séculos. Conheço um lugar além da Diáspora e sou parte de um povo que se situa além do alcance do tempo mundano.

Agatha, uma elegante moradora de cidade grande, sonhou que as mulheres fortes, rubicundas, do passado rural de sua família lhe invadem a casa. Ao tempo em que crescia, os pais raramente se referiam a elas. Seu parentes mais chegados haviam emigrado muito tempo antes para a cidade grande, fugindo do atraso de uma existência baseada na terra. Mas ali estavam essas mulheres saudáveis, musculosas, em seu porão (que, no sonho, era chamado de "raizeiro"), conversando e rindo, enquanto guardavam suprimentos para o inverno ou penduravam roupas nos varáis. A tranqüilidade e a naturalidade delas levaram-na a pensar em tudo aquilo que sua família perdera naquela corrida precipitada para a modernidade. Sua herança parecia-lhe nesse momento um rizoma, um recurso esquecido de alimentação interior.

"Não olhe para trás", dizemos a nós mesmos, mesmo quando as vozes da comunidade invisível sussurram sobre o lugar de onde viemos, lembrando-nos que, por mais que nos esforcemos para ser alguém, nós já *somos*, e que por diligentemente que trabalhemos para adquirir, nós já *temos*. Reconhecer os ancestrais é olhar para trás — talvez, em sentido positivo, *estar* para trás. Pessoas falam de sensibilidade perdida e restabelecida por sonhos — de sociabilidade e simplicidade, do recebimento de uma bênção que não sabíamos que desejavam ardentemente. Alguns contam mesmo sonhos de ancestrais os mais remotos, os que dormiam ao lado de fogueiras no amanhecer humano — ancestrais que insistem no parentesco, implorando-nos que nos lembremos que éramos os guardiões do Jardim do Éden.

Em nossa era, o passado desvanece-se como fumaça. Os ancestrais, deuses e espíritos que falam nos sonhos forarn outrora recebidos de braços abertos no círculo da comunidade — figuravam entre seus membros essenciais. Mas quem hoje os escuta? As culturas que os respeitavam estão morrendo, seus próprios idiomas extinguindo-se. O fio de sabedoria revelada que nos alimentou está cada vez mais fino e a ponto de romper-se. Despojados de memória, não nos reconhecemos mais como partes do tecido da vida dos que vieram antes de nós. As vozes de uma miríade de seres, visíveis e invisíveis, que nos cercam tornam-se cada vez mais baixas, embora eles ainda nos falem nos sonhos.

Os incas registravam a história através de um sistema de nós em uma corda e todo tempo existia nos mesmos fios. Nossos sonhos, também, formam um *continuum*, revelando, se nos dermos ao trabalho de olhar, que não existimos sozinhos, mas em uma meada de relacionamentos com tudo aquilo que foi, que é e que será.

Capítulo 8

Curando a ferida do tempo

Você aprendeu também aquele segredo com o rio, que não há essa tal coisa de tempo? (...) O rio está em toda parte no mesmo instante, nas cabeceiras como na foz.

Herman Hesse, *Sidarta*

PENSAMOS QUE SABEMOS O QUE É O TEMPO. O QUE FIZEMOS NO PASSADO continua feito... não podemos desfritar um ovo. O presente é palpavelmente agora. O futuro se encontra estrada abaixo e não podemos vê-lo: *que será, será*. A imagem do Tempo dada pelos Sonhos Curativos, porém, é alucinantemente diferente. É quase certo que se esmiuçamos nossos sonhos acharemos exemplos ocasionais de vaticínio claro. Eles são em geral fragmentos variados de banalidades — você sonha com uma amiga que não vê há dez anos, e ela telefona no dia seguinte, ou uma imagem do sonho aparece num filme que você vê uma semana depois (que você tem certeza que não apareceu em um *trailer*).

Quase sempre, o sonho mostra algum acontecimento que se destacará da rotina normal. Karl me disse que, quando tinha dez anos, sonhou o seguinte: *Vou à casa do diretor de minha escola pegar o pagamento semanal do jornal que entrego todos os dias. Subindo para o terraço, noto que as janelas estão inteiramente às escuras e ouço uma mulher chorando.* "Não dei muita importância ao fato", diz ele, "exceto que achei o sonho meio estranho." Ele, de fato, tinha um itinerário de entrega de jornais que incluía a casa do diretor. Algumas semanas depois, indo receber o dinheiro, notou, chocado, que "a casa estava exatamente como a vi no sonho... janelas com cortinas pretas cerradas, os gritos agudos de uma mulher. Bati e alguém que eu não reconheci abriu e disse que eu voltasse em outra ocasião. Quando voltei para casa, soube que o diretor havia falecido de um ataque cardíaco naquela manhã". Karl teve sonhos semelhantes durante toda a vida, mas acha incompreensível, se é que existe, a finalidade dos mesmos. Embora eles freqüentemente transmitam uma sensação reconhecivelmente sobrenatural, não tem certeza de que prevêem alguma coisa, até que os fatos que antecipam realmente acontecem. "Eu jamais consegui descobrir o que devo *fazer* com eles, se é que temos de fazer", diz ele. "Acho que acontecem para me mostrar que, na vida, há mais do que parece quando estamos acordados."

Mais, ao contrário: se esses sonhos são realidades, eles destroem em uma tempestade de paradoxos nossas idéias habituais sobre o tempo. Obrigam-nos a rever nossos axiomas mais sagrados sobre causalidade. Geralmente se supõe que se a causa A (um evento) produz o efeito B (uma recordação), então A *deve* ter precedido B no tempo. Nesses casos, porém, B precede A — e a lei de causa e efeito é escarnecida pelo que equivale a "causação em ordem inversa".

Eu sempre considerei os chamados sonhos premonitórios com uma espécie de fascínio irresistível. Como seria espantoso espiar em volta da esquina do tempo e saber antecipadamente o resultado de alguma opção crucial. Os primeiros exemplos desses sonhos em minha vida, também, foram banais. No início dos meus 20 anos, trabalhei como gerente de uma cabana de esquiadores no sopé das majestosas Grand Tetons, no Wyoming. Certa noite, tive um sonho excepcionalmene vívido: *Estou em um helicóptero, voando e fazendo círculos em volta de altos picos nas montanhas.* Cedo na manhã seguinte, entrei no pátio de estacionamento e vi, pela primeira vez na vida, um helicóptero pousado, as pás do rotor brilhando como asas de libélulas no sol matutino. Imediatamente, tive certeza de que o sonho se realizaria sem eu gastar um único tostão. Vendo o piloto perto do aparelho, fui até ele, como um garoto de dez anos puxando a manga de um operador de roda gigante, e pedi uma carona.

O piloto me olhou, encolheu os ombros, e disse: "Suba. Vou ter de queimar um pouco de gasolina." As pás tremeram, giraram em seguida e iniciamos um vôo glorioso. A euforia de mergulhar e subir entre picos faiscantes era o que eu tinha prelibado. Não trocamos uma única palavra. Ninguém falou nada em pagamento. Jamais descobri quem era ele ou mesmo o que ele fazia por ali. Quando lhe apertei a mão em um gesto de despedida, sorrimos de nosso improvisado momento nas alturas e, em seguida, ele e sua maravilha mecânica voltaram para o céu.

Posteriormente, pensei um bocado nas implicações desse estranho *non sequitur*. Teria sido uma escolha inteiramente livre de minha parte ir ao encontro dele, provocando, dessa maneira, a concretização do sonho? Ou apenas *pensei* que havia decidido fazer isso, enquanto a oportunidade *e* minha decisão estavam, de alguma maneira, fadadas a acontecer?

Após mais alguns desses incidentes, enfrentei outro antigo bicho-papão — a idéia de um Destino não-negociável e inescrutável. Em uma era de opções ilimitadas, a própria idéia parece arcaica. Esses primeiros encontros, porém, mudaram sutilmente meu senso de orientação no Tempo. Não me sentia mais ancorado no porto seguro do presente, mas à deriva em um mar sem horizontes, minha bússola temporal girando loucamente.

Não vou repetir aqui o debate antiqüíssimo se sonhos premonitórios são ou não "reais". Prefiro ficar com o escritor latino Macróbio e com o grego Artemidoro de Daldis, que incluíram em suas classificações de sonhos categorias como *oraculum* ("profecia direta") e *visio* ("previsão de um futuro evento"), porque os haviam observado empiricamente. As idéias desses autores foram sensatamente contestadas por Cícero, que escreveu no *De Divinatione*: "Das visões de bêbados e loucos, poderíamos indubitavelmente deduzir inumeráveis conseqüências através de conjecturas que poderiam parecer pressagiar eventos futuros. Por que uma pessoa que mira o alvo todos os dias não o atingiria? Dormimos todas as noites, e são poucas aquelas em que não sonhamos. Podemos, então, nos espantar quando aquilo com que sonhamos acontece ocasionalmente?"

Há certo fundamento para o ceticismo científico, que sustenta que todo conhecimento prévio do futuro é folclore e seus supostos exemplos, mera invenção, fraude, coincidência, profecia auto-realizável ou memória defeituosa. Quanto a mim, só posso mesmo concordar com Charles Richet, cientista do século XIX laureado com o Prêmio Nobel que, ao ser objeto de zombaria por tentar um estudo metódico da clarividência, respondeu: "Eu não disse que a clarividência era possível. Disse apenas que era *verdadeira*." Se, como nos diz a física quântica, o tempo é uma ilusão, não deve nos surpreender que Sonhos Curativos contenham imagens cujo "resultado" só ocorra dias, semanas, meses ou mesmo anos depois. Essa possibilidade, no entanto, cria um problema complicado: pode haver aspectos nos sonhos que não podemos de modo algum compreender, até que algum evento futuro lhe revele o significado! Na verdade é constantemente esse próprio elemento do sonho que, indigerível como uma pedra, resiste a toda e qualquer interpretação e mais tarde se manifesta na realidade do dia-a-dia.

Descobri também que as pessoas têm maneiras próprias de identificar esses sonhos. Uma mulher descreveu-lhe as "cores vivas" incomuns e acrescentou: "É como a televisão com o som desligado. Pessoas falam e nada sai de suas bocas, como num filme mudo." Outra me disse que seus "sonhos fortes" sobre o futuro são sempre "muito parecidos com uma história, com começo, meio e fim, não se desviam e costumam ser curtos e diretos". No mesmo espírito, uma fonte cabalística judaica diz: "Quando a pessoa vê o sonho com grande clareza, como se estivesse realmente acordado, com o resultado de que quando desperta lembra-se de todos os detalhes, sem nenhuma omissão, devemos considerar isso como um sinal de que o sonho logo se tornará realidade."[1]

Pesquisadores modernos com coragem suficiente para levar a sério o fenômeno fizeram observações semelhantes. O professor Robert van de Castle, que realizou um estudo de centenas de relatos de sonhos premonitórios, concluiu que, em 90 por cento dos casos, as imagens "seriam mais acuradamente descritas como realistas", não como simbólicas. A vasta maioria tratou de eventos que aconteceram dentro de 24 horas depois do sonho. Tendiam a impressionar o sonhador por serem mais vívidos e coloridos do que os sonhos comuns. Os detalhes se recusavam a desaparecer, por mais que o sonhador fizesse para expulsá-los da mente. Os sonhos, muitas vezes, repetiam-se em noites consecutivas e até mesmo várias vezes na mesma noite. A maioria parecia pesadelos, avisando de um perigo pessoal e, às vezes, coletivo. E notou também que duas vezes mais mulheres do que homens tinham esses sonhos.

Descrição, porém, não é explicação. O sonho premonitório é exatamente o tipo de dado inconveniente, a exigir novos modelos da realidade — incluindo a idéia muito estranha de que informações estejam nos bombardeando, vindas do futuro. Se assim, segue-se um corolário igualmente paradoxal: se recebemos hoje informações do futuro, então nosso presente — que é o *passado* de nosso futuro — pode estar também enviando seus detalhes "para trás", para o que já aconteceu! Mas até mesmo o conceito de "para e de", quando aplicado a essa visão ampliada do tempo, é uma repetição da história dos cegos e do elefante — de tirar conclusões baseadas na tromba e na cauda. O Sonho Curativo talvez forneça um vislumbre de todo o animal. Como sempre, sonhos insistem na integração de todas as partes no todo, mesmo quando essas partes parecem contraditórias demais para pertencer a qualquer animal que não seja uma quimera.

Estudando o Paradoxo do Tempo

J. W. Dunne, um engenheiro aeronáutico que dedicou a segunda metade da vida ao estudo da premonição, escreve em seu livro de 1938, *An Experiment with Time*: "Se previsão é um fato, é um fato que destrói por completo toda a base de nossas antigas opiniões sobre o universo."[2] Com meticuloso cuidado, Dunne passou anos observando seus próprios sonhos, neles descobrindo um número surpreendente que pressagiava eventos que viriam a acontecer. Mantendo registros acurados, desenvolveu uma complexa teoria, que chamou de "serialismo", na qual o presente, denominado "A", era apenas parte de uma constelação de "As" existentes no passado e no futuro. Pondo no papel seus sonhos, colecionando os de amigos, passando neles um pente fino em busca de presságios, ficou surpreso ao descobrir que os outros As se insinuavam no presente. Grande parte do conteúdo dos sonhos era banal. Ele sonhou, por exemplo, com um fazendeiro tocando três vacas com uma vara, que segurava de uma forma esquisita. No dia seguinte, viu a mesma cena. Analogamente, um bote salva-vida pintado de maneira estranha com que sonhou apareceu em uma praia na manhã seguinte.

Dunne concluiu que embora o fenômeno estivesse "eriçado de peculiaridades", a premonição nos sonhos não se limitava a uns "poucos casos anormais". Isso porque não era meramente as "faculdades supernormais"[3] de alguns indivíduos que produziam essa estranha deformação temporal, mas, sim, a natureza do próprio tempo.

Ele tomou notas cuidadosas dos padrões que se repetiam. Observou que a maioria dos eventos ocorria "dentro de um limite de dois dias". Especulou mesmo que a experiência de *déjà vu* poderia ser resultado de alguém ter visto *realmente* alguma coisa antes — em um sonho. Notou ainda que fatos incomuns na vida tinham maior probabilidade de serem detectados como premonição pelo indivíduo. Se ele levava uma vida monótona, na qual os fatos de cada dia pareciam-se com os do dia seguinte, era menor a probabilidade de que ocorresse o fenômeno.

Eu mesmo fiz uma lista das peculiaridades desses sonhos. Fiquei impressionado, por exemplo, com a freqüência com que os sonhos premonitórios são quase literalmente míopes, mostrando ao sonhador apenas a perspectiva visual exata que terão quando ocorrer o evento futuro. Steven, um conhecido terapeuta de vida familiar, foi um pária na escola secundária, onde anelava por ser aceito por um grupo de garotos "bacanas", que o tratavam com o mais absoluto desprezo. Certa noite, teve um sonho vívido em que *o líder valentão dessa turma está passeando de bicicleta pela colina conhecida como Austin Bluffs, quando mergulha diretamente para um abismo*. Steven acordou em soluços. Um terapeuta poderia lhe ter dito gentilmente que o sonho tinha origem em agressão reprimida, provocada pelas humilhações infligidas pelo valentão. Ao encontrar o garoto no dia seguinte na escola, Steven contou-lhe o sonho e imediatamente caiu no choro, consolidando sua reputação de "fracote" que os outros garotos haviam se esforçado para inculcar nele. Alguns dias depois, na colina, Steven viu o valentão chegar ao topo e, exatamente como no sonho, mergulhar no espaço vazio. Horrorizado, o coração batendo a mil, correu para o precipício, esperando ver o corpo despedaçado lá no fundo, mas apenas para descobrir que o garoto havia simplesmente caído em uma vala rasa bem à beira da colina. O sonho havia lhe apresentado uma imagem exata, mas exatamente orientada para o ponto de observação onde se encontrava. (Talvez, também, refletisse um pouco de hostilidade. A vala estava cheia de urtiga venenosa, e o valentão passou uma semana numa agonia de coceira — embora as lágrimas de Steven demonstrassem o poder dos Sonhos Curativos de criar empatia até mesmo com castigo merecido.)

Outros autores fizeram observações sobre as estranhas limitações perceptuais desses sonhos — a capacidade de ver o futuro, mas, no caso de Steven, a incapacidade de ver por cima de um monte de terra. Uma psicóloga londrina me falou de um vívido e repetido pesadelo que tem desde a adolescência: *Estou em um quarto de hotel. Meu pai morreu em um desastre de avião. À minha frente, um anão chora e me implora que o perdoe*. Décadas depois, em um quarto de hotel em outro país, recebeu um terrível telefonema. O pai havia morrido em um acidente de helicóptero na África. Dias depois, ouviu uma batida à porta. Ao atender, ficou sobressaltada ao ver um homem, que tomou por um anão, chorosamente lhe implorando perdão. Mas logo viu que o homem, que era o co-piloto sobrevivente do desastre, *estava ajoelhado.*

O dramaturgo e escritor britânico J. B. Priestley, que colecionou muitas centenas desses relatos (e que escreveu uma peça muito popular baseada no serialismo de Dunne), cita o caso de um homem que teve "um sonho muito vívido" contendo uma imagem absurda — uma canoa indígena navegando pelo ar, de um lado a outro de uma praça num centro de cidade. Nove anos depois, o homem estava na prefeitura, após a inesperada nomeação do pai para o cargo de prefeito, quando olhou pela janela e, atônito, viu uma "canoa de guerra indígena pintada com todas as cores certas" flutuando como se estivesse no meio do ar. Correndo para a janela, olhou para baixo e descobriu que a canoa era um acessório usado em uma peça de teatro, em cima de um caminhão em movimento, cheio de equipamento. Uma mulher escreveu a Priestley contando que sonhou com um tigre alaranjado, com grandes caninos, que saltou sobre ela e pôs o focinho a centímetros de seu rosto. Estranhamente, ela não sentiu medo. No dia seguinte, vendo as novidades numa loja de brinquedos, a filha veio sorrateiramente por trás e lhe empurrou no rosto um grande brinquedo de mão, com boca articulada, que tinha todos os aspectos e cores do tigre do sonho.

Vários parapsicólogos especularam que, no caso de nossos ancestrais caçadores-coletores de alimentos, que tinham de estar sempre alertas contra ataques de surpresa de tigres-de-dente-de-sabre, o sonho precognitivo pode ter sido um traço adaptativo. Ser capaz de prever um ataque de um animal ou inimigo, ou intuir a localização de água, caça ou abrigo era questão de vida ou morte em um ambiente em que tudo podia acontecer. Se assim, talvez uma vantagem evolutiva fosse conferida àqueles que podiam prever uma situação da maneira exata como ela aconteceria, obtendo, assim, uma margem de segurança decisiva para enfrentar o perigo.

Notei que essa função premonitória torna-se mais ativa quando estamos em ambientes desconhecidos e possivelmente perigosos, como viajar por um país estrangeiro. Visitando a Índia há alguns anos, perambulando ao léu apenas com meu passaporte, bilhete de viagem de volta e os 100 dólares que ainda restavam presos com fita à perna, fui convidado por um cineasta sikh a ir de carro à Caxemira e passar umas férias em uma casa-barco ancorada em um lago. Aquilo me pareceu uma aventura maravilhosa. Ele propôs que continuássemos a viagem até Ladakh, para conhecer um famoso "oráculo" e, daí, tentar cruzar sorrateiramente a fronteira e entrar no Tibete. Comecei a fazer planos. Na noite anterior ao dia da partida, porém, tive um sonho claro e inquietante: *Vejo uma piscina montada sobre pilares. Nela, homens morenos, escuros, estão "cometendo fratricídio" com facas curvas. Aquela carnificina sem sentido tornou a água vermelha como sangue.*

O sonho mudou minha idéia de viajar. O amigo me escreveu depois, contando que a viagem foi um desastre. Distúrbios sangrentos haviam explodido entre separatistas muçulmanos e indianos na Caxemira, bem no caminho que deveríamos ter seguido. (Espadas e adagas foram armas muito usadas.) Horas antes de ele chegar, três europeus haviam sido arrancados de um carro e apunhalados até a morte. O Departamento de Estado americano publicara uma nota de advertência a cidadãos americanos. Tudo na viagem tinha dado errado e ele foi forçado a voltar. (Nos anos que se seguiram, a violência entre irmãos se agravaria até um ponto em que massacres insensatos de civis acabaram por deixar um rastro de dezenas de milhares de vidas.)

Lembro-me também da história de um escultor amigo meu, que foi convidado a ir a Moscou colaborar com um grupo de artistas locais. Pouco antes da chegada, ele teve um "sonho muito detalhado", cujo aspecto mais notável era o seguinte: *Estou em um mercado e encontro uma moça usando roupa verde brilhante, carregando dois baldes d'água.* Dois dias depois, o russo que lhe servia de guia recebeu um chamado e teve de deixá-lo, tendo ele ficado na ingrata posição de um estrangeiro que não falava a língua local em uma cidade em que tinha de pisar com cuidado. O sonho, contudo, deixou-o confiante em que tudo acabaria bem. Na rua Arbat, certo dia, viu de repente "uma moça usando roupa verde, carregando dois baldes novinhos em folha! Aconteceu que ela conhecia os dois artistas com quem eu estava e, melhor que tudo, era uma estudante em um programa de intercâmbio cultural que falava russo e inglês. Ela se tornou minha guia durante o resto da viagem".

Memórias do Futuro

Uma das observações que deixou J. W. Dunne mais intrigado foi o que ele veio a chamar de "integração" — a tendência do sonho premonitório de misturar imagens do passado e do futuro. Conta que leu certa vez uma matéria sobre uma expedição de caça a um leão e que naquela noite sonhou o seguinte: *Da janela de uma casa de campo viu um leão, fugido do zoológico, atacar e matar uma cabra em um milharal.* No dia seguinte, pegando ao acaso um livro, abriu-o em uma página em que um leopardo escapa de uma jaula, aparece perto de uma casa de campo e mata uma cabra. Foi como se o sonho tivesse absorvido um "resíduo de um dia" do passado ("caçada ao leão") e o costurasse inconsutilmente a elementos de uma percepção futura ("zoológico", "casa de campo", "cabra"). Dunne especulou que isso significava que a "rede de associações do sonho... estendia-se para a frente *e* para trás no tempo'".[4]

Um psicanalista poderia especular que Dunne, esquecendo que lera o livro, havia-o tirado da estante porque sabia subconscientemente que ele continha alguns elementos do sonho da noite anterior. Se assim, isso teria sido um uso indireto de uma das principais ferramentas da psicanálise, a associação, na qual o sonhador é estimulado a ligar novos elementos àqueles que existem no sonho, na esperança de que o levem a incidentes, há muito sepultados, de trauma emocional. A suposição inabalável é que os sonhos e suas associações referem-se ao passado do paciente e que a análise revelará como o passado está afetando o presente e o libertará para moldar um novo futuro. Sugerir que o futuro afeta *também* o presente implicaria abalar os alicerces da casa construída por Freud. Não é de espantar que ele, em um ensaio publicado após sua morte, se sentisse levado a declarar enfaticamente que "a criação de um sonho após o evento é a única coisa... que torna possível os [chamados] sonhos proféticos".

Sonhos sobre o futuro, porém, implicam que alguns deles são criados *antes* do evento. Vemo-nos desagradavelmente frente a frente com uma lembrança de coisas do passado e de coisas do *futuro* (uma espécie de *pré*-lembrança). Se isso é assim, quem pode dizer que nosso equilíbrio psicológico não é afetado por recordações do passado e do futuro, da mesma forma que o sonho de Dunne foi uma mistura dessas duas "correntes" opostas do tempo? Essa possibilidade leva a uma visão do mundo em nada diferente à da Rainha Branca, no *Alice no país das maravilhas*, que grita de dor *antes* de se furar acidentalmente com um espinho e diz aborrecida: "É muito medíocre esse tipo de memória que só trabalha *de trás para a frente*!"

Curiosamente, o termo tibetano para sonhos premonitórios significa "memórias do futuro", que liga firmemente o fenômeno à função da memória. Isso talvez seja menos absurdo do que parece. Se eliminamos o fator de ordenação temporal, memória e premonição têm certas semelhanças. Ambas são percepções de eventos não correntes. São versões subjetivamente distorcidas de uma experiência objetiva. São percepções, separadas por um intervalo de tempo, da experiência que representam (ou *pré*-presentam). Em ambos os casos, um evento que ocorra em outro tempo leva à formação de um vestígio mental. Poderíamos mesmo especular que a experiência de *déjà vu* é o aparecimento de uma dessas "memórias do futuro", esquecidas até que o evento ocorra realmente. (Uma mulher me disse simplesmente: "*Sempre* que passo por uma experiência de *déjà vu* isso acontece porque sonhei com ela antes.")[5]

O dr. Jule Eisenbud, um psicanalista com formação clássica, teve em sua clínica numerosos casos de sonho com o futuro. E concluiu que os eventos futuros revelados nesses sonhos poderiam ser tratados da mesma maneira que os resíduos do dia do passado imediato, que aparecem em sonhos comuns — isto é, pistas para problemas pessoais que precisam de atenção. E insistiu em que essas ocorrências aparentemente mágicas não deviam ser excluídas da rotina do trabalho psicológico. Por que, perguntou, um paciente sonharia com uma ocorrência *particular* se ela não tivesse um significado psicológico importante para ele? Que pistas para seus conflitos emocionais subjacentes poderiam ser encontradas mediante análise de distorção sutil no sonho de um evento futuro? O psiquiatra Merloo sugeriu que até a propensão para ter esses sonhos é uma pista forte para o conhecimento da personalidade do indivíduo: "Premonições e precognições, da forma que as encontramos na relação terapêutica, relacionam-se com... uma percepção especial de perigo e uma atração especial pelo domínio do futuro através de trabalhos de imaginação e esquemas predeterminados."[6]

Os Sonhos Curativos, por mais exóticos que sejam, têm por objetivo o crescimento da alma, fazendo-nos desafios psicológicos da mais alta ordem. Na verdade a impressão é que, às vezes, os elementos premonitórios são expedientes tão despertadores de atenção para problemas emocionais difíceis quanto profecias diretas. Uma versão teológica dessa idéia pode ser encontrada nos trabalhos de Benedito Pererius, monge do século XVI. Falando de sonhos que "prefiguram" ou "prevêem" eventos, escreveu: "Deus quer às vezes que os sonhos permaneçam ocultos e incompreendidos por algum tempo, de modo que sua verdade possa ser mais firmemente reconhecida e aceita através da própria conseqüência e sucessão de eventos."[7]

Destino Curativo

É comum no folclore (e parece que também na realidade) que os sonhos chamem a atenção para catástrofes iminentes. Um aborígine australiano me disse o seguinte: "Quando temos um sonho de aviso, acordamos com o coração batendo como se estivéssemos correndo. Esse fato pode nos dizer que alguém na família vai morrer." Mas mesmo que possamos reconhecer o sonho como um aviso sobre o futuro, o que fazer? O Zohar judaico diz, a propósito: "Quando o sonho prevê o mal, a pessoa que sonhou deve agir para anulá-lo antes que ele aconteça." Mas como? O que é que *fazemos* com um sonho sobre o futuro?

O antropólogo Anthony Wallace conta a história de um membro da tribo seneca que teve um sonho de aviso, no qual "uma certa jovem estava sozinha numa canoa, no meio de um rio, sem remo. O sonhador convidou a jovem para uma cerimônia de 'adivinhação de sonho' em sua casa. Várias pessoas se reuniram e tentaram adivinhar o que o sonho queria dizer. Finalmente, o sonho foi explicado. Uma canoa em miniatura, com um remo, foi presenteada à moça. Esperava-se que essa cerimônia impedisse que a tragédia do sonho acontecesse na vida real".[8] Esses "ritos apotropaicos" são freqüentemente observados em sociedades tribais. Michael Harner, que passou por iniciações com xamãs do Amazonas e tentou adaptar-lhes as práticas para platéias ocidentais, recomenda: "Se você tem um sonho impressionante, em que é ferido em um acidente de automóvel, este é um aviso de seu espírito guardião de que tal acidente vai ocorrer. Você talvez não possa impedi-lo, mas pode representá-lo simbolicamente, sozinho ou com um amigo, de uma forma bem leve e, dessa maneira, impedir um desastre grave."[9]

Claro, é difícil avaliar a "eficácia" de tal ato devido a outro paradoxo do tempo: se tentamos evitar ou desviar um evento visto em sonho, e o evento jamais acontece, de que modo podemos saber que ele *jamais* aconteceria? Se não acontece, nossa tática de prevenção "funcionou", ou o sonho foi, para começar, apenas uma fantasia infundada?

Um caso que lança uma luz fascinante sobre esse enigma pode ser encontrado no livro *Foreknowledge*, de H. F. Saltmarsh: uma dona-de-casa londrina designada como "Sra. C." sonhou que *está sendo seguida por um macaco, um animal que lhe dá grande repugnância.* Quando acordou, contou o sonho ao marido, que sugeriu que ela levasse os filhos para um passeio após o café da manhã, a fim de livrar-se das teias de aranha do pesadelo. Descendo a rua, eles encontraram, para horror dela, "o próprio macaco" visto no sonho, que esquisitamente começou a segui-la. O ato de tentar escapar do sonho havia, como nas histórias populares, feito com que ele se transformasse em realidade.

Gostamos de pensar que somos os senhores de nosso destino. Não é por acaso que a palavra *quererei* é tanto um tempo futuro da conjugação do verbo querer quanto a expressão de uma decisão íntima. Nossa intenção é, *querendo* construir nosso futuro, moldá-lo segundo nossos desejos. Lançamos para a frente no tempo o harpão das intenções, na esperança de que se fixe em uma projeção rochosa, e experimentamos a resistência da corda, verificando se podemos nos puxar para nossa meta. Mas e se o harpão for apenas um anzol minúsculo e a nossa corda de ascensão uma linha de pescar piaba — e embora pensemos que estamos nos puxando para cima, estamos, em vez disso, sendo enrolados pelo destino de volta na carretilha?

Certa vez, perguntei à minha amiga cree, Sylvia, se ela achava que um acontecimento futuro visto em sonho podia ser mudado. Ela me respondeu que jamais pôde fazer isso. Em primeiro lugar, os "avós" só lhe dão "pistas" ambíguas. (Às vezes, diz ela, "eles riem de mim".) Mesmo no caso de sonhos claros, que mais tarde se transformam em realidade, "eles simplesmente me dão tempo para me preparar. Eles me dão forças para enfrentar o que está prestes a acontecer, porque já sei alguma coisa do assunto. É como um *replay* — a gente sabe o que esperar".

Ela sonhou muitas vezes com a morte de alguém em seu numeroso clã, incluindo seu pai, que diz ser hoje um de seus espíritos-guias. Certa noite, ele lhe apareceu em sonho e lhe disse que sua sogra logo morreria. A mulher teve um ataque cardíaco dias depois. "Os médicos nos disseram que ela ia ficar boa. Mas eu disse que não e insisti com meu marido para que passasse mais tempo com a mãe, antes que ela falecesse. Ele fez isso e ela faleceu inesperadamente alguns dias depois. Desse modo, o sonho lhe deu um tempo extra para esclarecer certas coisas."

Nos casos de muitas tribos, o sonho tem mais a ver com o que *pode* acontecer do que com o que *vai* acontecer. Os lacandon maias, do México, dizem que "os sonhos são uma 'espécie de mentira', profetizando o futuro, 'mas não pelo que parece'". Teólogos cristãos medievais falavam em "contingências futuras", reveladas por Deus em sonhos.[10] Desse ponto de vista, os sonhos não constituem destino inescapável, assemelhando-se mais a extrapolações de um equilíbrio corrente de forças, no qual a mudança em uma variável pode produzir um resultado diferente. Mas se resolvermos aprender prestando atenção ao sonho, isso não poderia alterar a equação e produzir uma nova resposta?

Shannon, uma mãe solteira de 27 anos, disse-me o seguinte: "Meu filho de seis anos teve um pesadelo, no qual era atropelado por uma van. O sonho realmente assustou-o muito. Durante toda aquela manhã, eu o vi olhando para o espaço vazio. Eu perguntava: 'Qual é o problema?', e ele respondia: 'Mamãe, o sonho me deu *tanto* medo!'

"Naquela tarde, fomos a uma loja. Normalmente, ele me segurava a mão, como fazem crianças da idade dele, puxando a gente quando estamos andando e tentando mantê-los perto de nós. Mas, nesse dia, ele andava atrás de mim, segurando minha mão e olhando medroso em volta.

"No momento em que íamos descer a calçada e entrar no pátio de estacionamento, uma grande van passou por nós em alta velocidade. Tudo aquilo foi muito repentino. Se meu filho estivesse dois passos à frente, como de costume, ele teria sido atingido. Ele me olhou, o rosto branco como um lençol, e disse: 'Mamãe, *isso foi igualzinho a meu sonho*!'" Shannon está convencida de que o medo do filho pode ter-lhe salvo a vida.

Louisa Rhine, esposa do famoso pesquisador da PES (percepção extra-sensorial) Joseph Banks Rhine, estudou quatrocentos sonhos de eventos futuros que o sonhador, armado com esse conhecimento prévio, poderia ter concebivelmente evitado. Descobriu que em apenas um terço dos casos foi feita alguma coisa. E acrescentou que em sonhos que seguiam uma ordem definida era, às vezes, possível reconhecer-lhe o padrão na vida desperta, com tempo suficiente para evitar uma catástrofe. E relata o caso de uma mulher que sonhou que seu cocheiro caía da boléia em uma véspera de Natal, de pesada nevasca, e que fraturava o crânio. Meses depois, enquanto descia uma rua em sua carruagem, reconheceu subitamente os marcos do sonho. Quando o cocheiro parou em frente à sua casa, ela, em vez de esperar que ele abrisse a porta, como de costume, saltou exatamente no momento de vê-lo caindo de cabeça da boléia para as lajes no chão. Mas ela estava ali para lhe aparar a queda e, presumivelmente, salvar-lhe a vida.

Numerosos ensinamentos espirituais dizem que nossas possibilidades tornam-se limitadas quando nossa vida é moldada por atos, padrões e atitudes mentais habituais. Os Sonhos Curativos nos dizem para romper de vez com esses hábitos e prestar atenção minuciosa ao que normalmente ignoramos. O domínio do costumeiro é firme e o trabalho de mudá-lo, sempre doloroso, mas pode ser melhor do que uma alternativa que vem invisivelmente se formando. Ou, como disse perspicazmente o poeta William Blake: "Se você continua assim, o resultado será assim."

Uma razão por que "continuamos assim" é que raramente nos incomodamos em interpretar nossos sonhos. É uma omissão parecida com deixar na mesa do café da manhã uma carta fechada que contém uma mensagem de importância vital. Mas, mesmo quando a abrimos, nós, com uma freqüência grande demais, fazemos a leitura através de um filtro de idéias preconcebidas, que corta as principais palavras. Nos sonhos como na vida do dia-a-dia ouvimos o que queremos ouvir. Às vezes, recusamo-nos a acreditar até mesmo em um sonho premonitório favorável, se ele não se encaixa em nosso atual padrão de vida. Na *Odisséia*, Penélope está convencida de que o marido, Ulisses, morreu em suas viagens, mas, ainda assim, tem um sonho que lhe anuncia a volta triunfal. O sonho pouca dúvida deixa sobre sua veracidade: ela vê mesmo a imagem de uma águia, que diz com uma "voz de mortal": "Isto não é um sonho, mas algo tão real quanto o dia, algo prestes a acontecer." No dia seguinte ela conta o sonho a um visitante, acrescentando que está certa de que "isso é bom demais para ser verdade".[11] Ironicamente, o estranho com quem fala é ninguém menos do que Ulisses, disfarçado.

Embora os sonhos, também, constantemente surjam disfarçados, nós às vezes os ocultamos de nós mesmos. Thelma, uma sacerdotisa *sangoma* que conheci em uma favela nos arredores de Joanesburgo, disse o seguinte: "Certa vez, rezei pedindo dinheiro. Eu me preocupei um pouco, é verdade, pensando que, se ficasse rica demais, eu poderia abandonar minhas atividades de cura, mas eu simplesmente precisava de mais espaço para meus alunos. Naquela noite, sonhei que meu avô me dizia que eu precisava de uma casa melhor. Ele me deu um número, como se fosse um número de telefone, seis dígitos, que compreendi que podia ser um número da loteria Pick Six. Eu possuía 60 rands, mas achava que o bilhete custava mais, de modo que não fiz nada. No dia seguinte, descobri que o número premiado fora exatamente o de meu sonho. Chorei durante uma semana... O prêmio foi de um milhão de rands!"

O tema é comum nos mitos: os deuses concedem uma visão ao herói, que não cumpre as instruções. Esses mitos sugerem que nós, seres humanos, temos sempre opção de usar o livre-arbítrio, agindo ainda que falivelmente com base no conhecimento que possamos obter, para forjar nosso destino. Mas confiar demais nos sonhos como algo mais do que um tipo de adivinhação da verdade — não raro, uma verdade paradoxal — pode colocar-nos na posição do aprendiz de feiticeiro, esperando que o outro mundo faça por nós o trabalho que nos compete. Os índios aguarunas, do Peru, que usam sonhos na tomada de decisões na vida diária, acreditam que vaticínios são apenas "possibilidades emergentes, eventos em desenvolvimento". Para eles, um sonho com o futuro não é um destino imutável, mas um convite a uma reação criativa.

O Zohar judaico, também, adverte que os sonhos só podem indicar uma direção: "Quando sonha com o bem, o homem deve esforçar-se para realizá-lo." Poderíamos argumentar que um sonho levado em conta é apenas uma profecia auto-realizável. Mas o que dizer daqueles outros casos em que agimos sem nenhuma direção especial, mas, ainda assim, acabamos misteriosamente no degrau da porta de nosso sonho? Tenho descoberto, espantado, que os sonhos me mostram as próprias placas de ruas em alguma encruzilhada da vida, a qual só vou chegar anos depois, após uma grande quilometragem espiritual. Relendo minhas lidas e treslidas cadernetas de notas, encontro às vezes uma situação corrente descrita em todos os seus detalhes. É como se, escalando uma montanha envolvida em nevoeiro, com poucos suprimentos, deparássemos de repente com uma visão milagrosa — um engradado contendo exatamente as provisões de que necessitamos, juntamente com um conjunto de mapas deixados por alguém que já chegou ao cume. Coincidência maravilhosa. Mas depois vemos, com um arrepio, o nome marcado num dos lados da caixa — o nosso nome. De alguma maneira misteriosa, estivemos seguindo nossas próprias pegadas.

Quando comecei a namorar Carolyn, esforcei-me para incubar um sonho sobre o que o futuro juntos nos reservava. Naquela noite, sonhei o seguinte:

> *Sou convidado a dividir a compra de uma casa em uma comunidade que está ficando muito cara. Na frente da propriedade, dando para uma rua estreita sem calçamento, há uma pequena choupana. Atrás da choupana vejo uma casa de bom tamanho, que se parece com um barco apoiado numa das extremidades. (Lembro-me dos supostos cavernames de um barco, fotografados no topo do monte Ararat, que se diz que são os restos da arca de Noé.) A casa que, segundo sou informado, foi construída na década de 1930, fica num ponto alto acima da cidade, com uma vista panorâmica da planície no outro lado. Os tetos, porém, me parecem baixos. E vou ter de assinar uma hipoteca no valor de milhões de dólares. Aquilo não é nenhuma pechincha, mas não há maneira de evitar pagar "preços de mansão" nessa rua cheia de casas desse tipo. Acho que vou ter simplesmente de assumir o compromisso e descobrir como pagá-la mais tarde. Penso que se demolir a choupana, a propriedade valerá mais.*

Fiz o que era possível para decifrar o sonho. Na ocasião, eu morava numa casa alugada pequena, meio acabada, embora não fosse exatamente uma choupana. Talvez nosso relacionamento fosse simbolizado por essa casa grande, que poderíamos "dividir" juntos. (A referência à arca de Noé implicava um refúgio, uma proteção contra os dilúvios da vida, bem como a formação de um casal.) Preocupei-me com a imagem do teto baixo, que correspondia ao meu medo de que o potencial de crescimento espiritual no relacionamento pudesse ser limitado: haveria, pensei arrogantemente, suficiente espaço intelectual? O "alto custo" poderia significar que eu estava fazendo algo contra meu melhor julgamento. Assumir um compromisso implicaria demolir a choupana de minha vida solitária (e meu "pequeno eu"?), mas isso poderia aumentar o "valor" autêntico do relacionamento. O significado original de *mansão*, diz o dicionário, era de "escoramento, permanência, estada, residência temporária (de *manere,* permanecer). Isso combinava bem com o espírito de nosso relacionamento — havíamos combinado ficar juntos durante algum tempo, sem maiores compromissos. Sempre que nós nos julgávamos estar em cativeiro, eu voltava a pensar nesse sonho claro, ansioso por uma pista.

Seis anos depois chegamos a um momento crucial. Ainda sem morar juntos, tive subitamente de enfrentar a necessidade de deixar minha "choupana". Carolyn teve de mudar-se também, tendo inesperadamente entrado na posse de uma boa soma de dinheiro, quando a casa de propriedade de sua mãe foi destruída por um incêndio e as duas receberam o seguro. Ainda incerto se devíamos ir morar juntos, comecei a ajudá-la a procurar alguma coisa para comprar. Descobri, depois de anos sem dar muita atenção ao mercado imobiliário, que tinha havido uma corrida de ouro por propriedades em Boulder. Os preços haviam duplicado e, em seguida, triplicado. "Preços das Casas Expulsam a Classe Média" berrou uma manchete no jornal local naquela semana. A coisa não parecia promissora.

Certo dia, Carolyn me ligou, dizendo que havia encontrado uma casa que amou. Quando fomos vê-la juntos, fiquei espantado ao descobrir que ela combinava, com alguma precisão, com a que eu havia sonhado anos antes. Era situada em um ponto alto, com uma vista panorâmica da cidade, no que fora outrora uma estrada de areia, contígua ao cinturão verde da cidade. Os lotes nesse quarteirão, ora pavimentado, haviam subido tanto de preço que mansões de um milhão de dólares tinham sido construídas onde antes só havia caixas de fósforo. (Havia do outro lado da rua um lembrete das origens humildes do local, sob a forma de uma choupana pequena, em ruínas.) A casa, embora relativamente pequena, era praticamente inacessível em matéria de preço. Carolyn, desanimada, disse-me que os tetos eram muito baixos, o que se tornava ainda mais visível com as grandes vigas expostas, que faziam com que ela parecesse o porão de um velho navio à vela (efeito este reforçado por um painelamento de madeira, curtido pelo tempo, que parecia o costado comido por cracas de um navio há muito tempo afundado). Projetando-se dos fundos da casa havia um grande tombadilho de madeira, no qual o morador anterior havia soldado um sino de comandante de navio antigo.

Eu jamais havia contado meu sonho a Carolyn. Eu estivera com medo de mergulhar nas questões de relacionamento que o sonho abordava. Nesse momento, quando o contei, fiquei pensando na referência do sonho à década de 1930, uma vez que a casa fora construída muito depois disso. Seguiu-se um silêncio. "Você não notou?", perguntou ela finalmente. "O endereço é trinta-trinta. Third Street. A década de *30*."

Ela hesitou em fazer a oferta e ficou arrasada quando alguém se antecipou. Mas eu lhe disse que não ficasse em desespero. O sonho havia me dado certeza de que a casa seria dela e aconselhei-a a não investir o dinheiro em outra propriedade. Algumas semanas depois, na tarde em que ia fechar o negócio, a outra parte "amarelou". O corretor ligou para Carolyn e ofereceu-lhe a casa na hora. Ela não hesitou mais.

Poderia ter eu imaginado todas essas ligações? O filósofo C. D. Broad compilou certa vez uma lista de explicações alternativas de incidentes supostamente premonitórios:

1. A pessoa, à vista de dados ou tendências, já inferiu subconscientemente um evento futuro.
2. O indivíduo inicia, sem estar inteiramente consciente disso, um curso de ação com probabilidade de concretizar um objetivo inconsciente refletido no sonho.
3. O sonho supostamente premonitório desperta um desejo consciente que leva a pessoa a agir para que o mesmo se realize.
4. Alguém, em algum lugar, resolveu conscientemente fazer alguma coisa e a aparente "predição" de seus atos subseqüentes é um caso de telepatia, não de premonição.
5. As leis de probabilidade produzem, de fato, extraordinárias coincidências.

Este, porém, não era nenhum dos casos mencionados acima. Carolyn não havia pensado absolutamente em comprar uma casa, até que ocorreu uma série maluca de eventos, todos os quais tinham de ocorrer dentro de uma certa janela temporal para que o sonho se concretizasse: a casa da mãe fora inesperadamente destruída por um incêndio, Carolyn levou um ano para preparar os papéis e receber o seguro, o dinheiro que, mais tarde, resolveu que poderia usar como entrada, a terra sob a casca calcinada da casa da mãe havia sido vendida apenas poucas semanas antes, proporcionando o dinheiro extra necessário, um amigo corretor, com quem eu não falava havia anos, ligou para mim e me falou na casa da Third Street, que acabava de ser anunciada, eu estava pensando em morar com Carolyn, como no sonho, apenas porque meu senhorio havia, subitamente, após sete anos, rompido o contrato de locação.

Eu me sentia estranhamente preparado para essa conjuntura decisiva: havia pensado durante anos na imagem da casa de "teto baixo", prevendo um momento de ajuste de contas em nosso relacionamento. O sonho não mostrou um resultado, apenas uma situação de opção. No fim, resolvemos não morar juntos. Ao mesmo tempo, o sonho afetou o desenrolar dos acontecimentos. Devido a essa situação, aconselhei Carolyn a nada fazer e esperar, em vez de desistir e comprar outra casa e, dessa maneira, influenciei no resultado.

Permanece o fato de que eu não podia interpretar plenamente o sonho sem conhecimento — na verdade, experiência — dos eventos futuros dos quais parecia depender. Que estado de coisas mais absurdo: o sonho me havia entregue um quebra-cabeça do qual faltavam peças essenciais! Talvez este seja o motivo por que culturas tradicionais preservam freqüentemente sonhos "verdadeiros", mesmo que seu significado seja obscuro no presente. No Velho Testamento, por exemplo, o profeta Habacuque diz que o Senhor instruiu-o: "escreve a visão, grava-a sobre tábuas... Porque a visão ainda está para cumprir-se no tempo determinado. Se tardar, espera-o, porque certamente virá" (Habacuque, 2:2-3). Os hopis preservaram durante muito tempo uma profecia, transmitida oralmente e através de pictogramas em pedra durante gerações antes da chegada do homem branco, anunciando "altos prédios de cristal" na praia oriental, vozes de homens transmitidas por "teias de aranha", "fitas pretas pegajosas" cruzando a paisagem e "casas no céu".

Plenty Coups (1848-1932), o grande guerreiro índio das planícies, numa época em que não tinha ainda nem dez anos de idade, sonhou que foi chamado por "uma voz à meia-noite". Viu um búfalo macho transformar-se em uma "pessoa-homem" usando um robe de couro de búfalo e seguiu-a por dentro de um buraco no chão. A descrição feita por Plenty Coups transborda com o imediatismo visual e tátil do Sonho Curativo: "Vi incontáveis búfalos, vi seus chifres pontiagudos... cheirei seus corpos e ouvi os seus bufidos... Os olhos deles, incontáveis, eram como fogueiras na noite... As excrescências que existem sempre no pêlo deles me arranhavam o rosto. Senti-lhes os corpos quentes contra o meu."

Ele ficou com medo, mas não foi machucado. A jornada pareceu-lhe continuar durante toda a noite e o dia seguinte. Mas, nessa ocasião, os búfalos incontáveis que pintavam de preto as planícies "haviam desaparecido, *todos*!". Em lugar deles, viu "animais estranhos de outro mundo" que não eram búfalos, mas tinham couros manchados, que "se deitavam, não como um búfalo faz, mas de forma diferente". Esses animais começaram a comer a grama alta.

Ele não conseguiu entender aquilo. Só os anos vindouros revelariam que ele teve uma visão profética da dizimação dos grandes rebanhos de búfalos e a chegada às pastagens do gado do homem branco.

No sonho, Plenty Coups saiu do buraco e viu um velho sentado em um local estranho. Este era o lugar exato onde vivia quando foi entrevistado por etnógrafos. "Era esta própria casa, exatamente como é, estas árvores que hoje nos dão sombra, e um homem velho sentado à sombra, sozinho. Senti pena dele porque ele era tão velho e fraco... 'Este velho é você mesmo, Plenty Coups', a pessoa-homem me disse." Plenty Coups, que se tornou fazendeiro e um conciliador, viu o destino de seu povo e seu próprio futuro em uma única visão da infância.

Sonhadores Importantes

Não é de surpreender, talvez, que a um homem escolhido para ser um grande chefe tenha sido concedido um sonho sobre o destino de seu povo. Os sufis acreditam que o *status* do sonhador quando acordado determina se um sonho sobre o futuro diz respeito a eventos capazes de abalar o mundo ou a assuntos pessoais. "Nas vésperas de uma grande batalha", disse-me certa vez um xeque, "se um cabo sonha com sucesso, isso significa que ele sobreviverá. Mas, se um general sonhar com sucesso, isso significa vitória militar." Outras culturas têm idéias semelhantes. Os índios mohaves acreditam que há duas classes de sonhos com o futuro — "sonhos de presságio", que não mostram necessariamente o que acontecerá, mas o que *poderá* acontecer; e os mais raros; "sonhos de poder", que os xamãs têm, que seriam proféticos. Mas serão o profeta e o sacerdote (ou, por falar nisso, o executivo-chefe de uma empresa ou o presidente da Câmara dos Deputados) designados de alguma maneira como aqueles que terão sonhos importantes?

Franklin, um pastor metodista de 71 anos de idade, contou-me certa vez, em suas pausadas cadências do Meio-Oeste, o que chama de seu "sonho estranho". Há alguns anos, sonhou que um amigo e colaborador da igreja chamado John Chapman assassinava alguém. "Vi-o ali, de arma na mão, vi alguém sair daquele prédio, que parecia um hotel e, bangue!" Não viu a pessoa que havia sido assassinada, mas, quando acordou, raciocinou que devia ter sido a esposa do amigo, já que estava com a impressão de que os dois andavam se estranhando. "O sonho foi tão forte que tremi todo! Fui trabalhar às oito horas daquela manhã convencido de que ele a havia assassinado, mas, veja só, ele veio para a reunião do pessoal e tudo estava bem."

O sonho, porém, continuou a incomodá-lo. "Foi como se o próprio núcleo de meu ser tivesse sido abalado. Mental e fisicamente foi o sonho mais forte que jamais tive. Três dias depois, o sonho começou a evaporar-se um pouco. No quarto dia, porém, assistindo à televisão, vi a cena de meu sonho! O mesmo local, parecido com um hotel, a mesma história de alguém saindo de lá, um homem esperando por ele com uma pistola, que atira e mata-o." O "hotel" no noticiário era o prédio de apartamentos Dakota, em Nova York. O homem armado era Mark *Chapman* e, a vítima, o ex-Beatle *John* Lennon.

Como pastor, Franklin é talvez uma espécie de xamã, ainda que ligeiramente confuso. Como homem responsável por seu rebanho, não é talvez uma surpresa que tenha sonhado com um membro de sua congregação. Ainda assim, aparentemente sonhou com um fato que fez o mundo parar durante alguns tristes dias para lamentar a morte de mais um homem de paz. Robert, nem mesmo fã dos Beatles, continua "inteiramente atônito... querendo saber por que eu, entre todas as pessoas, teria visto isso antes de acontecer".

Uma amiga minha chamada Anna sonhou também com uma chocante tragédia pública. Em abril de 1999 teve o seguinte sonho: *Estou na lanchonete de uma escola secundária, escondida de dois homens armados com escopetas. Vejo os pés deles, o cano das armas e a barra de suas capas de chuva pretas. Estou tão assustada que nem respiro.* Ela ficou tão espantada com o sonho que o incluiu em uma peça de teatro que estava escrevendo. Uma semana depois, dois estudantes fortemente armados, usando sobretudos compridos pretos, entraram na lanchonete da Columbine High School, em Littleton, Colorado. Abriram fogo enquanto colegas e professores se escondiam apavorados sob as mesas. Os rapazes faziam parte de uma turma conhecida nos arredores da escola como a Máfia da Capa de Chuva.

Quanto mais penso nesse caso, menos enigmático é o fato de que Anna possa ter "sintonizado" com esse horroroso acontecimento. Ela residia na vizinha Boulder e tinha uma filha em idade de escola secundária, cuja segurança sempre a preocupava. Mais importante, sua recordação mais vívida da infância — da fracassada tentativa de sua família de fugir da Hungria após a invasão soviética em 1956 — tinha claras semelhanças com a violência do sonho. Seu grupo havia se esgueirado até a fronteira e terminou passando a noite em um campo. Os soldados, porém, descobriram. Lembra-se Anna: "Estávamos escondidos em um monte de feno. Eu podia ouvir pessoas em volta de nós sendo capturadas e baleadas por esse inimigo desconhecido. Eu não ousava olhar para fora. Podia ouvi-los gritando 'Parem!' e, em seguida, bangue-bangue. Eu tinha sete ou oito anos de idade. Foi a experiência mais chocante de minha vida."

Era quase como se algum princípio de ressonância estivesse em ação, ligando passado e futuro, ligando a apavorada jovem Anna, que se escondia de seus possíveis matadores, às crianças aterrorizadas que logo depois se esconderiam embaixo de mesas, enquanto tiros eram disparados por toda parte em volta delas, na esperança de não ser vista pelos assassinos dos amigos. De alguma maneira, ela foi sintonizada com o comprimento de onda de um fato ainda por acontecer.

Em outras ocasiões, porém, o princípio de ligação é mais difícil de entender. Pamela, uma enfermeira natural de Iowa, está com pouco mais de 40 anos. A simplicidade de sua vida reflete-se em seus *hobbies*, que são "culinária, jardinagem, leitura, costura e cuidar de animais". O perfil dela não é de líder, de mística ou de vidente — ela se descreve como "uma pessoa inteiramente comum" —, mas, em princípios da década de 1980, após a morte da mãe, começou a ter sonhos psíquicos e visões. Ficou assustada. Os pais e a igreja haviam lhe ensinado que "só Deus podia fazer essas coisas, pessoas com dotes psíquicos eram feiticeiras e quase demônios e que eu iria acabar no inferno". Quando deu por si, lutava para conciliar suas rigorosas crenças católicas romanas com um interesse crescente pela metafísica da nova era.

Em seguida, começou a ter sonhos repetitivos. Viu *essa menininha, bem pequeninha mesmo, talvez de dois anos de idade, em um buraco muito escuro, tão imprensada que não conseguia mover-se. Tinha um corte em cima do olho, estava assustada, chorava, e eu gritava, tentando consolá-la. Lembro-me de suas mãos pequenas tentando se erguer para pegar as minhas.*

Todas as noites o sonho se repetia com mais detalhes. "Na fase seguinte", lembra-se, *estou vendo que ela tropeçou e caiu em um velho poço abandonado, mais ou menos como nos velhos filmes do Oeste, quando o caubói anda em cima de uma tábua podre e afunda através dela. Vi também que ela estava no Texas.* Noite após noite, aumentava o elenco de personagens.

Em algumas noites, eu via bombeiros trabalhando para salvá-la, sentia a frustração deles. Vi a mãe dela e senti seu forte instinto maternal e o seu cansaço, até a medula dos ossos. Vi um jornalista empurrando-a para um lado, querendo um furo de reportagem... Fiquei furiosa com ele!

Todas as noites a cortina se abria um pouco mais. Eu passava toda a história como se fosse um filme — a menininha caindo no poço, ficando presa, chorando, não podendo ser salva, gente se reunindo ali e, finalmente, uma corda sendo descida e ela sendo puxada para fora. Eu ia dormir rezando e acordava rezando por aquelas pessoas do sonho, quem quer que elas fossem. Era um pouco cansativo.

Um mês depois, estourou o que veio a ser conhecido como a história "do bebê Jessica". Uma menininha do Texas, ainda aprendendo a andar, caiu em um velho poço e ficou presa na fenda estreita. O caso dela tornou-se uma sensação mundial, enquanto bombeiros lutavam contra o tempo para abrir um túnel e salvar a apavorada criança, antes que ela morresse de exposição aos elementos. Para Pamela, aquilo foi uma revelação. "Descobri que a gente não precisa ser um Buda ou um líder espiritual para ter *insights* intuitivos incríveis... todos têm essa capacidade." Ainda assim, o caso permaneceu enigmático. "Eu sempre pensei que, quando temos premonições, isso acontece para que a gente possa ajudar, impedir que aconteça alguma coisa ruim. Mas a única ajuda que pude dar a essa menininha foram minhas orações."

Ela continua a sonhar com "tragédias de todos os tipos, algumas públicas, outras pessoais, mas sempre sobre uma pessoa em situação aflitiva. Às vezes penso que são lembretes para que eu pense no quadro mais vasto, em meio às coisas banais da vida." Pamela ainda faz a si mesma a inevitável pergunta de tantos que têm esses sonhos: "Por que eu? Como é que pôde acontecer que não houvesse separação entre mim em Iowa e aquela menininha e seus pais no Texas? Isso me fez compreender que todos nós estamos profundamente ligados. Bem, não é isso o que ensinam na Escola Dominical?" O que começou como um desafio à sua fé enraizou-a ainda mais profundamente na terra da compaixão.

História: Passada e Futura

Espelhos inumeráveis do futuro transmitem
suas imagens às eras do passado.

Myoē

A pergunta repetida de Pamela tem uma forte razão de ser. Por que, na verdade? Será que eventos no palco mundial causam, no linguajar de *Guerra nas Estrelas*, uma perturbação na Força — isto é, uma ressonância simpática que faz com que centenas, milhares, mesmo milhões de mentes vibrem como diapasões quando um acorde titânico está prestes a soar?

Em uma noite de primavera de 1902, acampado com sua companhia de infantaria na África do Sul, longe de qualquer jornal ou do correio, J. W. Dunne sonhou que

> *estou em um local alto — nas vertentes superiores de uma colina ou montanha... Aqui e ali vejo pequenas fendas, de onde sobem jatos de vapor. No sonho, reconheço o local como uma ilha com a qual sonhei antes — uma ilha em perigo iminente por causa de um vulcão. Digo, em voz sufocada: "É a ilha. Deus do céu, esta coisa toda vai explodir!"... Imediatamente fui tomado por um desejo frenético de salvar os quatro mil moradores (eu conhecia o número), que de nada desconfiavam. Obviamente, só havia uma maneira de fazer isso, e era levá-los dali em navios. Daí se seguiu um pesadelo profundamente assustador, no qual eu me encontrava em uma ilha vizinha, tentando convencer as incrédulas autoridades francesas a despachar para lá todos os tipos de embarcações.*[12]

No dia seguinte, quando sua companhia recebeu o malote do correio, havia nele um jornal com a manchete: "Desastre Vulcânico em Martinica: Cidade Varrida por uma Avalanche de Chamas. Perda Provável de mais de 40.000 Vidas. Incendiado Navio de Passageiros Britânico." (Dunne escreveu enquanto lia, correndo, o jornal e, erroneamente, viu o número 4.000 em vez de 40.000 — outro exemplo do "literalismo" peculiar desses sonhos. O sonho foi em parte sobre o acontecimento real e também sobre a leitura das notícias chocantes.) Como no sonho de Pamela, a visão se fez acompanhar de um sentimento de solidariedade, de um desejo intenso de ajudar, embora a catástrofe não pudesse ser impedida.

Será possível que alguns eventos sejam imutáveis? O vulcão de Dunne foi a Natureza em seu aspecto mais implacável. O evento terrível *tinha* de acontecer, e só podemos mesmo observar, impotentes, como os profetas dos índios das pradarias, que viram a invasão do Destino Manifesto dos americanos mas que, no fim, nada puderam fazer para detê-lo. J. B. Priestley, analisando sua coleção de centenas de sonhos premonitórios, estimou que exatamente um pouco menos da metade dos sonhos que se realizaram dizia respeito à morte e a tragédias, enquanto a outra metade era constituída de previsão de eventos banais, aparentemente insignificantes. Ambos os tipos, situados nas duas extremidades do espectro, aparentemente revestiam-se de uma certa inevitabilidade. Sugeriu ele que é no largo espaço entre os dois extremos, onde levamos a maior parte da vida, que podemos exercer mais nosso livre-arbítrio.

Haverá um "futuro suave" e um "futuro duro", o primeiro escrito na areia e, o segundo, em pedra? Talvez seja sobre estes últimos que fala o Zohar: "Nada acontece no mundo senão o que previamente foi anunciado, seja por meio de um sonho, seja de uma proclamação, pois foi dito que antes de alguma coisa acontecer no mundo, ela é inicialmente anunciada no céu, de onde é proclamada para o mundo."[13]

Talvez seja o número absoluto das mentes que observam e a força da emoção coletiva — em casos como a tragédia do *Titanic* (sobre a qual cerca de 19 sonhos premonitórios foram documentados, alguns de passageiros que escutaram suas premonições e desistiram de embarcar) — que determinam a força do "sinal" chegado do futuro. Será que temos um sonho sobre o futuro relativo a um evento mundial não porque estamos vendo alguma coisa prestes a acontecer, mas porque o futuro, onde a calamidade *já* aconteceu, está enviando de volta para nós um arquejo coletivo de espanto, como ondas de rádio que se propagam desde uma supernova?

O físico Fred Alan Wolf sugere que toda observação consciente emite uma "onda de probabilidade" na direção do futuro e outra na direção do passado, de tal modo que nossas mentes no passado, presente e futuro estão, todas, significativamente associadas.[14] Não só associadas, diz ele, mas fundidas uma na outra: "A informação pode fluir do passado para o presente e do futuro para o presente. Fica implícita, portanto, a existência 'simultânea' do passado e do futuro com o nosso tempo."[15]

Pensei nessa idéia de simultaneidade temporal quando li a respeito de um museu que exibia um holograma gigantesco de uma mulher soprando um canudinho e formando uma bolha. À medida que os visitantes passavam, uma seqüência se desenrolava: a mulher levava o soprador à boca, formava-se uma bolha de sabão e, em seguida, a bolha estourava. O observador podia observar essses eventos como lineares e causais — como passado, presente e futuro —, mas a seqüência temporal era uma ilusão. Toda atividade já estava presente dentro do holograma. A mulher está sempre levando o soprador de brinquedo aos lábios, soprando e formando a bolha evanescente, ouvindo seu estouro baixo — tudo ao mesmo tempo.[16] Isso sugere o que o físico quântico e ex-colega de Einstein, David Bohm, chamou de "não-localidade", isto é, todos os pontos no espaço-tempo estão em contato com todos os outros pontos.

Bohm formulou certa vez a teoria de que, à medida que o presente se desenrola e torna-se parte do passado, o passado continua ainda a existir: "O passado está ativo no presente." Um exemplo desse princípio pode, talvez, ser encontrado no caso de Stefan Ossowiecki, um clarividente russo, que foi objeto de estudo na Universidade de Varsóvia devido à sua aparente capacidade de obter, de artefatos antigos, amiúde sem traços característicos, um conhecimento extraordinariamente exato de suas origens geográficas e históricas. Ossowiecki sustentava que, quando segurava um objeto, podia ver cenas do passado desenrolando-se à sua frente como num filme tridimensional, como se estivesse acontecendo naquele momento. Seus olhos se moviam de um lado para o outro, como se estivesse reagindo a presenças físicas reais. Ele via não só paisagens e prédios, mas também a vida de indivíduos como ela era, que ele disse que podia adiantar rapidamente ou imobilizar para examinar por quanto tempo quisesse.[17]

Tom Brown, Jr., um conhecido "mateiro" moderno, descreve uma ocasião em que um xamã apache, que chama de Avô, ensinou-lhe o que chamava de "o véu". Paralelo a este mundo visível, disse o xamã, há outro, em que podemos penetrar através de um esvaziamento radical de nossas idéias preconcebidas e da suspensão do pensamento analítico. Explicando que o véu "não conhece o tempo", o Avô insistia em que eventos passados podem ser vivenciados no presente por quem conheça a técnica. Após anos de aprendizagem, Brown diz que, certo dia, teve essa experiência, ocasião em que "viu" um bando de índios de séculos passados abrindo caminho através de pinheirais em uma terra estéril. Viu um deles deixar cair um amassador de bagas ao longo da trilha. Mais tarde, ele, Brown, voltou à tal área e localizou o artefato, que encontrou enterrado embaixo de uma raiz de pinheiro. E descobriu que era feito de uma pedra de rio, costumeiramente encontrada a 650 quilômetros de distância, nas margens do rio Delaware.[18]

O Conhecedor dos Três Tempos

Às vezes parece que só culturas indígenas lembram-se de como navegar nesse mundo do para trás e para a frente do tempo. Em seu livro *Africa Dances,* de 1935, o antropólogo Geoffrey Gorer escreve o seguinte: "A idéia de tempo que eles têm é muito peculiar. O presente, o passado e o futuro estão inextricavelmente misturados... Acreditam tanto nas experiências no sonho quanto na física neste mundo... Quanto a mim, acredito que os nativos, sem as inibições que nossa idéia de tempo e universo causal nos impõe, sonham regularmente tanto com o futuro quanto com o passado, e com igual clareza, com o resultado de que as idéias 'presentes', 'passadas' e 'futuras' não têm para eles a mesma significação que para nós."[19]

Essas palavras sugerem uma idéia de tempo radicalmente diferente da experiência do dia-a-dia, semelhante, se isso acontece, ao Tempo de Sonho do aborígine australiano, no qual o tempo antigo, retroagindo à Criação, é considerado parte do presente. Muito já se escreveu sobre esse conceito enigmático. Um livro define o Tempo de Sonho como "a atividade criativa de um ser primordial, deixando em seu rastro os costumes e a paisagem". Bob Randal, membro da tribo pitjantjatjara, da Austrália, porém, disse-me o seguinte: "Tempo de Sonho é a palavra do homem branco para isso. Ele pode pensar que o entende, mas não entende." A palavra aborígine *tjukurrpa*, explicou, implica a totalidade do passado, presente e futuro. "Não é apenas um 'tempo de criação' no passado antigo. É o agora, e o passado, *e* o futuro — todos eles!", disse, fazendo um movimento inclusivo, circular. (Uma idéia semelhante, talvez, está implícita no título honorífico dado a um grande lama tibetano — "Conhecedor dos Três Tempos".)

Em *Flatland* (Terra chata), uma parábola geométrica tipo fantasia-com-espiritualidade, somos solicitados a imaginar um habitante de um universo bidimensional. Quando uma esfera toca pela primeira vez esse mundo plano, ele vê um ponto que se transforma em um círculo cada vez maior, à medida que a esfera passa. Em seguida, ela reduz seu diâmetro, até voltar a tornar-se um ponto e desaparecer. Ninguém pode convencer os terras-chata que a estranha e misteriosa série de eventos que eles presenciaram é prova de uma entidade única e unificada denominada objeto tridimensional.

Nós, seres tridimensionais, talvez tenhamos um relacionamento igualmente míope com a quarta dimensão, geralmente concebida como tempo. Os Sonhos Curativos podem ser o vislumbre de uma realidade "não-local" mais ampla, que perpassa por nosso habitual plano de existência — alguma hiperesfera quadridimensional onde passado, presente e futuro existam simultaneamente (da mesma maneira que as dimensões de comprimento, largura e altura estão presentes "simultaneamente" em um objeto sólido). Tampouco quatro dimensões são suficientes: físicos como A. S. Eddington, John Wheeler e Richard Feynman sugeriram que há não uma mas *duas* dimensões separadas do tempo, uma da variedade passado-para-o-presente-para-o-futuro (tempo "dirigido") e a outra, em nível quântico, um tempo omnidirecional que viaja tanto para a frente quanto para trás. As mais recentes investigações matemáticas do que os físicos chamam de hiperespaço levam à conclusão de que vivemos em um universo constituído de, pelo menos, *dez* ou mais dimensões.

Fred Alan Wolf, com quem certa vez fiz um longo passeio de carro pelas florestas da British Columbia rural, acredita que a física pós-quântica defende uma mutabilidade peculiar do próprio tempo. "Se o futuro comunica-se com o presente", disse ele, sua emoção chegando quase à agitação, "então o presente tem de estar se comunicando com o passado, o que significaria que o tempo simplesmente não é fixo." Enquanto discutíamos, lembrei-me de uma conversa que tive certa vez com um judeu americano, ordenado como um dos líderes da ordem Halveti-Jerrahi, do sufismo, que conta mais de oitocentos anos. "Em nossa tradição", disse ele, "o destino não é imutável. Mas se não fazemos a coisa certa com um sonho — ou, pior ainda, se fazemos a coisa errada —, o destino torna-se fixo. Se continuamos como escravos de hábitos antigos, o sonho se tornará realidade. Mas um xeque pode, interpretando um sonho, mudar realmente a direção de seu resultado."

E como os sufis costumam fazer, ele passou a contar uma história instrutiva:

"Um homem que havia se tornado recentemente dervixe teve um sonho impressionante, no qual uma serpente preta, assustadora, emergia de seu ventre. Ele vivia fora da cidade e não tinha tempo para viajar e consultar o mestre, de modo que designou seu servo para levar o sonho, pedir a seu mestre que o interpretasse e lhe trazer a resposta. Mas, enquanto o servo se dirigia à cidade, um amigo começou a andar a seu lado, importunando-o até que ele lhe contou o sonho de seu senhor. O amigo riu: 'Isso significa que as tripas dele vão sair do estômago e ele vai morrer.'

"O servo chegou à casa do mestre e começou a lhe contar o sonho de seu senhor. 'Pare!', disse o xeque. 'O sonho *já* foi interpretado. Agora, volte e veja o que aconteceu.' Quando voltou, ele descobriu que seu senhor havia morrido de repente."

Segundo a doutrina sufi, continuou ele, o interpretador de um sonho tem o poder de "mudar ou mesmo contrariar seu significado. O ato de interpretação em si é um evento criativo". E acrescentou: "Nós não podemos deixar de ler uma carta, uma vez lida. Talvez, em seu estado de não lida, isso tenha maior probabilidade de acontecer."

Alguma coisa, porém, me aborrecia. Dei-me conta do motivo por que essa idéia me parecia tão conhecida. Era o paradoxo do gato de Schrödinger, um enigma usado para exemplificar a natureza da realidade. O famoso experimento mental de Schrödinger diz que um gato está preso em uma caixa fechada, com um dispositivo que tem uma probabilidade de meio a meio de esguichar um gás venenoso e matar o gato. O gato existe em ambos estados potenciais — morto *e* vivo — até que a caixa é aberta e o estado do gato é "lido" pelo observador. A metáfora significa que uma onda quântica, que é indeterminada, "entra em colapso", transformando-se em um estado determinado, verificável, emergindo de uma nuvem de probabilidades apenas quando é medida. Este é o denominado "efeito observador" em mecânica quântica, caso em que o ato de observar em si faz com que uma potencialidade se transforme em realidade. No caso do sonho, a *interpretação* talvez seja o ato de medição que "provoca o colapso da função de onda", extraindo o significado de uma nuvem de miríades de possibilidades (não raro, conflitantes). Se um sonho não-interpretado, diz o Talmude, assemelha-se a uma carta fechada, poderia ele ser também igual a uma caixa não aberta do gato de Schrödinger?

Schrödinger sentia um interesse apaixonado pela natureza do tempo, tendo dito certa vez que a teoria de relatividade de Einstein significava nada menos que "o destronamento do tempo como rígido tirano". Einstein, em 1928, discordou redondamente: "Não podemos telegrafar mensagens para o passado." Einstein opunha-se inflexivelmente à idéia de precognição, que partículas (quanto mais pensamento) poderiam passar zunindo de um lado para o outro ao longo das linhas do espaço-tempo curvo. Seus herdeiros modernos, porém, argumentam que esta é exatamente a implicação das teorias que ele formulou, bem como o resultado mensurável de experimentos posteriores. (As medições da "escolha retardada" do físico John Wheeler, por exemplo, implicam que uma opção feita no presente determina o que o passado *tinha de ter sido.*)[20]

Podemos ser perdoados por sentirmos uma dolorosa sensação de esticamento enquanto a mente luta valentemente para entender esses paradoxos. A melhor analogia tirada da física quântica, escreve Wolf, é que "o rio do tempo tem duas correntes opostas no seu leito. Informações vindas do futuro, bem como do passado, influenciam o presente". Ele nos convida a imaginar que esse rio do tempo está cheio de garrafas contendo mensagens, algumas flutuando rio acima, a partir do grande oceano de informações do passado, e outras flutuando rio abaixo, de uma montanha de informação no futuro. Entramos no rio para pegar uma garrafa — o equivalente a olhar dentro da caixa que contém o gato de Schrödinger. Mas, em vez disso, no momento em que vamos pegá-la, "uma garrafa do passado e uma garrafa do futuro se fundem em uma única garrafa". Só então aparece na garrafa a mensagem que explica a situação no presente momento — uma mensagem que leva em conta probabilidades do passado e do futuro.[21] Segundo essa teoria, nosso momento presente não é separado do passado e do futuro — é uma confluência de ambos. (Dunne previu esse modelo quando conjecturou: "Seria possível... que os sonhos — os sonhos em geral, todos os sonhos, os sonhos de todas as pessoas — fossem compostos de experiência passada e de experiência futura, fundidas em proporção aproximadamente igual?")[22]

Algumas interpretações que Wolf dá da teoria quântica aparentemente fornecem uma lógica estranha para os rituais apotropaicos de afastar o perigo, encontrados em sociedades tribais (como a daquele índio seneca que tentou evitar que seu sonho com uma mulher em perigo numa canoa se tornasse realidade, fazendo uma réplica em miniatura da mesma). Sugere Wolf que ondas quânticas, movendo-se do presente *para* o futuro, encontram-se e se chocam com ondas vindas *do* futuro. Se as ondas "combinam" e produzem uma onda combinada de certo comprimento, então "um futuro real é criado a partir de nosso atual ponto de vista, e uma memória real de seqüências é criada no futuro". Será possível que uma cerimônia — ou mesmo o próprio sonho — envie para o futuro uma onda de um padrão tão complementar que diminua a velocidade da que vem rugindo para o presente? (No reino do sonho, o símbolo é real — talvez tenha a mesma "forma de onda" que o evento concreto.) Wolf postula a tese de que nosso presente é "irradiado" para muitos possíveis futuros, enquanto muitos futuros potenciais são irradiados de volta para nós no tempo.[23] Quais delas se ligarão para formar a realidade dependerá de fatores que ele chama, de maneira algo misteriosa, de "ressonância" e, mesmo, "significado".

Tempo de Cura

Qual o significado desses estranhos fenômenos? A idéia de que o presente está ligado em um relacionamento vivo com o futuro e o passado — que o tempo é um círculo e não uma linha — caracteriza culturas tradicionais, onde o tempo de Criação antigo e o futuro profético são entrelaçados na arte, nas cerimônias e mesmo na percepção. Vivenciar tempo como sonho revela que ele abala e solta um pilar de vida centralizado no ego, porque este, sim, é pressionado pelo tempo, perseguido pelos poderia-ter-sido de um passado irrecuperável, por um presente que é como que peneirado e desaparece como areia, que não podemos agarrar, por um futuro de incerteza que nos dilacera os nervos. O ritual tibetano da *Kalachakra* ("a Roda do Tempo") fala em dois tipos de tempo, um "preto" e o outro "branco". O tempo preto é representado como fluindo no sentido horário, o tempo da vida diária, limitado por arrependimentos pelo passado, esperanças e medos pelo futuro, ansiedade e expectativa pelo presente. O "tempo branco", porém, move-se no sentido anti-horário, tirando a corda da lógica restrita do ego, os três tempos fundindo-se em um momento. A ferida aberta pela flecha é pensada e curada.

A idéia de "tempo de cura" pode, com toda razão, parecer estranha. O tempo simplesmente *é* — tão imutável e irresistível como as marés. O Sonho Curativo, porém, sugere que a condição moderna está não só doente da alma mas doente do tempo. Uma conhecida minha, uma roteirista de Los Angeles, sobrecarregada de trabalho, com múltiplos projetos no forno, contou-me que vem tendo o mesmo sonho repetido desde os 12 anos de idade: *Ando numa roda-viva, em carro e avião, para chegar a encontros marcados e nunca chego a tempo. Então, uma voz anuncia: "Este é o Lugar Mais Longe de Qualquer Lugar. Quatro horas e meia são necessárias para chegar lá, mas apenas 15 minutos para voltar."* Ela ri da irônica agulhada e diz: "Nos meus sonhos, tudo é sobre tempo, mas nada do tempo faz sentido." O sonho tenta curá-la não só da tendência de correr feito louca pela vida, sem nunca ter horas suficientes durante o dia, mas também de nossas idéias supostamente sensatas sobre o próprio tempo.

Em nossa cultura, gostamos de nos considerar como passageiros ao longo da linha do tempo, no monotrilho elegante do presente, deixando para trás um passado incômodo e sentindo-nos livres de um futuro predeterminado. E assim fomos socializados para vivenciar o tempo. O fenomenologista C. J. Ducasse, porém, argumenta que, em vista do que diz a física quântica, passado, presente e futuro devem ser considerados apenas como estados psicológicos, sem significado real em termos físicos. Minhas experiências com sonhos levaram-me freqüentemente a sentir que vivo parte do tempo em um futuro que já está tomando forma, com um pé em um passado ainda vivo e mesmo, de alguma maneira estranha, maleável. Às vezes essa sensação é profundamente inquietante. Em outras ocasiões, achei-a estranhamente confortadora. Sinto-me menos separado de meus eus passado, presente e futuro. Eles estão comigo e eu com eles, curiosamente ligados pelo quadril, como trigêmeos siameses.

Vim a considerar meus sonhos sobre o futuro menos como destino inescapável do que como trajetórias que chegam ao ponto final apenas se não houver correções de curso. Penso constantemente na pergunta feita por Scrooge ao Espírito do Natal do Futuro: *Por que me mostra isso, se não posso mudá-lo?* Cada momento é um fulcro de opções, todos os atos, todos os pensamentos, terão conseqüências no futuro e talvez mesmo no passado. Observando a semente, não posso deixar de sentir que estou sob a sombra farfalhante da árvore em que ela se transformará — e da outra de onde ela caiu. Talvez essa visão de mundo, de todos os três tempos "presentes" simultaneamente, explique o senso de ligação dos povos tradicionais com gerações que passaram, bem como sua obrigação com a "sétima geração" que virá.

Por Ora

A língua dos hopis não tem os tempos passado, presente e futuro do verbo, mas apenas duas formas temporais — o "já manifesto" e o "ainda não manifesto" (ou que está "vindo a ser"). O já manifesto é nosso mundo objetivo do senso comum. O vir a ser, dizem eles, pertence ao mundo subjetivo. Tanto o passado remoto quanto o futuro são simbolizados por palavras abstratas. Essa pode ser a reiteração, por uma cultura, da idéia plausível de que só o presente realmente existe, enquanto o passado é reimaginado e, o futuro, conjecturado. Mas parece conter a nuance que podemos influenciar todos os três tempos, que somos participantes plenamente criativos. O verbo hopi para o ainda não manifesto é *tunyata* — "pensar, desejar, causar".

"Nossas mentes são máquinas do tempo", diz o físico Wolf, "capazes de sentir o fluxo de ondas de possibilidades vindas do passado e do futuro." Mas será que essa mente que sente ondas de tempo ainda é controlada firmemente pelo tempo? Ou, nos Sonhos Curativos, tornamo-nos observadores *fora* do tempo, da mesma maneira que os visitantes do museu, observando o holograma da sopradora de bolhas, podem ver o passado, o presente e o futuro em um único e longo olhar?

O corajoso J. W. Dunne sugeriu que "soltando-nos das malhas da existência autoconsciente", tornamo-nos "observadores do infinito". O Sonho Curativo pode ocupar uma posição vantajosa no que ele chamou de "Tempo Absoluto". Jung, igualmente, escreveu sobre "uma existência fora do tempo, que corre paralela à existência dentro do tempo. Sim, podemos existir simultaneamente em ambos os mundos e, às vezes, temos vislumbres de uma existência dupla. Mas o que está fora do tempo está, de acordo com nossa compreensão, a salvo de mudança. Possui uma eternidade relativa".[24]

O Sonho Curativo mergulha-nos na realidade palpável de que somos mais do que pensamos, permite-nos escapar, por um momento, da condição de criaturas limitadas, em um universo sem limites. Tavez o portal do sonho leve àquilo que os místicos chamam de Intemporal. Ou talvez estejamos experimentando, em primeira mão, a versão de coisas propostas pelos físicos quânticos — ondas em um oceano, dando a impressão de objetos que se movem no tempo, através do espaço, mas na realidade são apenas ondulações em um *continuum* espaço-tempo.

Mas, quando o assunto é o Eterno, a ciência, no fim, deixa-nos ao desamparo. Estamos em um território que só poetas podem reivindicar. T. S. Eliot, no "Four Quartets", apresenta-nos simultaneamente um enigma e uma promessa:

E não cessaremos a exploração.
Tempo presente e tempo passado
São, talvez, presente no tempo futuro.
E tempo futuro contido no tempo passado...
O que pode ter sido e o que foi
Apontam para um fim que é sempre presente...

E o fim de toda nossa exploração
Será chegar onde começamos
E conhecer o lugar pela primeira vez.

Capítulo 9

O outro mundo

Ligando Céu e Terra

Colocamos em ti uma substância,
um anelo, uma ânsia,
que estamos vigiando, que não deixaremos que se perca,
e que levaremos a seu destino final.

Rumi

O QUE ACONTECE SE CONTEMPLAMOS A ETERNIDADE E A ETERNIDADE nos contempla?

Há vários anos jornais de circulação nacional noticiaram com destaque a história do jovem executivo de uma empresa multimilionária da Internet que deixou o cargo após um sonho vívido com um "ser notável, envolvido em brilhante luz branca". Disse ele que a aparição, semelhante a Cristo, trazendo na mão uma esfera azul brilhante, confiou-lhe *insights* essenciais sobre o lugar da humanidade no cosmo. Um de seus antigos colegas, que o considerava antes um gênio empresarial, foi citado como chamando-o de "doido varrido". A visão desse homem, porém, produziu um resultado no mundo real, inspirando-o a investir milhões no lançamento de uma empresa de "e-comércio" cujo objetivo era gerar receita para causas benéficas em termos ambientais.

A história desse homem é um notável lembrete do poder de visões do outro mundo, mesmo em uma era caracteristicamente frívola. Sonhos com divindades e reinos celestiais deram origem a religiões, alimentaram idéias de poetas e loucos, deram coragem a santos e a indivíduos que se suicidaram com bombas amarradas ao corpo. Sonhadores me falaram de visitas a lugares fantásticos onde conheceram, para jamais esquecer, uma ordem eterna que serve de base à nossa realidade do dia-a-dia e a transcende. Esses encontros levaram-nos a questionar muitas de seus pressupostos e até mesmo a reorientar vida e trabalho de acordo com os princípios da visão espiritual. O que quer que pensemos desses relatos, temos de levar a sério o poder e o mistério de um sonho que deixa uma marca indelével na alma. Mas é difícil saber o que fazer com as histórias e relatos desses viajantes sobre um mundo distante.

Eu teria provavelmente mais probabilidade de receber com reservas essas histórias se não houvesse, certa vez, tido um sonho estranho sobre uma amiga querida. Nancy Wilson Ross foi uma espécie de mentora que todos os jovens buscadores na senda deveriam ter tido a ventura de conhecer. Tendo estudado com Carl Jung em Kusnacht, viveu aventuras na Ásia, foi correspondente de guerra (ficou à distância de um braço de Hitler quando ele fechou o Bauhaus), escreveu um romance que figurou na lista dos *best sellers* (o hoje pouco conhecido *The Left Hand Is the Dreamer*) e, finalmente, tornou-se uma espécie de abadessa extra-oficial de um templo zen em São Francisco. Prestativa e esperta, enriqueceu de dons e talentos todos os que abrigou sob suas asas. Ela constituiu uma prova viva que podemos levar uma vida espiritual e, ao mesmo tempo, manter os pés bem plantados na *terra firma*.

Conhecia-a quando ela estava na metade da casa dos 70 anos, ainda refulgindo com a vitalidade de uma mulher de metade de sua idade. Eu a visitava na casa em que morava, de graça, em uma grande propriedade, ficando até tarde conversando e rindo, emborcando copos do que ela chamava de "elixir Mellon", um uísque privadamente destilado com o qual a famosa família de filantropos conservava-a fartamente abastecida.

Nancy era uma correspondente infalível, que parecia saber exatamente quando telefonar ou escrever, fazendo uma observação oportuna, dando um pouco de encorajamento ou fornecendo o nome de um contato que estava convencida que devíamos conhecer. "Eu nasci", dizia ela tranqüilamente, "com um pedaço da placenta nos olhos" — um sinal, na cultura irlandesa, de criança clarividente. Uma vez que minha vida profissional ocupava parte grande demais de minha vida privada, perdemos contato. A última carta que dela recebi permaneceu como uma censura muda durante seis meses em um canto da escrivaninha. Certa noite, porém, durante esse hiato em nossa amizade, tive um impressionante e vívido sonho:

Nancy vai ser iniciada por uma Assembléia de Imortais e fui escolhido para acompanhá-la. Mas saio tarde de casa. Quando chegamos ao nosso destino — um magnífico anfiteatro grego de mármore branco lustroso —, não havia mais lugares vagos nos bancos concêntricos de pedra. Em vez disso, tivemos de ficar em um corredor, enquanto o presidente, usando um manto branco, desenrolava um documento feito de pele humana e lia um caloroso elogio a Nancy.

O sonho me perturbou e deixou assustado. Pensei em lhe telefonar imediatamente, mas hesitei. Devia-lhe a resposta da carta, e não um rápido telefonema sobre uma criação mental amalucada. A visão, porém, recusou-se a desaparecer. Preocupado, liguei para a casa dela e deixei um recado. Uma amiga comum ligou-me no dia seguinte. Nancy havia sido levada para um hospital, com infarto do miocárdio, na mesma noite de meu sonho. Passou vários dias entre a vida e a morte, reagiu e estava nesse momento em processo de plena recuperação.

Ao lhe contar o sonho, durante a convalescência, ela simplesmente riu e disse: "Você nasceu também com pedaços de placenta nos olhos, meu rapaz. É melhor que se acostume com isso." Logo depois, ela estava novamente de pé, empurrando o infinito para um lado e voltando às maravilhas perecíveis da vida. Eu, porém, fiquei matutando sobre o sonho. O que, afinal de contas, *era* aquele lugar? Parecera-me tão "celestial" — o pós-vida como uma festa de togados no Olimpo! Pelo menos, o mestre de sonhos me poupara de usar asas e chinelos dourados. Imaginar o céu — tipicamente, uma espécie de comunidade com acesso por um Portal de Pérolas, lembrando a Atenas antiga — é bem comum na cultura ocidental. Mas não foi uma cena de sonho que eu tivesse vivenciado antes ou depois. Ouvi o mesmo tipo de coisas de fontes inesperadas, como a minha amiga cree, Sylvia, que me disse ter sonhado certa vez o seguinte: *Estou em um prédio imenso, todo ornamentado, de mármore, onde está sendo transmitido algum tipo de ensinamento. Tudo é circular, os corredores, os pisos — e tem até mesmo uma escada em caracol.* "Sendo uma filha da natureza", diz ela, "não podia imaginar por que aquilo não acontecia ao ar livre."

Outra mulher, que havia crescido numa zona tão remota das colinas da Virgínia que sua família não possuía livros, não lia jornal, não ia ao cinema nem possuía um aparelho de televisão até que ela chegou aos 17 anos, lembrou-se de um sonho de infância, no qual estava "em outra dimensão e tempo. Vi a maior das praças de mármore, com grandes colunas de mármore, homens e mulheres usando mantos brancos, amarrados na cintura com uma corda, e longos cabelos ondulantes. Nunca vi pessoas como aquelas. Havia também flores incríveis, cujas cores brilhantes jamais vi até hoje. Eu sabia que estava em um local de realeza, na presença do povo de Deus".

O escritor Aldous Huxley, criador de admiráveis mundos novos, lutou com o fio de consistência que perpassa por esses relatos sobre o outro mundo. Lembra em seu livro *Heaven and Hell* que Sócrates descreveu uma "outra terra", completa com montanhas, rios e casas, onde em pureza, brilho e intensidade de nuança a maioria das pedras deixava longe as jóias mais preciosas. Huxley especulou sobre a semelhança dessas visões em experiências com compostos químicos que alteram os estados da mente, como mescalina e ácido lisérgico, visões de

> vastos e rebuscados prédios em meio a paisagens que mudam continuamente, passando de riqueza para riqueza ainda mais intensamente colorida, de grandiosidade para grandiosidade ainda mais profunda. Figuras heróicas, do tipo que Blake chamava de "O Serafim" podem aparecer, sozinhas ou em multidão... O visionário quase nunca vê coisa alguma que lhe lembre seu próprio passado. Ele não está se lembrando de cenas, pessoas ou objetos, e tampouco as inventando, está olhando para uma nova criação.[1]

Huxley teria ficado interessado em saber que, atualmente, acredita-se que as imagens do sono com sonho são ativadas por compostos existentes no corpo, as betacarbolinas, encontradas também em ervas psicodélicas.[2] Concluiu ele que, quaisquer que sejam suas origens, todas as experiências visionárias são da "mesma espécie", derivando sua "estética sobrenatural" da "matéria das antípodas da mente". E continuou a tentar destrinchar-lhes a universalidade: "Por que isso deva ser assim", escreveu, "não temos a menor idéia. É um fato bruto da experiência que, gostemos ou não, temos de aceitá-la — exatamente como temos de aceitar o fato de haver cangurus."[3]

Se uma estética numinosa é um dos elementos principais do sonho místico, as imagens que ela ilumina variam de um sonhador a outro. O futurólogo e visionário David Spangler descreveu-me certa vez um Sonho Curativo com um Ser Supremo de caráter mais pagão:

> *Estou olhando para a casa onde morei quando era criança. Dela sai uma mulher alta, mas não gorda, quase tão alta como a própria casa, usando um vestido muito volumoso. Começo a andar pela passagem até a porta da frente, mas, nesse momento, descubro que o vestido dela é a passagem, o gramado, tudo — toda a paisagem está saindo do vestido, que, nesse momento, vejo que é uma massa de brilhante vida vegetal. Ela mesma é de algum tipo de vegetação que parece carne. Aproximo-me medroso, compreendo que, a qualquer momento, posso ser absorvido e que estou vivendo nesta terra por consentimento expresso dela. Quanto mais perto chego, maior a possibilidade de eu ser engolfado. O pavor me sobe à garganta. Ainda assim, digo-lhe, estou aqui, estou pronto para ser absorvido. Tipo, Senhor, eu estou aqui. Ela sorri, como se dizendo: Não, desta vez, não.*

Um psicanalista teria um dia de festa com a imagem de uma matrona gigantesca, monopolizadora, ligada à casa onde um menino morou na infância. O sonho, porém, diz Spangler, foi um momento decisivo em sua vida, um encontro pessoal com a Grande Deusa de todas as coisas vivas. “Eu tinha passado por algum tipo de iniciação. Reconheci minha impotência total. Parei de emitir aquela energia que todos nós despendemos, protegendo-nos do mundo. Compreendi que se aproximar do sagrado implica arriscar tudo. No sonho, dei um passo irreversível.”

Esses sonhos com uma ordem eterna envolvente ampliam ou transcendem nossas categorias religiosas habituais. É como se o sonhador tivesse ido diretamente à Fonte. Ainda assim, essas experiências podem, às vezes, colocá-lo em curso de colisão com dogmas religiosos. Roger, um terapeuta amigo, contou-me um sonho que se tornou o critério para avaliar todas as suas crenças. No sonho, foi levado, pelo “Poder do Universo”, em uma excursão através da Criação:

> *Esse Poder me levou por reinos de vida onde as cores eram mais vivas, os aromas mais maravilhosos, a sensação tátil muito mais intensa. Acordo por um minuto, vejo que nossa realidade é na verdade simultânea com essa outra, e digo em silêncio: Vamos voltar, e imediatamente volto a essa experiência de êxtase. O Poder do Universo me mostra em seguida um mapa, que vejo ter um quadrante onde "Deus" governa, um pequeno mundo auto-suficiente. Essa, insinua o Poder, não é a Imensidade real. Finalmente, sentindo-me tão saciado quanto possível, resolvo voltar a esta vida.*

Diz Roger que o senso de uma "realidade simultânea" mais ampla persiste há vinte anos. "Está bem junto de mim, mesmo quando estou apenas entrando e descendo do carro ou quando vou às compras. Estou *ainda* vivendo as questões que o sonho provocou — não apenas filosoficamente, mas o que elas significam aqui no mundo sensível." O sonhou comunicou a mesma compreensão concedida a místicos religiosos em toda a história: o Divino é uma vastidão além de toda concepção, embora sua glória resplandecente esteja bem embaixo de nosso nariz.

A atriz Martha del Grande contou-me também outro tipo de encontro divino. Após anos vivendo em um platô de sucesso, Martha passou a residir em seu próprio inferno privado. No início de seus 30 anos, o marido deixou-a e mudou-se para a Califórnia. Ela comprou uma casa de cômodos em ruínas em Toronto, que pensava em reformar, mas logo depois descobriu que estava profundamente endividada, cuidando de duas crianças pequenas e de um sogro inválido. Gastou o dinheiro que restava na casa arruinada, observando-o sumir em cada vazamento na tubulação e em buracos nos pisos.

"Não demorou muito", diz Martha em seu jeito meio zombeteiro, "e eu estava pronta para ter um chilique! Certa noite, meu sogro, tomando banho, levantou a mão e arrancou a saboneteira da parede. Eu simplesmente fiquei maluca, chorando e agüentando. Peguei minha filha pequena, corri para a igreja e disse ao padre que queria fazer uma confissão. Ele ouviu-a e, em seguida, disse basicamente o seguinte: 'Você está a ponto de ter uma crise. Vou rezar por você, mas você precisa fazer um tratamento.'" Naquela noite, Martha teve um sonho marcante:

Meu corpo está todo coberto de chagas abertas, os cabelos estão sujos e emaranhados. Estou usando roupas imundas, fumando cigarros e amaldiçoando esta fase difícil: Filho de uma puta safado! Nesse momento, ouço uma risada e vejo uma luz. Um rosto aparece e, em seguida, um corpo como o de um anjo. E eu digo: Seu filho da...! Você me ama, não ama?

E ele diz: Eu amo cada célula de seu corpo.

Eu, então, digo: Quem diabo você é... Jesus?

E ele diz: Isso mesmo, sou. Trouxe você para o céu para lhe mostrar como amo você. Em seguida, como se tivesse um raio X que brilha e me atravessa, ele me mostra todos os meus pecados, que aparecem em um grande cartaz de néon, como se fosse um placar.

Você conhece todos eles?, pergunto.

Conheço, mas amo você de qualquer maneira, diz ele. Amo você como a nada mais na terra.

Eu digo: Bem, se estou no céu, quero conhecer todo mundo que está aqui!

Aqui só estamos nós dois, diz ele. Da maneira como a coisa funciona aqui, eu olho para você e você olha para mim.

Mas eu não estou pronta para isso, respondo.

Ele concorda. É por esse motivo, diz ele, que vou mandar você de volta.

Nesse momento, Martha acordou, cheia de um "amor extático como você nem pode conceber". Embora procurasse tratamento, a recordação daquele amor iria ajudá-la em uma crise após outra. "Não posso me lembrar exatamente o que senti porque, aqui na terra, não somos capazes daquela intensidade de sentimento. Mas sei que é a única coisa que é real, a única coisa que realmente existe no universo. Esse conhecimento me dá forças para continuar a viver."

Muitos Céus

Nem Roger nem Martha sentem-se inteiramente à vontade em pendurar o chapéu no vestiário da religião organizada. Entre a variedade quase infinita de experiências espirituais divulgadas em todo o mundo, tendo algumas delas resultado em iniciativas religiosas duradouras, quem pode dizer o que é intrinsecamente verdadeiro? O fundador da seita Sukyo Mahikari, no Japão, sonhou com um velho, de cabelos brancos, em pé em uma nuvem branca, lavando roupas em uma banheira dourada, que ele interpretou como sendo "Su-Deus" (O Senhor Deus), dizendo-lhe para iniciar uma missão de purificação. Um líder reformista islâmico do século XVIII, o xeque Ahmad, sonhou na mocidade que era levado ao paraíso, onde viu "figuras e cores que estonteavam a inteligência", e foi recebido pelos Doze Imames. Um índio salish, marido de uma amiga, teve um ataque cardíaco muito grave enquanto caçava nas cercanias de Pendleton, Oregon. Ele sonhou, diz ela, que "estava caminhando para um lugar no outro lado, uma sombra deste mundo, com árvores, animais, pessoas, você sabe, o 'Campo de Caça Feliz'". "Ele disse que era muito bonito", continuou ela, acrescentando, como que para me esclarecer, "como as coisas que *índios* achariam bonitas."

O que pensar dos tipos diferentes de reino sagrado, além do cognoscível, que os sonhos nos mostram? Estaremos acaso cercados por muitos outros mundos, todos eles com freqüências próprias de irradiação, esperando apenas que os sintonizemos com o receptor do sonho? Sonhadores sentem que encontraram algo que sempre existiu — seres e mundos alimentados não só por nossa imaginação, mas que se situam além de toda imaginação. Essas experiências lhes parecem tão completas em si, com tanto direito de proclamar sua existência, que acham difícil duvidar que estiveram *em algum lugar* — apenas, onde?

Dizem os sufis que existe uma dimensão criada pela matéria sutil do próprio pensamento, o *alam almithal*, às vezes chamado de "a terra do imame oculto". (Um místico persa do século XII, Sohrawardi, disse que o melhor nome para ela seria Na-Koja-Abad, "a Terra de Lugar Nenhum".) Em algumas tradições muçulmanas, ela é concebida como um plano de existência nascido da imaginação coletiva de muitas pessoas ao longo do tempo.[4] Henry Corbin, estudioso de assuntos islâmicos, cunhou a palavra "imaginal" (não confundir com "imaginário") para denotar o reino experiencialmente autêntico, embora não físico, que surge inteiramente completo em seus próprios termos:

> É um mundo intermediário, o mundo de Idéias-Imagens, de figuras arquetípicas, de substâncias sutis, de "matéria imaterial". Esse mundo é tão real e objetivo, tão consistente e subsistente como os mundos inteligíveis e sensíveis. É um universo intermediário "onde o espiritual toma corpo e o corpo se torna espiritual"... É o cenário em que eventos visionários e histórias simbólicas aparecem em sua autêntica realidade. O órgão desse universo é a Imaginação ativa.[5]

Corbin tem o cuidado de especificar que mesmo os sonhos mais vívidos com o outro mundo são também simbólicos, embora o impacto da pura experiência possa dominar até mesmo o viajante espiritualmente mais sofisticado. Certa vez, pouco antes do amanhecer, Gampopa, sábio budista tibetano do século X, teve um sonho prodigioso: viu-se *usando manto de seda adornado de imagens sagradas, ornamentos de pérola e prata, bebendo néctar divino em uma calota craniana, observando um bodhisattva sentado em posição de lótus em um campo de flores, emoldurado por uma aura brilhante e multicolorida.*

O sonho, comenta o texto, "nenhuma relação tinha com seu pensamento habitual". Gampopa acordou tão confuso que se esqueceu de vestir o manto e correu nu ao encontro de seu guru, Milarepa, para lhe pedir uma explicação.

No início, Milarepa disse que ele havia sido simplesmente "agarrado" por seus sonhos: "Sonhos são irreais e enganosos, como foi ensinado/ Pelo próprio Buda/ Reuni-los, contá-los e estudá-los/ Pouco proveito trará." Tendo soado a nota acauteladora apropriada, porém, Milarepa disse, em um tom diferente: "Ainda assim, seus sonhos foram maravilhosos/ Magníficos sinais prefigurando coisas que acontecerão!" E continuou, explicando o significado simbólico de cada ornamento: "O chapéu branco em sua cabeça indica que sua Visão irá além do 'alto' e do 'baixo'... A magnífica calota craniana Vajra que sonhou ter nas mãos mostra que você dará exemplo da verdade do Vazio... O bodhisattva na Postura de Lótus significa que você, o jovem bodhisattva, habitará não no nirvana, mas, com grande compaixão, transformará seu corpo em muitas formas, a fim de ajudar seres sencientes com maneiras maternais."[6]

Visões de outros mundos constituem muitas vezes uma mistura potente do que parece uma experiência real, combinada com simbolismo, que se equipara aos pressupostos do sonhador. Fariba Bogzaran, pesquisadora de sonhos, estudou um grupo de sonhadores lúcidos, a fim de comparar o que eles entendiam conscientemente por "o Divino" com a experiência que disso tinham em sonhos. Aproximadamente um terço de seus entrevistados aceitava a existência de um Deus pessoal, enquanto os outros dois terços acreditavam em "uma Energia que a tudo satura" ou em outras forças impessoais. Tabulando os sonhos, Bogzaran descobriu, o que não é de surpreender, que a maioria que aceitava um Deus pessoal teve encontros com uma personalidade divina, enquanto que os que consideravam a divindade como impessoal tiveram experiências que concordaram com suas crenças. Um crente em um Deus pessoal, por exemplo, sonhou o seguinte:

> *Estou flutuando e vejo a parte posterior de um trono. Um braço de cadeira, sólido e maciço, é cortado em um bloco de mármore. Esgueiro-me em volta do trono e vejo um braço de alguém sobre o braço de mármore do trono. A mão é velha, embora firme e forte, como a de um carpinteiro. A manga é branca e cheia. Os dedos estão curvados para baixo sobre a borda do braço do trono... relaxados, mas cheios de vida. De minha posição, não posso ver mais do que o cotovelo, mas, sem a menor dúvida, sei que ele é Deus.*[7]

Em contraste, um sujeito no estudo de Bogzaran, que acreditava em uma força divina mais impessoal, contou o seguinte sonho: *Diante de mim aparece uma imagem em movimento com numerosos ciclos entrelaçados — como se fosse a máquina de um relógio. Parecia também padrões de luz e sombras pulsantes. Nenhum ciclo completo pode ser visto.* Ambas as imagens retratam, em termos diferentes, algo raramente experienciado na vida desperta — o senso de algo tão vasto que sua esfera de ação torna insignificante o entendimento humano, permitindo apenas uma visão parcial de sua infinidade.

A geografia e demografia do outro mundo são tão diversificadas que, freqüentemente, levam o indivíduo, em busca de respostas, a ultrapassar os limites de sua fé. Bernadette, uma ex-professora de anatomia criada em um lar estrito, religioso, podia ter continuado a ser uma "católica tradicional", se não fosse um Sonho Curativo que a levou a acreditar que havia coisas que "nem a Igreja propositalmente não me diz nem os padres sabem mais do que eu".

Antes das reformas do Vaticano II, quando a Igreja ainda usava seu poder de Imprimatur para decretar que livros eram os mais apropriados aos fiéis, Bernadette sentia "um desejo ardente de conhecer os outros sistemas de crenças, o que grandes mentes pensaram em outras culturas, o que foram *suas* experiências com Deus". Deixar a "Santa Mãe Igreja", porém, continuava a ser uma perspectiva assustadora: "Eu tinha medo de ser transformada em pária", diz ela, "de ficar sozinha, talvez sem jamais encontrar meu caminho para Deus ou para o céu." Em meio a suas angustiantes reflexões, teve um sonho extraordinário:

É uma cena de floresta. Vejo uma pessoa abrindo freneticamente caminho pela vegetação. Depois, parece que recuo e posso ver toda a terra. Desse ponto de vista aéreo, percebo que essa pessoa está tentando chegar à Terra da Luz, que, no sonho, localiza-se no Pólo Norte. Mas, com uma feliz surpresa, descubro que muitos caminhos levam a essa Terra. Alguns parecem trilhas e nelas vejo viajantes dispersos, outros têm sulcos abertos por carroças, mas todos terminam no mesmo lugar. Noto também que muitos viajantes não estão chegando a seu destino. Param para embelezar o caminho, ou construir edifícios ao longo do caminho, onde param para orar.

O sonho ocorreu há 25 anos, diz ela, "e se tivesse sido ontem, não poderia ser mais vívido. Eu me senti consolada. A visão me disse que não era errado, nem maldade nem pecado tentar outro caminho. Senti-me finalmente livre para deixar o único caminho que jamais havia conhecido". Convencida de que as instituições religiosas eram, na melhor das hipóteses, apenas estações no meio do caminho e, na pior, obstáculos, e nunca o destino final, Bernadette passou a estudar uma grande variedade de caminhos espirituais, sendo finalmente ordenada como sacerdotisa ecumênica.

Um paciente de Jung descreveu certa vez um sonho com o outro mundo em que viu um gigantesco canteiro de obras, onde pessoas de todas as raças e credos construíam um complexo de prédios que chegavam ao céu. Jung, imediatamente, disse-lhe que eles estavam construindo "a nova religião", que substituiria as maneiras sectárias de imaginar Deus que haviam dominado a história humana. Ele mesmo estivera nesse lugar, explicou ao espantado cliente, acrescentando que essa grande obra só seria completada dentro de mais quinhentos anos.

Em todas as religiões, há aqueles que tentam quebrar a concha da iconografia e do dogma para penetrar em algum núcleo de verdade universal. Os sufis procuram a *fana*, a dissolução da identidade religiosa e cultural, de modo que o *baqa*, o novo homem, possa emergir. O monge trapista iconoclasta Thomas Merton, fazendo uma distinção entre misticismo sentimentalizado e "transcendência" autêntica, observa que São João da Cruz era "hostil a visões, êxtases e todas as formas de 'experiência especial'". Merton sugeriu que a visão cristã de Deus e a iluminação do zen tinham em comum uma "psique sem limites",[8] citando, com aprovação, a advertência zen de que não devemos substituir a iluminação autêntica por imagens: "Se encontrares o Buda, mata-o!" Até mesmo nas tradições tântricas do Tibete os rebuscados panteões são considerados como emanações do *dharmadhatu*, o Final, informe, onipresente, livres de idéias preconcebidas.

Essa opinião lembra a do autor cristão anônimo do século XIV, que escreveu *The Cloud of Unknowing*, e que desconfiava de buscadores que davam importância demais a visões:

> Em suas fantasias mentais, eles vão até os planetas, abrem um buraco no firmamento e olham para dentro! Criam um Deus a seu gosto, vestem-no com roupas luxuosas, colocam-no em um trono, e tudo isso é muito mais estranho do que qualquer pintura! Dão aos anjos forma humana e os espalham, cada um deles com um instrumento musical diferente... O trabalho de nosso espírito não se desenvolve para cima e para baixo, para os lados, para a frente ou para trás, como alguma coisa física.[9]

Neste caso, estamos sendo instados não a ver meramente, mas ver *através de*. Por trás da miríade de disfarces do divino nos Sonhos Curativos há uma Fonte que pouco caso faz da maneira como notamos as coisas *deste* mundo. Homem Solitário, um chefe dos índios teton sioux, conta que um "Ser Trovão" lhe ensinou o seguinte em um sonho: "Esta terra está sob a proteção de algo que, às vezes, torna-se visível ao olho. Nós pensaríamos que isso estaria no centro da terra, mas suas manifestações aparecem em toda parte, em formas grandes e pequenas."

A Noite Escura

São João da Cruz considerava visões do céu como tempo passado "em fraldas", no "seio bondoso" de Deus, antes de o homem atingir a maturidade espiritual. "Quando eles pensam que o sol do favor divino ilumina-os da forma a mais brilhante", escreveu ele, com certa ironia, "Deus transforma toda essa luz em trevas." Não é um castigo, explicou, mas uma pedagogia carinhosa, uma imolação no "fogo escuro" de Deus para "despojar a alma" de suas vaidades. Só depois de muitas "noites escuras" fica a alma suficientemente vazia para ser saturada pela luz divina.

Katharine jamais leu São João, nunca o ouviu descrever o tempo que o peregrino espiritual gastou, perdido no deserto. Chamava sua noite escura da alma simplesmente de "o Vácuo", ou o Ano Negro. Aparentemente, não havia maneira de ela escapar da mais profunda depressão — o tipo de desespero em que as trevas envolvem o coração e expulsam a vida de cada amanhecer.

Ela lhes afrouxava ligeiramente os tentáculos passeando por um parque nas proximidades de casa, andando de 15 a 20 quilômetros por dia, um pé em frente do outro, tal como o soldado de um exército derrotado, teimoso demais para render-se. Passar por outras pessoas que caminhavam simbolizava e aliviava ligeiramente o senso de ser uma intrusa no mundo de pessoas despreocupadas, cuja vida, por alguma razão, funcionava. Uma vez, ao fazer uma curva no caminho, sentindo mais do que nunca um vazio suicida, passou por "um velhinho com uma bengala". Ele disse algumas palavras quando se cruzaram, "alguma coisa engraçada, como eu parecer muito tensa, minha postura muito dura". Depois de passar por ele, lembra-se, "essas sensações estranhas de liberdade total percorreram-me o corpo em uma espécie de euforia física. Foi esquisitíssimo. Olhei para trás, mas não o vi mais".

Ela não sabe se aquele estranho encontro foi a causa, mas, naquela noite, teve "o mais espantoso" dos sonhos:

> *Estou em um vácuo, flutuando e girando. Sinto-me como se tudo estivesse sendo sugado de mim e estou inteiramente apavorada. Em seguida, meu ponto de vista recua, como uma câmera num filme, para mostrar uma cena mais ampla, e em toda parte em volta de mim vejo a imagem de duas mãos. Mãos grandes, como as mãos de Deus. Como se o vácuo fosse fechado e mesmo protetor, encapsulado por uma divina Alguma Coisa.*

O sonho vívido "lançou-me de súbito em uma perspectiva inteiramente nova". Pareceu que o sonho tinha realizado uma cura quase instantânea. Sentiu o peso esmagador desaparecendo já ao acordar, à medida que pensamentos sobre o futuro voltavam em grande quantidade. O Ano Negro, pensou nesse momento, encerrara um segredo o tempo todo, uma finalidade mais alta. "Eu, por algum motivo, *tinha* de ser despojada de tudo, tinha de me sentir inteiramente sozinha, para me aprofundar espiritualmente." O sol continuou a dissipar o nevoeiro. Dentro de uma semana, ofereceu-se para trabalhar como voluntária em um abrigo próximo para mulheres, usando sua quase esquecida formação em psicologia para dar assistência a pacientes de câncer. "Eu sabia que tinha em mim uma força curadora que, aliás, todos possuem. Eu estava usando a dádiva do Ano Negro para ajudar pessoas a se tornarem mais fortes em sua própria escuridão. Antes do sonho, tudo em que eu conseguia pensar era em árvores mortas, a chegada do inverno. De repente — sei que isso parece um pouco ridículo — era primavera."

Outros sonhadores descrevem "noites escuras" semelhantes que terminaram em Sonhos Curativos com o outro mundo. Chuck, que durante 30 anos havia sido um respeitado cientista especializado em computadores, foi subitamente acometido da síndrome de fadiga crônica. A vida tornou-se para ele uma zona morta pobremente iluminada por uma luz cinzenta vaporosa, com seus moradores, lugares e coisas reduzidos à condição de esboços feitos a carvão. Certa noite, já chegado ao ponto de ruptura, sonhou que *estou em uma sala em uma casa, tentando puxar um cadáver de uma parede e colocá-lo em uma caixa. Acho que a caixa é uma urna funerária, mas é também uma peça retangular de mobília, com uma tampa de interessante acabamento, no centro da qual, descubro, surpreso, que há um buraco de fechadura.* Tomado de horror, compreende que o caixão era destinado a ele. Mais tarde, porém, em um exercício ativo de imaginação, olhou através do buraco e, chocado, viu que a caixa estava inundada de brilhante luz branca.

Ainda doente e deprimido, Chuck foi abalado por outro sonho vívido:

> *Estou em São Francisco. Água sobe de grandes crateras nas ruas e nas calçadas com tanta força que está empenando o calçamento. É uma coisa assustadora. Subo uma colina na direção de uma grande catedral no centro da cidade. Dentro dela está acontecendo uma festa incrível — uma verdadeira celebração. É uma espécie de serviço religioso carismático, de altíssima energia, todo mundo literalmente pendurado nos candelabros e balançando-se, longas mesas arrumadas e todos se banqueteando. Foi muito divertido, mesmo que eu não conhecesse ninguém ali.*

No sonho, as águas da cura irrompem literalmente através das velhas estruturas da personalidade, com um poder tão irresistível que o intimidam. Forças do fundo da psique sobem impetuosas. Ele não pode mais ficar preso onde está. No alto da colina, o cavaleiro da cidade do eu que se desintegra descobre em seu centro uma igreja realmente santificada — um local de diversão estimulante, cujas vigas vibram de alegria e cujas mesas gemem sob o peso de iguarias para a alma. Quando me contou o sonho, ele sorriu de uma orelha a outra ao lembrar-se "dos momentos realmente maravilhosos que tive".

Pouco depois, Chuck compareceu a um *workshop* de psicologia, fazendo, meio descrente, um exercício em que pessoas formavam pares e uma perguntava repetidamente à outra: "O que é que você quer?" — um instrumento, disse o mediador, para trazer à tona objetivos, desejos e pulsões inconscientes. "Depois de passar por todas as coisas superficiais que *pensa* que quer, você chega a alguns sentimentos realmente básicos. De alguma maneira, parece que o sonho me preparou para essa experiência", diz Chuck, "porque a resposta que me escapou dos lábios foi: 'Fazer exatamente o que estou fazendo neste exato momento.' Em seguida, fui dominado pelo mesmo senso de alegria que senti na grande catedral. A sala pareceu evaporar-se. Seguiu-se uma sensação visual de uma fileira interminável de janelas, uma luz que mudou de carmim para dourado e branco brilhante. Todo senso de eu, de espaço e tempo, desapareceu. Senti como se minha alma estivesse nascendo, um senso de meu eu autêntico. E tive a impressão de ouvir uma voz que dizia internamente: 'Tudo está bem com o mundo.' A coisa toda só durou alguns segundos, mas me deixou estonteado, mal conseguindo trabalhar durante dias."

O sonho de Chuck culminou em uma espetacular mudança de vocação. Nesse momento, sentia um forte desejo de "trabalhar com os moribundos". Aliviados seus sintomas de fadiga crônica, passou a oferecer-se a hospitais como auxiliar de enfermeiro e, em seguida, foi convidado para trabalhar na capelania do hospital. Protestou que não tinha a preparação ou a experiência necessárias, mas, sob a pressão suave do capelão, cedeu, seguindo-o por toda parte como um interno. Atualmente, Chuck dirige um grupo, em um hospital local, de pessoas que tiveram experiência de quase morte. Ele, em certo sentido, construiu sua própria igreja dentro da Igreja, com a autoridade de um homem que fez a viagem da morte para a vida, de calçadas cinzentas que desmoronavam para, durante um inesperado momento, uma resplandecente Cidade no Alto da Colina.

Escalando a Montanha

Embora tenha sido autor de um livro erudito sobre a Bíblia, Reynolds Price sempre descreveu sua espiritualidade como "não eclesiástica", embora "fortes correntes de uma força impessoal tenham pressionado meus pensamentos desde a infância". Poeta, ensaísta, romancista e teatrólogo, laureado pela American Academy of Arts and Letters, estava no cume da carreira quando, de repente, despencou num abismo. Exames médicos descobriram um tumor de 25 centímetros de diâmetro na coluna vertebral, um tumor maligno no sistema nervoso central. A operação para removê-lo, embora inicialmente bem-sucedida, levou-o a uma paralisia gradual.

Durante todo esse período de deterioração, teve as noites atormentadas por "longos e convincentes pesadelos... muito mais nítidos e apavorantes do que qualquer um de que me pudesse lembrar". Em um deles, estava hospedado em um hotel no Caribe, servido por um quadro de pessoal de "vampiros autênticos, que haviam aprendido a tolerar o sol tropical. No início, mostraram-se afáveis, encantando-me com um serviço perfeito, mas, na verdade, esperavam até conseguir que eu baixasse a guarda para me sugar todo o sangue". Pesadelos seguiram-se a pesadelos, implacavelmente cruéis.

Certa noite, quando estava prestes a iniciar um tratamento de cinco semanas de radiação ionizante, teve "a experiência isolada mais estranha de minha vida". Pareceu-lhe que acordava ao amanhecer, mas "não apoiado em travesseiros em minha cama de metal ou mesmo em minha casa". Estava, sim, deitado inteiramente vestido com traje de passeio moderno em uma ladeira perto do mar da Galiléia, no tempo de Jesus. Viu uma dezena de homens, usando trajes humildes, dormindo a sono solto na terra coberta de névoa da praia. *Eu estou realmente aqui*, maravilhou-se ele. Com notáveis detalhes, viu as túnicas simples daqueles homens, sentiu o frio da noite desaparecer à medida que a luz do dia dava à terra cores pardas e rosadas, aspirou o cheiro de fumaça de fogueiras onde se preparava o desjejum, emanando das cabanas de pedra das aldeias de pescadores de Cafarnaum e Bethesda, que ficavam diretamente ao norte.

Nessa ocasião, uma das pessoas acordou e ele viu que era Jesus, "como o magro Jesus das pinturas flamengas — alto, cabelos escuros, pele imaculada e um autodomínio natural e imponente", usando "um pano branco enrolado em torno dos quadris". Ele e Jesus entraram na água fria, a uns sete metros da praia. Jesus, usando as mãos em concha, derramou água sobre sua cabeça, deixando que ela embebesse a cicatriz púrpura em suas costas e, em seguida, falou, uma única vez — "Seus pecados foram perdoados" —, e virou-se para voltar para a praia.

"Segui-o imediatamente, pensando, no jeito típico do mal-agradecido, *Não é com meus pecados que estou preocupado.* E assim, dirigindo-me às costas do Jesus, que se afastava, tive o desplante de perguntar: 'E eu estou também curado?'

"Ele virou-se para mim, nenhum sinal de sorriso e, finalmente, pronunciou duas palavras: 'Isso, também.'" Em seguida, escreveu Price, "sem nenhuma costura palpável na textura do tempo ou espaço, eu me vi novamente em casa, em minha cama de casal".

Ele ficou atônito com "essa realidade concreta, visual e tátil, diferente de qualquer sonho, dormindo ou acordado, que jamais tive ou do qual ouvi falar", que não demonstrava coisa alguma da lógica surrealista ou trama desconexa de um sonho verdadeiro. Nada se assemelhara a ela "em cinco décadas de uma vida rica em fantasia e em aspirações".

Embora tivesse motivo para sentir-se em dúvida durante os anos de angústia que se seguiram (um pesadelo bem convincente descreveu-lhe a visão como "fabricada com astúcia diabólica pela propaganda nazista, de alguma forma plantada em mim por Joseph Goebbels, o mestre da mentira de Hitler"), o sonho continua a ser um companheiro consolador. Podia evocar quando queria a sensação da "mão curadora" que o banhara.[10] Embora nunca recuperasse a saúde física, continuava a sentir períodos de bem-estar fluindo da experiência e meditava constantemente sobre o mistério do perdão.

Descida: o Sonho Corporificado

Sonhos Curativos como esses incluem-se em um padrão comum entre xamãs e místicos de todos os lugares e épocas. Uma grande e humilhante derrota — devida à doença, talvez, ou a alguma perda ou depressão — serve como catalisadora de uma experiência em que o indivíduo tem uma visão. Só quando o Jó da Bíblia é reduzido à condição de mendigo solitário e doente, lamentando-se em cima de um monte de cinzas, é que Deus lhe revela a vastidão do cosmo. Trata-se de uma trajetória espiritual bem conhecida, em que a descida constitui o prelúdio necessário à transformação e, a doença, o sólido alicerce de uma nova completeza.

Louis Vuksinick, psiquiatra de São Francisco, conhece em primeira mão essa jornada. Homem de maneiras suaves, cabelos louros, em fins de seus 50 anos, com uma queda por camisas azuis Oxford e gravatas regimentais, ele parece um candidato pouco promissor para ser levado de roldão pelas turbilhonantes correntes do misticismo. Tal como Reynolds Price, ele foi engolfado por um sonho estranho, em meio a uma terrível tribulação física. Hospitalizado durante seis meses, quando um acidente quase fatal lhe esmagou as pernas e a pélvis, Vuksinick sonhou certa noite o seguinte: *Sou levado a uma abertura no chão. A passagem em descida está coalhada de partes desmembradas de corpos. No nível mais profundo no interior da terra, entro em um labirinto e sou levado a uma câmara, onde um monstro enorme, de olhos vermelhos em fogo, mantém seus cativos, muitos deles crianças.*

Esse é o tipo de sonho com o Mundo Subterrâneo encontrado em numerosos relatos de iniciação espiritual. Mas ele e o analista freudiano com quem fazia no momento a formação de psicanalista não estavam preparados para isso. "Eu jamais pensei que um sonho pudesse nos mudar a vida ou provocar crescimento espiritual", diz Louis. "O trabalho do analista consistia em dissecá-lo racionalmente, descobrir conflitos e traumas emocionais subjacentes. Eu não sabia o que fazer com aquilo." Em seguida, teve outro sonho impressionante, que se repetiu durante três noites.

> *Levanto a vista para a enorme montanha que domina a paisagem em frente à casa de minha infância. Uma forte luz mística brilha a uns três quartos do caminho em subida até o centro da montanha. O local marca a confluência de dois grandes rios, o Snake e o Siskiyou. Atrás do ponto de encontro dos rios há uma caverna com um tesouro. A cena, em seguida, transforma-se em uma fotografia com a data, 1932, em traços muito fortes.*

O psicanalista sugeriu que a montanha simbolizava o seu pai, que fora mineiro de carvão, enquanto a caverna era evidentemente uma metáfora relativa à mãe. "Até mesmo as luzes místicas, disse-me ele, eram símbolos parentais — a coisa toda nada mais era do que problemas familiares disfarçados! Na ocasião, aceitei essa idéia!" Na quarta noite, porém, Vuksinick sonhou que o próprio Jung lhe aparecia e lhe entregava um livro sobre sonhos. No dia seguinte, examinando o índice remissivo de um texto junguiano, descobriu que, em vez de considerá-los como reflexos de um complexo de Édipo, Jung interpretava a confluência de rios como símbolo dos poderosos fluxos que levavam à integração psicológica.

Quando o analista acusou-o de usar as idéias de Jung como "resistência", Vuksinick resolveu deixá-lo. Começou a fazer experimentos com exercícios de relaxamento corporal, que, inesperadamente, desencadearam uma série alarmante de sintomas físicos. O corpo, de repente, entrava em paroxismos convulsivos, tornando-se quente e doloroso. E acordava "com altos sons de estalos" na cabeça. "Partículas e luzes brilhantemente coloridas" dançavam diante de seus olhos, enquanto sons agudos de zumbido martelavam-lhe os tímpanos e dores fortes e incapacitantes percorriam-lhe os nervos. Com o tempo, as sensações levaram a estados de bem-aventurança, embora a euforia não raro fosse seguida de depressão. Temeu estar perdendo o juízo.

Suas experiências, fato que desconhecia, poderiam ser encontradas quase que palavra por palavra na autobiografia de Gopi Krishna. Ex-funcionário do Departamento de Obras Públicas da Índia, que acabou por tornar-se um visionário célebre, Krishna tinha resolvido estudar yoga sozinho, praticando consciensiosamente os exercícios psicofísicos recomendados. Mas, tal como Vuksinick, ficou desconcertado com uma erupção súbita de estranhos sintomas físicos: "sons que pareciam rugidos e cores sobrenaturais em movimento", calor "como o forte bafo de uma fornalha... crestando e empolando os órgãos". Ele, também, sentiu choques violentos ao longo dos nervos e um brilho cegante, "no início, uma fina corrente de essência radiante" e, em seguida, "uma chuva resplandecente, cascateante, de energia vital brilhante penetrando em meu cérebro", que provocaram um despertar espiritual.

Vuksinick jamais estudou e tampouco se interessou por filosofia ou religião oriental. Seus sonhos, porém, aparentemente tinham outras intenções. Um sonho apresentou-lhe a imagem vistosa da estátua de um Buda, de natureza feminina, negra, *sentada sobre um pedestal dourado com pernas de serpentes. De súbito, uma descarga elétrica dá vida à estátua e às serpentes. A Deusa se transforma em um ser alado. Uma cortina transparente é puxada para o lado e uma mulher bela se despe. Dois homens se aproximam dela, em preparação para um coito ritual.* Vuksinick acordou com "uma energia elétrica percorrendo todo meu corpo". Mais tarde ele descobriria a deusa Kundalini, representada como uma serpente enroscada na base da espinha, que transmuta energia sexual em transcendência espiritual. Os Sonhos Curativos, começou a acreditar, estavam levando-o ao objetivo místico antigo do yoga, a união de espírito e corpo. Concluiu ele então que este era o significado oculto do primeiro sonho com o rio *Snake* (serpente) e a luz mística. (Mais tarde descobriu que a primeira palestra sobre Kundalini feita no Ocidente havia sido proferida em 1932, no Instituto Jung — a própria data que vira com tanto destaque no sonho com a montanha.)

A confluência de forças físicas e psíquicas iniciada pelo Sonho Curativo ocasionou uma transformação peculiar em seu trabalho psiquiátrico, o que lhe permitia às vezes sentir fisicamente a causa da aflição dos pacientes. Em um caso, começava a sentir uma forte dor no pé esquerdo sempre que recebia um certo paciente. Certo dia, perguntou-lhe se alguma coisa havia acontecido com seu pé esquerdo, ouvindo, em resposta, um segredo há muito tempo ocultado. Muito deprimido na adolescência, esse homem estivera prestes a cometer suicídio com uma pistola. No último momento, baixou a arma da cabeça para o pé e atirou. Após a revelação, a terapia começou a produzir bons resultados. As sensações de empatia física de Vuksinick atuaram como uma espécie de código Morse corporal: dor nos órgãos genitais, diz ele, alerta-o para um paciente que sofreu abuso sexual; cãibras abdominais relacionam-se com "graves questões de poder". Em uma ocasião, após uma sessão catalítica que desvendou de repente o problema do paciente, ele teve um ataque de dor tão forte que foi obrigado a procurar o pronto-socorro de um hospital, embora nenhuma razão física para ela pudesse ser encontrada. "O fato de uma grave doença (psicológica) do paciente poder ser absorvida pelo corpo do analista e, em seguida, liberada", diz uma entrada de seu diário, "parece com o que o xamã tenta fazer quando assume a doença de outra pessoa a fim de curá-la."

Subindo: Emergência Espiritual

Vuksinick, ejetado da órbita precisa da psicanálise clássica por Sonhos Curativos quase alucinatórios, irresistíveis, pensou numerosas vezes que estava perdendo o juízo. A área da psicologia que trata dessas convulsões interiores, algumas vezes denominada de "despertar espiritual", constitui um acréscimo recente, e ainda aceito com reservas, no tratamento da saúde mental. O psicólogo James Hillman, que conheceu Gopi Krishna e lhe estudou atentamente o caso, notou a semelhança entre a sintomatologia do yogue e uma crise psicótica. Numerosas tradições espirituais reconheceram que a linha que separa ilusão de iluminação é fina como o gume de uma navalha. "Para perda nossa no Ocidente", escreveu Hillman, "somos tão carentes de um contexto adequado que, realmente, nos despedaçamos com o irrompimento do inconsciente, isso justificando a interpretação psiquiátrica."

Quando jovem, estudando com Jung em Zurique em 1948, o famoso psicólogo Robert Johnson teve um sonho estranho e irresistível (que, curiosamente, continha também motivos religiosos orientais e imponentes serpentes). E Jung lhe disse enfaticamente: "Você foi convocado para uma vida interior. E deve fazer todo possível para controlar essas energias, ou elas o destruirão."[11] Johnson resolveu passar longos períodos na Índia, sentindo-se em casa em um país onde tais experiências são mais bem compreendidas.

Numerosas pessoas no Ocidente, porém, são obrigadas a tentear o próprio caminho através desse tipo de Sonho Curativo, sem ajuda ou mesmo compreensão de alguém. Conversei com numerosas pessoas, cujos sonhos alarmantes com o outro mundo, vistos através das lentes da psiquiatria, poderiam ter resultado em um diagnóstico de caso patológico. A jornada de Susannah começou com o que ela descreve como um "sonho de iniciação" com um objeto semelhante a um caixão mortuário. Aproximando-se mais, *viu um vagão a vapor, girando na escuridão do espaço, que me "disseram" que pertencia a Hitler.* O objeto permaneceu pairando no estígio escuro, profundamente sinistro, enchendo-a de terror.

O sonho arrepiante serviu de prelúdio a uma queda horrenda na vida. Casou-se com um iraniano após um namoro vertiginoso e logo descobriu que ele era propenso a crises incontroláveis de fúria — chegando, certa vez, a ir no meio da noite ao curral de ovelhas da pequena fazenda que possuíam e sacrificar todos os animais. Descrevendo-se a si mesmo como "muçulmano descontraído", ele mais tarde lhe diria — em um arrepiante eco do sonho — que havia gostado muito, em sua juventude, de velhos filmes de propaganda nazista, que o governo iraniano distribuía nas escolas.

Traumas se empilharam sobre traumas. Após engravidar, Susannah sonhou o seguinte: *Estou visitando amigos e descubro um quarto onde uma mulher pende, enforcada, de uma viga. Pela primeira vez na vida sinto o cheiro da morte.* O odor de morte no sonho perseguiu-a durante dias. Logo depois, soube horrorizada que o bebê morrera no ventre. Não muito tempo depois, médicos lhe disseram que ela sofria de câncer cervical. No fim, incapaz de agüentar os maus-tratos do marido, divorciou-se.

Durante muitos anos ainda foi atormentada pelo que chama de "sonhos com o mundo subterrâneo". Em um deles, caiu através do piso e, no porão, encontrou uma "família de mortos", observando, cheia de horror, uma mãe que era um esqueleto amamentar um bebê esqueleto. Imagens semelhantes foram notadas em sonhos grotescos que caracterizam o início da esquizofrenia (tais como os relatados por P. Carrington: "um homem varrendo os ossos de uma moça e jogando-os em um caminhão de lixo... o sonhador deitando-se em um caixão de defunto do qual seus pais acabavam de levantar-se... pessoas transformando-se em esqueletos").[12] Imagens de esqueletos caracterizam também visões de iniciação xamânica — em numerosas culturas indígenas, os trajes cerimoniais dos xamãs são decorados com esqueletos e crânios.

Aos poucos, os sonhos de Susannah tomaram novas direções. Conheceu a "deusa do mundo subterrâneo" e foi picada por uma serpente, ficou tonta e finalmente morreu por efeito do veneno. Em outro sonho, a deusa enrolou a serpente em volta de seu braço, de modo que pudesse picá-la entre o polegar e o indicador — uma técnica, soube ela depois, usada intencionalmente por antigas sacerdotisas de Ísis para induzir estados alterados de consciência. Esses sonhos foram seguidos por outros, nos quais ela era aparentemente iniciada em todas as tradições espirituais do mundo. Ela jamais havia sido uma pessoa religiosa ("eu me encolhia toda quando ouvia a palavra Deus") e, de súbito, os sonhos se encheram de ritos sagrados "de todos os tipos — judaicos, cristãos, de índios americanos, tibetanos e mesmo de uma tribo africana, com uma dolorosa circuncisão de mulheres" — que nesses momentos acolhiam-na no rebanho.

Susannah lutou para manter o equilíbrio: "Eu simplesmente continuava a tentar ver tudo isso em um nível metafórico, para obter alguma sensação de que aquilo era normal, que isso fizera parte da psicologia humana durante eras." Os sonhos oscilavam entre luz e trevas, ascensão e queda, abalando-a de tal maneira que começou a ficar com medo de enlouquecer. Tinha pesadelos com o destino da terra, com locais onde era depositado lixo tóxico, "e a deterioração do meio ambiente por falta de cuidados". Durante semanas, sonhou com incidentes da Segunda Guerra Mundial, como se os tivesse vivendo através dos olhos de seus participantes. Descobria-se dentro de um trem, a caminho de um campo de concentração. Presenciou um horrível experimento cirúrgico praticado por um médico nazista em uma menininha e, em seguida, em outro sonho, *ela* era a médica. (Conforme vimos, o Sonho Curativo põe freqüentemente o sonhador no interior de outras vidas, outros corpos, ocasionando, às vezes, uma dolorosa ampliação da solidariedade por outras pessoas.)

Esses horrores, por outro lado, abriam caminho para "êxtases". Sonhava que estava *atravessando um portal luminoso e vendo, ao amanhecer, uma colina coberta de relva,* ou *sendo atraída para o céu em milhões de pedaços,* ou ainda *expandindo-se até ficar do tamanho da terra, cobrindo-a e molhando-a com a chuva de meu amor.* Às vezes, acordava vibrando de alegria, "extática, como se Deus estivesse subindo por minha espinha". Acordava desses sonhos com a sensação "de não querer ainda encolher e voltar para minha personalidade comum, como se os reinos interior e exterior ainda estivessem entrelaçados".

Atualmente, Susannah se sente, muitas vezes, como vivendo "em dois mundos, simultaneamente". Quando acorda, tem recordações nítidas dos sonhos. Sente que suas fronteiras são permeáveis: "Posso sentir a energia de um lugar ou pessoa quando me aproximo delas, como se estivesse entrando em um campo ontológico que me afeta fisicamente."

Nas claras profundezas de seus frios olhos azuis observamos lampejos de problemas de alma. Inteligente e empática, há em volta dela uma aura daquilo que psicólogos chamam de "aparência que não combina". As expressões faciais nem sempre se ajustam às palavras; a linguagem corporal parece em um momento controlada demais e, no momento seguinte, solta demais. A cautela de quem foi ferida — e teme voltar a sofrer — parece lutar com seu ideal de amor abrangente. Quando descreve como se expandiu, abarcando a terra e as estrelas, não lhe questiono a alegria, mas me pergunto o quanto daquilo é tingido pelo que Merton chamou de "elasticidade do ego", que vicia com um exagero sutil até a sensação mais extasiante de ascensão espiritual.

Estudos com emprego do IMPM (Inventário Multifásico de Personalidade de Minnesota) correlacionaram também o "conteúdo grotesco do sonho" com estados esquizóides e paranóicos. A experiência rica e complexa de Susannah, porém, não pode ser reduzida simplesmente à condição de estado patológico. Fico mais com a impressão de alguém cujos sonhos estão transformando-a, como um martelo molda o metal aquecido na bigorna, temperando com calor, golpes e pulsações de luz uma nova forma. O Sonho Curativo constantemente penetra no vazio do que está quebrado.

À medida que outras pessoas descreviam seus sonhos místicos, um padrão começou a emergir. Em primeiro lugar, há sonhos de destruição pessoal ou mesmo global, anunciando um período de depressão negra e desintegração; em seguida, sonhos que parecem escancarar os portais para o crescimento e a renovação. Trata-se de um padrão que lembra muito o que foi observado pelo dr. John Perry. Na década de 1960, Perry fundou uma clínica, ora fechada, para jovens que sofriam crises agudas de esquizofrenia. "Se a jornada do indivíduo à psique inconsciente recebe a empatia e compreensão que merece", escreveu ele em seu livro, *The Far Side of Madness*, "a experiência parece-se com o chamado 'estado alterado de consciência', o que de fato é, e não com loucura. Nessas condições, a psique pode continuar seu trabalho sem ter de lutar com um ambiente de incompreensão."[13] Embora esse método possa parecer ingênuo à luz dos atuais conhecimentos sobre a bioquímica da doença mental, Perry alega que, tratados com simpatia, os sonhos e visões de alguns pacientes levam-nos, finalmente, através de crises transformadoras, mais típicas de uma iniciação espiritual, começando com imagens da morte, a um renascimento pessoal — e mesmo a uma "apoteose mística".

Criando Asas Para Subir ao Céu

Essa conexão arquetípica entre morte e ascensão ao céu foi talvez o significado mais profundo do único sonho de infância de Freud jamais publicado — um sonho tão vívido que ele nunca se esqueceu dele durante toda a vida: "Vi minha amada mãe com uma expressão estranhamente tranqüila, sonolenta, sendo levada para o quarto por duas (ou três) pessoas com bicos de ave e colocada em cima da cama." Essas figuras míticas, variando dos xamãs com cabeça de ave das pinturas da caverna de Lascaux aos deuses egípcios com cabeça de íbis, ligam a imagem de voar à jornada para a terra dos mortos (embora Freud tivesse declarado mais tarde na vida adulta que o sonho representava desejos incestuosos inaceitáveis e medo de castração.)[14]

Numerosas tradições dizem que viajamos ao reino invisível em um corpo imaterial capaz de voar. A imagem "criando asas" para subir aos céus ajusta-se a esse tema comum. Todos nós tivemos sonhos de voar, nos quais passamos raspando por topos de árvores. Os vôos que alguns sonhadores me descreveram — vendo, como se fossem astronautas caminhando pelo espaço, toda terra abaixo dos pés — parecem de outra ordem de magnitude. O psiquiatra Louis Vuksinick sonhou o seguinte: *Estou em um colchão voador. Glóbulos de luz correm, vindos de todos os lados, em direção a um ponto central. Quando colidem com esse ponto há uma enorme explosão de luz e som — êxtase. Olhando para baixo, vejo toda a América do Sul. Todos os países estão iluminados, a partir de dentro, por uma luz brilhante, tipo néon, cada um com uma cor diferente.*

Minha amiga cree, Sylvia, descreve sonhos de "voar para dentro do universo", "vendo a terra redonda embaixo, de um verde-azulado brilhante, tão diferente das fotos, tal como a diferença entre preto e branco e cor". Xamãs indígenas dieguenos acreditam que, se sonham que estão pondo as mãos em volta de toda a terra, "isso significa um conhecimento totalmente abrangente, o mais alto grau de sabedoria que um sonho pode simbolizar".[15] São Jerônimo falou em sonhos em que "voava sobre a terra e navegava pelo ar, cruzava montanhas e mares".[16]

Um dos relatos mais famosos de vôo do espírito foi o de Black Elk, xamã dos oglalas sioux. À idade de nove anos, ele contraiu uma doença misteriosa que lhe deixou o corpo inchado e em coma durante 12 dias. Pairando perto da morte, sonhou que voava sobre as asas dos espíritos de dois guerreiros, sob a forma de gansos, indo ao encontro dos Avôs ancestrais das seis direções, que lhe disseram que ele se tornaria um defensor de seu povo.

Ao tempo do sonho, os sioux ainda podiam ter esperança de recuperar suas terras e riquezas. Mais tarde, quando os últimos vestígios da sistema de vida indígena estavam sendo erradicados, e seu povo — derrotado, em desespero, faminto — foi internado em reservas, Black Elk, na ocasião com 27 anos de idade, teve outra série de visões notáveis, nas quais voava para um outro mundo localizado no centro de uma cordilheira desconhecida. Era, diz ele,

> uma terra bela onde muitas, muitas pessoas estavam acampadas em um grande círculo. Eram felizes e tinham abundância de tudo. Em toda parte havia giraus cheios de carne a secar. O ar era claro e belo com uma luz viva que estava em toda parte. Em volta do círculo, alimentando-se da relva verde, cavalos gordos e felizes... Flutuei sobre os tipis e aterrei, primeiro os pés, no centro do círculo, onde vi uma bela árvore luxuriantemente verde e cheia de flores.[17]

Dois homens usando "camisas sagradas" pintadas com símbolos disseram-lhe que lhe dariam uma coisa que ele poderia levar de volta para ajudar seu povo. Em seguida, ele voltou ao corpo. No dia seguinte, pintou "camisas de fantasma" à maneira sagrada, como vira no sonho. "Eu pensei que se esse mundo se comportasse como a visão ensinava, as árvores poderiam florescer também aqui." Em seguida, durante uma cerimônia, teve outra visão da "bela terra, toda clara e verde, na luz viva". Dessa vez, 12 homens vieram a seu encontro e lhe disseram que ele conheceria "nosso pai, o chefe de duas pernas", e o levaram à árvore sagrada. Encostado na árvore, viu um homem de cabelos compridos, corpo pintado de vermelho, mas que "não era um wasichu [homem branco] e também não era índio". Ele era, diz Black Elk, "um homem de bela aparência", mas não conseguiu "identificá-lo".

Enquanto olhava, o corpo do homem dissolveu-se em "todas as cores da luz" até que ficou cercado por puro resplendor. "E ele falou como se estivesse cantando: 'Minha vida é tal que todos os seres terrenos e coisas em crescimento me pertencem. Seu pai, o Grande Espírito, disse isso. Você, também, deve dizer isso.' Em seguida, o ser 'apagou-se como uma luz ao vento'." Por último, Black Elk viu 12 mulheres, que lhe deram uma ordem "De voltar à terra, deles levarás os costumes de vida". Quando emergiu da visão, Black Elk ensinou a seu povo as canções que aprendera.

A visão contribuiu para desencadear a disseminação amotinada de danças rituais que logo depois começaram em todas as reservas, de Pine Ridge e No Water's Camp, à margem do Clay Creek e ao acampamento de Touro Sentado, ao lado do Grand River. Naquele inverno, porém, o massacre de Wounded Knee acabou de vez com o sonho de sobrevivência de sua nação. Quinhentos soldados da cavalaria americana exterminaram impiedosamente homens, mulheres e crianças, a maioria desarmada. Black Elk atacou repetidamente os soldados com seu arco sagrado ("que não foi feito para atirar flechas"), usando uma camisa na qual pintara todos os elementos de sua visão — o arco-íris em chamas, a águia pintada e a árvore sagrada.

Quando, anos depois, contou a visão ao seu biógrafo, descreveu-se como "um pobre homem que nada fez, pois o círculo de sua nação foi quebrado e dispersado. Não há mais centro, e a árvore sagrada morreu". Black Elk sentia angústia por não ter podido cumprir o mandato do mundo superior: "É difícil seguir uma grande visão neste mundo de trevas e muitas sombras. Entre as sombras, os homens se perdem."[18]

De Volta à Terra

De volta à terra, deles levarás os costumes de vida. Os Sonhos Curativos estão sempre exigindo de nós que juntemos os dois mundos. Através de todas as nossas tentativas e fracassos, o outro mundo, resplandecente, continua a existir, instando conosco para completar o circuito místico.

Na verdade a geografia do outro mundo, das terras do *alam-amithal*, é quase sempre circular, delineando a geometria da totalidade em si. O "arco" redondo e o "grande círculo" de Black Elk assemelham-se às descrições encontradas nas brilhantemente coloridos *thangkas* do reino de Shambhala, resplandecente no centro de anéis de cordilheiras. Shambhala, na lenda tibetana, era uma terra cujos habitantes se tornaram iluminados. Tal como Brigadoon ou Avalon, ela existe para todo sempre em uma espécie de universo paralelo, continuando a aparecer àqueles dotados de faculdades e pureza especiais do espírito. Meu próprio mestre, Chögyam Trungpa Rinpoche, falou de Shambhala tanto como um mito inspirador — um símbolo de como podemos viver juntos no aqui-e-agora —, como um lugar no outro mundo cujos prédios, pessoas e paisagens ele conheceu em grandes detalhes em suas próprias visões.[19]

Numerosos lamas tibetanos fizeram relatos pessoais de suas visitas a essa misteriosa dimensão. No tempo de adolescente, Khamtrul Rinpoche foi meditar em um lugar sagrado, Minyak, na região oriental do Tibete. Seu guru lhe dissera que recitasse 400 mil preces ao santo Padmasambhava, mas, "sendo ele jovem e preguiçoso", só recitou metade. Ainda assim, meditando em uma caverna sagrada, teve "um sonho extraordinário".

Viu a mulher mais bela que poderia imaginar, que "se comportou comigo de forma tão sedutora que todos os átomos de meu corpo começaram a dançar". Ela se ofereceu para guiá-lo até o reino de Shambhala. Examinando-a com atenção, notou que a mulher tinha olhos extras, um deles entre as sobrancelhas e dois em cada pé e mão. Ela era, na verdade, a deusa Tara Branca. Ela previu que ele não continuaria a ser monge e que casaria com uma mulher chamada Dolma (o que de fato aconteceu).

Khamtrul Rinpoche voou em companhia da deusa, com a rapidez de um relâmpago, sobre cordilheiras nevadas e desertos até chegar a "um grande círculo de montanhas que parecia uma gigantesca flor de lótus aberta, com 32 pétalas". As casas eram "palácios esplêndidos de telhados dourados, decorados com pedras brilhantes e lindos arco-íris". Todos ali viviam em paz e harmonia ("não havia o sentido de eu e você, nenhuma competição ou discórdia"), todos estavam livres de doenças e todos eram ricos — tudo que a pessoa desejasse aparecia espontaneamente. Khamtrul foi informado de que ali havia também "agentes de segurança", dotados de "sabedoria poderosa e nobre", que podiam derrotar as armas destrutivas de nosso mundo.

Khamtrul foi apresentado ao rei, que "brilhava com tal esplendor que não consegui olhar diretamente para ele. Ele, inicialmente, transformou-se em luz e, em seguida, em um lama, que me conferiu uma série de poderes. Depois disso, tudo desapareceu como se fosse um arco-íris, exceto a mulher e eu mesmo. Começamos a falar de nosso amor recíproco". De repente, ele se encontrou de volta na caverna e já amanhecia. "Não sei se os sonhos são verdadeiros ou reais", escreveu, "mas esse sonho foi realmente muito vívido."[20]

Pouca dúvida pode haver de que experiências como essas constituem as bases de nossas doutrinas religiosas sobre o paraíso. Cabe supor que numerosos grandes líderes espirituais visitaram esses "lugares", que são menos imponentes metrópoles sagradas do que sociedades bem organizadas, prósperas, compassivas que, seus emissários sempre insistem, poderiam ser por nós imitadas. O céu na terra, souberam os sonhadores em toda a história, é nosso, bastando pedir, e nosso também para perder.

A vida do visionário talvez possa ser dedicada à tarefa de transliterar, por assim dizer, a beleza do que presenciou transformada em vida da terra sólida sob nossos pés. Isso talvez não seja tão simples assim. Alguns, quando a euforia diminui, sentem um correspondente desânimo. Este mundo lhes parece apenas uma versão pálida, maculada, do mundo dourado, uma armadilha para o espírito, construído de uma matéria pesada que nos agrilhoa. Nosso corpo de carne e osso parece pesado demais, em comparação com o corpo etérico que os sonhos nos concedem. (Talvez esta seja a razão dos pesadelos em que tentamos correr mas ficamos presos como que em câmera lenta, cativos da carne pesada.)

Roger, por exemplo, contou-me certa vez um sonho que lhe abalou a alma: *Sou submetido a um exame de admissão que sei que farei sem o menor problema. Em seguida, sou levado para conhecer Deus. Através de Seus olhos vejo a cidade onde cresci, mas sem sentimentalismo, conhecendo-lhe todas as belezas e feiúra, riqueza e pobreza. Compreendo que sem dualidades e opostos o mundo físico não existiria. Deus olha para toda a criação com amor e nada falta.*

Temos aqui uma versão mais profunda de divindade, com inclusão da luz e das trevas na ordem sagrada das coisas. Roger, porém, lembra-se que se sentiu profundamente deprimido durante um período após o sonho, uma "disforia" não rara após uma experiência interior sublime: "Passei de absoluta clareza e amor para a queda da graça e a volta a este mundo. A experiência radicalizou toda minha consciência — eu soube, e ainda sei, que nosso modelo habitual de realidade não é a realidade em que realmente vivemos." Roger, no fim, recuperou seu senso de inspiração. A santidade da vida diária tornou-se, para ele, um artigo de fé.

Pode ser difícil, porém, conciliar as impurezas enxovalhantes do aqui-e-agora com o numinoso do outro mundo. O fato de este mundo ficar tão aquém do paraíso torna-se um conhecimento inabalável com que o visionário é nesse momento sobrecarregado. Há uma boa razão por que os mestres espirituais enfatizam tanto a importância de estar "aterrado" na vida diária e nos costumes humildes, conciliando a mobilidade para o alto, com as raízes fincadas no chão, do corpo e da alma.

A Escada de Jacó

"E sonhou: Eis posta na terra uma escada cujo topo atingia o céu; e os anjos de Deus subiam e desciam por ela." (Gênesis, 28:12) Talvez o aspecto mais interessante do Sonho Curativo de Jacó seja a sua vibrante impressão de tráfego intenso, nas duas direções, entre o aqui e o ali. Os antigos taoístas expressavam o mesmo pensamento em termos que homenageavam a ordem sagrada da natureza: o céu molha a terra; vapor d'água sobe da terra para formar as nuvens; chove; a terra torna mais fecundo o céu e o céu, a terra. (As mulheres-espíritos de Black Elk mostraram com um gesto o "mundo belo", com seu "céu todo azul e dourado de luz acima da terra verde", dizendo-lhe: "A vida de sua nação será assim.") O que é ganho no mundo divino, dizem seus moradores ao sonhador visitante, deve ser trazido de volta para o ambiente da vida pessoal e coletiva — família, trabalho, relacionamentos, negócios, política e solidariedade comunitária. Todas as tradições religiosas reconhecem uma interação dinâmica entre este mundo e o outro, e o benefício de esforçarmo-nos para tornar nossa vida na terra um pouco mais "como é no céu".

Nas visualizações tibetanas, o indivíduo imagina este mundo como *já* sagrado, e as pessoas que encontramos todos os dias como deuses e deusas (embora, com uma freqüência grande demais, elas estejam adormecidas no que interessa à sua verdadeira natureza). Todos os dias, o Dalai Lama acorda às quatro horas da manhã para fazer as preces rituais. Senta-se com três cestas ornamentais planas no colo — um bolo de camadas sagrado, simbolizando todo o universo — e em seguida derrama mancheia após mancheia de anéis de prata, conchas e pedras semipreciosas como se fosse uma cascata, uma faiscante mandala de oblações, visualizando que ele tudo possui e que se desfaz de tudo aquilo. "Cuidar de nosso planeta azul", murmura ele, "nada tem de especial, nada de sagrado, nada de santificado. É simplesmente cuidar de nossa casa."

Em exposição recente num museu, oito de seus monges bateram delicadamente em funis de metal, cheios de grãos coloridos de areia, orientando o fino jato que saía, pouco mais de um grão de cada vez, e criando com esmero uma mandala do reino de Shambhala. E a mandala emergiu após semanas de um ritmo paciente como o andar de um elefante. Ao ser completado o trabalho de amor e espírito, 722 divindades se tocavam em uma representação, de 2,70m por 1,20m, de um palácio sagrado no centro de um reino maravilhoso. Uma mandala como essa é considerada como um mundo ideal, onde "todo prédio é um palácio divino, cada som uma prece e cada ser um deus". É um céu, certamente, não uma terra do nunca-nunca, mas, sim, uma terra do aqui-e-agora, se apenas quisermos torná-la assim.

Capítulo 10

Curando a sombra

Alguns sonhos maus parecem bons...
Só o entendido neles vê aflição.
Mas só o mestre da arte
Pode reconhecer bons sonhos,
Quando assumem formas sinistras.

Milarepa

AINDA ASSIM, SE HÁ CÉUS DEVE HAVER INFERNOS. SE É VERDADE QUE Sonhos Curativos abrem-nos para uma visão mais completa da realidade, a visão inevitavelmente incluirá tanto a luz como as trevas, tanto o que está Abaixo quanto o que está Acima. Seria incompleta a revelação que só nos mostrasse o que desejamos ver e omitisse aquilo que preferíamos não ter visto. Jung utilizou a palavra "sombra"[1] para descrever aqueles nossos aspectos ocultos que ficam aquém de nossos ideais conscientes — os desejos vergonhosos ou as carências embaraçosas, nossa malignidade e nossa vaidade. A sombra aparece nos sonhos sob o disfarce dos personagens e tribulações que mais tememos e desprezamos. Sabemos que tivemos um encontro real com ela quando nos ouvimos descrevendo-a em palavras reveladoras — *chocante, horripilante, idiota, vulgar, revoltante.*

Ainda assim, os sonhos com a sombra, em sua recusa em bajular o eu idealizado, oferece um conhecimento mais profundo de nós mesmos e do mundo em que vivemos. Desenterra verdades sepultadas e estendem-nas aos nossos pés como se fossem ossos malcheirosos cobertos de areia. Incorremos em uma perda trágica quando, ao acordar, varremos esses "presentes" para baixo do tapete. As imagens da sombra nos sonhos, sugeriu Jung, representam nossas potencialidades latentes — as partes da personalidade que estão ainda "tornando-se", lugares dentro de nós onde "estamos ainda inacabados, crescendo e mudando". Esses aspectos da psique assumem uma forma negativa apenas porque foram tão categoricamente repudiados.

Sonhos com a sombra obrigam-nos a enfrentar não só contradições pendentes, mas questões humanas realmente prementes: o que *fazer* com nosso ódio, cobiça, lascívia e avareza? Com o tumulto de nosso coração bifurcado? ("Porque não faço o bem que prefiro", escreveu São Paulo, "mas o mal que não quero, esse faço" [Romanos, 7:19].) A sombra chega-nos nos sonhos como um sombrio anjo caído, exigindo que lutemos com ela se queremos uma resposta. Esses sonhos raramente são agradáveis e cerebrais, mas perturbadores, viscerais, apavorantes. Somos assassinados ou, nós mesmos, assassinamos, somos caçados por bestas malcheirosas e monstros de dentes afiados, abordados por prostitutas ou ladrões, descobrimos criaturas semi-humanas lívidas e obscenas residindo no porão de nossa casa. Não queremos *interpretá-las* — queremos, sim, esquecer que jamais as vimos.

Pessoas que se consideram espiritualizadas equiparam freqüentemente o bem ao belo e ao harmonioso, esquecendo que há coisas tais como uma verdade feia. A imagem que o ego acha mais amarga talvez seja o melhor remédio para a alma. Uma amiga minha chamada Maureen, buscadora espiritual durante quarenta anos, tinha profundas ligações com um grupo esotérico. "Eu me esforçava como podia para seguir todos os dogmas", disse-me ela, "que diziam que eu era uma pessoa ainda adormecida, apenas um conjunto de partes misturadas que, algum dia, se eu fizesse tudo certinho, poderia tornar-me iluminada." Após anos nessa senda, a busca de iluminação de Maureen culminou em um sonho marcante. Um de seus mestres apareceu sob a forma de um "majestoso relógio, tão grande que se estendia por toda a distância entre a terra e o céu". Quando, no sonho, porém, pediu para ver a si mesma, mostraram-lhe, para sua repugnância, "um bocado de fezes fumegantes! Isso em *nada* ajudou meu senso de valor próprio".

Sentiu-se enojada e desencorajada. Só meses depois teve um *insight* súbito, que lhe forneceu um significado mais profundo, mais afirmativo. "Compreendi que o sonho me dizia que meu mestre era inteiramente mecânico, enquanto eu tinha em mim as sementes da vida orgânica." O que parecera inicialmente um veredicto implacável liberou-a nesse momento para deixar o grupo e procurar seu próprio caminho. Descobriu em si o humo fértil — o que os velhos alquimistas chamavam de *prima materia*, a matéria-prima — que constitui a própria base de todo crescimento autêntico, mas que é coisa desprezada e jogada no monte de esterco.

A história de Maureen lembra um ensinamento de Ibn al-Imad: "Certo dia, eu estava levando nas mãos uma coisa repugnante. Meus companheiros pensaram que eu fazia isso com a intenção de mortificar a alma, porque, aos olhos deles, eu era nobre demais para me rebaixar a carregar tal coisa. Respondi que eu simplesmente achava que Deus não desdenhara de criar tal coisa. Como, então, eu desdenharia carregá-la?"

A maioria, porém, desdenha carregar aquela parte que consideramos mais indigna. Na verdade, nós a negamos, projetamo-la nos outros, fingimos que ela não existe — fazemos tudo para não lhe sentir a presença enrolando-se como tentáculos em nosso coração. É como se um cadáver inchado flutuasse para a superfície do rio da consciência e começássemos a correr para aprontar nossos álibis — *Eu não estava nem mesmo lá; Eu nada tive a ver com isso* —, a despeito do fato de que, nesse momento, a cabeça, os cabelos ainda molhados, estão sobre o travesseiro úmido de suor.

Cabe aos nossos sonhos dar testemunho. Em contraste com o tom às vezes sentimental de aparições celestiais, sonhos com a sombra são teimosos, durões — mais Raymond Chandler do que Kahlil Gibran. Um de seus aspectos mais humilhantes é um tipo sumamente azedo de sarcasmo. Como é que um Sonho Curativo, que presumimos ser um verdadeiro presente de Deus, pode zombar de nós com tanta crueldade, ser tão provocante, vexatório e nos encher de vergonha? Talvez o sonho escarneça porque vê através de nós, penetrando em nossas defesas e em nossos argumentos falsamente racionais. E lembra-nos o ensinamento de Jesus: "Pois aquilo que é elevado entre homens, é abominação diante de Deus."[2] O humor sardônico do sonho é uma maneira sem igual de nos despertar a atenção, uma vez que a pele sensível de nosso respeito próprio pode ser facilmente arranhada. A maioria das pessoas consegue lembrar-se de um insulto ou de uma repreensão severa muito depois de terem desaparecido os demais detalhes de uma conversa. A sombra faz um uso corrosivo da memória perfeita do ego para o menosprezo. É o arauto da Terra dos Sonhos, berrando notícias embaraçosas.

Dada nossa aparência sempre mutável, não é de surpreender que a sombra nos deixe literalmente apavorados. Podemos tentar fugir, mas esse outro rejeitado segue-nos nos calcanhares. As formas por ela assumidas — sejam demônios, tipos grotescos, formas inferiores de vida, animais selvagens, seqüestradores ou assassinos — são corporificações de aspectos nossos que precisamos reconhecer que temos. Embora possamos concebê-los como destruidores, eles podem ser também libertadores, corrigindo o desequilíbrio entre o ego e as forças básicas da vida. Sem eles, estaríamos condenados ao superficialismo, àquele consumismo espiritual que compra apenas aquilo que parece lisonjeiro no espelho. A analista Marie-Louise von Franz escreve, a propósito: "Precisamos de uma sombra. Ela nos mantém presos à terra, lembra-nos que somos incompletos e nos fornece traços de caráter complementares. Seríamos realmente muito pobres se fôssemos apenas o que imaginamos ser."[3]

A dinâmica emocionalmente carregada entre auto-imagem e sombra ganha vida no clássico *O médico e o monstro*,[4] a história que o autor, Robert Louis Stevenson, alegou que lhe ocorreu em um pavoroso pesadelo. A história desse sonho ainda nos fita irada de algum sombrio *cul-de-sac* da alma: o dr. Jekyll, médico brilhante resolvido a servir nobremente o mundo, inventa um elixir para libertar a raça humana de seu lado mau. Mas alguma coisa dá errada. Bebendo-o tarde certa noite, ele se transforma em seu irmão gêmeo, Mr. Hyde. No início, Jekyll fica surpreso ao achar estranhamente agradável suas saídas noturnas na pele de Hyde — o feio homenzinho dotado de uma impulsividade e força bruta que ele não possui, e apetites carnais que não ousa satisfazer. Mas, à medida que Hyde assume uma parte cada vez maior de sua personalidade, ele nota que seu antigo eu começa a desaparecer.

Hyde é descrito em termos que sugerem imediatamente que estamos na presença da sombra. Ele é um catálogo, de compras pelo correio, de traços indesejáveis — em um minuto, "zombeteiramente frio e sombrio", e no outro, consumido pelo medo, a lascívia ou a fúria. Ele é "pálido e pequeno" porque viveu acorrentado no porão da consciência, tendo lhe sido negada oportunidade de crescimento sadio. Os demais personagens mal conseguem descrever "o asco, a aversão e o medo até então desconhecidos" que sentem em sua presença. A sombra inspira o medo desconhecido de uma verdade sepultada por um tempo longo demais. (Como observou certa vez Freud, o senso de estranheza surge com a volta do reprimido.)

Um dos colegas do dr. Jekyll dispõe-se a investigar o horrível homenzinho e faz um trocadilho: "Se ele é Mr. Hyde [esconde-se], eu sou Mr. Seek [procura]." Supõe, com ironia não intencional, que a criatura "deve ter vergonhosos segredos... em comparação com os quais os piores do pobre Jekyll seriam como um raio de sol". Ainda assim, como deixa claro um diário descoberto após a morte do dr. Jekyll, precisamente porque o sol do bom médico — a face radiante que ele volta para o mundo — é tão brilhante é que a sombra que ele lança é tão preta. Os segredos mais tristes revelados pelo diário são os de uma psique atormentada. Herdeiro de uma grande fortuna, talentoso, respeitado e amado, ele leva uma vida de sofrimento e desespero, submersa em uma existência que é "nove décimos... esforço, virtude e controle". Pressionado e controlado, vítima da "secura de uma vida de estudo", ele, ainda assim, mantém uma atitude desdenhosa para com seus desejos irrealizados. Vivendo em um estado de "profunda duplicidade", agarra logo a oportunidade de separar seu bom eu do mau eu: "Se ambos pudessem ser abrigados em identidades diferentes, a vida seria aliviada de tudo que é insuportável." O desejo de livrarmonos de nossas piores fraquezas é um que poucos de nós não sentimos e a estratégia de Jekyll, a julgar pela complexidade de nosso caráter, é uma que todos conhecemos.

Mas quando bebe o "licor vermelho como sangue" da poção que inventou, o dr. Jekyll não sabe que vai ter uma desagradável surpresa. Em vez de descobrir que seu lado "mau" está trancado em segurança em um compartimento, é dominado pela sensação de "algo indescritivelmente novo e, por sua própria novidade, incrivelmente doce. Eu me senti mais moço, mais leve, mais feliz em meu corpo, consciente por dentro de uma embriagante despreocupação... uma desconhecida embora não inocente liberdade da alma... Quando olhava no espelho para aquele ódilo feio não sentia consciência de repugnância, e, sim, de um estado de boas-vindas. Esse homem, também, era eu. Ele me parecia natural e humano".

No livro, Stevenson traz à tona as energias repimidas na sombra, da mesma maneira que a água está presa no gelo. A sombra é, na verdade, "natural e humana". Mr. Hyde possui força vital, energia, sensualidade, exuberância sem controle. Esse eu da sombra, porém, é também grosseiro e perigoso, como as partes não assimiladas do eu geralmente parecem ser. Nossos traços reprimidos, que marcaram passo atrás do resto da personalidade em sua jornada de desenvolvimento, são, com freqüência, brutal e perigosamente destrutivos. A sombra é a imagem de espelho invertida, a nêmese da *persona*. Hyde parte para pisar sobre a compaixão e sentimentos sufocantes de Jekyll, escrevendo mesmo nos livros sagrados favoritos do bom médico "blasfêmias horrendas" e, reveladoramente, reduzindo a pedaços o retrato de seu criador. Ele é o uivo de raiva de uma alma que não pode suportar mais a negação de si mesma.

Hyde, finalmente, torna-se mortífero. A única solução, conclui Jekyll, é o suicídio. Não consegue viver com suas contradições — o eu bom tem de triunfar. É um fim trágico. A verdadeira tragédia, porém, é a terrível ingenuidade de Jekyll — a crença em que pode tornar-se inteiramente "bom" eliminando o lado "mau" e, em seguida, quando não pode mais negá-lo, sem encontrar outra alternativa, entregar-se inteiramente a ele, sem reservas. (A história ilustra o medo que a sombra comumente desperta: ofereça a mão e ela lhe arranca o braço.) O dr. Jekyll fracassa abjetamente na tarefa de integração, necessária a todos que querem ser um todo — aprender a viver em tensão criativa com as trevas e a luz (e, corajosamente, perguntar qual é qual).

Por sorte, o laboratório da psique humana é mais bem equipado do que o porão de Jekyll. Um experimento mais frutífero poderia ter sido o médico curar-se ao absorver algum aspecto do oculto Hyde — afrouxar o controle do dever e do bom-mocismo social, reconhecer a sexualidade e a raiva, abandonar a busca de pureza moral e admitir a falibilidade humana. Se não podemos "engolir" parte de nossa sombra, ela nos engolirá. Ignorada, ela se torna uma debochada e, finalmente, um monstro, empanturrando-se de nosso sangue. Todos nós conhecemos bem essa história na leitura dos tablóides — o pastor que deblatera contra a cobiça no púlpito e, em seguida, é flagrado tosquiando o rebanho, o senador que apresenta projetos de lei para assegurar a moral dos outros e, depois, é denunciado como corrupto. Repudiada, a sombra torna-se cada vez mais deformada, crescendo em poder, projetada irracionalmente sobre os outros, enquanto seu hospedeiro torna-se um reflexo anêmico, pálido, do potencial humano total.

De modo geral, só nos permitimos a faixa mais estreita de opções no tratamento do material representado pela sombra. Podemos tentar escondê-la das pessoas em volta, humilhá-la com zombarias, negar que ela até exista, resolver, inutilmente, combatê-la até a morte, na esperança de que nunca se emparelhará conosco (embora ela permaneça firmemente presa aos nossos pés). Ironicamente, tudo de que precisamos para chegar a bons termos com ela é um olhar sem preconceitos. Podemos descobrir, surpresos, que ela não é o mal puro que pensávamos. Quanto maior a atenção, mais suas costuras se mostram e, através delas, obtemos vislumbres de algo muito humano, apenas fantasiado de demônio.

Lembro-me de que certa vez tive um sonho horrível: *Estou tentando matar com os pés um "caranguejo-demônio" que se contorce. Se não fizer isso, ele se tornará um ser humano completo. A carapaça dele, porém, é inquebrável.* A criatura, que o sonho chamava também de "inseto", *procura mais maneiras de crescer. Sangue é o melhor alimento... e encontra um tubo cheio dele no refrigerador.* Acordei com uma sensação de sinistro horror. Com certeza, pensei, isso era a imagem do câncer, apossando-se de meu corpo. Mas, levando-o ao meu grupo de estudo de sonhos, minha imagem preta monocrômica revelou que nela havia outras cores. Sob estímulo suave dos participantes, reconheci que, muitas vezes, *eu* me sentia preso em minha própria carapaça defensiva, sem saber como dela escapar. ("Caranguejos ficam maiores do que suas carapaças", disse um deles. "A carapaça muda, como uma ave muda as penas.") Minha vida como escritor estava me parecendo restrita e solitária, de escriba da era vitoriana enfurnado em um sótão. (Em meu diário de sonhos, eu havia grafado a palavra *escrever* como *contorcer* — isto é, eu sofria do "calo de escrivão".) "Você disse que essa coisa quer transformar-se em um ser humano completo", comentou outro companheiro. "Bem, não é isso o que você quer?" Outra pessoa deu um palpite na conversa: "E não é verdade que o 'sangue é o melhor alimento'? Você preferiria ser exangue?" Um membro do grupo, que estivera consultando o dicionário enquanto conversávamos, riu de repente. "Vocês sabiam", perguntou, "que o sentido antigo de 'contorcer-se' é 'representar mal'?" Era revelador examinar o sonho de um novo ângulo — uma perspectiva na qual meu "demônio" poderia ser, como o Hyde de Jekyll, um aspecto negligenciado de meu próprio desejo "pisoteado" de ser mais eu mesmo. Talvez eu precisasse oferecer à minha sombra mal-interpretada um pouco do sangue de minha vida (neste caso, simplesmente à espera, em uma prateleira do refrigerador, como um resto de comida).

No *chöd*, ritual tibetano, o praticante evoca os demônios mais terríveis que pode imaginar e simbolicamente lhes oferece o próprio corpo — membros, cabeça, o coração sangrento —, para libertar-se das ilusões dualistas de bem e do mal, do eu e do outro. Talvez não seja de nosso gosto ir tão longe assim. Mas há sempre alguma coisa que podemos oferecer aos nossos demônios rebelados — se não a mão, talvez apenas a ponta da unha —, e esperar para ver o que acontece. O psicólogo Robert Johnson aconselha a realização de um curto ritual, desde que o inconsciente dificilmente pode distinguir entre atos reais e simbólicos — desenhar, dançar, esculpir ou escrever uma história para reconhecer a existência da sombra, queimando ou enterrando depois o que for o resultado. Ele denomina essa técnica de manutenção da sombra. Diz ainda que, quando se queixou de cansaço crônico antes de palestras públicas, um amigo lhe deu um conselho estranho: ele deveria ir a um banheiro imediatamente antes da palestra, pegar uma toalha de papel dessas úmidas, jogá-la com toda a força no chão, soltando ao mesmo tempo um grito. Até mesmo esse pequeno ato de deferência à sombra, disse Johnson, fazia um pequeno milagre: "Quando saí dali e me dirigi para a plataforma, havia fogo em meus olhos. Tinha energia, resistência e voz. Fiz uma palestra agradável, bem-estruturada. A sombra me ajudou, mas não me dominou."[5]

Quando a sombra se aproxima, reagimos geralmente com desalento. Tratamo-la como um mendigo exigindo uma esmola, um assassino caçando-nos pela rua, um ladrão em nossa casa — que querem alguma coisa de nós, talvez mesmo nossa vida. Na verdade somos *nós* que precisamos tirar alguma coisa *deles*. Porque deles precisamos é que venham a nós, com uma compaixão implacável para serem redimidos. Quando damos um pouco de alimento aos nossos demônios, podemos descobrir uma coisa muito curiosa — eles param de tentar devorar-nos. Podem ficar saciados quando simplesmente lhes reconhecemos a existência — e, assim, implicitamente, a nossa, porque estamos alimentando nossa própria alma.

Os Assassinos do Sonho

Certa vez, perguntei a um suave lama tibetano qual seu filme favorito.

"Que tipo de filme?", perguntou o jovem lama, que falava bom inglês coloquial. "Velho, novo? Francês, americano?"

"Novo", respondi. "Americano."

"*Assassinos por natureza*", respondeu ele imediatamente, gozando minha surpresa. "*Amei* aquele filme! Ele me lembrou que emoções fortes, agressão e ignorância estão em mim, também. Em outra vida, em outras circunstâncias, talvez *eu* fosse aquele assassino." Ali estava um homem em contato com os traços de sua sombra e, o que não era coincidência, uma das pessoas mais alegres e compassivas que jamais conheci.

No caso da maioria, porém, é natural considerar a sombra como inimiga, pois ela parece querer nossa morte sangrenta. O dr. Jacob Zieghelboim, um oncologista ilustre, prometera me contar um sonho arrasador que teve, em seguida ao diagnóstico de que sofria de câncer. Mas, sempre que lhe perguntava, ele dava uma desculpa, o momento não era propício, o sonho era pessoal demais, estava ainda tentando interpretá-lo. Anos após sua recuperação, ele me escreveu, contando o pesadelo, que "anunciou uma força transformadora de tal magnitude que não posso evitar pensar que foi curadora". Incluo-o aqui, apenas ligeiramente abreviado, extraído de suas memórias inéditas, como depoimento importante da ação implacável da sombra:

> *Saio de casa e entro no carro, que está na garagem descoberta. No momento em que estou para dar partida, um homem atlético, louro, olhos azuis, abre a porta do passageiro e senta-se a meu lado. Não o conheço. Alguma coisa nele me assusta.*
>
> *Dirigimo-nos a um consulado ou embaixada, onde devo receber a devolução de documentos importantes. Enquanto espero em uma sala, o homem saca uma metralhadora de debaixo do paletó e prende os funcionários como reféns, exigindo o dinheiro guardado no cofre. Fico petrificado. Não sei o que fazer. Sinto medo de ser considerado cúmplice e que minha reputação seja arruinada para sempre. Enquanto esses pensamentos correm por minha mente, o homem começa a atirar a esmo e vejo pessoas caindo mortas ou gravemente feridas. Instala-se o caos e corro para longe do assassino, a fim de salvar a vida.*

Tal como o dr. Jekyll, o dr. Zieghelboim é tornado cativo de uma nêmese assassina — neste caso, tão louro e de olhos azuis quanto o dr. Zieghelboim tem cabelos escuros e olhos castanhos —, que lhe inspira medo e asco. Talvez, raciocina o médico, possa manter as aparências e recuperar seus documentos de identidade, mas esse dublê tipo Hyde força-o a tornar-se cúmplice em uma aventura louca que termina em assassinato.

O sonho, da maneira como ele o conta, transforma-se numa série de escapadas e prisões, envolvendo a figura da sombra. Ele foge e compra uma passagem, só de ida, para outro país, mas enquanto encontra alívio conversando com um velho amigo da escola secundária, o assassino reaparece e silenciosamente junta-se a eles na mesa.

> *Sei pela expressão do rosto que ele está me dizendo alguma coisa como: "Você pensou realmente que poderia livrar-se de mim, garoto? Você deve estar brincando!" Fico arrasado com a presença dele e dominado pelo medo.*
>
> *Nós três estamos agora na cozinha, assistindo ao noticiário na televisão. O apresentador descreve um massacre ocorrido naquela manhã e dá uma descrição detalhada dos assassinos. Benny, meu amigo, dá-se conta de que a descrição dos atacantes combina comigo e com aquele homem. Fica confuso em frente à tevê e eu sei que meu segredo tão bem guardado já não existe mais e que ninguém jamais acreditará que eu nada tive a ver com essas atrocidades.*
>
> *Puxo uma arma de algum lugar e aponto-a para o verdadeiro assassino. Ele me olha com desprezo e diz: "Você nunca terá coragem de atirar em mim. Vai se acovardar."*
>
> *"Não vou", respondo, e puxo o gatilho.*

Para desolação de Zieghelboim, não há balas no tambor. O assassino ri, zombeteiro. Indignado, o médico aponta pela segunda vez e puxa o gatilho:

> *Ouço uma grande explosão que enche a sala de fumaça. Quando a fumaça se dissipa, vejo que a bala despedaçou a cabeça daquele homem e que ele está caído imóvel no chão. No fundo, ouço o som de sirenes da polícia aproximando-se de minha casa. Sinto um grande alívio. Sei que vou ter de pagar por meus atos e que irei para a prisão. Sei também que será por pouco tempo e que depois estarei livre.*

Depois de tantos anos, Zieghelboim continua "aterrado" com o sonho. Ser vítima do frio bandido, diz, simbolizou a maneira como se sentia após descobrir que tinha câncer — abandonado, assustado, vulnerável a forças destrutivas que pareciam "perversas, destroçando a reputação e a imagem social e profissional que construí durante tantos anos". O diagnóstico, diz, significava que eu não podia mais fingir que tudo estava bem ou que "era um cidadão honesto, cumpridor da lei, de reputação ilibada". O médico, o guardião da saúde, foi de repente ligado ao elemento criminoso do câncer (ironicamente, o tipo exato de tumor em que ele se especializara).

Embora Zieghelboim tivesse obtido bons resultados no tratamento da doença — em um nível, o sonho simbolizou seu triunfo de médico sobre o pretenso assassino —, a marca reveladora da sombra é visível demais para ser ignorada. Como de costume, o inimigo mortal (e companheiro) escarnece, ameaça e bajula. Por mais que o sonhador tente escapar, ele permanece grudado como cola, implicando-o em suas maquinações criminosas. No sonho, o bom médico protesta demais, jurando, para quem quer ouvir, que ele e o assassino nada têm em comum, que é um inocente espectador. Na verdade são companheiros de viagem e co-conspiradores. Quando ele estoura a cabeça do assassino com uma bala, ele mesmo se torna assassino.

O sonho fê-lo compreender, diz ele, que sua alma era uma gangorra entre forças criativas e destrutivas. Libertou-o do "conflito interior entre meu lado inocente, 'Sr. Tudo-está-bem', e esse pária social agressivo". Com o passar do tempo, Zieghelboim entendeu que seu câncer/assassino ajudou-o a "libertar-me de meu grosseiro equívoco sobre o mundo de Deus, nosso criador e destruidor, a totalidade de tudo. Quando Deus ouve um de nós — sacerdotes, médicos, quem quer que seja — clamar, em Seu nome, por um mundo sem perdas, doença ou morte, Ele sabe que somos falsos profetas".

O sonho, diz ainda, foi o catalisador de uma nova maturidade psicológica e espiritual: "Eu jamais poderia voltar à percepção infantil de ver as coisas que dominou meus primeiros 37 anos de vida. O sonho me arrancou da ignorância para a agitação da dura beleza da vida adulta."

E assinalou também uma mudança radical de vida. Compreendeu que seus atos seriam julgados rigorosamente pela sociedade, que "a ordem reinante não toleraria que eu lhe ladeasse as normas e tomasse a lei em minhas próprias mãos". Mais tarde, começando a ignorar as regras e rotinas de seu mundo exterior, questionando os dogmas de sua profissão, agindo na vida pessoal de maneiras que lhe abalaram o casamento até os alicerces, aumentou a distância entre ele e os amigos, colegas e família. Ele se tornou, durante algum tempo, uma espécie de malfeitor, um homem em fuga das normas tradicionais. Como o sonho disse simbolicamente, acabou comprando "uma passagem só de ida". Iniciou estudos de psicologia radical, procurou mestres espirituais e, no fim, viajou ao longínquo Himalaia em sua busca. Ao escapar, por um triz, da sombra, continua ele, "libertei-me da opressão das responsabilidades convencionais, das obrigações sociais e profissionais, e de meus próprios reflexos condicionados". Demorou até que, completado o círculo, voltasse à clínica médica, mas o fez imbuído da aceitação, e mesmo de apreciação, das forças inconscientes repudiadas, que talvez contenham as sementes da cura. Atualmente utiliza técnicas inovadoras que combinam a oncologia mais moderna com um enfoque mente-corpo outrora considerado pelos colegas como área tabu na medicina.

Através do Espelho

O reino da sombra é um mundo às avessas, onde o direito é o esquerdo e o esquerdo, o direito. Sonhos com a sombra são, como bons prestidigitadores, mestres de pistas falsas. Contam-no ao dizer o que é como não é. Na verdade parece até que esses sonhos têm uma agenda oculta — querem que esqueçamos por algum tempo nossas firmes categorias do bem e do mal, que seriam antolhos que nos obscurecem a visão para o Todo.

As regras desse mundo do espelho são tão difíceis de descrever que mestres espirituais constantemente dizem a seus discípulos que não dêem absolutamente muita importância aos sonhos, para que não os interpretem mal e se percam. O santo tibetano Milarepa disse certa vez a um discípulo que "o yogue devotado jamais deve apegar-se a sonhos porque, ao assim fazer, ele ficará finalmente exposto à influência de demônios". Mas, na mesma ocasião, instruiu três discípulos a lembrar-se de seus sonhos naquela mesma noite. Dois deles tiverem sonhos lindos, transbordantes de beleza espiritual. O principal discípulo, Gampopa, porém, contou-lhe na manhã seguinte, "entre lágrimas de remorso", que tivera um "sonho muito ruim".

"Nós não sabemos se ele foi bom ou mau", respondeu tranqüilamente Milarepa. "Não chegue rápido demais a uma conclusão a esse respeito. Agora, conte o sonho."

"Eu matei muitas pessoas, de diferentes raças, e lhes cortei o alento", respondeu Gampopa, tremendo todo. "Oh, eu devo ser um pecador, com um mau karma!" E ficou chocado quando Milarepa, em vez disso, pareceu muito satisfeito. O sonho lhe revelou, disse, que Gampopa libertaria muitos seres sencientes da prisão de Samsara, ao lhes matar as ilusões centralizadas no si-mesmo.[6]

Se quase tudo vem a ser o oposto do que parece neste universo tipo fita-de-Möbius, isso não é necessariamente culpa do sonho. O ego, com seus valores não raro superficiais, pode ser facilmente enganado por aparências. Na história de fadas, Bela não pode ver o espírito puro da Fera por causa de sua aparência horripilante. A Fera era o Príncipe o tempo todo. Foi Bela, sim, quem não conseguiu notar isso, presa em seu ponto de vista preconceituoso. Na vida diária, podemos gravitar para aqueles que nos lisonjeiam com uma mentira bondosa, embora nosso adversário seja o único disposto a nos contar a pavorosa verdade. E é exatamente essa miopia espiritual que os Sonhos Curativos tentam eliminar.

Nos sonhos, as sombras parecem ser criaturas carentes ou malévolas. Mas, se tivermos coragem de olhar mais fundo, elas podem nos oferecer dádivas insubstituíveis. Os rituais dos índios zunis incluem dançarinos que usam trajes pelo avesso de palhaços apalermados. Diz a mitologia que esses seres foram criados quando irmão e irmã cometeram incesto e tiveram dez filhos anormais, cada um deles com traços contraditórios e dons sagrados para a humanidade. O que era chamado de Boca Pequena babava constantemente, mas trazia uma oferenda de milho doce. Bebedor de Água estava sempre sedento, mas era ele quem oferecia uma cabaça d'água. O Grande Sacerdote Guerreiro era um covarde que deu o milho branco à humanidade. Morcego Negro tinha medo da noite, mas via até demais à luz do dia. O Jovem Idoso era o egoísta, mas também o conselheiro clarividente do grupo.[7] Para receber as dádivas oferecidas pela sua sombra, o indivíduo precisa de disposição de aceitar o paradoxo.

É preciso também coragem para olhar sem tremer para o que parece repulsivo. O presidente Lyndon Johnson sonhou certa vez que era o idoso Woodrow Wilson. Ficou horrorizado. O corpo murcho, preso a uma cadeira de rodas, de Wilson, simbolizava para ele impotência, fraqueza, derrota. Mas poderíamos também especular: se Johnson tivesse estudado com mais atenção a sombra que o enchia de tanto asco, poderia ter desenvolvido as qualidades pessoais e políticas necessárias para evitar as calamidades de seu mandato presidencial? Tudo que Johnson conseguiu ver na imagem de Wilson foi debilidade. Wilson, porém, foi um pacificador visionário, o fundador da Liga das Nações, o oposto do ardiloso negociante de cavalos do Texas. E foi o medo de Johnson de parecer "fraco" que contribuiu para o país afundar-se cada vez mais fundo no atoleiro do Vietnã, minando-lhe a agenda de iniciativas internas e, finalmente, tornando-o politicamente impotente. Talvez o destino de Johnson seja um exemplo do provérbio psicológico que diz que a sombra repudiada projeta-se para fora como destino.

Enquanto a sombra de Johnson era a de um idealista aleijado, a de uma mulher de meia-idade chamada Claudia era de nazistas imperiosos. Conheceu-os em um sonho tão forte que a levou, antes uma mulher bem pouco intelectual, a iniciar um curso de psicoterapia à idade de 54 anos:

> *Estou frente a frente com duas enormes figuras nazistas, um homem e uma mulher. Parecem personagens de um velho programa de comédias, o comandante do acampamento, o "coronel Klink", e uma gorda e maternal agente da Gestapo. Eles me dão ordem de completar uma lista de tarefas antes de voltarem do que têm a fazer. Fico apavorada, porque eles me matarão, se eu não terminar a lista.*
>
> *Sentada ali e paralisada de medo, uma moça aproxima-se para me ajudar. Ela parece muito carinhosa e brincalhona. Passamos a estudar a lista de ordens que, quando a examinanos atentamente, descobrimos que tem o título seguinte: "Vinte Coisas que Adoro Fazer", e que devem ser executadas como uma espécie de jogo caça ao tesouro! Ela vai direto ao item três, que é um objeto vividamente colorido, parecido com um coração e um par de seios, e diz: "É por aqui que vamos começar."*

As assustadoras figuras nazistas no sonho de Claudia — "eles eram imensos, de três metros de altura" — não eram tão ameaçadoras quanto pareceram inicialmente. Eram até mesmo ligeiramente cômicas, a despeito da autoridade de vida-ou-morte que exerciam sobre a sonhadora. O sonho introduz uma personagem feminina redentora, que conseguiu invadir o perímetro de segurança do complexo ditatorial. Ela representa uma força capaz de libertar o aprisionado eu através de Eros, de carinho e com a força do coração. Descobre ela, no fim, que os nazistas estão, ironicamente, lhe ordenando que *represente.*

Às vezes, a alma tem de nos pressionar ou mesmo nos ameaçar de execução para nos estimular até a menor manifestação de vitalidade.

Ela acordou "estonteada", compreendendo que sua vida fora saturada por um senso de intimidação desde o tempo de infância (em um nível, os nazistas poderiam representar-lhe os pais) e o quanto se sentira refém da necessidade de agradar os outros. "A sabedoria daquele sonho simples foi uma paulada em minha cabeça", diz ela. E lhe traçou uma nova agenda, uma caça ao tesouro que a ajudaria — e mesmo a forçaria — a dar prioridade ao que realmente amava, e a partir do coração. "Naquela época, eu sempre tive a compulsão de fazer listas, tentando levar as coisas de maneira masculina, racionalista, mas não estava funcionando. O símbolo seios/coração para o qual a moça chamou-me a atenção deixou-me embaraçada, era tão cru e direto. O sonho todo dizia: Viva sua vida de forma diferente. Faça isso, ou morra." Logo depois, ela submeteu-se a terapia, deixou o emprego "para me dar um ano e ir ao lado oposto, confiar em mim mesma sendo espontânea e corajosa — para fazer bobagens em casa, ficar acordada a noite toda, dormir o dia inteiro, não terminar a leitura de livros, não trabalhar". Ao fim desse ano um tanto caótico, concluiu os estudos e tornou-se terapeuta.

O sonho de Claudia sugere que a sombra quase sempre possui alguma característica — uma marca de nascença oculta, por assim dizer — a sugerir que ela não é irremediavelmente má. Mas podemos facilmente deixar de notar esse detalhe quando os sonhos nos desafiam a aprender sob fogo inimigo. O bem, também, pode ser implacável. A vida reage com ferocidade quando nos recusamos a agarrar-lhe as dádivas com ambas as mãos, a verdade torna-se feia quando ridicularizada. Sonhos com a sombra estimulam-nos a compreender, usando confrontos e crises, desafiam-nos a ver através de suas máscaras malévolas, na mesma ocasião em que ameaçam nosso próprio senso de existência.

As Sombras como Mestres

Uma vez que a transformação exige muitas vezes a derrubada de nossa autoimagem, não é de surpreender que nossos mestres-sombra sejam ocasionalmente feios, velhos, pobres e decrépitos. Essas figuras nada possuem daquilo que o ego ama. São a antítese de nossa personalidade idealizada. Mas, ao mesmo tempo, representam aquela sabedoria que transcende a aparência.

Uma amiga contou-me certa vez um pesadelo com uma mulher velha e encarquilhada que a deixou inteiramente apavorada. Chloë está lutando através de montes de neve que lhe batem pela cintura e com ventos uivantes para chegar à escola, onde tem um encontro marcado com "uma importante figura masculina de autoridade". Arrasta-se a duras penas pela nevasca até um prédio escolar antigo, que "se ergue, preto e azul à luz da lua, como um cenário gótico". Mas não há refúgio dentro do sinistro prédio, que descobre estar "cheio de neve e de cujo teto descem pingentes de gelo". Tenta subir uma grande escadaria, mas, em seguida, exausta, cai em posição fetal.

> *Estou simplesmente enrodilhada ali, gemendo: "Eu não consigo fazer isso. Eu não posso continuar." Em seguida, olhando para cima, vejo uma figura escura descendo os degraus, quase escondida na sombra. Ela é muito velha, curvada, uma velha "encarquilhada", como se fosse uma feiticeira, e usa um nariz postiço comprido e pontudo, amarrado em volta do rosto com um barbante. Ela começa a mexer-se de um lado para o outro, como se fosse cega, vasculhando o ar em frente com um guarda-chuva fechado. Ela parece estar querendo "me achar, apontando um feixe em minha direção". Tento me mover, gritar, ou agarrar o guarda-chuva, mas estou paralisada de medo. Sei que quando o guarda-chuva apontar diretamente para mim, morrerei.*

Ela acordou "sentando-se ereta na cama, gritando a plenos pulmões, tremendo, lágrimas escorrendo pelo rosto e — a pior parte! — eu *ainda podia ver* aquela figura. Ela se dissolveu dentro de um segundo ou dois". O terror permaneceu com ela durante dias.

Chloë estivera passando por uma grande crise pessoal. Fazendo pós-graduação tardia em um campo de atividade que amava, havia sido aceita por um dos maiores departamentos universitários do país na especialidade, que contava com um quadro das melhores autoridades no assunto. Após anos de uma carga pesadíssima de estudos, trabalhos avulsos de ensino, de baixa remuneração e dívidas cada vez maiores, todo aquele esforço começou a parecer infrutífero. A pressão acadêmica era implacável e muito escassas as possibilidades de trabalho para um Ph.D. em sua especialidade. A saúde começava a falhar.

Entrou em menopausa prematura — talvez, desconfiava, como puro resultado do estresse terrível.

O cenário do sonho era uma imagem do que a escola se transformara para ela — um mundo sem sol, onde toda vida estava congelada. O próprio lugar que antes considerava como um refúgio era tão frígido quanto o mundo externo. No sonho, tinha agüentado tudo que podia. A recusa em continuar era infantil, regressiva, mas, ainda assim, uma recusa. Esperava ser repreendida pelo chefão, mas, em vez disso, um poderoso símbolo feminino, uma velha mítica, fez uma entrada dramática, dirigindo-se diretamente para ela. A atenção não desejada de figuras de sombra é tipicamente íntima e pessoal — neste caso, até guiada por radar! A velha cega pode mover-se no mundo das sombras porque é uma de suas habitantes.

Ainda assim, a terrível figura contém algumas indicações de que não possui uma natureza tão má quanto pode parecer. A velha usa um disfarce tão óbvio que até o barbante do nariz postiço revela o que ela é: simultaneamente uma feiticeira autêntica e alguém que usa uma fantasia do Dia das Bruxas que, a julgar por sua fragilidade, pode ser facilmente arrancada. Em vez de uma bengala de cego, ela maneja um guarda-chuva, lembrando mais Mary Poppins, a mensageira de magia e das possibilidades, do que a sinistra Hécate.

A linguagem do sonho pouca dúvida deixa sobre sua função: a palavra *umbrella* (guarda-chuva) deriva da palavra latina *umbra*, que significa "penumbra" ou "sombra". Em vez de "localizar", a sonhadora escreveu "apontar". Apontar, afiar, significa aguçar, tornar cortante uma lâmina passando-a por cima de uma superfície dura, metáfora esta muito bem escolhida para a função da sombra. (Lembramo-nos do lema das artes marciais: "Meu inimigo é uma pedra de mó onde aguço meu espírito.") A velha "vasculha o ar", como se ávida pelo próprio oxigênio da vida. "Feiticeira" é um símbolo antigo de poder feminino sobrenatural. Ela "mexe-se de um lado para o outro", sugerindo reunir vários fios em um tear. Talvez seja o próprio destino de Chloë que esteja sendo tecido: tendo ficado "cega" com o trabalho, está sendo afiada para um novo destino por sua inimiga misteriosa — que "aponta diretamente" para ela e talvez seja um guia interior para a salvação.

Chloë me disse que ficou literalmente apavorada demais para continuar a investigar essa figura. (As imagens da sombra são tão assustadoras, escreve um analista, "porque o ego é forte demais... e elas têm de ser assustadoras para que seus valores se tornem conhecidos".)[8] Seis meses depois, sonhei que o apartamento de Chloë estava vazio, fechado com tábuas, como se condenado à demolição. Como é meu hábito após um sonho vívido, liguei para ela e soube que tinha dado o passo difícil, decisivo, de abandonar a faculdade. E estava se preparando para mudar-se para Nova York e retomar a vocação de poetisa. Achei que ela parecia mais feliz do que em anos. Evidentemente, o sonho decretara o fim da vida que ela conhecia. Ela se renderia ou correria o risco de sofrer um colapso nervoso grave.

Mas, como é típico da sombra, o aviso terrível continha também as sementes de uma nova vida. A velha encarquilhada é um símbolo de conhecimento duramente conquistado. Sendo cega, não pode ser enganada por aparências. É um arauto da segunda metade da vida, a ocasião em que numerosas pessoas descobrem sua verdadeira vocação, um *memento mori* para não perder mais tempo olhando para trás.

O encontro de Chloë com a figura arquetípica lembrou-me uma história budista que põe em destaque a natureza dual da sombra como atormentadora e catalisadora de mudança espiritual. A biografia do sábio tibetano Naropa começa também em um *campus* universitário, a grande Nalanda University, da Índia, onde ele exercia o cargo de principal *pandit*.[9] Certo dia, sentado sob uma árvore, lendo um livro sobre conhecimento espiritual, subitamente, uma "sombra apavorante" caiu sobre a página.

Erguendo a vista, viu um espectro repulsivo: uma velha encarquilhada com as tradicionais 37 marcas da feiúra, entre elas: aleijada, corcunda, olhos "vermelhos e bem fundos", "nariz torto e inflamado", rosto cortado de rugas e uma "barbicha amarela entremeada de fios brancos". Essa sinistra intrusa queria saber se ele, Naropa, compreendia as palavras ou o sentido do texto que estava lendo. Quando ele respondeu: "As palavras", ela sorriu, mas quando ele acrescentou, "*e* o sentido", ela chorou e rilhou os dentes, chamando-o, em resumo, de impostor. Com um grito agudo, bateu palmas e desapareceu.

Naropa ficou estupefato. Reprimiu, porém, o nojo a fim de pensar nos detalhes da aparência da visão. Deu-se conta de que as 37 deformidades da velha representavam não só as "37 marcas" do sofrimento de Samsara, mas também "os 37 tipos de potencialidade criativa". (Neste caso, mais uma vez, vemos a função arquetípica da sombra mostrar-nos não apenas nossas limitações, mas nossas possibilidades ocultas e sugerir que elas estão misteriosamente ligadas.)

A visão mudou-lhe a vida. Resolveu deixar a universidade e procurar um guru. Mas, em vez de receber iluminação, tropeçou em uma série de cenas horripilantes que puseram à prova todos os seus preceitos sagrados. No curso de um único dia, foi solicitado a matar um cervo com uma flecha, cozinhar um peixe vivo e ajudar um homem que havia empalado o próprio pai em uma estaca. Em todas as ocasiões, depois de ter nobremente se recusado a fazer o que lhe era pedido, o simbolismo secreto da cena era revelado. O caçador brutal, foi informado, era na realidade o matador da dualidade centralizada no ego — "o cervo fugindo disto e daquilo/Na montanha do corpo, acreditando em um 'eu'"; o peixe estrebuchante que foi solicitado a cozinhar era "o peixe dos pensamentos formadores de hábitos" e a estaca estava sendo enfiada no coração do "pai" da ilusão.

No fim, à beira do suicídio, Naropa conheceu o feroz guru Tilopa ("um homem sombrio, de olhos saltados e injetados de sangue"), que lhe explicou que as figuras de pesadelo e os fatos presenciados eram apenas disfarces instrutivos do mestre: "Nós nunca estivemos separados, mas éramos como o corpo e sua sombra", disse ele, acrescentando que suas formas horripilantes eram moldadas pelo próprio "aviltamento de Naropa... de modo que você não me reconheceu".

Aqueles que nos ensinam lições espirituais, tanto em sonhos quanto na vida, são difíceis de reconhecer na aparência assustadora da sombra. Conversei com um pintor cujo interesse pela espiritualidade era casual e superficial, até que teve um sonho enigmático:

> *Estou escalando uma montanha por um caminho em espiral. O caminho é muito estreito e tenho de me agarrar à parede rochosa para não cair. Faço uma curva e vejo um yogue de cabelos desgrenhados, usando tanga, sujo, malcheiroso, quase como nascendo da pedra. Vou ter de passar raspando por ele, praticamente passando por cima. Chego a um ponto em que estamos nariz contra nariz. Nesse exato momento, seus olhos fechados se abrem subitamente. Fico apavorado, pensando que ele vai me beijar na boca. E me pergunto se eu não preferiria saltar do penhasco!*

O sonho é uma metáfora reveladora dos trechos mais íngremes da senda espiritual, com freqüência representada por uma espiral, porque a ascensão nunca é direta, mas sinuosa, por trilha estreita, obrigando-nos a dar um passo atrás do outro. Constantemente, pensamos que preferimos morrer a abraçar nossa sombra, mesmo que ela seja a portadora da dádiva da sabedoria. Os olhos desse mestre do sonho estão inteiramente abertos, porque ele alcançou o estado desperto. Ele é "como uma rocha" e não pode ser influenciado pelo superficial. Seu olhar e presença — e até mesmo seu abraço — não podem mais ser evitados. Uma vez na senda, a única direção é para a frente. Esse confronto com o que um psicólogo chama de "a imagem intolerável" pode partir de estalo o ego como se fosse um graveto. Ainda assim, a necessidade de confrontar nossos demônios mais assustadores — freqüentemente transferidos para o mestre, no que os psicanalistas chamam de "catexe negativa" — parece constituir um passo necessário para quem quer obter sanidade autêntica, e não apenas "perdão barato e fácil".

O encontro com a sombra abre-nos para maior sabedoria e compaixão mais profunda. Um dos primeiros obstáculos encontrados por Naropa em sua jornada foi uma leprosa, sem mãos nem pés, que ele arrogantemente ordenou que saísse de seu caminho. Quando ela implorou piedade, dizendo que não podia se mover, ele "fechou o nariz cheio de nojo" e saltou por cima dela, embora, nota sarcasticamente o texto, "ele sentisse profunda compaixão". A leprosa, em seguida, ergueu-se no ar, envolvida em um halo formado por todas as cores do arco-íris e repreendeu-o por não ver que ela, também, pertencia ao "Máximo". Arrependido, ele jurou humildemente abrir o coração para todos os que encontrasse, mas, logo depois, em um caminho estreito, encontrou "uma cadela fedorenta, roída por vermes". Mais uma vez, tapou o nariz e saltou por cima do animal sofredor, mas apenas para vê-lo, também, subir em um arco-íris estonteante e repreendê-lo: "Todos os seres vivos são, por natureza, nossos parentes."[10] Ser bondoso com os outros é fácil quando eles são figuras agradáveis, ao passo que figuras de sombra são muitas vezes mais do que podemos suportar. Os Sonhos Curativos nos dizem, em palavras inequívocas: você, também, *é* isso — o desprezado, o doente, o louco, o inimigo.

De uma perspectiva, não só nosso próprio desequilíbrio espiritual, mas também as doenças do mundo externo têm origem na recusa em aceitarmos a sombra. Ou, como disse Freud, sem meias palavras: "O ego lança sobre o mundo externo tudo que lhe provoca dor." De famílias em que todos se entredevoram, de nossa rejeição dos outros à simples omissão em ajudar, do sectarismo à guerra declarada, o mesmo princípio parece que se mantém. Ao acolher a sombra/o outro, podemos começar a curar não só nosso coração dividido mas também nosso dilacerado mundo.

O Toque do Mal

Ainda assim, o convite para tocar e ser tocado pela sombra, mesmo em sonho, parece um pensamento horrível demais. Não nos dá a impressão de algo que "crie vida" — muito ao contrário. Sonhos de iniciação espiritual contêm tantas vezes imagens de sangue e morte porque é assim que o trabalho de integrar em nós a sombra nos parece — nada menos do que um esquartejamento, embora de um aspecto externo do ego.[11]

Phyllis, uma executiva bem-sucedida, sentia apenas um interesse passageiro por misticismo, até que teve um espantoso Sonho Curativo:

> *Estou em uma câmara subterrânea, como uma catacumba, deitada em uma mesa de operação. Um enorme ser negro alteia-se sobre mim. Ele é um homem-pássaro, usa uma pelerine com numerosos símbolos e me opera enquanto permaneço inteiramente acordada. Ele faz um corte em meu umbigo, puxa para fora alguma coisa que parece uma grade e a mostra. Em seguida, ele me toca, e não sinto dor. Olho para baixo e vejo a cicatriz onde ele fez a incisão.*

"Tudo me pareceu tão real que", disse ela, "quando acordei, que olhei para a barriga para ver se havia ali realmente uma cicatriz! Compreendi mais tarde que toda minha vida até aquele ponto havia sido organizada de acordo com uma grade, que eu colocava tudo — emprego, relacionamentos, pensamentos, sentimentos — em caixas com etiquetas bem-feitas. Eu havia aceito a tendência da sociedade de dar valor apenas ao racional." No sonho, foi como se esse ponto de vista, em solene sacrifício, tivesse sido cortado de sua carne. O terapeuta de Phyllis ficou alarmado, pensando que o sonho com seu mundo interior pudesse ser um alerta literal de crise de saúde ou perigo pessoal. Phyllis, porém, estava convencida de que fora "uma iniciação a partir das partes subterrâneas de minha psique. Eu não sabia o que aquilo significava, mas tinha a impressão de que era algo sagrado". O homem-pássaro, um intermediário clássico entre os mundos, efetua uma espécie de cesariana: ela tem de ser aberta para dar à luz uma nova percepção do mundo. Ela considera o sonho como início de uma mudança profunda de mente que a levou, no fim, a abandonar o mundo dos negócios. Atualmente, trabalha como psicóloga em Washington, D.C., obtendo grande sucesso com uma clientela de líderes de empresas, do governo e das forças armadas, que querem também acesso à vida interior. Ela mesmo tornou-se aquela figura meio gente-meio ave que junta o que está em cima com o que está embaixo em nome da cura.

O encontro com a sombra é amiúde sangrento porque implica o desmonte de um ideal do ego carinhosamente acalentado. A *persona* externa, muitas vezes representada pelo corpo em si, tem de ser aberta para que possam emergir as forças interiores. O método aconselhado nas tradições esotéricas é sempre o mesmo — uma rendição difícil, dolorosa, ao processo de morte e regeneração. Diz o texto árabe *Book of Ostanes* que o aspirante espiritual terminará sendo confrontado pelo ser-sombra atormentador, simbolicamente conhecido como o Príncipe de Andaluzia. Nessa ocasião, o buscador "nenhuma arma tem contra ele, salvo resignação, nenhum cavalo de batalha, mas apenas o conhecimento, nenhum escudo que não a compreensão". Se puder usar essas três armas, que na verdade o abrem para sua própria sombra, o príncipe morrerá, voltará depois à vida e conferirá grandes poderes ao buscador.[12] (Chen Man-Ching, o pai moderno da arte marcial tai chi chuan, sonhou certa noite que seus braços haviam sido amputados. Após o sonho, porém, não podia mais ser derrotado em combate, aparentemente aplicando seus "empurrões" sem mesmo tocar o adversário.)[13] Um psicólogo sugere que usemos as palavras seguintes quando encontramos a sombra: "Nada conseguirá te destruir; nada quer tua destruição, embora essas sejam as próprias palavras que se diz. O que é visado são os teus fins, não o teu fim e, finalmente, tua iluminação e o preenchimento de teu lugar no cosmo."[14]

Simpatia pelo Demônio

É difícil imaginar iluminação, contudo, diante de trevas assustadoras. Na mitologia tibetana há um deus conhecido como *mahakala*, geralmente representado como um demônio preto retinto, de grandes caninos, olhos em fogo, ornamentado com uma grinalda de cabeças decepadas, pisando em corpos humanos nus. Ele se parece em tudo com o que imaginamos que seja um demônio. (Na verdade os primeiros e horrorizados missionários cristãos acreditaram que essa imagem, em pinturas religiosas, era a do próprio Satã.) Ainda assim, ele é considerado um protetor do santo dharma, que "bebe o sangue quente do ego". Os cadáveres que pisa simbolizam a vitória final sobre o pequeno ego.

Esse princípio do *mahakala* aparece nos sonhos como a sombra, que fala, às vezes com uma ferocidade de gelar o sangue, por aquelas verdades ocultadas pela tendência do ego de se sentir contente com ilusões sobre si mesmo. O teólogo John Sanford observa que embora o demônio seja chamado no Novo Testamento de o Pai das Mentiras, na verdade "a sombra jamais mente. O ego, sim, é que mente sobre seus motivos reais".

Ainda assim, ocasionalmente, temos sonhos tão negros e venenosos com a sombra que parece que encontramos o próprio demônio. Sentimos uma aura palpável tipo "alguma-coisa-má-por-aqui-vem", tão clara como o cheiro de enxofre ou o gosto de cinzas. O personagem que o sonho identifica com o demônio, contudo, é muitas vezes paradoxal — simultaneamente uma presença apavorante e um arauto da verdade — como no sonho seguinte, que me foi contado pela escritora Katharine Ramsland:

> *Fui encarregada de administrar uma fazenda. Meu principal trabalho é vigiar uma vaca que tem a tendência de se exibir. Olho pela janela e vejo-a perseguindo e mordendo outras vacas. Estou prestes a sair para acabar com aquilo quando vejo um homem desconhecido vindo na direção da casa. Abro a porta e vejo por cima do ombro dele, em pé, um touro baixo, gordo, preto, barrigudo, coberto com uma pele, fitando-me com olhos humanos, uma pata erguida em saudação. O homem diz: "O demônio gosta de você." Estranhamente, as palavras dele não me assustam. Em vez disso, sinto-me liberada. O homem entra na casa e fecha a porta às suas costas. Ele parece preocupado e diz para eu passar mais tempo conversando com um padre. Respondo: "Eu sempre sei tudo que o padre vai dizer e nunca se aplica a mim." O sonho termina enquanto eu me pergunto se o demônio aprova meu comportamento ou o eu fundamental. Isto é, fui condenada ao inferno antes mesmo de fazer alguma coisa errada? Experimento um entendimento vagamente sensual, alguma coisa entre liberdade e inquietação.*

Como devemos interpretar essa figura? A Igreja medieval, e talvez mesmo a moderna, diria que a alma de Katharine corria risco nass mãos do Príncipe das Trevas, e que ela, na verdade, deveria "conversar com o padre". De algumas maneiras, porém, a figura tem mais em comum com uma divindade pagã do que com a origem de todo o mal. Afinal de contas foi Zeus quem assumiu a forma de touro para visitar a humanidade — especialmente, as mulheres — e engravidá-las com a semente divina. Katharine ficou surpresa ao descobrir que o demônio "sorria, acenava, parecia muito relaxado e confiante. Eu me senti aceita como se, pela minha própria natureza, eu fosse parte dele". A experiência perturbou-a e excitou-a. Enviou cópias do sonho a amigos, pedindo-lhes a opinião sobre o estranho encontro. Deveria ter medo de sua própria alma?

Quanto mais examinava o sonho, porém, mais ele lhe parecia um convite para quebrar alguns grilhões interiores. Sempre desaprovara suas próprias "partes agressivas e demoníacas", mas, ali, estava recebendo sanção oficial, por assim dizer, para "mostrar-se", escoicear como a vaca que devia supostamente controlar. O sonho lhe dava permissão para explorar seu "lado de moça perversa", erótica, transgressora dos bons costumes, sexualmente ardente. Na verdade o demônio é freqüentemente um representante do sensorial — e do sensual. Quando cedemos às nossas inclinações mais fortes — outrora, a função divina do deus romano semicaprino do vinho e da canção, Pã, sobre o qual a Igreja baseou a imagem do demônio chifrudo —, dizemos, com um sorriso secretamente contente: "O demônio me obrigou a fazer isso." A sombra fala em nome do corpo e não admitirá ser posta de lado em nome de religiosidade ou de uma "bondade" seca, falsa.

O sonho, diz Katharine, "deu-me coragem de ser quem eu sou. Mudou minha maneira de viver minhas amizades, a maneira como me ofereço às pessoas. Hoje, é menos provável que eu comprometa minha integridade pessoal apenas para ter um homem em minha vida". E marcou também o começo do fim de seu casamento. "Meu ex-marido foi criado em uma família fundamentalista, de modo que amputei minha parte ardente, fingindo que ela não existia. Mas, nesse momento, não havia para onde fugir. O diabo me conhecia, pouco importando aonde eu fosse. E, de alguma maneira, isso era bom." A recém-encontrada capacidade de aceitar as contradições de sua própria natureza afetou-lhe o trabalho como psicoterapeuta, juntamente com a carreira de escritora. "Eu me tornei uma espécie de terapeuta do 'lado escuro'", diz ela.

"As pessoas me confessam coisas que nunca disseram a ninguém, porque podem sentir que não vou julgá-las."

O sonho aparentemente propõe uma teologia que permite uma interação mais sutil entre a escuridão e a luz, semelhante à que inspirou os construtores da Notre Dame a colocar gárgulas de face demoníaca, mal-encaradas e de bocas hiantes, nos próprios beirais da casa de Deus. Jung observou que alguns dos primeiros patriarcas da Igreja acreditavam que "Deus governa o mundo com a mão direita e a esquerda, sendo a direita Cristo e a esquerda, Satã".[15] O escritor Harold Bloom, por sua vez, lembra que, na Bíblia, Satã não é nome próprio, mas a designação de um funcionário, "'o Satã', que é um título de corte de justiça, como o nosso 'promotor público'... Ele é um adversário autorizado".[16] A sombra defende toda a verdade, e só ela. Na corte dos sonhos não há a opção de invocar a Quinta Emenda.* Pode muito bem acontecer que haja no mundo o "mal objetivo", mas não será ele, na maior parte, causado por repudiarmos, no banco das testemunhas, nossos próprios demônios pessoais?

Dando ao Demônio o que lhe é Devido

Na controvertida versão cinematográfica de *A última tentação de Cristo*, de Nikos Kazantzakis, a mãe de Jesus de Nazaré interroga-o sobre suas visões: "Você tem certeza de que foi Deus? Tem certeza de que não foi o demônio? Se foi o demônio, ele pode ser exorcizado."

"Mas, e se foi Deus?", responde o Filho. "Deus não pode ser exorcizado."

Essa pergunta é feita pelo Sonho Curativo a todos aqueles que desejam chegar ao fundo das coisas. Os que resolveram enfrentar a sombra nos sonhos descobrem às vezes que estão face a face com problemas quase teológicos. O que é o mal? É externo, implacável, imperdoável? Ou é interno, mutável, uma parte ferida de nós mesmos que nunca tivemos coragem de tocar? Poderá o demônio, por assim dizer, ser perdoado? O Sonho Curativo está sempre nos pressionando, tentando-nos, e mesmo nos assustando, a abraçar mais da vida — um abraço que possa ser sentido além do alcance da dualidade. O sábio

---

*Emenda à Constituição americana que, entre outras coisas, dispõe que ninguém é obrigado por lei a depor contra si mesmo. (*N. do T.*)

sufi Rabi foi visto correndo certo dia, levando fogo em uma das mãos e água na outra. Quando lhe perguntaram qual o significado daquela ação, ele respondeu: "Vou acender um fogo no Paraíso e apagar o do inferno, de modo que ambos os véus desapareçam."[17] Na verdade muitas vezes achamos difícil compreender o que o sonho com a sombra tenta nos mostrar. Recusamos, uma vez após outra, o relacionamento que ela propõe entre o profano e o sagrado, recusamo-nos a encarar de frente a difícil questão postulada por Lao Tzu, o sábio taoísta: "Entre o bem e o mal, que tamanho tem a distância?"

Os taoístas, que exaltavam as virtudes do "baixo, do escuro e do pequeno", conceberam o símbolo do *yin-yang* para mostrar que o universo era constantemente regenerado pela ação dos opostos. No desenho do símbolo, o preto e o branco existem em relacionamento dinâmico, interpenetrando-se. Analogamente, o caminho da sombra pode exigir a adoção de pontos de vista opostos, até que surja um símbolo superior. Essa atitude requer uma rara coragem e disciplina. Ambos/e é uma proposição muito mais desafiadora do que ou um/ou outro. A propósito, escreveu Robert Johnson: "Permanecer leal ao paradoxo é ganhar o direito à unidade."

O sábio Abu Sa'id al-Kharraz ofereceu talvez o sumário mais elegante nesse particular. Quando perguntado: "Através do que vistes Deus?", ele imediatamente respondeu: "Através do fato de que Ele une opostos." O Sonho Curativo desafia as fronteiras entre a sombra e o ego, o si-mesmo e o outro, "o bem" e "o mal" — e mesmo, como descobrimos às vezes, entre os sonhos e a realidade em si.

Capítulo 11

A casa dos sonhos

Curando a Separação entre os Mundos

Não sei como distinguir entre nossa vida desperta e um sonho. Não estamos sempre vivendo a vida que imaginamos que somos?

Henry David Thoreau

Eles me apoquentam agora dizendo que foi apenas um sonho. Mas importa se foi sonho ou realidade, se o sonho me revelou a verdade?

Fyodor Dostoiévski

HOUVE UM PERÍODO EM MINHA VIDA — VÁRIOS MESES, TALVEZ, embora parecessem intermináveis — em que sonho e realidade aproximaram-se mais do que eu jamais poderia ter imaginado. Imagens, estados de ânimo e imperativos da psique invadiram bruscamente minha vida no dia-a-dia. Acontecimentos comuns brilhavam com um significado oculto. O literal tornou-se simbólico, o simbólico, literal: senti-me como o homem proverbial que, à noite, vê uma vara, confunde-a com uma serpente e, convencido por suas próprias projeções mentais, tomba com um ataque cardíaco. Eu não sabia mais se era assombrado por meus próprios fantasmas ou se vislumbrava outro tipo inteiramente diferente de realidade. Parecia que eu havia, como nos contos de fada, comido do alimento do mundo invisível e era, nesse momento, seu cativo.

Sempre que tinha uma oportunidade, falava sobre o assunto com Sylvia, minha amiga cree. Já que se discute tão pouco esse assunto na cultura ocidental em geral, conversar com ela era um consolo. "Índios não fazem uma grande distinção entre o que é real e o que é sonho", disse-me ela, enquanto tomávamos café juntos. "*Tudo* é real." Seus "avôs" aparecem-lhe não só nos sonhos, confidenciou-me ela, mas quando está acordada. "Um deles simplesmente aparece, em dia claro. Posso ver através dele. Como se ele fosse uma sombra dotada de cor."

"Translúcida", sugeri.

Ela inclinou a cabeça, mas, em seguida, subitamente percebeu como poderia parecer absurda nossa conversa, uma taxonomia de anjos em cima da cabeça de um alfinete: "Uma pessoa me disse certa vez que eu era uma personalidade limítrofe", disse ela gravemente e, em seguida, irrompeu em uma risada cascateante de divertimento.

Eu ri, também, mas um pouco sem jeito. Minhas experiências, menos dramáticas, haviam, algumas vezes, me deixado muito assustado. "Entenda, o real e o não-real têm muitas coisas em comum", disse ela, puxando meu guardanapo e nele traçando um círculo. "Digamos que este é o mundo desperto." Traçou outro círculo, cortando o primeiro. "E este é o sonho." Em seguida, sombreou com linhas cruzadas a área comum onde os dois se juntavam. "Da mesma maneira que esse espaço está em ambos os círculos ao mesmo tempo, nossos anciãos dizem que podemos viver ao mesmo tempo em dimensões diferentes.

"É difícil explicar isso", acrescentou, franzindo levemente as sobrancelhas. Pensou por um momento. "A coisa é assim", e cruzou os dedos, fitando-os placidamente. "A realidade e o sonho simplesmente... se juntam."

Fiquei fascinado com esse vislumbre intercultural de algo além de nosso rígido dualismo de desperto e sonhando. Nossas formas lingüísticas admitem apenas dois casos — o subjetivo ("aqui dentro") ou o objetivo ("lá fora"). Mas o que ela mostrava era alguma coisa entre ambos. O desenho de Sylvia no guardanapo me parecia conhecido, lembrava o chamado diagrama Venn, ensinado nas aulas de geometria, onde a área sombreada, pertencendo a ambos e a nenhum dos dois domínios, é chamada, de forma bastante poética, de "espaço nulo". No mundo medieval, essa mesma figura era conhecida como *mandorla* e é encontrada em vários locais sagrados cristãos.

Quanto mais examinava o asssunto, mais eu notava quantas sociedades reconheceram a existência de um reino de percepção entre o estado de vigília e o sonho — não só o reconheceram mas cultivaram-no, como no seguinte texto tântrico hindu do século X: "Para obter continuidade de consciência, não afetada por quedas nos estados inconscientes, temos de permanecer na junção de todos os estados, que constitui os elos entre sono, sonho e estado de vigília: o meio-sono, ou Quarto Estado."[1]

No Ocidente moderno, são poucas as referências a esse "quarto estado" de consciência. As que existem costumam estar ligadas à teoria e à prática da arte. No século XVIII, o poeta alemão romântico Novalis declarou: "*Sonhar e não sonhar, absolutamente*: Essa síntese é o trabalho do gênio, através do qual ambas as atividades são mutuamente reforçadas." O poeta francês André Breton pediu "a dissolução futura desses dois estados, de aparência tão contraditória — sonho e realidade — e sua transformação em um tipo de realidade absoluta ou surreal.[2] Conquanto Breton pudesse sentir-se um pouco desapontado em ver a palavra que cunhou reduzida hoje a denotar esquisitices estéticas, e não o modo revolucionário de percepção que anunciou, nós usamos às vezes a palavra "surreal" para descrever momentos da vida tão difíceis de acreditar que temos a impressão de que estamos dormindo e acordados ao mesmo tempo. Quando parece que a realidade se comporta com a plasticidade da imaginação, não podemos escapar da impressão de que estamos com um pé em cada mundo.

Embora nos falte uma terminologia para esse quarto estado, outras culturas não só lhe dão nome mas o buscam ativamente. Os zulus mencionam a Casa dos Sonhos (*Indlu Yemaphupha*), ou um período na iniciação do xamã em que o mundo do sonho faz uma reivindicação categórica ao mundo de vigília, e os dois parecem cada vez mais entrelaçados. O escritor americano James Hall, em meio a seu treinamento como *sangoma* zulu, descreveu a seguinte experiência, que teve quando sentado à margem de um rio:

> Para mim, vigília e sonho haviam se fundido. Olhei atentamente para a rocha. O microscópico foi subitamente ampliado e observei grãos de pedra sendo arrancados por uma força erosiva poderosa, incessante. O ruído era tremendo, assustador... Daí se seguiram visões repetidas que se acumularam umas sobre as outras, sobre o reflexo do sol que faiscava sobre a água que corria rápida. Eram visões de águas de inundação, correndo por aquele vale estreito, uma onda de maremoto

> entre os penhascos abruptos de pedra, engolfando-me e me matando [embora] eu soubesse que continuava ainda em cima daquela rocha. Eu me sentia não tão apavorado quanto perplexo e debilitado... ouvindo trechos de música e canto que não estavam realmente ali e vislumbrando visões que desapareciam tão logo eu me tornava consciente que a figura que se movia em frente à arvore não estava fisicamente presente.[3]

Foi uma visão penetrante do mundo, simultaneamente observada com toda atenção, mas também superposta por imagens que lhe emprestavam significado e mistério. Em meus esforços para entender essa questão, tive a sensação de estar tentando recuperar uma maneira perdida de ver, recorrendo a experiências pessoais, bem como a relatos de místicos, cientistas, antropólogos, poetas e depoimentos sugestivos de membros de culturas tradicionais. Até mesmo os dotados com uma espécie de "segunda vista" parecem perdidos quando buscam as palavras apropriadas, como se tentassem descrever a Totalidade através da visão de túnel da condição humana.

Kurunpa Malpa (Bob Randal), o xamã australiano Pitjantjatjara, de 66 anos de idade, foi mandado para um internato quando tinha sete anos de idade, uma de cerca de 45 mil crianças aborígines transferidas na tentativa do governo de lhes erradicar a cultura. Ao voltar, lançou-se ao estudo com anciãos que ainda seguiam as tradições antigas. E descreveu como os jovens eram iniciados em uma forma especial de ver, através de jejum e privação de sono. "Os anciãos cantam e contam histórias, põem as pessoas em um certo estado", diz ele, "e, em seguida, a pessoa descobre que está em ambos os lugares, o mundo dos sonhos e este aqui — inicialmente, numa proporção de cinqüenta-cinqüenta, e depois, talvez, oitenta-vinte.

"Passei por isso em Arumland. Ficando acordado até tarde da noite, em torno de uma fogueira, um homem disse que me mostraria os espíritos. Mandou que eu olhasse para as árvores, não diretamente, mas um pouco à direita. Nessa ocasião, eu o vi, o povo dos espíritos! Eles pareciam exatamente iguais a pessoas comuns, pessoas felizes." Embora isso pareça mais fantasias produzidas por fadiga e baixos níveis de glicose — quando a função geradora de padrões do cérebro está embaçada e pode revelar um rosto nos faróis ou na grade dianteira de um carro —, Kurunpa insiste: "A canção atraiu-os. A gente vai a locais de 'belas rochas', procura-os, e eles nos dizem coisas."

O fio desse mundo oculto, disse ele, entrelaça-se gradualmente com o tecido comum da vida. E descreveu "devaneios" que acontecem "justamente ao lado" da percepção normal, muitas vezes durante o dia. "Eles são muito leves", continuou, "como uma borboleta que pousa por um momento em nosso dedo. Mas, se conseguimos escutar, nossa vida muda inteiramente. Mesmo que os ignoremos, eles ainda continuam a vir. O amor deles está sempre em volta de nós. Eles não desistem." Suspirou e sorriu docemente, como se querendo saber se eu o estava compreendendo: "Há uma outra vida *exatamente ao nosso lado*", disse, batendo em meu braço para dar ênfase às palavras. "Se procurarmos, ela se mostrará. Em qualquer momento, estamos percorrendo três ou quatro trilhas... se apenas pudermos vê-las."

Claro, a maioria supõe que *já* está vendo, a despeito da insistência em sentido contrário, tanto de místicos quanto de cientistas que estudam cognição. Embora possamos achar que estamos acordando para o mundo em volta, nosso aparelho perceptual funciona, nas palavras do filósofo Henri Bergson, como uma "válvula redutora" da consciência, filtrando subliminarmente a experiência, automaticamente excluindo o que parece irrelevante. Há ocasiões, contudo, em que essas engrenagens mentais desengatam e um mundo explode na superfície, pulsando com novo significado. A propósito, o poeta William Blake escreveu: "Se as portas da percepção fossem purificadas, o homem veria tudo como é, infinito." Para o homem comum, observou ele, o sol parece uma moeda de ouro em chamas. Já para ele, o sol era uma Hóstia Sagrada, cantando *Sagrado, Sagrado, Sagrado.* Blake denominou de "visão dupla" essa visão que funde as realidades interna e externa.

Somos levados a acreditar que esse é o domínio particular dos místicos. Mas, como observa Jamake Highwater, o autor meio blackfoot, meio cherokee de *The Primal Mind*: "Não há absolutamente nada de 'místico' na idéia de que tudo que nos acontece, tudo que pensamos, tudo que pressentimos, imaginamos, concebemos, percebemos, sonhamos e intuímos é uma parte real e vital de nossa vida."[4] Certa vez, um xamã índio lhe disse o seguinte:

> Você tem de aprender a olhar duas vezes para o mundo. Em primeiro lugar, tem de juntar os olhos à frente, de modo a poder ver cada gota de chuva na relva, para ver a fumaça subir do formigueiro à luz do sol. *Nada* lhe deve escapar. Mas tem de aprender a olhar novamente, com os olhos nos próprios limites do que é visível.

> Nessa ocasião, tem de ver obscuramente, se deseja ver coisas que são obscuras — visões, nevoeiro e o povo das nuvens. Você tem de aprender a olhar duas vezes para o mundo, se deseja ver tudo que há para ver.[5]

"Ver duplamente" nada tem de um estado desfocado, desatento, mas de fato exige um *tipo* diferente de foco, uma forma diferente de atenção, embora a maioria dos filósofos ocidentais tenha, na maior parte, ignorado ou mesmo se oposto a isso: "[Não] podemos jamais prender ou ligarmo-nos aos nossos sonhos... pelo resto de nossa vida", disse Descartes, repetindo o filósofo grego Heráclito, que traçou uma distinção férrea entre uma realidade objetiva (desperta, consensual) e outra, subjetiva (onírica, privada). Ainda assim, essa nítida linha fronteiriça foi contestada por Sócrates nos *Diálogos* de Platão, quando disse que jamais se poderá saber com certeza "se ou não estamos dormindo e nossos pensamentos são um sonho ou se estamos acordados e falando entre nós em estado de vigília". Friedrich Nietzsche, outro filósofo impressionado com a idéia de uma equivalência aproximada entre estar acordado e sonhando, argumentou inovadoramente no *The Dawn of Day* que ambos os estados são variações do mesmo tema:

> A vida real não tem a liberdade de interpretação possuída pela vida onírica; é menos poética e menos descontrolada — mas será necessário que eu mostre que nossos instintos, quando estamos despertos, apenas interpretam meramente, do mesmo modo, nossa irritação nervosa?... que não há realmente diferença essencial entre a vigília e o sonho?... que toda nossa chamada consciência é um comentário mais ou menos fantástico sobre um texto desconhecido, um texto talvez incognoscível, mas ainda assim, sentido?[6]

As observações de Nietzsche prefiguraram seminalmente o trabalho de psicólogos cognitivos modernos, que nos dizem que a consciência, desperta ou sonhando, é produzida por mecanismos neurológicos semelhantes (a denominada hipótese de continuidade). Acredito que estou acordado porque sinto os dedos batendo no teclado enquanto escrevo essas palavras, sinto a pressão da cadeira e o sussurro da respiração, ouço o canto dos passarinhos ou o ruído distante do tráfego do outro lado da janela. Mas, imerso no sonho, não sentimos também, não ouvimos também, não vemos também e de outras maneiras vivenciamos fatos visíveis? O cérebro é uma espécie de gerador de realidade virtual, fornecendo impressões sensoriais convincentes, venha a informação do mundo externo ou interno.

Insistimos em que nossas percepções, quando acordados, são mais reais. Mas até que ponto são objetivas? Quando as percebemos, o mundo "lá fora" já foi mediado. Não vemos diretamente objetos, mas imagens retinais viradas de cabeça para baixo pelas lentes dos olhos, de modo que já é uma representação — um símbolo — do original. A percepção sensorial é alterada por memórias, emoções e preconcepções (dizendo-me, por exemplo, que o cilindro amarelo-alaranjado em cima do tampo da mesa é meu lápis Ticonderoga preferido, e não uma cenoura). O físico Ilya Prigogine escreveu: "O que quer que chamemos de realidade só nos é revelado através de uma construção ativa da qual participamos." Pergunto: essas palavras não descreverão também o mundo dos sonhos?

Acrescentemos agora ao quadro da vida desperta "objetiva" a grande variedade de estados semelhantes ao de sonho que vivemos durante todo dia — lapsos de atenção, devaneios, absorção hipnótica em música ou na televisão, percepções tingidas por raiva ou desejo, ou o zumbido de fofocas subconscientes. Estudos recentes sobre a fisiologia do sonho contestaram mesmo a idéia comum de que sonhamos apenas durante a fase REM (*rapid eye movement* = movimento rápido dos olhos) do ciclo do sono. Os sonhos foram também correlacionados com o funcionamento orquestrado de várias partes do cérebro quando nenhum REM está ocorrendo.[7] A implicação é que podemos experimentar estados semelhantes ao de sonho em outras ocasiões que não dormindo. Pode acontecer que, escreveu prescientemente o filósofo Ludwig Wittgenstein, tal como "a consciência interminavelmente permeável do estado de vigília, o sonho talvez não tenha natureza única ou fixa". Com que freqüência os sonhos e a vigília se superpõem? E como é que sabemos isso?

Sonhos Lúcidos

Um tipo de percepção que obscurece a distinção entre vigília e sonho é o estado que pesquisadores chamam de lucidez. De modo geral, quando estamos participando da ação em um sonho, acreditamos piamente que seus personagens, objetos e eventos são reais: o coração bate forte quando somos caçados por um tigre e a excitação sexual é despertada por nossa amante no sonho. Mas, ocasionalmente, pessoas dizem que "acordam" dentro dos sonhos e recuperam o poder de ação consciente. Nesse estado lúcido, o sonho é bruscamente denunciado como uma ficção, um cenário teatral mágico, onde temos liberdade de abandonar nossos papéis designados e até mesmo de mudar deliberadamente o enredo e os personagens. Estamos no mundo dos sonhos, mas a ele não pertencemos.

O psiquiatra holandês Frederik Willems van Eeden usou pela primeira vez a expressão "sonhos lúcidos" em uma reunião, em 1913, da Society for Psychical Research, onde sumariou conclusões obtidas em trezentas experiências próprias. Ele contou, por exemplo, ter despertado no sonho e realizado um experimento nesse mundo: pegou um "copo fino de clarete" e nele bateu com tanta força quanto pôde, mas o copo permaneceu intacto. Mas, quando voltou a olhá-lo, o copo estava quebrado. "Quebrou-se, certo", escreveu Van Eeden, "mas um pouco tarde demais, como um ator que esqueceu sua deixa... Esse fato me deu a curiosa impressão de estar em um mundo falso, habilmente imitado, mas com pequenos defeitos. Peguei o vidro partido e joguei-o pela janela, querendo observar se ouvia o tinido. Ouvi-o, certo, e vi mesmo dois cães correndo assustados para longe, de uma forma muito natural, e pensei: que bela imitação é este mundo de comédia."[8]

Na comunidade dos que estudam os sonhos ocorre atualmente um debate sobre o valor da lucidez, assumindo alguns o ponto de vista de que se trata meramente de um caso de o ego tentar usurpar a função do inconsciente e impor ao mundo dos sonhos sua agenda de controle de tudo que é inusitado. (Uma alegação semelhante foi feita por Almoli, sábio medieval, ao sustentar que "os verdadeiros sonhos são resultados não da escolha de cada um, mas da vontade de Deus", e que aqueles que impõem sua própria vontade — que apelidou de "feiticeiros" — têm sonhos que não merecem confiança, porque seu "conteúdo é determinado pelo ego".[9])

Um sonhador lúcido me contou que se tornou muito hábil em manipular seu mundo de sonho, conjurando à vontade salas cheias de mulheres belas, dadivosas. Uma vez, porém, quando estava se divertindo, "voando sobre Detroit, arrancando com uma batida o chapéu da cabeça de cavalheiros", uma dessas pessoas inventadas *levantou o braço e agarrou-o pelo pé,* amedrontando-o de tal modo que acordou. Em outra ocasião, quando estava tentando fazer com que todos os sinos de uma cidade de sonho tocassem ao mesmo tempo, uma banda de música apareceu inesperadamente, descendo a rua principal, abafando-lhes o som.

Finalmente, um sonho lúcido obrigou-o a perguntar-se se o mundo dos sonhos não poderia ter propósitos além dos seus. Perguntou a um de seus personagens, um corpulento banqueiro com um relógio de ouro com corrente atravessada sobre a barriga: "O que é que você representa?", e ficou atônito quando uma voz rimbombou do céu: "As Características Não Expressadas!"

"Do quê?", perguntou, e a voz trovejou em resposta: "Do Doador Feliz!" Ele se lembrou de ter ouvido uma vez a expressão "O Senhor tem de ser um doador feliz" em uma campanha de igreja de levantamento de fundos. E começou a especular: "Aquela-Voz-Que-Sabe"... bem, *quem* sabe? Jeová? Buda? Meu ser interior? Um guia espiritual? Não tenho mais certeza de que os personagens de meus sonhos sejam apenas bonecos mentais."

À parte experimentos brincalhões, sonhadores lúcidos dizem que a experiência de "acordar dentro do sonho" permite-lhes enfrentar com sucesso situações que normalmente os aterrorizariam. Ao enfrentar conscientemente um monstro que os persegue, por exemplo, eles vencem seus medos interiores. Ensaiam, como se estivessem num palco, resultados positivos que podem transpor para os problemas da vida real. Alguns vão ainda mais longe, alegando que obtiveram uma nova perspectiva espiritual sobre a natureza da vida desperta, semelhante à descrita pelo filósofo russo P. D. Ouspensky: "Quando um homem começa a tornar-se consciente, em um sonho, de que está dormindo e que o que vê é um sonho, ele acorda. Da mesma maneira, a alma, quando começa a compreender que toda a vida visível é apenas um sonho, aproxima-se do despertar."[10]

Há 2.500 anos Sakyamuni Buda disse, usando uma série de símiles, que o mundo dos fenômenos visíveis é insubstancial. O que consideramos real, acrescentou, é uma espécie de ilusão de óptica, um candeeiro tremeluzente, uma esquadra de nuvens, o reflexo da lua na água, uma cidade feita só de sons, uma bolha de sabão, uma estrela cadente, um arco-íris e, claro, um sonho. Muitos comparam o sonho lúcido à "yoga dos sonhos" do budismo tibetano, que nos diz para considerar o mundo do sonho e o mundo de vigília como matéria mental. Como no sonho lúcido, o praticante desenvolve a capacidade de tornar-se consciente no sonho e, em seguida, a de dissolver-lhe as ilusões. (Se o indivíduo sonha que é ameaçado pelo fogo, aconselha uma instrução típica, deve dizer: "Por que ter medo de fogo em um sonho?", e em seguida transformá-lo em água.)[11] Acontece, porém, que a yoga do sonho apresenta uma idéia vários graus mais estranha — 180, para ser exato — do que o paradigma ocidental de sonho lúcido.

"Devemos considerar a experiência em estado de *vigília* como se fosse um sonho", explica Dzigar Kongtrul Rinpoche, um lama tibetano casado, de uns 30 anos de idade, enquanto conversávamos no terraço de sua cabana nos altos do San Luis Valley, no Colorado. "Isso significa compreender que aparências não têm realidade inerente, não mais do que uma árvore vista num sonho é uma árvore autêntica. Quando percebemos até mesmo coisas 'reais' como não sólidas, não sentimos tanto apego ou aversão a elas, de modo que ficamos menos presos a Samsara." Ele passava sem parar um pé calçado de bota por cima do outro, enquanto seu irmão, lama também e usando manto, empoleirava-se em cima da grade do terraço, entreouvindo intermitentemente a conversa. Fiquei com a impressão de que Dzigar estava "cheio" de perguntas sobre o fabuloso exotismo das práticas tibetanas sobre sonho.

Quando o assunto passa à interpretação, ele chega à indiferença. Certamente, deve haver razões para ele agir assim (embora diga que "este assunto não é de muito interesse para a mente oriental"), mas esse entendimento é para aqueles que "estão convictos de que os sonhos nada significam". Os sonhos, acreditam os budistas, fazem parte do mesmo espectro de ilusão dualista que a vida em estado de vigília. "Simplesmente, não dê essa importância toda a sonhos", diz. "*Especialmente* aos espantosos. A maioria das pessoas já tem problemas demais para levar a sério sua vida quando desperta!" O sorriso tem um esgar irônico. Durante anos, ouvi essa manobra retórica de parte de vários lamas: *Isso mesmo, temos várias práticas especiais no tocante a sonhos. Não, trabalhar com sonhos não é muito importante, é até mesmo uma perda de tempo.* Eles estão cansados de ver os ocidentais pegarem a bandeja da sobremesa antes de pedir a refeição principal — especialmente quando a bandeja, a refeição, a mesa e mesmo o jantar em si são considerados como igualmente "destituídos de essência".

Dzigar pouco quis falar sobre seus próprios sonhos, salvo dizer que "neles há muito *déjà vu*". Mas reconheceu, com um pequeno sorriso, que "nos sonhos encontramos sinais do ponto a que chegamos em nossa jornada espiritual", mas desviou a vista, acanhado, quando lhe perguntei quais eram.

O irmão rompeu o silêncio. "Há quatro tipos de sinais nos sonhos", disse, querendo ajudar. "O primeiro 'captura'. Isso significa lembrar o sonho dentro do sonho. O segundo é 'manipular', ou aumentar o poder de agir voluntariamente enquanto se dorme. O terceiro é 'pacificar', ou aliviar o que quer que seja um obstáculo. E finalmente há o 'manifestar', ou a pessoa fazer o que quer — como transformar-se em uma ave, voar, viajar para diferentes mundos e épocas."

Dzigar lançou-lhe um olhar de censura. Ele já falara demais.

Meu próprio mestre, Chögyam Trungpa, embora também lacônico sobre o assunto, gostava muito de citar um *slogan* do sábio indiano Atisha: "Considere todo dharma [isto é, "as dez mil coisas" deste mundo] como sonhos." Em sua explicação, Trungpa sugere que, em vez de ser obscura ou oculta, essa idéia é psicologicamente libertadora: "O *slogan* significa considerar tudo que ocorre como uma ilusão... Você poderá ver que seu ódio ao inimigo, o amor pelos amigos e as atitudes em relação a dinheiro, alimento e riqueza são, todas elas, partes de pensamentos discursivos. Considerar dharmas como sonhos significa que, embora possamos pensar que as coisas são bem sólidas, a maneira como as percebemos é suave e onírica."[12]

Há poucos dias tive um lembrete da solidez tenaz de nossas projeções em estado de vigília. Atrasado para chegar ao correio e ansioso para despachar um pacote por via expressa, vi um rapaz forte, em um veículo esporte utilitário, entrar na parte reservada a deficientes físicos do pátio de estacionamento, bem junto à porta. Fiquei aborrecido, pensando que ele poderia usar indevidamente esse privilégio, enquanto eu lutava com outras pessoas, que haviam chegado em cima da hora, por uma vaga três fileiras atrás. Ele se tornou o foco de minha irritação. Lancei adagas mentais através de seu espelho retrovisor. Em seguida, quando eu corria para a porta, vi-o arrastando-se à minha frente — dolorosamente, usando um andador, os membros inferiores mirrados em contraste absoluto com o torso musculoso que eu vislumbrara pelo pára-brisas traseiro do carro. Esperei para abrir a porta para ele, ele me agradeceu calorosamente, enquanto eu me tornava ainda mais envergonhado do que havia sido, na verdade, uma alucinação em estado desperto — uma migalha de percepção misturada com suposições absurdas. Esses casos de projeções mentais nos ocorrem diariamente — e muitas doutrinas espirituais diriam que de momento a momento. Damos nomes e etiquetamos coisas antes de saber realmente o que estamos vendo. Eu teria me poupado grande irritação se tivesse me lembrado de "considerar todos os dharmas como sonhos".

Ainda assim, até que ponto ousamos levar essa disposição? Tendemos a pensar em alguém que "vive no mundo dos sonhos" como o tipo que vai às compras e esquece que deixou o cachorro trancado no carro, com as janelas fechadas, durante o auge de uma onda de calor. O Dalai Lama respondeu em tom de brincadeira quando lhe fizeram perguntas sobre yoga do sonho: "Há muitas pessoas que confundem o sono com meditação, embora não de caso pensado." Há uma diferença, sugere ele, entre reconhecer a natureza ilusória da realidade e andar estonteado, tropeçando por aí. Ainda assim, vários lamas disseram-me que a yoga do sonho começa com o reconhecimento dos aspectos oníricos da vida diária — prática esta conhecida como *trekchö*. Nesse caso, os mestres insistem com o praticante para que, ao acordar de um sonho que momentos antes lhe pareceu tão real, pense na insubstancialidade semelhante das experiências que terá durante os dias vindouros.

Seja "acordar" dentro do sonho (sonho lúcido) ou "sonhar" quando acordado (*trekchö*), se a vida do sonho e a vida acordado são postas em iguais condições, o melhor será transcendê-las. Um lama me contou certo dia, entre risadinhas, uma história do grande mestre Mipham sobre uma discussão acalorada entre Sonho e Vigília:

Certo dia, Vigília disse zombeteiramente: "Você, querido Sonho, é uma mentira."

"Você, amiga Vigília", respondeu Sonho, "é igualmente enganosa."

"Você ainda é mais do que eu!", exclamou Vigília, profundamente ofendida. "Eu sonho que estou comendo um banquete maravilhoso e acordo com o estômago vazio."

"Não é nada diferente com você", replicou languidamente Sonho. "Você vai dormir em seu quarto, mas quando sonha que foi surpreendida por uma tempestade no lado de fora, sente-se encharcada até os ossos!"

Os dois iam passar às vias de fato quando um juiz interveio na discussão, decidindo sabiamente que ambos os lados tinham mérito. "Não pode acontecer que, se um sonho é verdade, a vigília é falsa, ou vice-versa", disse. "Todos os problemas no mundo decorrem de vermos esses dois como opostos, quando, na verdade, eles estão realmente no mesmo lado."

Voltamos de carro à casa no subúrbio onde ele estava hospedado, e logo depois o lama me desafiou para um jogo de corrida de carros no vídeo, que pertencia ao filho do dono da casa. Sentamo-nos no tapete, ombro a ombro, nossos carros correndo sobre duas rodas na pista. Esforcei-me para dirigir meu piloto digital em volta de uma série de obstáculos estranhos, desviando-me para evitar batidas, bombas verdes de néon lançadas contra mim pelo adversário — um lama usando manto vermelho e que mexia no *joystick* com um pequeno e divertido sorriso.

"Reconheça que não há diferenças entre as aparências nos sonhos e as existentes nas experiências de vigília", murmurou ele, quando meu carro capotou e explodiu em chamas. "Em seguida, mesmo que sonhe que um tigre tem sua cabeça na boca, você continua feliz." Mas eu achei difícil não ficar ansioso, mesmo que em meio à carnificina imaginária de um jogo de demolição. A adrenalina cantava em meus nervos. Eu queria evitar ser reduzido a pedacinhos por uma explosão. Queria passar com um rugido pela linha de chegada. O jogo estava se transformando, no linguajar dos videogames, em um ambiente altamente imersivo, um exemplo vivo demais da facilidade com que acreditamos em ilusões. O lama, habilmente, evitou a lufada de goma azul escorregadia que joguei à frente de seu veículo, que vinha a toda. No momento em que me choquei com uma barreira de cor alaranjada brilhante, ele passou pela bandeira da vitória e, em seguida, com a graça de um campeão, recebeu as congratulações.

A Abelha e Eu

O lama explicou depois que, nos sonhos, o "corpo mental" fica "aberto e flexível" e, por isso, tem mais possibilidades do que na existência normal da vida diária. Apagando distinções rígidas entre vida de sonho e desperta, disse-me ele, "podemos aprender não só a transformar o sonho, mas a mudar a realidade".

Lembrei-me de um incidente que me deu uma idéia do que ele tinha em mente. Certo dia, sentado no quintal da casa de uma amiga, gozando a carícia do sol, uma abelha aterrou em cima de meu peito nu. Eu havia passado anos tentando vencer uma repulsa inata a insetos. (Eu, às vezes, uso uma prática budista que nos aconselha a imaginar que, após incontáveis vidas, até mesmo o inseto mais humilde pode ter sido nosso pai.) Assumindo com algum esforço uma atitude de curiosidade benevolente, fiquei logo em seguida fascinado pelo brilho das cores do arco-íris das asas da abelha, os estranhos movimentos balouçantes do tórax dourado, a inclinação incessante e repetida para baixo das antenas e das batidas das pernas. Ela se tornou uma abelha de sonho, uma aparição que eu jamais havia visto realmente antes. Esqueci meu medo de garoto de cidade grande, de que ela pudesse me dar uma ferroada. A abelha e eu estávamos compartilhando um interlúdio surrealista. Quando minha amiga voltou para o quintal, soltou um pequeno grito — a abelha era grande. Eu, porém, com um olhar, pedi-lhe que ficasse calada. Ela chegou-se devagar e nós dois ficamos vendo um espetáculo espantoso — usando as pernas traseiras, a abelha descarregou jeitosamente sua carga de pólen em meu peito, em uma pilha amarela bem-feita, e calmamente voou zumbindo para longe. Se eu a tivesse considerado como um inseto perigoso, teria descido a mão sobre ela, matando-a, expulsando-a e provocando um irritado zumbido ou aborrecendo-a o suficiente para me dar uma ferroada para valer. Em vez disso, mudei "meu sonho acordado" com a abelha e, em alguma variante espiritual do princípio de Heisenberg, a percepção alterou o resultado de meu experimento.

Sofremos, diz o budismo, porque nos agarramos às nossas projeções ou dela fugimos, tomando-as como coisas reais. Mestres budistas, porém, alegam que o eu e o outro não têm mais existência intrínseca do que um sonho: quase sempre, dirigimos desejo e repulsa contra nossas próprias ilusões. A yoga do sonho é praticada não como um jogo de salão, mas para nos acordar de nossas ilusões, sólidas demais, o que, por seu lado, desbloqueará o fluxo de compaixão (ou "interesse ressonante") por nossos semelhantes.

Acordando para o Sonho

Quando pensamos em iluminação, em "acordar" espiritualmente (a palavra *Buda* deriva da raiz *budh*, que significa "desperto"), imaginamos que isso seja um estado místico sobrenatural, inalcançável. Ainda assim, todos as sendas espirituais autênticas insistem em que podemos viver simultaneamente nos mundos do transcendente e do aqui-e-agora.

A idéia de "sonho acordado" em si talvez pareça convite a uma vida de ilusão — daríamos com a cabeça em paredes ao tentar atravessá-las, saltaríamos de janelas pensando que poderíamos voar —, mas as práticas nesse sentido, na verdade, são heurísticas. Considere o mundo *como se* ele fosse um sonho e veja o que acontece. De qualquer maneira, investimos no mundo nossa imaginação, fundindo-a, sem notar, com tudo que vemos. Mas podemos também brincar conscientemente com essa dimensão da experiência. Se visualizássemos todas as pessoas que conhecemos como um *bodhisattva* (pois as escrituras não nos dizem que o mendigo mais lastimável poderia ser um anjo disfarçado?) ou imaginássemos que cada criatura que encontramos foi, em outra vida, nosso pai ou mãe, isso não despertaria em nós uma atitude de respeito e ternura? Se imaginarmos o mundo de forma diferente, dizem esses ensinamentos, o mundo nos retribuirá o favor. Escolha qualquer pessoa em sua vida, invista nela uma nova fantasia e observe como, com o passar do tempo, ou mesmo instantaneamente, o comportamento e a própria aparência dela parecem mudar. Para sermos exatos, a reação que obtemos tem origem em dicas subliminares (o olhar benevolente produz um efeito diferente do olhar encolerizado), mas talvez nossas percepções em si sejam campos geradores de realidade. Talvez nossa gabada personalidade seja a um só tempo processo e fluxo, sujeita ao efeito de emanações sutis. Talvez, quando permitimos que o mundo imaginário e este em que vivemos se interpenetrem, participemos de uma espécie de co-criação.

O Alcorão conta a história do primeiro dia da rainha de Sabá no palácio do rei Salomão. A rainha, confundindo o chão de cristal com um tanque de água, levantou o manto para não lhe molhar a bainha. Salomão aproveitou a ocasião, escreve Henry Corbin, para observar que "cada objeto, percebido a cada instante, é uma 'nova criação'... O chão de cristal é imaginado como água... Mas exatamente porque é 'imaginado', a imagem, logo que reconhecida como tal, exprime algo que não é ilusório, mas real e expressivo, porque, na verdade, reconhecê-la pelo que é implica 'acordar' e nela investir nosso maravilhoso poder".[13]

Esse poder criativo, em parte alguma maior do que no sonho, é o que dá ao mundo sua carga de significado. "A única razão por que Deus pôs o sono no mundo animado", escreveu o místico sufi Ibn 'Arabi (1165-1240), "foi para que todos pudéssemos ver a Presença da Imaginação". Trazer essa presença imaginativa para nossa vida, observa Corbin, permite-nos "elevar os dados sensoriais a um nível mais alto, transmutar a aparência em sua verdade"[14] e compreender o mundo em sua glória mais completa. *Insights* semelhantes abundam em praticamente todas as tradições espirituais. Conta-se que o brâmane Narendra, sentado certo dia no jardim de um templo, antes de tornar-se o grande sábio Swami Vivekananda, disse a um amigo que era "tolo" acreditar que tudo era Deus. Ora, se isso fosse assim, continuou desdenhosamente, "este jarro é Deus. Este copo é Deus. Tudo que vemos é Deus. E nós, tambem, somos Deus!". Naquele momento, seu guru, Sri Ramakrishna, saiu da cela e o abençoou com um toque que, imediatamente, despertou-lhe um *insight*: "Fascinado, [Narendra] imediatamente percebeu que tudo no mundo era, na verdade, Deus. Um novo universo abriu-se em torno dele. Voltando para casa em um estado de atordoamento, descobriu lá, também, que o alimento, o prato, a própria pessoa que comia, os demais ali, todos eram Deus. Quando andava pelas ruas, via que as carruagens, os cavalos, as multidões, os prédios, eram Brama. E por isso mal conseguiu dar conta de seus afazeres do dia."[15]

De acordo com um relato da época, "quando a intensidade da experiência diminuiu um pouco, ele viu o mundo como um sonho. Andando por uma praça pública, batia com a cabeça nas grades de ferro para saber se eram reais".[16] A experiência de Narendra — lembrando o conceito zulu de Casa dos Sonhos — exemplifica a observação de um teólogo britânico: desde que já existimos em Deus, não tanto O buscamos quanto "O exploramos em nós".[17]

Na Casa dos Sonhos até mesmo pequenos experimentos podem enriquecer-nos a vida. Eu, por exemplo, não tenho lavadora de pratos, de modo que sou obrigado a lavá-los à mão. Freqüentemente, considero isso uma tarefa maçante, um aborrecimento que consome tempo, e deixo que se empilhem. Mas, às vezes, lembro-me de ver o trabalho de outra maneira. Alguns pratos, presentes de uma amiga, são luminosos, de um alaranjado pintado à mão e queimado em forno. Em outra era, eles teriam sido um tesouro para alguém. Hoje, são artigos que os que sabem ver encontram em qualquer loja de departamentos. Mas se os trato como se fossem preciosos, lembrando-me de apreciar-lhes a textura, cores, formas e sons, sinto o aborrecimento dissolver-se. Às vezes imagino mesmo que, enquanto os lavo, estou purificando meu mundo e minha mente de impurezas, e que eles brilham com uma silenciosa significação. Na maior parte das vezes, vejo-os como irritantes pratos sujos. Mas, em qualquer caso, estou lavando meu *sonho* sobre pratos. Em um, eles são irritantes; em outro, uma oportunidade para "transmutar a aparência em conteúdo". Há uma história zen sobre um monge que não era considerado bem-dotado intelectualmente o suficiente para pregar os ensinamentos sagrados. Por isso, foi designado para varrer o templo. Seu mestre, porém, instruiu-o para que, quando estivesse varrendo, imaginasse o seguinte: "Estou varrendo para longe minha raiva. Estou varrendo para longe meu apego. Estou varrendo para longe minha ignorância." E assim, continua a história, o monge alcançou a iluminação.

Sincronicidade

O local onde os mundos invisível e visível se juntam situa-se na fronteira mais distante de nossa compreensão. Na Casa dos Sonhos há alguns quartos para os quais só podemos espiar pelo buraco da fechadura. Jung considerava o fenômeno ao qual deu o nome de sincronicidade como uma espiada no mistério de como a realidade em si é construída.

Todos nós vivenciamos alguma forma de sincronicidade — aquelas ocasiões em que um livro cai aberto na página que contém o pensamento exato que nos absorve no momento. E vice-versa, o mundo é que se abre. Um amigo meu lia em sua cabana *The Dream of the Grasshopper*, de Laurens van der Post, um livro sobre sincronicidade. Ele havia justamente chegado a um trecho sobre um conto popular africano no qual uma mulher, em um sonho, é chamada por uma árvore. Sentando-se embaixo dela, a árvore cai e mata-a.

"Nesse momento", contou meu amigo, "um raio atingiu uma árvore centenária bem do lado de fora de minha janela e ela desabou." Na ocasião, meu amigo estava lutando contra um câncer. E viu na ocorrência não um sinal de morte, mas um reflexo de sua luta titânica. E disse-me que freqüentemente vivia estados de vigília, com aspectos de sonho, que denominava de "o campo de cura. Qualquer coisa e todas as coisas acontecem quando estamos nele".

Jung definiu *sincronicidade* como "um princípio conectivo acausal" através do qual estados interiores — sonhos, devaneios, sentimentos — parecem estar tangivelmente ligados a eventos no mundo material. Essas ocorrências podem parecer alarmantemente surrealistas. De acordo com Marie-Louise von Franz: "Eventos sincrônicos constituem momentos em que um significado 'cósmico', ou 'maior', torna-se gradualmente consciente para o indivíduo. De modo geral, é uma experiência que o abala."[18] Jung, durante o período tempestuoso em que lutava com seu próprio inconsciente, teve um "sonho marcante" sobre um ser alado, parecido com um martim-pescador, cruzando um céu que era também de água azul do mar. "Uma vez que não compreendi essa imagem do sonho", escreveu ele, "pintei-a para gravá-la na memória. Durante os dias em que estive ocupado com a pintura, encontrei no meu jardim, ao lado da praia do lago, um martim-pescador morto! Fiquei atônito, porque martins-pescadores são muito raros nas vizinhanças de Zurique, e desde então nunca mais encontrei um deles morto. O peixe havia morrido recentemente — no máximo, dois ou três dias antes — e não apresentava sinais de ferimento."[19]

Nesse caso, um fato sincrônico funcionou como uma extensão — quase uma confirmação vinda do céu — de um sonho. A figura do homem com asas de martim-pescador, ao qual ele deu o nome de Filomeno, era o personagem do sonho a quem atribuiu o crédito de lhe ter ensinado a "natureza objetiva" da psique. Era como se a criatura tivesse quebrado a versão de sonho sobre a quarta dimensão da televisão, mostrando que a clara linha divisória entre a vida imaginária e nossa vida neste mundo poderia atuar como uma membrana semipermeável.

Aqui Há Dragões

Outros descreveriam esse ponto de vista como puro solipsismo e superstição: que maneira mais paralisante de viver, se todas as coincidências aleatórias fossem um portento — como se o mundo revolvesse em volta de nós, apontando coisas para nossa edificação pessoal. Até Jung, que iniciou o estudo da sincronicidade acreditando que "significado" era o aspecto característico desses eventos, chegou mais tarde à conclusão de que eles implicavam um princípio oculto, que teria mais probabilidade de ser explicado pela física do que pela psicologia.[20] Colaborando com cientistas como Wolfgang Pauli, colega de Einstein, começou a especular se essas ocorrências não sugeriam alguma coisa sobre a própria composição do universo. E observou que, contantemente, lhe parecia que "a matéria é apenas uma casca fina em volta de um cosmo enorme de realidade psíquica" ou mesmo que "psique e matéria são dois aspectos diferentes da mesma coisa".

Um colega seu, C. A. Meier, sugeriu a idéia de que um terceiro aspecto, um *tertium*, um fator desconhecido, além de mente e matéria, produz sincronicamente efeitos em ambos os reinos. Jayne Gackenbach, pesquisadora canadense de sonhos, enviou-me as reminiscências de uma mulher cree, chamada Erin, que exemplificam esse paradigma.

Erin lembrou-se de que, em certa ocasião, as pernas de sua mãe ficaram tão inchadas com uma infecção que os médicos quiseram amputá-las. A *kokum* (avó) de Erin, uma famosa curandeira, tirou-a do hospital, dizendo: "Vocês não vão cortar as pernas de minha filha." Erin recorda-se até hoje de ter, em companhia de três irmãos, presenciado a cerimônia de cura. De repente, espantados, eles viram "aranhas saindo de dentro da perna de minha mãe!". Gackenbach observou que, sem dúvida, fora a suscetibilidade deles à sugestão — afinal de contas tinha sido a *kokum*, uma figura convincente de autoridade, a primeira a mostrar as "aranhas". Mais tarde, porém, Gackenbach especulou se sua explicação não seria "minha arrogância acadêmica de mulher branca". Afinal de contas, refletiu, a técnica funcionou... e a mãe de Erin continua hoje a andar normalmente e tornou-se, ela mesma, curandeira. Gackenbach, que se especializou em pesquisa sobre sonhos lúcidos durante várias décadas, antes de desenvolver profundo interesse pela comunidade cree, levou a especulação um passo adiante: "Se estivesse presente naquela cerimônia de cura e exibisse meus conhecimentos ocidentais, eu poderia ter interrompido alguma realidade alternativa compartilhada, de importância crucial para a cura. Embora possa sentir a necessidade de comprovar a 'realidade' objetiva, descobri que, para eles, toda essa questão praticamente não existe."

Numerosos povos nativos afirmam que o sonho é uma força ativa, que anda por este mundo, deixando pegadas visíveis. Será possível que além de nosso mapa padronizado da realidade, em uma região marcada ainda com o aviso "Aqui Há Dragões", estenda-se uma grande *terra incógnita*? Sylvia, minha amiga cree, falou-me sobre dois símbolos de sonhos que a acompanham desde a infância. O primeiro, de um lobo branco, aparece quando o sonho se destina a todo o povo indígena do Canadá. Quando um urso branco chega, ela sabe que se refere a ela e a seus parentes. O urso chega à noite a seu quarto, diz ela, quando "há alguma coisa que eu preciso ver". Sylvia sobe para as costas do urso e voa para locais distantes.

"Você quer dizer, *sonha* com um urso branco?", perguntei.

"Não, ele está realmente presente."

"Como é que você sabe? Você acorda e continua a vê-lo?"

Ela me dirigiu um olhar estranho. "Eu acendo a *luz*", disse, como se explicando algo mais do que óbvio, "e ainda o vejo. Ele está lá, como um urso de verdade. Posso estender a mão, acariciá-lo, sentir-lhe a pelagem."

Nós lutamos para compreender, para afixar etiquetas. Talvez este seja um caso de hipnagogia, o estado excepcional entre vigília e sono, bem documentado por pesquisadores de sonho. Imagens vistas nesse estado costumam ser excepcionalmente nítidas, detalhadas, naturais. (Ou, como disse um sujeito sobre um rosto imaginado: "Eu consegui sentir a textura da pele dele.") Elas tendem a ser vivamente coloridas, luminosas e de aparência sólida, "como um filme em 3-D". Constantemente, induzem "sensações de realidade aguçada". Até mesmo sujeitos que compreendem que essas aparições fantásticas são geradas internamente, e que sabem que estão com os olhos fechados, dizem que as visões parecem estar "de um metro e meio a dois metros à frente deles, ocupando espaço 'real'".[21] Nessa forma de consciência, como diz um autor, "metáforas são vivenciadas como coisas reais".

Uma amiga minha, professora de inglês de uma universidade, ligou para mim, quase sem fôlego, alguns dias depois de ter levado ao veterinário sua gata querida, de 19 anos de idade, para ser sacrificada. Agora, disse, a voz dela uma mistura de deleite e tristeza, "ela aparece em meu quarto à plena luz do dia, quando estou inteiramente acordada. Hoje, ela se esfregou em minha perna e eu *senti* realmente o pêlo dela". Aquilo era tão parecido com a descrição de Sylvia que eu não soube bem o que dizer, embora a explicação racional fosse uma alucinação desencadeada pela tristeza.

Um *sangoma* sul-africano chamado Claude contou-me uma história semelhante sobre a Casa dos Sonhos: "Em 1946, fui ao rio onde as mulheres costumavam lavar roupa. Vi que algumas estendiam xales para secar, mas, quando me aproximei, não havia nenhuma ali. Desapareceram! Elas eram o povo da água, que vive embaixo do rio." Depois disso, sonhou com elas durante muitas noites. Disse ele que cada sonho, em uma dilatação do tempo comum a visitas sobrenaturais, era "como se eu estivesse aprendendo durante seis meses. Elas me ensinaram coisas sobre diferentes tipos de ervas e me deram remédios para beber".

(A história dele lembra notavelmente a que um jovem pawnee, chamado Small, contou em 1850 a um historiador. O rapaz adormeceu enquanto cacava ao longo do South Platte River, em Nebraska, foi levado para a "cabana" de um animal, embaixo d'água. Acordou sentado ao lado de uma lareira, cercado por grande número de criaturas, entre elas uma grande serpente, que montava guarda à porta. Durante quatro noites cada animal lhe ensinou seus poderes.[22] E ele insistiu que a experiência havia sido pura realidade.)

Enquanto a realidade se funde com o sonho e a realidade de novo, com o sonho, a mente ocidental tenta, mas sem sucesso, descobrir alguma coisa sólida em que possa agarrar-se. Ou alguma coisa realmente aconteceu ou não, pois não há espaço para coisa alguma entre elas. Ainda assim, numerosas culturas indígenas acreditam que o homem pode viver quase anfibiamente em duas realidades. O antropólogo William Merrill, escrevendo sobre os raramuris, do México, observou que, para eles: "Os sonhos são eventos reais. Em numerosas ocasiões, os nativos me descreveram experiências pessoais inteiramente inacreditáveis, mas que não haviam acontecido em sonhos, até que lhes perguntei. Isso não significa que eles não distingam entre as vidas em estado de vigília e em sonhos, mas que atribuem a ambas uma realidade comparável." A realidade concedida aos sonhos estende-se a experiências no estado de vigília que seriam normalmente classificadas como alucinações. Merrill dá o exemplo de uma mulher chamada Rosario, que "viu" um padre católico e uma freira brincando na areia, perto de uma fonte de água quente. Correu para chamar o marido e os filhos para presenciar a estranha cena, mas, quando voltaram, os dois tinham desaparecido. A família concluiu que eles deveiam ser do "povo da água" e que tinham voltando para seu lar no rio.

Eu mesmo tenho uma história semelhante, que mantenho guardada na "lixeira cinzenta", onde jogo coisas que nem são pretas nem brancas. Certa noite, tendo justamente concluído o curso na faculdade, estive tocando música até alta madrugada com um grupo de uma cidade vizinha. Notando que eu estava cansado e preocupado com o estado das estradas cobertas de gelo, um recém-conhecido convidou-me a pernoitar numa casa que a namorada dele acabava de herdar. O quarto onde eu iria dormir não tinha ainda mobília, mas o tapete era grosso e fofo e, enrolando-me em alguns cobertores, logo comecei a cochilar e caí no sono. Fiquei sobressaltado ao ouvir de repente uma soprano de ópera, solfejando tranqüilamente quatro ou cinco oitavas da escala. Em um minuto, o som era quase ensurdecedor — a voz dela parecia estar bem dentro de meu ouvido — e logo depois tão distante quanto o vento nas copas das árvores. O sonho era extraordinariamente claro, com uma "fantasmagoria" quase de clichê, ressonante, que o fazia parecer menos assustador do que ligeiramente ridículo. Ocorreu-me a imagem de uma figura semelhante a Brünnhilde, usando peitoral de armadura e capacete com chifres, uma caricatura operística saída diretamente de um filme dos Irmãos Marx. Pensei absurdamente que estava escutando alguém cantando uma *lieder* alemã. A voz desapareceu logo depois, engolida por um chiado que lembrava a estática de um rádio. Desassossegado mas cansado demais para continuar acordado, mergulhei em um sono profundo.

Na manhã seguinte, no café da manhã, contei um pouco embaraçado o sonho sobre a récita musical ao lado da cama.

"Foi a tia Jewel", meu novo amigo respondeu imediatamente.

"Tia, *quem*?"

"Ela era alemã, foi cantora de óperas no início do século. Esta casa era dela." Fiquei atônito. "Nós a ouvimos, também", tranqüilizou-me ele, acrescentando: "Você dormiu no antigo quarto onde ela ensaiava."

Não ofereço esse exemplo como prova de sobrevivência da personalidade humana após a morte. Mas continuo sem ter uma explicação racional — uma vez que nenhuma menção fora feita da proprietária anterior da casa e eu mal conhecia meus anfitriões. A partir desse momento, encarei com mais simpatia o sistema de crenças do xamã, que insiste em que vivemos cercados de influências invisíveis que não inventamos.

Vivendo na Casa dos Sonhos

Sylvia, Claude, Rosario, minha amiga que viu a gata morta, o casal assombrado por uma diva e eu poderíamos ser julgados vítimas de um distúrbio perceptual transitório. Esse tipo de experiência, porém, é encontrado em todos os povos, em todos os continentes, em todas as eras históricas. Variam apenas, de uma sociedade a outra, os graus em que são reconhecidas, reprimidas, interpretadas ou medicamente tratadas.

Vejam só a história de Frances H. Conheci Fran, uma sessentona animada, de cabelos grisalhos cortados rentes e grandes óculos de coruja, em uma conferência, onde ela manteve fascinada uma pequena platéia, enquanto contava a história de sua recuperação de uma grave lesão na cabeça. Como jamais havia falado em público sobre sua tribulação, a timidez inicial lhe tornou a narrativa ainda mais interessante. Usando uma blusa de camponesa de cor azul vivo e pesadas jóias de turquesa, e brandindo um cigarro, politicamente incorreto, como um indicador a *laser*, Fran, logo, em tom profundo e grave, contava sua história de ida-e-volta ao inferno, com um desembaraço digno de uma artista de teatro.

Ela fora uma executiva bem-sucedida numa firma de contabilidade, uma mulher que tinha descido pelo telhado de vidro num campo de jogo até então só de homens. Mas, em um dia ensolarado, parou em um sinal de tráfego na hora do *rush* e acabou para ela o mundo que conhecia. "Lembro-me de ter visto um grande caminhão fechado à direita, atravessando o sinal", diz ela. "No espelho retrovisor, vi um carro arremetendo contra mim. A última coisa de que me lembro foi: 'Espero que esse cara tenha visto o sinal vermelho.'"

O desastre pavoroso deixou-a com o que é conhecido como "traumatismo craniano fechado" que, costumeiramente, causa lesões graves no cérebro. "Eu tive de aprender a diferença entre 'quente' e 'não quente', porque eu me queimava como se fosse um bebê. Era um verdadeiro caos fazer coisas simples como escovar os dentes, porque eu começava e não parava mais. Encontrava na lata de lixo uma meia dúzia de escovas de dente úmidas e um tubo de pasta vazio. Não conseguia me lembrar se havia ou não feito alguma coisa."

Ela pouco se lembra dos três primeiros anos após o acidente. Seu talento para matemática desapareceu. Graças à pura força de vontade e a um pouco de graça divina, a fala voltou lentamente. "Meu vocabulário falado hoje ultrapassa o nível de leitura do quinto ano primário", observa ela secamente. "Tinha ataques quando espoucava o *flash* de uma câmera fotográfica, alarmes de carro de alta tecnologia e sons de alta freqüência emitidos por esses postes de tráfego que orientam os surdos em volta de esquinas muito movimentadas." Mas ela havia percorrido uma grande distância desde os dias vazios, inúteis, que antes se encompridavam intermináveis à sua frente. Fran atribui sua recuperação a uma série de curiosos encontros com o mundo invisível.

Certa tarde, vivendo no que lhe parecia uma eterna penumbra, teve a sensação inesperada de que havia alguém na casa com ela. Ergueu a vista e viu "uma pantomima que estava sendo encenada bem em frente a mim. Como um *slide* mal focalizado, vi rapazes sentados em carteiras de uma sala de aula. Um deles levantou-se e mostrou um pedaço de papel. Clareando meu foco, descobri que era uma página de palavras cruzadas. Um dos rapazes inclinou a cabeça. "Em seguida, vi a página das palavras cruzadas encher-se de letras. Peguei um lápis e copiei o que via." Isso foi o início, diz ela, de reaprender a ler e a escrever.

Em outro dia, continua, "viu" uma equipe inteira de jogadores de beisebol. "Eles estavam em suas posições certas no campo de jogo, que subitamente apareceu em minha sala de estar, mas em todos faltava um braço ou uma perna. Todos tinham bengalas, que usavam com grande habilidade." Fran, que abandonara a esperança de usar bengala quando estava no hospital, imitou os movimentos dos jogadores, aprendendo aos poucos a manejá-la. "Agora, sou muito esperta com a bengala", diz com um sorriso sombrio. "Se alguém ferir meus sentimentos, posso enfiar a bengala bem no peito do pé dele."

Fran havia sido antes professora de educação especializada para crianças retardadas, e os métodos lentos e pacientes usados por suas aparições não lhe eram estranhos. "Quando o mesmo grupo de caras apareceu e disse: 'Máquina de escrever', tirei a velha máquina mecânica do armário." Começou, sob a tutela daqueles rapazes, a reaprender datilografia, descobrindo, nesse processo, que podia escrever poesia forte e evocativa.

Nem todos os seus encontros, porém, foram agradáveis. No início do tratamento, os médicos haviam lhe passado Prozac, uma receita muito comum. No seu caso, porém, a droga aparentemente desencadeava "alucinações apavorantes, que continuavam eternamente". Certo dia, deitada em casa, exausta, "pareceu que os ruídos da vizinhança cessavam e eu fiquei com muito medo. Uma figura entrou através da parede interna da casa e materializou-se à minha frente — um homem bonitão, vestido de preto, trazendo uma pasta de documentos de couro preto. Abriu-a, tirou um contrato e, com um gesto, disse-me para assiná-lo. Compreendi nesse momento que ele era um vendedor de morte — um cobrador de morte. Gritei e liguei mesmo para a polícia. Quando os vizinhos já estavam quase derrubando a porta para ver o que estava me acontecendo, ele sumiu pela janela".

O psiquiatra de Fran pensou em interná-la. No fim, ela se recusou a continuar tomando os medicamentos, raciocinando que, ao contrário dos pesadelos induzidos pelos remédios, as alucinações anteriores nenhum mal lhe haviam feito — e, talvez, tivessem feito algum bem.

Aos poucos, os sonhos começaram a mudar. "A noite inteira eu via figuras, acompanhadas de música tão abrangente que era como se todo o universo fosse mantido coeso por esse som." Ou lhe davam um colar feito de "ouro e pedras preciosas em fios de energia luminosa, um objeto de incrível beleza. Quando eu contava esses sonhos, tudo que eu podia acrescentar era: Eles são reais, e, mais uma vez, são reais, e depois, *são mais reais do que o real*". Após cada um dos sonhos marcantes, os médicos ficavam surpresos ao observar progressos no curso de sua recuperação, que ela descreve como "minhas grandes mudanças adaptativas".

Hoje, diz Fran, "tenho 'parafenômenos' durante o dia, pesadelos quando durmo, alucinações e encontros com fantasmas em plena luz do dia". Mas se sente orgulhosa de ter aprendido a viver com suas freqüentes visões em sonhos, bem como com seus ataques de perdas rápidas de consciência. Certa vez, em um ônibus, notou um senhor idoso sentado a seu lado. "Eu a vi antes", disse-lhe ele em uma voz bondosa, rachada, de velho, "mas sempre pensei que a assustaria." Quando o olhou novamente, ele havia desaparecido. Fran, que muito tempo antes deixara de preocupar-se com o que os outros pensavam, foi até o motorista do ônibus e perguntou se ele também tinha visto aquele homem. "Ele toma meu ônibus muitas vezes", respondeu cautelosamente o homem. "Ele sempre conversa com uma dada pessoa, sempre se senta no mesmo lugar." Olhou curioso para Fran e, em seguida, resolvendo que não havia problema em falar um pouco mais, murmurou: "Eu o vejo subir, mas nunca descer. Ele é o *meu* fantasma. Outros motoristas têm os seus", e abriu a porta com um chiado do mecanismo pneumático.

"Como é que eu vivo com essas experiências sem enlouquecer?", perguntou-me ela com uma indignação passageira. "No contexto médico, tudo isso é patológico. Eu não tomei o Spook Etiquette 101! Eu não tinha a mínima idéia de como explicar isso, quanto mais conviver com isso."[23]

Atualmente, Fran freqüenta com regularidade grupos de estudos de sonhos — "minha salvação", diz ela —, mas encontrou também um ponto de apoio no sistema médico. Dirige grupos de estudos de sonhos para sobreviventes de traumatismo craniano que lhe são enviados por médicos, terapeutas de reabilitação e grupos de operários. Certa vez, convenceu os líderes de um grupo de apoio a pacientes de lesões cerebrais a distribuir um questionário solicitando um relato de suas experiências. Ironicamente, comenta Fran: "Muitos pacientes perguntaram: 'Por que ninguém quer saber o que eu vejo e ouço à noite em meus sonhos e alucinações? Só me perguntam a hora e a data. Nunca me perguntam o que é que as vozes *dizem.*'"

A Cabana Sob a Água

O místico e médico medieval Paracelso advertiu para o perigo de confundirmos a verdadeira imaginação (*imaginatio vera*), que enxerga a natureza oculta das coisas, com a fantasia pura (que ele denominava de "a pedra angular do louco"). A despeito do desenlace relativamente feliz da história de Fran, há armadilhas psicológicas na Casa dos Sonhos. A propósito, diz o reverendo Jeremy Taylor, que realiza trabalho de interpretação de sonhos em residências particulares com adolescentes esquizofrênicos e autistas: "As narrativas dos sonhos de garotos problemas são as mesmas dos garotos normais. A diferença está na capacidade deles de acordar do sonho e perguntar: 'Isso foi sobre o *quê*?' Nos casos de adolescentes esquizofrênicos, o sonho jamais termina e eles não conseguem distinguir entre 'processo primário' e realidade consensual."

M. L. von Franz concorda: "Basta ir a um asilo de loucos para conhecer as vítimas do mundo dos sonhos. Um vive o sonho de que é Napoleão. Outro, quando começamos a conversar, diz confidencialmente que é Jesus Cristo, mas que aparentemente ninguém o compreende. Eles foram engolidos pelo mundo dos sonhos... O mundo dos sonhos é benéfico e curador apenas se temos um diálogo com ele, mas, ao mesmo tempo, continuamos com os pés plantados na vida real."[24]

John Schultheiss, alpinista, após sofrer uma queda grave, descobriu que se encontrava em um estado alterado de consciência, ao qual atribui ter-lhe salvo a vida. Nesse estado, teve a visão de um homem que aparentemente ajudou-o a voltar trôpego para a civilização e, em seguida, desapareceu. Ele passou um ano inteiro investigando o fenômeno, que batizou de "iniciação baseada em estresse", dando atenção especial aos misteriosos "companheiros ilusórios", cuja presença foi comunicada por todo tipo de pessoas, variando de alpinistas nos Himalaias a exploradores de desertos. Em seu livro, *Bone Games*, ele cita o caso dos "anjos de nacele", de Lindbergh, que o piloto exausto viu orientando seu vôo solo através do Atlântico; e o do capitão Joshua Slocum, que, após fazer uma viagem de circunavegação sozinho no início do século XX, disse que seu barco foi mantido no curso pelo "navegador de Cristóvão Colombo", quando sofreu um ataque de febre que o deixou prostrado na cama durante um período de tempestade em meio do Atlântico.

Schultheiss, porém, junta também uma lista de alucinações que foram não só sem valor mas trouxeram perigos de vida. Cita um relatório dos sobreviventes de um navio de pasageiros holandês torpedeado no Atlântico Sul, que passaram 83 dias em uma balsa salva-vidas antes de serem recolhidos. Um jovem ítalo-americano chamado Izzy teve uma série de sonhos impressionantes:

> Izzy pensou que estava "navegando a quilômetro e meio por minuto", em uma lancha a motor pilotada por uma figura silenciosa tipo Charon. Em seguida, viu-se em meio a uma esquadra, perto de "um grande buraco, por onde caras entravam para pegar um cigarro; logo depois, o navio torpedeado como que ressuscitou das profundezas, todo mundo nadando para ele, o cozinheiro de bordo servindo-lhes presunto com ovos, uma sala de almoço com café, hambúrgueres, rosquinhas, bolos. Essas cenas ocorreram repetidas vezes na primeira noite e, em uma ocasião após outra, Izzy tentou deixar a balsa nadando a caminho dos alimentos, bebida, aquecimento e segurança ilusórios. Se os amigos não o tivessem contido, ele teria nadado para longe no meio da noite e morrido afogado.

Um cineasta amigo meu chamado Marty contou-me uma experiência parecida. Ele estivera em uma balsa de borracha, deslizando ao lado de uma equipe de caiaque formada de pai e filho, filmando um segmento da série *Zoom*, da PBS, para crianças. De repente o rio transformou-se em uma corredeira furiosa. Ele e o cinegrafista chocaram-se com uma árvore que se projetava de uma pequena ilha no meio da corrente, mal conseguindo agarrar-se a um galho, enquanto a balsa desaparecia. Os dois se puxaram para a ilhota e ficaram à espera de socorro.

O dia estava claro e ensolarado, mas fazia um frio de rachar. Enquanto a produção, na margem do rio, telefonava pedindo um helicóptero, Marty procurou combater a hipotermia explorando o terreno em volta. Na extremidade mais distante da ilhota, em uma língua de terra que se projetava em água calma, "vi a solução para nós. Ali havia uma pequena balsa de madeira, do tipo de Huck Finn, com uma vara! Eu não tinha idéia do que ela fazia ali, parada naquela luz dourada. Quase subi para ela, mas, depois, pensei que era melhor voltar e dizer aos outros." Ao voltar ao outro lado da ilha, olhou para trás e, espantado, viu que não havia balsa alguma, nenhuma água calma. Se tivesse subido para a balsa imaginária — "que para mim era tão real quanto você sentado aí" —, ele teria sido varrido rio abaixo. Essas histórias revelam o aspecto negativo, perigoso, da "cabana embaixo d'água" — que é também o reino das sereias, que atraem os incautos para um mergulho, possivelmente para sempre, nas profundezas do inconsciente.

A esse respeito, escreveu Freud, enfaticamente: "A realidade *psíquica* é uma forma particular de existência, que não deve ser confundida com a realidade *material*".[25] As crianças, em especial, têm dificuldade em distinguir entre os mundos interior e exterior. Uma pessoa que tem sonhos muito vívidos contou-me que, ao tempo de criança, saltou do alto de uma rocha e quebrou o tornozelo porque, voando em sonhos, teve certeza de que poderia fazer o mesmo na vida real. Outra me disse que fez um experimento semelhante na infância — mas de uma janela do segundo andar, tendo sido premiado com alguns meses em um aparelho de tração!

Talvez por questão de cautela, a cultura ocidental educa-nos cedo para ignorar o imaginário, tornando-o objeto de pouco caso, desconfiança e desdém. Crianças não têm permissão para viver em ambos os mundos. São pressionadas desde cedo a renunciar às fantasias. "Ter uma imaginação ativa" transforma-se no condescendente "está sempre imaginando coisas". A psicóloga Mary Watkins, defensora ferrenha do reino do imaginário, descreve esse ponto decisivo em seu livro, *Waking Dreams*: "Jogamos no lixo o cãozinho de pelúcia, os reinos de fadas, os impérios ferroviários, as aspirações à estrela do cinema, e tudo isso em troca de morte prematura. Arquivamos as idéias de que poderíamos voar (se apenas tivéssemos oportunidade), de ser uma árvore, um Robin Hood ou um cachorro. A imaginação é objeto de ridículo. Tudo isso é um bocado de tolice, poeira de histórias da carochinha, desmaiadas cores pastel que nos prendem como teias de aranha nos olhos, toldando-nos a visão para o que realmente existe diante de nós — a vida da realidade, prática, dura, com que temos de conviver."[26]

A maioria é desestimulada desde cedo a tratar a imaginação até mesmo como remotamente real. O bombardeio da mídia deixa-nos empanturrados com os ícones pré-embalados, fantasmagóricos, da cultura do consumo. Imaginação transforma-se em "imagem". Vivemos cada vez mais no estado que um escritor descreveu como "meias realidades mediadas por tecnologia". Embora a procuremos com mais ardor do que nunca, a magia do mundo afasta-se de nós — e, mais do que nenhuma, a do mundo da natureza. Na dimensão em que éramos antes alimentados por sua esfera de sensibilidade, aceitamos agora seu cenário (ou, um substituto medíocre, os "espetáculos da natureza" da televisão, que se tornaram na mesma medida populares). A humanidade corre o risco de tornar-se a soberana solitária de um mundo do qual foi banida a psique. Sobre nossas atuais tribulações, escreveu Jung: "Nenhum rio contém um espírito, nenhuma árvore é o principal da vida no homem, nenhuma serpente encerra a corporificação da sabedoria, nenhuma caverna de montanha é o covil de um demônio. Nenhuma voz vinda de pedras, plantas ou animais, fala mais ao homem, nem ele fala com elas acreditando que podem ouvi-lo. Seu contato com a natureza acabou e com isso foi-se a energia emocional profunda que essa conexão simbólica fornecia."[27]

Talvez seja esse agudo senso de perda que explica nosso fascínio contínuo por aqueles povos indígenas que não perderam inteiramente esse contato. O antropólogo Lee Irwin sustenta que, em algumas sociedades dos índios das planícies americanas, há ainda traços de uma vida em que "o mundo do xamã é o mundo em que vivem todos os seres humanos, um mundo visto e realçado através de sonhos e experiências visionárias, no qual as fronteiras entre a vigília e o sono conservam a transparência. A mudança da vigília para o sono é continuamente trocada em miúdos, em estados e gradações mais sutis, até que a metáfora 'a vida como sonho' adquire um significado cada vez mais vivo".[28]

Essa visão da realidade, escreveu Ernst Cassirer, não é meramente teórica, prática, ou tecnológica, mas "empática... [Os povos tradicionais] de maneira alguma carecem da capacidade de compreender as diferenças empíricas entre as coisas. Mas, na maneira como concebem natureza e vida, todas essas diferenças são obliteradas por um sentimento mais forte — a convicção profunda de que há uma *solidariedade* de vida fundamental e indelével".[29] Ou, como expressa a mesma coisa uma canção navajo: "A figueira, as águas que se reúnem, a gota de orvalho, eu me torno uma parte delas."[30] Dessa maneira, é transformado o mundo e o lugar que nele ocupamos.

Em uma história tibetana, o sábio Marpa, o Explicador, foi em busca de instrução de um yogue que morava em uma ilha sagrada. Marpa passou anos juntando pó de ouro para oferecer em troca dos ensinamentos. Mas, quando entregou o precioso saco, o yogue virou-o de cabeça para baixo e, deixando Marpa paralisado de horror, permitiu que as partículas de ouro fossem levados pelo vento. "Que necessidade tenho eu de teu ouro?", perguntou, rindo às gargalhadas. "Todo o mundo é ouro para mim!" Bateu o pé e Marpa viu que a areia, as plantas, o próprio ar, estavam vivos com cintilações de beleza. Os Sonhos Curativos mostram-nos que esse mundo é ouro. A "faculdade imaginativa" transmuta a realidade, revelando uma dimensão além e por trás das formas visíveis. (André Malraux, falando sobre o pictograma chinês relativo a "flor", escreveu: "O que o símbolo é para a flor, a flor em si é para alguma outra coisa.") O sábio japonês Myoē, um personagem semelhante a São Francisco, que consignou em seu diário centenas de sonhos vívidos durante mais de quarenta anos, parecia a seus contemporâneos viver um sonho acordado. Certa vez, escreveu uma carta a uma ilha que amava, pedindo desculpa por ter estado ocupado demais para visitá-la e dela cuidar e, em seguida, ordenou a seus monges que fossem entregar pessoalmente a mensagem! Reconhecendo que pessoas poderiam achar esquisito enviar uma carta — especialmente uma tão transbordante de sentimentos — a uma ilha "inanimada", escreveu que com freqüência sentia esses impulsos, mas que "para levar em conta os costumes irracionais do mundo, constantemente guardo para mim mesmo meus pensamentos".

Quando o Mundo Oculto Fala

Mas e se a ilha de Myoē lhe respondesse à carta? Tudo no mundo é vivo, dizem os povos indígenas, e todas as coisas e criaturas têm sua própria finalidade secreta para existir. Na inversão do vil e do nobre tão comum nos sonhos, a humilde barata de esterco da cosmologia egípcia rola a bola do sol pelo céu. Hoje, em uma era em que espécies estão se extinguindo em um grau de velocidade sem precedentes, descobrimos tardiamente a inexorabilidade dessa lógica do sonho, porque até a mais humilde das criaturas é vital para algum processo outrora considerado indigno de nossa atenção. Nada no grande sonho da vida é sem significado — ou sem voz, se resolver falar e nós nos dignarmos a escutar.

Dizem as tradições antigas que quanto mais quebrada é nossa conexão com esse grande sonho, quanto mais nos tornamos surdos a seus gritos e sussurros, mais o mundo invisível pode manifestar-se, exigindo igualdade. No dia 5 de maio de 1996, na reserva navajo próxima de Window Rock, Arizona, durante uma das secas mais inclementes na memória da tribo, uma mãe e filha que viviam em uma cabana no remoto Dinnebito Wash foram visitadas por duas figuras sagradas. A história, conforme pude reconstituir com dados fornecidos por amigos na reserva e proximidades, constitui uma alegação moderna extraordinária de que houve uma visita sagrada — de um Sonho Curativo tornado visível.

Irene Yazzie, de 96 anos de idade, cega e muda após um derrame cerebral, e a filha, Sarah Begay, conhecida como "a boa alma que faz pequenos favores aos idosos", viviam em um trecho isolado de terra na disputada fronteira com o território hopi. Em certo dia de maio, Irene, muda há tanto tempo, falou de repente: "Eles vêm hoje."

"Quem vem?", perguntou a filha Sarah, mas, não obtendo resposta, voltou à máquina de costura. Duas vezes mais, a mãe fez o misterioso anúncio. Horas depois, uma ventania súbita abalou a cabana. Um barulho como de um chocalho gigantesco pareceu envolver a casa. Sarah foi ver o que era, a poeira trazida pelo vento obrigando-a a baixar a cabeça, e viu dois seres, um azul e o outro branco, que emitiam uma luz brilhante. Por toda parte em volta deles, caía fubá sagrado como se fosse chuva. Quando lhes perguntou quem eram, eles responderam: *Nós sempre estivemos aqui. Fomos às seis montanhas e não havia oferendas. Estamos zangados porque seu povo virou as costas às suas tradições, não reza mais nem organiza cerimônias, não cuida dos velhos.* E lhe ordenaram que dissesse ao povo navajo para voltar aos costumes antigos. Em seguida, desapareceram.

Sarah voltou cambaleando para dentro de casa e caiu nos braços da mãe. Em seguida, saltou para a *pickup* e correu à procura do adivinho mais próximo, em busca de uma explicação do incidente. O adivinho lhe disse que "as pessoas sagradas" estavam, como disse um de meus informantes, "bastante zangadas, e que ia haver o diabo. Era como uma profecia do fim do mundo, mas o povo tinha uma possibilidade, talvez, de evitar o pior, se rezasse e realizasse os antigos rituais".

Quando se descobriu que os seres sagrados haviam deixado pegadas no milho, milhares dirigiram-se em peregrinação ao local, atraídos pela boa reputação das duas mulheres na comunidade: "Ninguém julgava essas mulheres como loucas e capazes de inventar aquela história", disse-me um amigo. Albert Hale, líder dos navajos, decretou feriado, dando a cada empregado da tribo quatro horas de folga, remuneradas, para fazer suas práticas religiosas. Os navajos vieram de carro, ônibus de turismo, *pickups* e motocicletas, percorrendo estradas de terra esburacadas e cheias de pedras, a fim de ver as pegadas, as quais, a despeito das tentativas de preservá-las para a posteridade, logo depois foram apagadas. A comunidade da reserva — apenas cinco por cento dos quais ainda seguem os costumes tradicionais — continua ainda tentando compreender o que aconteceu. Previsivelmente, as pessoas se dividiram entre os céticos (que acreditam ter sido aquilo um estratagema para reivindicar terra contestada) e os crentes (que, embora a descrição que Sarah deu dos seres tenha sido vaga, acreditam que ela viu os lendários Deuses Gêmeos, o Matador de Monstros e o Nascido para a Água).[31]

Da mesma maneira que os Sonhos Curativos nos ocorrem em crises para restabelecer o equilíbrio da psique, não poderiam essas fantasmas do outro mundo aparecer quando a sociedade sofre com o que os hopis denominam de *koyaanisqatsi*, vida desarmoniosa? Muitos, sem a menor dúvida, descontariam e ignorariam essa visão dos Seres Sagrados, considerando-a uma *folie à deux* transitória de duas mulheres de um lugar atrasado, que viviam isoladas, ainda que fossem mentalmente sadias. Mas qual a explicação racional para as aparições, vistas por um grande número de pessoas em 1916, no quarto ano da Grande Guerra na Europa, em uma obscura aldeia de camponeses situada a uns 150 quilômetros ao norte de Lisboa? Tudo começou com três pastorinhas que disseram ter visto um homem jovem, muito bonito, que disse chamar-se "Anjo da Paz", surgindo de uma nuvem branca como neve. No dia 13 de maio de 1917, uma "bela senhora", que disse "vir do céu", manifestou-se às mesmas crianças, pedindo paz em uma época de sangueira geral e lhes dizendo que voltassem no décimo terceiro dia de todos os meses. Elas a descreveram como "envolvida por uma aura" translúcida ou transparente.

Divulgando-se o acontecimento, o novo governo português — uma república anticlerical governada por uma aliança variegada de revolucionários que haviam executado milhares de padres, considerados como inimigos do Estado — fracassou em suas tentativas de desencorajar as multidões. No dia 13 de outubro de 1917, entre 70 e 90 mil pessoas se reuniram nos arredores de Fátima sob uma chuva torrencial. Alguns dos funcionários públicos mais anticlericais e céticos descreveram o espetáculo final nos mesmos termos que os membros mais reverentes da multidão: as nuvens haviam subitamente se separado e o que os observadores pensaram que fosse o sol, "como um grande disco de prata", começou a girar como uma gigantesca rodinha de fogo de artifício, de sua borda irradiando-se brilhantes feixes de cor. Ela pareceu descer do céu em um movimento de ziguezague e, quando subiu, o chão enlameado tinha ficado seco como argila cozida no forno e as roupas daquela multidão estavam secas.[32]

Nós nunca saberemos com certeza o que aconteceu naquele dia. Uma visita religiosa vinda do céu? Um avistamento de OVNI? Uma notável ilusão coletiva? Aqui estamos em uma zona desconhecida, de contos populares sobre Brigadoons e Avalons, de terras que emergem de nevoeiros e neles voltam a desaparecer. Quaisquer que sejam as explicações culturais que apliquemos às estranhas visitas em Dinnebo to Wash, Fátima e outros locais, em toda a história, parece que o outro mundo ocasionalmente aparece, em todas as suas dimensões, neste aqui em que vivemos. Alguma coisa, uma alteração peculiar da psique — ou da própria realidade — tem o poder de transformar este mundo diário de vigília em uma paisagem de sonho.

Telos

> Nossa tarefa consiste em gravar em nós mesmos, tão profunda,
> dolorosa e apaixonadamente, esta terra temporária,
> moribunda, para que seu ser possa ressurgir
> "invisivelmente" em nós. Nós somos as abelhas do invisível.
>
> Rainer Maria Rilke, *Cartas*

Qualquer que seja o conteúdo religioso ou iconográfico do Sonho Curativo, apareça ele a um indivíduo ou a dezenas de milhares em visões de massa, parece que sua finalidade consiste em chamar atenção para a ligação de tudo com um Todo dinâmico.

Em um extraordinário estudo de caso, bem investigado em 1991, na cidade de Rua, no Zimbábue, um grupo de várias dezenas de crianças de uma escola próxima alegou ter visto um estranho surgir, de dentro de um objeto brilhante, perto do *playground* durante o recreio. As descrições e desenhos feitos por numerosas crianças, 15 minutos após o incidente, foram surpreendentemente consistentes uns com os outros. A despeito do grande ceticismo dos adultos, as crianças, de idade que variava entre seis e 13 anos, sustentaram inabalavelmente, nas palavras enfáticas de uma menina: "Não me importo se os outros acreditam ou não. Nós sabemos o que vimos." Algumas crianças disseram que a criatura transmitiu uma mensagem: "Que o mundo vai acabar", como disse uma delas, "porque a gente não cuida de nosso planeta. Tipo as árvores vão cair e não haverá mais ar." Esses pensamentos, disse ela, surgiram "dos olhos do homem", que pareceram transmitir diretamente imagens à sua mente.

Um estranho isomorfismo perpassa por essas ocasiões em que um habitante de nosso mundo conhece um alienígena de algum outro, desconhecido, invisível. Lembrem-se do comentário de Sylvia sobre um de seus avôs-espírito: "Quando ele me olha, sei o que ele sabe. Nenhuma palavra. A única coisa que é muito viva são os olhos." E o *Ishmael*, do escritor Daniel Quinn, não recebeu a mesma mensagem que as crianças de Rua quando, em seu vívido sonho de criança, conheceu criaturas que lamentavam a destruição de seu mundo e que lhe falaram "em minha mente", deixando claro que "precisavam de mim e que queriam contar seus segredos"?

Parece que alguma coisa — de dentro, de fora, ou de ambas as dimensões — exige de nós um relacionamento, uma troca, um parentesco irrenunciável. Tem sido notado que, em épocas de grande mudança cultural, visionários entre os índios das planícies americanas vivenciam "objetos, eventos e seres estranhos, incompreensíveis e misteriosos... que manifestam o ainda não conhecido, não visto ou ainda não visualizado".[33] Há a crença sempre mais profunda entre anciãos de numerosas tradições em que a terra foi tão gravemente ferida por nosso desleixo que chegou o tempo de compartilhar um tesouro espiritual há muito tempo guardado. Para eles, somos nós, cidadãos da civilização industrializada, que parecemos sonâmbulos, marchando sem saber para um precipício, arrastando conosco o mundo. Numa época em que a ciência decifra os códigos mais sagrados do homem, com resultados imprevisíveis, aquilo que os zunis chamam de *Awonawilona*, o "poderoso alguma coisa" que dota todas as coisas com o *mili*, o "alento de vida", poderia também revelar seus segredos.

Talvez nossos sonhos mais loucos sejam tentativas de apreender essa alguma coisa incognoscível — conhecer as coisas desse mundo como "o inefável estruturado sob a forma de imagens". Vivemos cercados por dimensões que não podemos abarcar. O Sonho Curativo chega-nos como a esfera multidimensional ao dimensionalmente desafiado Morador de Terra Plana, proclamando seu claro enigma: "Eu sou muitos círculos em um só." O falecido fisico quântico David Bohm disse certa vez o seguinte: "Todo nosso processo mental é estruturado para manter nossa atenção concentrada no aqui e no agora. Precisamos dele para cruzar a rua. A consciência, porém, está sempre na profundidade ilimitada que se situa além do tempo e do espaço. Se mergulharmos com profundidade suficiente no presente, talvez não haja diferença entre este momento e o seguinte, este lugar e qualquer outro, ou entre o onde e o quando. Tudo talvez seja apenas uma questão de atenção."

Quando prestamos atenção, estaremos acaso mudando também nosso mundo, nossa própria substância? Nós somos extrusões do reino espiritual transformadas em intrusões no mundo físico — de consciência transformada nos destroços cinéreos do Big Bang. Certamente esse processo evolutivo, que da poeira de estrelas criou criaturas que pensam e sentem, ainda brinca conosco, trabalha em nós, criando conosco matéria ainda mais dotada de senciência. Será que, algum dia, iniciaremos uma existência mais transubstancial — em que mente e matéria exerçam uma influência crescente uma sobre a outra e a Casa dos Sonhos se transforme em nosso lar?

"O universo é um vasto sonho", escreveu Schopenhauer, descrevendo-o como o compreendia, "sonhado por um único ser, mas de tal maneira que todos os seus personagens sonham também. Daí, tudo se entrelaça e se harmoniza com tudo o mais." O mesmo pensamento foi expresso com uma eloqüência simples por um bosquímano do deserto de Kalahari, na Austrália, a quem pediram que explicasse a importância do sonho. "Entenda bem que isso é muito difícil", respondeu o encarquilhado mensageiro do começo dos tempos. "Isso porque, sempre, há um sonho que está *nos* sonhando."

O que, então, quer *esse* Sonho? *Talvez, algum dia, saibamos.*

Epílogo

Quero penetrar nela como um sonho,
Deixando aqui na praia minhas raízes.

Anne Sexton

CERTA VEZ UM EDITOR DE TEXTO PEDIU-ME QUE DESCREVESSE COMO um Sonho Curativo poderia, nas palavras dele, "ajudar a pessoa comum a ser eficiente na vida diária". A pergunta me deixou confuso. Sonhos marcantes são convocações vindas do desconhecido. Dão voz àquilo que escondemos de nós mesmos, com todo o risco e potencial que isso implica. Examinar a intenção do sonho em sentido estritamente pragmático implicará ignorar a advertência do velho provérbio hindu: "Quando o ladrão olha para o santo só lhe vê os bolsos."

Nenhum de nós pede para, à noite, enfrentar mistérios, oráculos e enigmas, que alguma coisa adentre em nossa vida interior sem ser convidada. Quando comecei a estudar meus sonhos, tive esperança de obter algum palpite se devia procurar à direita ou à esquerda, enfim, alguma orientação que me salvasse a pele. Os sonhos, porém, raramente me fizeram a vontade. Na verdade eu me perguntei a princípio se eles tinham algum outro sentido que não produzir uma surpreendente implosão da experiência.

O sonho nos ajudará se estivermos dispostos a viver durante algum tempo com suas ambiguidades sem resolvê-las, mergulhando em suas profundezas sem saber sempre quando — e onde — voltaremos à superfície. Os antigos alquimistas falavam em dissolver nossa substância na *aqua divina*, a água divina, a qual, diz um de seus tratados, "escurece o claro e clareia o escuro". A consciência do estado de vigília precisa ser fundida com a sabedoria do sonho. Para trazer o poder do Sonho Curativo para a vida diária, povos tradicionais cantariam, dançariam, pintariam no rosto seus símbolos, a fim de lhes manter a presença em sua vida e compartilhar as suas dádivas com a comunidade em geral. Esses atos não seriam meramente decorativos ou "criativos", mas uma maneira de tornar visível o invisível.

Este livro iniciou-se como uma tentativa de tornar visível apenas minha própria jornada pelo reino do imaginário. Mas, com o passar dos anos, ela se tornou cada vez mais inclusiva, à medida que eu conhecia numerosas outras pessoas a quem os Sonhos Curativos haviam falado no sono. Fiquei surpreso com a freqüência com que indivíduos muito diferentes descreveram a imagem de um peixe estranho saindo da água, um símbolo da emergência do sonho das profundezas aquosas do inconsciente.

Um notável "sonho com um peixe" me foi contado pelo editor de texto deste livro. Ele confessou que pouco se interessava pelo assunto, até que inesperadamente lhe foi dada essa incumbência. Eu mesmo me havia perguntado se ele era a pessoa indicada para esse trabalho, até que ele me enviou um *e-mail*, antes de nosso primeiro encontro: "Devo considerar este trabalho como um sinal? Noite passada, tive um sonho vívido, no qual eu estava pescando e, de repente, fisguei um peixe enorme. Poderia o peixe representar seu original?"

Pedi-lhe mais detalhes e ele respondeu:

Estou pescando, sentado em companhia de um amigo na passagem estreita de uma doca que se estende por cima da água. Pego a vara de pescar, jogo a linha e — bum! — consigo logo! Tenho imediata certeza de que peguei um peixe enorme, mas, ainda assim, fico surpreso ao ver como ele é imenso ao puxá-lo para a doca — de 1,20m a 1,50m de comprimento, bem largo, parecendo um linguado. Era tão comprido e pesado que suas extremidades sobravam das bordas da doca onde estávamos sentados. Sentindo um pouco de medo — ele parecia

> *forte demais e, além disso, poderia me morder se eu tentasse soltar o anzol —, fiquei na esperança de que alguém aparecesse com uma rede e me ajudasse a segurá-lo. O pessoal na doca, porém, simplesmente ficou olhando, às minhas costas. Vejo, então, que tenho de me virar sozinho.*

Fiquei animado. Ali estava uma forma de "sonho de apresentação" que, dizem os psicólogos, freqüentemente ocorre no início de uma terapia, indicando o curso que as coisas tomarão. (Na verdade o processo de editar um texto é, muitas vezes, embora tal não seja a intenção, terapêutico, ainda que, em geral, com o autor deitado no divã e o editor sugerindo a terapia necessária.) Ocorreu-me que o próprio espírito do livro havia se apresentado a ele. Não que eu pudesse escapar da sensação de que ali estava o próprio Sonho Curativo encarnado, falando vigorosamente com nós dois, em seu próprio nome.

O alcance deste livro é "bem amplo". "Extenso e profundo", parecendo uma clara referência ao fora do comum, setecentas páginas foram apresentadas, originalmente. Debater-se,* diz o dicionário, significa "esforçar-se desajeitadamente para se mover, como em lodo profundo", e o progresso do livro "atolou" por meses, enquanto a editora tentou calcular o que fazer com ele. O livro tinha passado de editor para editor até a pilha de páginas pousar na mesa do meu editor. (Não é de admirar que ele tenha sentido um pouco de medo.)

Em um nível, a "doca" lhe representava a mesa de trabalho. A doca recebe carga de navios que estiveram no mar — neste caso, a carga de palavras e idéias do autor, reunida nos lugares os mais diversos e distantes. A palavra *puxar* implica esforço manual e "pôr" o livro na rua exigiria um bocado de esforço. *Puxar* é uma palavra muito rica em conotações. O processo de recolher a linha do livro era do tipo a longo prazo — muitos anos de trabalho, pontilhado por numerosos adiamentos do prazo de entrega. Nós dois (quando não por outro motivo, para nos mantermos em atividade) imaginávamos o livro como destinado ao "longo prazo" de longevidade literária. (O editor, por sua parte, tem esperança de que sua paciência seja recompensada por "uma boa pescaria" de lucros.) *Puxar* significa também "estirar fios paralelos" que serão trabalhados juntos — uma boa descrição do original de um livro, mas também dos próprios Sonhos Curativos.

---

*Em inglês, *flounder*, que significa também linguado. (*N. do T.*)

No sonho, o peixe ainda tem o anzol na boca. "Fisgado" é uma maneira coloquial de dizer que estava preso numa atividade (meu editor de texto tem esperança de que o livro seja de leitura agradável e talvez se preocupe pensando que ele mesmo está preso no "anzol"). Outra nuance, porém, surgiu uma semana depois de ele ter me contado o sonho. Vi por acaso no *New York Times* uma notícia descrevendo uma exposição de artistas *avant-garde* que, nas palavras do curador da mostra, "desejavam derrubar a barreira entre arte e vida".[1] A matéria era ilustrada por um quadro brilhantemente colorido de Roy Lichtenstein (com a lengenda "Revirando a Vida Diária", um comentário bem apropriado sobre sonhos) que mostrava o Pato Donald e Mickey Mouse *pescando sentados em uma doca.* No cartum, meticulosamente detalhado, Donald, fazendo força para segurar a vara, exclama: "Pesquei um grandalhão!", enquanto Mickey esconde uma risada. Ele e o leitor podem ver que Donald, sem notar, prendeu o anzol nas costas de seu próprio casaco — ele fisgou a si mesmo! O pintor provoca em nós um pequeno sorriso, ao passo que o Sonho Curativo é quem ri por último: no trabalho com o sonho, é o "lado das costas" invisível que estamos puxando para a frente.

Quando meu editor de texto finalmente ficou cara a cara com o peixe, o sonho assumiu um tom ligeiramente sinistro. Ele foi tomado de ansiedade. No sonho, *as extremidades do peixe sobravam das bordas da doca.* Talvez não sejam apenas manuscritos longos demais, mas também os próprios sonhos que passam além das bordas, além das fronteiras nitidamente demarcadas por nós. (As "extremidades do peixe" poderiam ser um trocadilho com as *finalidades* do peixe, que eram extensas — não só minhas ambições para o livro, mas também para a agenda particular do Sonho Curativo.)

Examinando a escolha de palavras pelo editor de texto para descrever o tamanho do peixe — *enorme* —, descobri que o significado arcaico dessa palavra era "monstruoso". A raiz da palavra significa "fora de regra" (como na palavra desregrado) e "além de medição" (como em inquantificável). O Sonho Curativo alega ser uma criatura não diferente da que é invocada nos versículos seguintes do Livro de Jó, da Bíblia:

> Podes tu, com anzol, apanhar o crododilo,
> ou lhe travar a língua com uma corda?
> Podes meter-lhe no nariz uma vara de junco?,
> ou furar-lhe as bochechas com um gancho? (Jó, 41, 1-2)

Essas palavras são pronunciadas por uma força espiritual vasta demais para ser limitada por meios puramente racionais. Jó se pergunta se a divindade que lhe fala é criativa ou destrutiva, justa ou injusta. (Não é nenhuma e é ambas as coisas.) Analogamente, as finalidades do Sonho Curativo talvez não sejam inteiramente cognoscíveis. O sonho revela o universo como ele é. Não acontece para torná-lo melhor. Está aqui para torná-lo mais autêntico.

O sonho de meu editor aconselha-nos a assumir uma atitude de certa humildade em relação à sua fonte final de poder. Cada ato literário é uma invocação: um livro sobre sonhos torna-se um sonho em si, que não pode ser inteiramente contido entre duas capas.

Meu editor concluiu a carta, dizendo: "O sonho terminou (acordei) sem pôr o peixe em segurança." Mas, quem sabe, seu sonho jamais poderá ser "posto em segurança". Ele terá de enfrentar o desconhecido, como acontece com todos nós, com alguma confusão sobre como deverá agir. É possível que não encontre logo respostas. Há outros na doca às suas costas, mas o trabalho de enfrentar o peixe é só seu.

O que, então, deve ele fazer com o peixe? Cortar-lhe a cabeça e a cauda para que ele "caiba"? Estripá-lo de suas vísceras insubstituíveis, compartilhar delas comendo-as, exibi-las como troféu, jogá-las de volta na água? Ou deverá ele ampliar a doca? Ele não pode obrigar o peixe/livro/sonho a encaixar-se precisamente em suas finalidades conscientes. A própria existência dos mesmos é uma provocação, um desafio que exige algum tipo de reação, mas que não dá garantias, qualquer que seja a opção. Talvez se encontre aí o motivo por que os sonhos não se apresentam e nos dizem simplesmente o que precisamos saber: eles querem — nossa alma deseja de nós — que iniciemos a jornada sem saber nosso destino. Não nos é dado chegar sem jamais ter partido. Talvez o caminho, um esforço sincero para compreender melhor, *seja* a meta. No fim, a tarefa de examinar uma vida — a tarefa que os Sonhos Curativos põem vividamente diante de nossos olhos — seja só nossa para rejeitar ou aceitar. A maneira como escolhemos faz toda a diferença no mundo.

Notas

Introdução

1. Dr. Allan Hobson e dr. Robert McCarley, autores do modelo "síntese de ativação", de 1977, citado no "New Clues to Why We Dream", de Erica Goode, *New York Times*, 2 de novembro de 1999, p. D1.
2. David Foulkes, *Dreaming: A Cognitive-psychological Analysis*. Hillsdale, NJ: Lawrence, Erlbaum, 1985, pp. 165-66, citado em Harry T. Hunt, *Multiplicity of Dreams: Memory, Imagination, and Consciousness* (New Haven: Yale University Press, 1989), p. 11.
3. *Boulder Daily Camera*, 2 de abril de 1990, p. 1, e 14 de abril de 1990, p. 1.
4. Carl Sagan cita trechos de uma carta que lhe foi enviada por um angustiado missivista: "Ondas estão de algum lugar no espaço sideral — irradiando através de minha cabeça e transmitindo pensamentos, palavras e imagens para a cabeça de todos dentro de seu raio de ação... Surgem dentro de minha cabeça *imagens que não coloquei nela...* Os sonhos não me pertencem mais — parecem mais produções de Hollywood." (Carl Sagan, *The Demon-Haunted World: Science as a Candle in the Dark*, Nova York, Random House, 1996). A descrição se ajusta aparentemente a muitos dos critérios aplicáveis ao que chamo de Sonhos Curativos.

Capítulo 1

1. Morton T. Kelsey, *God, Dreams, and Revelation: A Christian Interpretation of Dreams* (Minneapolis, MN: Augsberg Fortress, 1991), p. 33.
2. C. G. Jung, "On the Nature of Dreams" (1948), em *Dreams*, trad. R. F. C. Hull (Princeton: NJ: Princeton University Press, Bollingen Series XX, 1974), p. 76. Escreve Jung: "Até mesmo povos primitivos distinguem entre sonhos 'comuns' e 'extraordinários' ou, como poderíamos dizer, sonho 'banais' e 'importantes'... Os sonhos importantes... são freqüentemente lembrados durante toda a vida e, não raro, revelam ser a mais valiosa jóia no tesouro da experiência psíquica."
3. Joel Covitz, *Visions of the Night: A Study of Jewish Dream Interpretation* (Boston: Shambhala, 1990), p. 28.
4. Escreve Howard Rheingold, em seu livro, *They Have a Word for It: "Beluthahatchee* ainda é usado, em algumas regiões da América onde se estabeleceram descendentes de escravos que falavam o idioma bantu, significando 'estado lendário, bem-aventurado, em que tudo é perdoado e esquecido'."
5. Peter Lamborn Wilson, *Shower of Stars: Dream and Book* (Brooklyn, NY: Autonomedia, 1996), pp. 154-55.
6. C. G. Jung, *Dreams*, p. 82.
7. Barbara Hannah, *Jung: His Life and Work* (Boston, Shambhala, 1991), pp. 117-18.
8. *Ibid.*, pp. 106-11.
9. C. G. Jung, *Memories, Dreams, Reflections*, org. Aniela Jaffé (Nova York: Random House/Vintage, 1965), p. 183.
10. Na tradição tibetana, Jung poderia ter sido considerado um *terton*, ou "descobridor de tesouros". Essas pessoas tinham reputação não só de pesquisar relíquias religiosas e livros sagrados (*terma*) escondidos em cavernas por lamas há muito tempo falecidos, mas também descobrir textos sagrados e práticas espirituais em sonhos.
11. Em Stephan A. Hoeller, *The Gnostic Jung and the Seven Sermons to the Dead* (Wheaton, Il.: The Theosophical Publishing House, 1982), pp. 48-50.
12. Morton T. Kelsey, *op. cit.*, pp. 255-58.
13. *Ibid.*, p. 271.
14. Robert Johnson, *Inner Work: Using Dreams and Active Imagination for Inner Growth* (San Francisco: HarperSanFrancisco, 1989), pp. 220-21.
15. Citado em Roger Knudson, "The Ongoing Significance of Significant Dreams II", trabalho apresentado na International Conference of the Association for the Study of Dreams, 6-11 de julho de 1999, University of California, Santa Cruz, p. 16.
16. Citado em Ray Grasse, *The Waking Dream* (Wheaton, Il.: Quest Books, 1996), p. 85.

17. Mary Watkins, *Waking Dreams* (Dallas, TX: Spring Publications, 1984), p. 113.
18. C. G. Jung, *Dreams*, p. 101.
19. S. Valadez, "An Interview with Ulu Temay, Huichol Shaman", *Shaman's Drum* 6 (1986): 19.
20. Isto, claro, não é uma verdade universal. Os bertis, do Norte da África, "não são encorajados a sonhar e a lembrar-se dos sonhos", não possuem especialistas em sonho e "só raramente contam aos outros pela manhã o que sonharam ou os discutem com alguém". (Anthony Shafton, *Dream Reader: Contemporary Approaches to the Understanding of Dreams,* Albany: SUNY Press, 1995, p. 173).

Capítulo 2

1. Jorge Luis Borges, *Labyrinths: Selected Stories and Other Writings* (Nova York: New Directions, 1964), p. 47.
2. Sigmund Freud, *The Interpretation of Dreams*, trad. James Strachey (Nova York: Avon Books, 1965), p. 389.
3. Citado em Robert L. van de Castle, *Our Dreaming Mind* (Nova York: Ballantine Books, 1994), p. 99.
4. Garma C. C. Chang, trad., *The Hundred Thousand Songs of Milarepa,* Volume 2 (Boston: Shambhala Books, 1989), p. 488.
5. Sir Francis Crick e Graeme Mitchison, citado em Harry T. Hunt, *The Multiplicity of Dreams: Memory, Imagination, and Consciousness* (New Haven: Yale University Press, 1989), pp. 10-11. Hunt sumaria esse ponto de vista da seguinte maneira: "O sonho lembrado é o sonho que deu errado, e constitui o mais alto grau do absurdo permitir que esse material influencie a vida no estado de vigília."
6. Citado em Peter Lamborn Wilson, *op. cit.*, p. 26.
7. Robert Brier, *Ancient Egyptian Magic* (Nova York: Quill, 1980), pp. 214-24.
8. C. G. Jung, *Memories, Dreams, Reflections,* p. 181.
9. Mary Watkins, op. cit., p. 134.
10. Marie-Louise von Franz e Fraser Boa, orgs., *The Way of the Dream* (Boston: Shambhala, 1994), pp. 15-16.
11. Jung equilibrou elegantemente o potencial e o desafio quando escreveu: "O animal é o portador simbólico do self... Ele expressa o fato de que a estrutura do todo sempre esteve presente, mas foi enterrada no inconsciente profundo, onde pode sempre ser reencontrada se estamos dispostos a arriscar a pele" (C. G. Jung, *Mysterium Coniunctionis,* Princeton: Princeton University Press, Bollingen Series XX, 1977, p. 214).
12. Citado em Naomi Epel, *Writers Dreaming* (Nova York: Vintage Books, 1994), p. 105.

13. Lee Irwin, *Dream Seekers: Native American Visionary Traditions of the Great Plains* (Norman: University of Oklahoma Press, 1996), p. 92, citando DeMallie, *The Sixth Grandfather: Black Elk's Teachings Given to John G. Neihardt*, p. 111.
14. James Hillman, *Dream Animals* (San Francisco: Chronicle Books, 1997), pp. 4-5.

Capítulo 3

1. Sigmund Freud, *The Interpretation of Dreams*, pp. 258-59.
2. Morton T. Kelsey, *op. cit.*, p. 262.
3. Robert L. van de Castle, *Our Dreaming Mind* (Nova York: Ballantine Books, 1994), pp. 362-68.
4. Peter Brown, *The Cult of the Saints* (Chicago: University of Chicago Press, 1981), p. 80.
5. *Ibid.*
6. Russell A. Lockhart, "Cancer in Myth and Dream", em *Dreams Are Wiser than Men*, org. Richard O. Russo (Berkeley: North Atlantic Books, 1987), p. 136.
7. Charles Hutzler, "Cults Boom as New Millennium Looms", Copyright 1998 The Associated Press (Internet, 24 de julho de 1999).
8. Para exemplos adicionais, ver Frederic Meyers, "The Subliminal Consciousness", *Proceedings of the English Society for Psychical Research* 8 (1892): 375, e P. Tissie, *Les Alientes Voyageurs* (Paris: Octave Doin, 1887).
9. Jayne Gackenbach *et al.*, *Control Your Dreams* (Nova York: HarperPerennial, 1990), p. 117.
10. *Ibid.*, pp. 100-101.
11. *Ibid.*, p. 113.
12. E. W. Kellog III, Ph.D., comunicação particular, e "Lucid Dream Healing Experiences: Firsthand Accounts" (1996), sumário de trabalho apresentado à Association for the Study of Dreams Conference, em Santa Cruz, 6-10 de julho de 1999, p. 2.
13. Larry Dossey, M.D., *Reinventing Medicine: Beyond Mind-Body to a New Era of Healing* (San Francisco: HarperSanFrancisco, 1999), pp. 146-48. Embora o dr. Dossey não tenha obtido a ficha médica dessa pessoa, ele me disse que o julgou suficientemente convincente em correspondência e conversas telefônicas para tornar o caso merecedor de publicação.
14. Em algumas culturas, sonhar é um requisito para a pessoa tornar-se uma curadora. O antropólogo W. R. Merrill informa que entre os índios raramuris do México só alguém convocado por um sonho para a profissão de curador (tradicionalmente, um sonho em que Deus oferece pedaços de papel, significando conhecimento de

cura) está autorizado a curar. (Em Anthony Shafton, *Dream Reader: Contemporary Approaches to the Understanding of Dreams,* Albany: SUNY Press, 1995, p. 178).

15. Morton T. Kelsey, *op. cit.,* pp. 271-72.
16. Mark Pelgrin, *And a Time to Die,* org. S. Moon *et al.* (Wheaton, Il.: Theosophical Publishing House, 1962).

Capítulo 4

1. D. Tedlock e B. Tedlock (orgs.), *Teachings from the American Earth: Indian Religion and Philosophy* (Nova York: Liveright, 1975).
2. Harry T. Hunt, *The Multiplicity of Dreams: Memory, Imagination, and Consciousness* (New Haven: Yale University Press, 1989), p. 45.
3. W. Brugh Joy, *Avalanche: Heretical Reflections on the Dark and the Light* (Nova York: Ballantine Books, 1990), pp. 13-14.
4. Robert van de Castle, *op. cit., p.* 25.
5. C. J. Jung, *Memories, Dreams, Reflections,* pp. 13-15.
6. Daniel Quinn, *Providence: The Story of a Fifty-Year Vision Quest* (Nova York: Bantam, 1995), pp. 14-19.
7. O pesquisador David Pillemer observa que "recordações de eventos pessoais" tendem a ser negligenciadas pela psicologia quando fora do contexto do trauma. Sustenta ele que essas recordações estão guardadas em "imagens sensoriais" a longo prazo e não em recordação verbal narrativa. A imagem e as emoções que a acompanham "energizam" a narrativa construída em volta delas. O paralelo com sonhos marcantes é claro (D. B. Pillemer, *Momentous Events, Vivid Memories,* Cambridge, MA: Harvard University Press, 1998, pp. 50-51 e 70-71, citado em Knudson, "The Ongoing Significance of Significant Dreams II", trabalho apresentado na International Conference of the Association for the Study of Dreams, 6-11 de julho de 1999, University of California, Santa Cruz).
8. Citado em Naomi Epel, *op. cit.*
9. Roger M. Knudson, Ph.D., "The Ongoing Significance of Significant Dreams: The Case of the Bodiless Head", *Dreaming* 9 (4) (1999): 10-11.
10. Lee Irwin, *op. cit. p.* 161.
11. Stephanie Citron-Baggett, *The Phenomenology of the Transformative Dream,* Georgia State University (tese de doutorado), 1988, p. 110.
12. *Ibid.*
13. Stephen Aizensat, "Tending the Dream Is Tending the World", Santa Cruz, CA: 16th International Conference of the Association for the Study of Dreams, 8 de julho de 1999.
14. Morton T. Kelsey, *op. cit.,* p. 67.

Capítulo 5

1. Como no poema seguinte de uma mulher coreana, citado no livro de Fred Jeremy Seligson, *Oriental Birth Dreams*: "Banhando-me/ num riacho, sozinha/ à luz da lua/ vi uma pimenta vermelha/ flutuando em volta de mim/ Tirei-a da água/ e acordei/ Dez meses depois/ tive um neném/ bonzinho/ mas teimoso."
2. Medard Boss, *The Analysis of Dreams* (Nova York: Philosophical Library, 1958), pp. 177-78.
3. Essa mulher lembra-se de que, quando tinha 15 anos, sonhou com uma amiga que havia se mudado para um estado distante. Na primeira noite, viu a moça em um quintal que era "um jardim atravancado de flores". Na noite seguinte: "Flores novamente, apenas com nevoeiro no jardim. No terceiro dia, não dava mais para ver as flores, apenas ela, no nevoeiro, dando adeus. Mais tarde descobri que, no dia em que tive o sonho, ela morreu de câncer. Eu nem mesmo sabia que ela estava doente."
4. Joost A. M. Merloo, *Hidden Communion: Studies in the Communication Theory of Telepathy* (Nova York: Garrett Publications/Helix Press, 1964), pp. 68-69.
5. *Ibid.*, p. 11, paráfrase minha.
6. Sigmund Freud, *Studies in Parapsychology* (Nova York: Collier Books, 1963), pp. 74-75. Freud sustenta que mesmo que houvesse esse tal de "sonho isento de disfarce e adulteração", não deveria ser chamado absolutamente de sonho, mas, sim, "experiência telepática em estado de sono".
7. Joost A. M. Merloo, *op. cit.*, p. 53.
8. C. G. Jung, *Psyche and Symbol,* org. Violet S. de Laszlo (Nova York: Doubleday/ Anchor Books, 1958), p. 14.
9. Stanley Krippner e Montague Ullman, "Telepathy and Dreams: A Controlled Experiment with Electro-Encephalogram-Electro-Oculogram Monitoring", *Journal of Nervous and Mental Disease* 151(1970): 394-403.
10. Arthur Schnitzler, *Dream Story,* trad. Otto P. Schinnerer (Los Angeles: Sun and Moon Press, 1995). Título original: *Traumnovelle* (Berlim: S. Fischer Verlag, 1926).
11. Em um notável exemplo da idéia de arquétipos, de Jung, o sonho dessa mulher simples é quase idêntico à visão de sonho lírico do escritor inglês J. B. Priestley: "O tempo acelerou-se e vi gerações de aves... ruflar as asas e nascer, enfraquecer, agonizar e morrer. As asas surgiam apenas para se desfazerem, os corpos eram magros e, em seguida, subitamente, sangravam, murchavam e a morte atacava por toda parte, a cada segundo... Senti-me enojado no fundo do coração... O tempo acelerou-se ainda mais... As aves não podiam mais mover-se e pareciam uma enorme planície plantada com penas. Mas, ao longo dessa planície, tremeluzindo através dos próprios corpos, nesse momento

passava uma espécie de chama branca, tremendo, dançando e em seguida continuando a mover-se. Logo depois, tive certeza de que essa chama era a própria vida, a própria quintessência do ser" (J. B. Priestley, *Man and Time,* Londres: Bloomsbury Books, 1964, pp. 306-7).

Capítulo 6

1. Erich Fromm, *The Forgotten Language* (Nova York: Rinehart and Co., 1951).
2. Lee Irwin, *op. cit.,* p. 189: "Cada sonho ou visão compartilhados ingressa no fluxo geral do discurso mítico e contribui para formar a visão religiosa de mundo da comunidade... Sonhos e visões são meios fundamentais de transformação social e cultural."
3. Barbara Tedlock, org., *Dreaming: Anthropological and Psychological Interpretations* (Santa Fe, NM: School of American Research Press, 1992), p. 116.
4. Peter Lamborn Wilson, *op. cit.,* p. 158.
5. Howard Schwartz, *The Dream Assembly: Tales of Rabbi Zalman Schachter-Shalomi* (Nevada City, CA: Gateways, 1989), p. 6.
6. O psicólogo G. William Domhoff acredita que o caso está encerrado. Em seu livro, *The Mystique of Dream: A Search for Utopia through Senoi Dream Theory* (Berkeley: University of California Press, 1985), conclui ele (p. 96): "Kilton Stewart era um bem-intencionado e encantador contador de histórias, mas, em seu desejo ardente de ser profeta, compreendeu mal os senois e incorretamente lhes atribuiu suas próprias idéias."
7. Jeremy Taylor, *Where People Fly and Water Runs Uphill* (Nova York: Warner Books, 1992), p. 109.
8. *Ibid.,* p. 111.
9. Mateus, 25:40: "Em verdade vos afirmo que sempre que o fizestes a um destes meus pequeninos irmãos, a mim o fizestes."
10. Anthony F. C. Wallace, "Dreams and Wishes of the Soul: A Type of Psychoanalytic Theory among the Seventeenth-Century Iroquois", *American Anthropologist* 60 (1958): 236.
11. *Ibid.,* p. 240.
12. *Ibid.*
13. Jeremy Taylor, *op. cit.,* pp. 119-21.
14. Anthony Shafton, "Black Dreamers in the United States", em Kelly Bulkeley, org., *Among all these Dreamers* (Albany: SUNY Press, 1996), pp. 85-93.
15. Charlotte Beradt, *The Third Reich of Dreams,* trad. Adriane Gottwald (Chicago: Quadrangle Books, 1968), p. 62.
16. *Ibid.,* p. 159.
17. *Ibid.,* pp. 11-12.

18. *Ibid.*, pp. 39-40.
19. Michael Ortiz Hill, *Dreaming the End of the World: Apocalypse as a Rite of Passage* (Dallas: Spring Publications, 1994), pp. 56-57.
20. Matthew I. Wald, "Cancer Study on 1950's A-Test is Released", *The New York Times,* 2 de outubro de 1997, p. A11.

Capítulo 7

1. James Hillman, *The Dream and the Underworld* (Nova York: HarperPerennial, 1979), p. 40.
2. C. G. Jung, *Memories, Dreams, Reflections,* p. 178. Referindo-se às suas próprias experiências, acrescenta Jung: "É um estilo que acho embaraçoso, irrita-me os nervos, como acontece quando alguém passa as unhas por uma parede de reboco, ou arranha um prato com uma faca. Mas desde que eu não sabia o que estava acontecendo, não tive opção de escrever tudo no estilo escolhido pelo próprio inconsciente."
3. J. M. Cohen, org., *The Life of Saint Teresa of Avila by Herself* (Nova York: Penguin Books, 1987), p. 174.
4. Stephanie Citron-Baggett, *op. cit.,* pp. 117-23.
5. Harold Bloom, *Omens of Millennium: The Gnosis of Angels, Dreams, and Resurrection* (Nova York: Riverhead Books, 1996), p. 87.
6. Marie-Louise von Franz, *Dreams* (Boston: Shambhala Books, 1991), p. 59.
7. Patrick Harpur, *Daimonic Reality* (Nova York: Arkana/Penguin, 1994), p. 42, citando W. B. Yeats, *Mythologies* (Londres, 1959), p. 336.
8. Jung foi muito eloqüente sobre as belezas e dificuldades desses encontros: [O arquétipo] pode ser curador ou destruidor, mas jamais indiferente... Mobiliza convicções filosóficas e religiosas nas próprias pessoas que se julgavam quilômetros acima desses ataques de fraqueza. Não raro, impulsiona com ardor sem igual e lógica implacável na direção de seu objetivo e põe o indivíduo sob seu feitiço, do qual, a despeito da resistência mais tenaz, ele não pode e, no fim, não quer escapar, porque a experiência traz consigo profundeza e plenitude de significado. C. G. Jung, *On the Nature of the Psyche,* trad. R. F. C. Hull (Princeton, NJ: Princeton University Press, Bollingem Series XX, 1960), pp. 115-17.
9. Escreve Jung: "Seria inútil tentar compreender o sonho [arquetípico] sem a ajuda de um contexto cuidadosamente elaborado, porque o mesmo se expressa em estranhas formas mitológicas." E acrescenta que a interpretação comum não basta, porquanto esses sonhos "expressam um problema humano eterno... e não apenas uma perturbação no equilíbrio pessoal".
10. Harold Bloom, *op. cit.,* p. 91.

11. Barbara Tedlock, *op. cit.*, pp. 33-34.
12. Amy Tan, comunicação pessoal, 1998, e em Naomi Epel, *op. cit.*, pp. 282-83.

Capítulo 8

1. Joel Covitz, *op. cit.*, p. 54.
2. J. W. Dunne, *An Experiment with Time* (Nova York: The Macmillan Co., 1938), p. 7.
3. *Ibid.*, p. 88.
4. *Ibid.*, p. 69.
5. Freud critica o *déjà vu* com sua habitual inclinação reducionista. Falando em experiências de *déjà vu* em paisagens em sonhos, escreve: "Esses locais são invariavelmente os órgãos genitais da mãe do indivíduo que sonha. Na verdade não há outro lugar sobre o qual possamos afirmar, com absoluta convicção, que já estivemos lá antes" (Sigmund Freud, *The Interpretation of Dreams*, p. 435).
6. Joost A. M. Merloo, *op. cit.*, p. 75.
7. Morton T. Kelsey, *op. cit.*, p. 271.
8. Anthony F. C. Wallace, "Dreams and Wishes of the Soul: A Type of Psychoanalytic Theory among the Seventeenth-Century Iroquois", *American Anthropologist* 60 (1958): 240.
9. Michael Harner, *The Way of the Shaman: A Guide to Power and Healing* (San Francisco: Harper and Row, 1980), pp. 100-101.
10. Morton Kelsey, *op. cit.*, p. 265.
11. Harry T. Hunt, *op. cit.*, p. 88, citando Homero, *The Odyssey*, trad. R. Fitzgerald, pp. 370-71.
12. J. W. Dunne, *op. cit.*, p. 50.
13. Joel Covitz, *op. cit.*, p. 10.
14. Fred Alan Wolf, *Parallel Universes: The Search for Other Worlds* (Nova York: Simon and Schuster, 1988), pp. 221-22.
15. *Ibid.*, p. 205.
16. O mesmo *insight* é expressado em termos menos tecnológicos no famoso quadro de Marcel Duchamps, *Nude Descending a Staircase.*
17. Um dos casos mais famosos de "retrocognição" nos anais da parapsicologia foi a experiência, em 1901, de duas turistas inglesas na França. *Miss* Moberley e *Miss* Jourdain, diretora e vice-diretora da St. Hugh's Women's College, em Oxford, dirigiam-se para o Petit Trianon, em Versalhes, quando viram dois jardineiros, usando casacos cinzento-esverdeados e chapéus de três bicos. O local ficou, como *Miss* Moberley escreveria mais tarde, "inteiramente imóvel". Enquanto andavam, encontraram outras pessoas vestidas da mesma maneira. Só depois de voltarem a

Paris é que discutiram a experiência, inicialmente cada uma, independentemente, escrevendo o que havia visto e, em seguida, passando anos pesquisando aquelas vistas anacrônicas. No fim, conseguiram descobrir a época dos trajes e estruturas, que eram da Versalhes do tempo de Maria Antonieta, incluindo a pequena ponte pela qual haviam passado e que desde então desapareceu (M. L. von Franz, *Psyche and Matter* [Boston: Shambhala Books, 1992], p. 115).

18. Tom Brown, Jr. *The Vision* (Nova York: Berkley Books, 1988), pp. 118-21.
19. Robert L. van de Castle, *op. cit.*, p. 8, citando G. Gorer, *African Dances: A Book about West African Negroes* (Nova York: Knopf, 1935).
20. Fred Alan Wolf, *op. cit.*, p. 203.
21. *Ibid.*, pp. 298-99.
22. J. W. Dunne, *op. cit.*, p. 68.
23. Fred Alan wolf, *op. cit.*, pp. 223-24.
24. Marie-Louise von Franz, *On Dreams and Death* (Boston: Shambhala Books, 1987), p. 150, citando C. G. Jung, *Letters*, vol. 2, p. 561.

Capítulo 9

1. Aldous Huxley, *The Doors of Perception and Heaven and Hell* (Nova York: Harper Perennial Library, 1990), pp. 96-97.
2. J. C. Calloway, farmacologista da Universidade da Califórnia, formulou a hipótese de que a glândula pineal, estimulada pela escuridão, converte serotonina em melanina, que é convertida durante o sono em derivados de betacarbolina (*Brain-Mind Bulletin*, fevereiro de 1989).
3. Aldous Huxley, *op. cit.*, pp. 100-101.
4. Huxley sugere "uma região da mente onde eles podem usar os desejos, memórias e fantasias, seus e de outras pessoas, para construir um mundo" (Huxley, *op. cit.*, p. 139).
5. Henry Corbin, *Creative Imagination in the Sufism of Ibn 'Arabi,* trad. Ralph Manheim (Princeton, NJ: Princeton University Press, Bollingen Series XCI, 1969), p. 4.
6. Garma C. C. Chang, *op. cit.*, pp. 485-86.
7. Um crente diria que o sonhador esteve ao pé de um trono celestial. O ateu poderia sugerir que o sonhador fundiu sua idéia de Ser Supremo com imagens de, digamos, o Memorial a Lincoln — uma figura gigantesca, sentada, barbuda, de mármore branco, em um ambiente semelhante a um templo e que os americanos associam à compaixão e bondade universal. Ainda assim, ouvi muitas descrições de sonhos em que Deus aparece como um ser gigan-

tesco, quase estatuário, tão imponente que o único ponto de contato do sonhador foi a barra do traje.

8. Thomas Merton, *Zen and the Birds of Appetite* (Boston: Shambhala Publications, 1968), p. 119.
9. Anon., *The Cloud of Unknowing and Other Works,* trad. Clifton Wolters (Nova York: Penguin Books, 1978), pp. 129-30.
10. Reynolds Price, *A Whole New Life* (Nova York: Atheneum Books, 1994), pp. 43-46.
11. Robert Johnson, *Balancing Heaven and Earth* (San Francisco: HarperSanFrancisco, 1998), pp. 123-25.
12. Harry T. Hunt, *op. cit.,* p. 136, citando P. Carrington, "Dreams and Schizophrenia", *Archives of General Psychiatry* 26 (1972): 343-50.
13. John Perry, *The Far Side of Madness* (Englewood Cliffs, NJ: Prentice-Hall, Inc., 1974), p. 11.
14. Stanley Krippner, org., *Dreamtime and Dreamwork* (Los Angeles: J. P. Tarcher, 1990), pp. 233-34, citando The Interpretation of Dreams, de Freud.
15. Stanley Krippner, *op. cit.,* pp. 185-93.
16. Morton T. Kelsey, *op. cit.,* p. 138.
17. John G. Neihardt, *Black Elk Speaks* (Lincoln: University of Nebraska Press, 1979), pp. 241-42.
18. *Ibid.,* pp. 241-50.
19. No seu *Asian Journals,* Thomas Merton descreve Trungpa olhando para um espelho ritual e descrevendo os habitantes e prédios de Shambhala, como se os estivesse vendo através de um binóculo.
20. Sandy Johnson, *Book of Tibetan Elders* (Nova York: Riverhead Books, 1996), p. 90 e segs.

Capítulo 10

1. Na primeira vez em que Jung formulou essa idéia, a "sombra" era definida como qualquer parte da personalidade que estivesse fora da esfera da consciência.
2. Lucas, 15.
3. Marie-Louise von Franz e Fraser Boa, *The Way of the Dream* (Boston: Shambhala Books, 1994), p. 80.
4. Robert Louis Stevenson, *The Strange Case of Dr. Jekyll and Mr. Hyde and Other Famous Tales* (Nova York: Dodd, Mead & Co., 1961).
5. Robert Johnson, *Owning Your Own Shadow: Understanding the Dark Side of the Psyche* (San Francisco: HarperSanFrancisco, 1991), p. 22.
6. Garma C. C. Chang, *op. cit.,* pp. 487-88.

7. Barbara Tedlock, *The Beautiful and the Dangerous: Encounters with the Zuni Indians* (Nova York: Viking, 1992), pp. 158-59.
8. Mary Watkins, *op. cit.*, p. 147.
9. Herbert V. Guenther, *The Life and Teachings of Naropa* (Boston: Shambhala, 1995), pp. 32-37.
10. *Ibid.*, pp. 30-31.
11. "A doença do sono ou a cerimônia de iniciação", escreve o famoso antropólogo Mircea Eliade, "quase sempre envolve morte e ressurreição simbólica... [com] o corte do corpo realizado de várias maneiras (esquartejamento, talhos, abertura do abdômen etc.)" (Citado em Michael Murphy, *The Future of the Body*, Los Angeles: Jeremy P. Tarcher, 1992, p. 210).
12. Maria-Louise von Franz, *On Dreams and Death*, p. 71.
13. Comunicação pessoal, Bataan Faigao, aluno de Chen Man-Ching, 1996.
14. Anthony Shafton, *op. cit.*, p. 500.
15. Carl Jung, *Answer to Job*, trad. R. F. C. Hull (Princeton, NJ: Princeton University Press, Bollingen Series, 1973), pp. ix-x.
16. Harold Bloom, *op. cit.*, p. 67.
17. James Fadiman e Robert Frager, orgs., *Essential Sufism* (San Francisco: HarperSanFrancisco, 1997), p. 86.

Capítulo 11

1. Andreas Mavromatis, *Hypnagogia: The Unique State of Consciousness between Wakefulness and Sleep* (Londres: Routledge, 1991), página de rosto.
2. André Breton, *Manifestoes of Surrealism* (Ann Arbor: University of Michigan Press, 1969).
3. James Hall, *Sangoma* (Nova York: Simon and Schuster/Touchstone, 1994), p. 194.
4. Jamake Highwater, *The Primal Mind* (Nova York: New American Library, 1981), p. 81.
5. *Ibid.*, p. 75.
6. Harold Bloom, *op. cit.*, p. 95, citando Friedrich Nietzsche, *The Dawn of Day.*
7. Mark Solms, "Dreaming and REM Sleep Are Controlled by Different Mechanisms", palestra dada na 16th Annual International Conference of the Association for the Study of Drems, 6-11 de julho de 1999, University of California, Santa Cruz.
8. Stephen LaBerge, *Lucid Dreaming* (Los Angeles: J. P. Tarcher, 1985), pp. 30-31.
9. Joel Covitz, *op. cit.*, p. 17.

10. Diane Kennedy Pike, *Life as a Waking Dream* (Nova York: Riverhead Books, 1997), p. 1.
11. Um texto pali antigo descreve uma prática de sonho baseada na anulação de leis naturais: "Sem encontrar obstáculo, ele passa por paredes e através de montanhas como se fossem espaços vazios. Mergulha nas profundezas da terra e volta como se saindo de água. Anda sobre a água sem afundar como se na terra. Flutua de pernas cruzadas no ar como se fosse uma ave", citado em I. P. Couliano, *Out of This World* (Boston: Shambhala, 1991, p. 91).
12. Chögyam Tpungpa, *Training the Mind and Cultivating Loving-Kindness,* org. Judith L. Lief (Boston: Shambhala, 1993), p. 29.
13. Henry Corbin, *op. cit.*, p. 239.
14. *Ibid.*
15. Michael Murphy, *The Future of the Body* (Los Angeles: Jeremy P. Tarcher, 1992), p. 98, citando Swami Nikhilananda.
16. *Ibid.*, p.193, citando John Robinson.
17. Ray Grasse, *op. cit.*, p. 155.
18. Marie-Louise von Franz, *Psyche and Matter* (Boston: Shambhala, 1992), p. 272.
19. Este incidente poderia ser considerado um exemplo do que Mircea Eliade, em *The Sacred and the Profane,* denomina de *krakaphony* — um desses momentos em que o mundo natural em si parece enviar estranhos sinais e portentos.
20. Para uma discussão exaustiva do assunto, ver Aniela Jaffé, *The Myth of Meaning* (Zurique: Daimon, 1983).
21. Andreas Mavromatis, *op. cit.*, pp. 29-30.
22. Lee Irwin, op. cit., pp. 37-38, citando Gene Weltfish, *The Lost Universe: The Way of Life of the Pawnee,* pp. 404-6.
23. Suas experiências teriam sido evidentemente consideradas menos bizarras numa cultura tradicional. Lembro-me, a propósito, das palavras de John Fire (Lame Deer), um índio lakota sioux: "A verdadeira visão... não é um sonho. É muito real. Atinge a pessoa com a força de um choque elétrico. Estamos inteiramente despertos e, de repente, há uma pessoa ao nosso lado que sabemos que não pode estar ali, absolutamente, e você não está dormindo, está com os olhos abertos" (John Fire e Richard Erdoes, *Lame Deer, Seeker of Visions* [Nova York: Simon and Schuster, 1972, p. 65]).
24. Marie-Louise von Franz e Fraser Boa, *op. cit.*, pp. 16-17.
25. Sigmund Freud, *The Interpretation of Dreams,* p. 620.
26. Mary Watkins, *op. cit.*, p. 3.

27. Ray Grasse, op. cit., pp. 35-36, citando C. G. Jung, "The Symbolic Life", em *Collected Works,* vol. 18 (Princeton: Princeton University Press, 1980), p. 255.
28. Lee Irwin, *op. cit.,* p. 237.
29. Jamake Highwater, *op. cit.,* p. 69.
30. D. M. Dooling e Paul Jordan-Smith, orgs., *I Become Part of It: Sacred Dimension in Native American Life* (San Francisco: HarperSanFrancisco, 1989), p. 20.
31. Scott Thybony, notas de campo, maio de 1996. Comunicação privada com Ben Barney, Theresa Cahn-Tober, Victress Hitchcock, Michelle Boorstein, "Deity Visit to Navajos Questioned", *The Denver Post,* 16 de junho de 1996, p. 18 e segs.
32. Ingo Swann, *The Great Apparitions of Mary* (Nova York: Crossroad, 1996), pp. 119-31.
33. Lee Irwin, *op. cit.,* p. 46.

Epílogo

1. Edward M. Gomez, "Modern Art's Missing Link: The Jersey Scene", *The New York Time,* 21 de fevereiro de 1999, pp. A47-48.

Índice Remissivo

Este livro foi composto na tipologia Agaramond,
em corpo 11,5/15, impresso em papel
Offset 75g/m² no Sistema Cameron
da Divisão Gráfica da Distribuidora Record.